2020

IBGE

3 EM 1

EDITORA
AlfaCon
Concursos Públicos

Diretor Presidente
Evandro Guedes

Diretor da Editora/Operações e Gestão
Javert Falco

Diretor de Marketing/TI
Jadson Siqueira

Coordenador Editorial
Wilza Castro

Supervisora de Editoração
Mariana Castro

Analista de Conteúdo
Mateus Ruhmke Vazzoller

Assistente Editorial
Tatiane Zmorzenski

Supervisor de Editoração
Alexandre Rossa

Capa
Alexandre Rossa

Projeto Gráfico e Diagramação
Alexandre Rossa
Nara Azevedo

Língua Portuguesa
Adriano Paciello
Giancarla Bombonato
Glaucia Cansian

Ética no Serviço Público
Thállius Moraes

Matemática e Raciocínio Lógico Quantitativo
Daniel Lustosa

Noções de Administração/Situações Gerenciais
Giovana Carranza
Luiz Rezende
Marisol Bufemann

Conhecimentos Técnicos IBGE
Site do IBGE

C35ibge

CASTRO, Wilza (Org.) - **IBGE 3 x 1.** Cascavel: Editora AlfaCon, 2020.

280 p 20,5 x 27,5

ISBN: 978-65-990132-3-2

CENSO. IBGE. Agente Censitário Municipal. Língua Portuguesa. Matemática. Raciocínio Lógico Quantitativo. Ética no Serviço Público. Noções de Administração/Situações Gerenciais. Conhecimentos Técnicos. Concurso Público. AlfaCon.

CDU: 342

Dúvidas?
Acesse: www.alfaconcursos.com.br/atendimento
Núcleo Editorial:
Rua: Paraná, nº 3193, Centro - Cascavel/PR
CEP: 85.810-010
Núcleo Comercial/Centro de Distribuição:
Rua: Dias Leme, nº 489, Mooca - São Paulo/SP
CEP: 03118-040
SAC: (45) 3037-8888

Data de fechamento 1ª impressão: 09/03/2020

EDITORA
AlfaCon Concursos Públicos
www.alfaconcursos.com.br/apostilas

Atualizações e erratas
Esta obra é vendida como se apresenta. Atualizações - definidas a critério exclusivo da Editora AlfaCon, mediante análise pedagógica – e erratas serão disponibilizadas no site www.alfaconcursos.com.br/codigo, por meio do código disponível no final do material didático Ressaltamos que há a preocupação de oferecer ao leitor uma obra com a melhor qualidade possível, sem a incidência de erros técnicos e/ou de conteúdo. Caso ocorra alguma incorreção, solicitamos que o leitor, atenciosamente, colabore com sugestões, por meio do setor de atendimento do AlfaCon Concursos Públicos.

APRESENTAÇÃO

Fazer parte do serviço público é o objetivo de muitas pessoas. Por esse motivo, os processos seletivos relacionados a essa área de atuação costumam ser muito concorridos.

Nesse sentido, a obra IBGE - Instituto Brasileiro de Geografia e Estatística, reúne todos os conteúdos cobrados no último edital do concurso. Na elaboração deste material, a Editora AlfaCon teve o cuidado de trazer as indicações mais importantes dos tópicos que fazem parte do conteúdo programático das disciplinas abordadas. Além disso, durante a explanação dos conteúdos, o estudante encontrará dicas essenciais à sua compreensão (no box "Fique Ligado"), e a cada capítulo constam exercícios gabaritados, provenientes de vários concursos anteriores. Toda essa disposição de assuntos foi pensada para auxiliar o concurseiro na melhor compreensão e fixação do conteúdo.

O material também se destaca por agregar ao seu estudo a tecnologia educacional **AlfaCon Notes**, ferramenta cuja funcionalidade consiste em registrar suas anotações por meio do **QR Code**. O objetivo é justamente o de deixar tudo organizado e acessível na área do aluno AlfaCon e em seu smartphone. Por isso, você tem em mãos um material que é um grande facilitador para seus estudos, pois a finalidade maior é auxiliar você a compreender os conteúdos de forma didática e eficaz.

Trata-se, então, de uma obra de excelência, resultado da experiência e da competência da Editora e dos Autores, que são especializados em suas respectivas disciplinas. Ressaltamos a importância e a necessidade de haver uma preparação direcionada e organizada, pois somente assim o candidato pode ter o desempenho que almeja nas provas. Tenha a certeza de que esta obra será o diferencial para a conquista de sua aprovação.

Bons estudos e rumo à sua aprovação!

EDITORA
AlfaCon
Concursos Públicos

App AlfaCon Notes

Neste livro você encontra o **AlfaCon Notes** que é um App perfeito para registrar suas **anotações de leitura**, mantendo tudo **organizado e acessível** em seu smartphone. Deixe **sua leitura mais prática** e armazene tudo que puder! Viva a experiência AlfaCon Notes. É só seguir o passo a passo para instalação do App.

Se liga no **vídeo!**

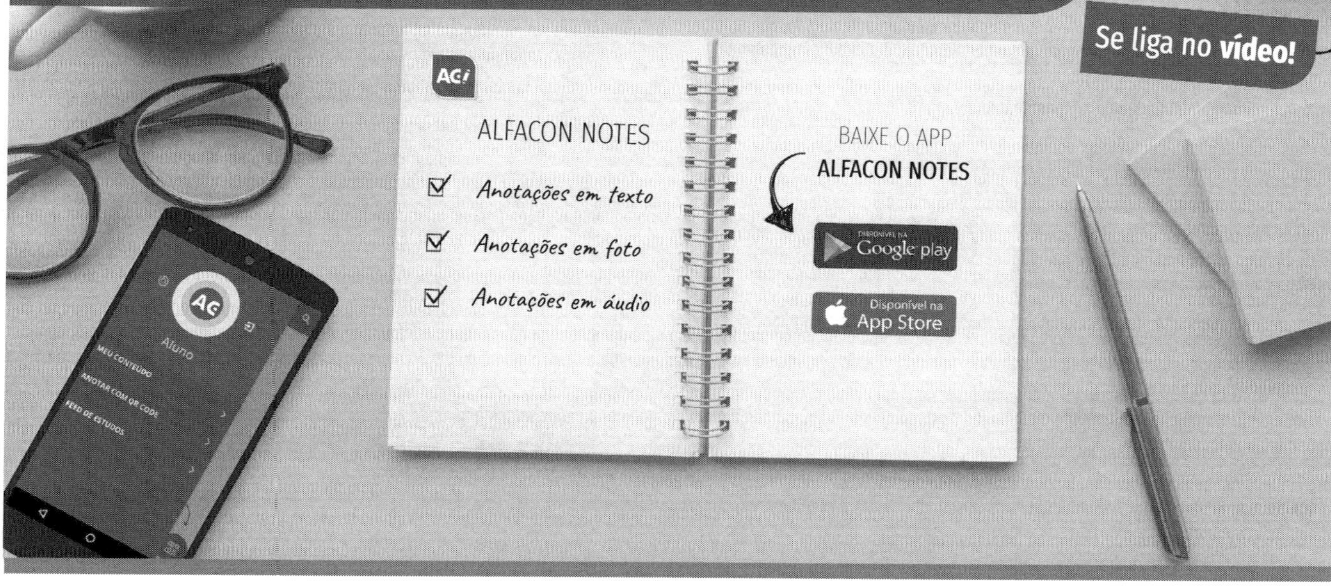

Passo 01:

Instale o **Aplicativo AlfaCon Notes** em seu smartphone.

DISPONÍVEL NA Google play

Disponível na App Store

Passo 02:

Faça o cadastro na plataforma **AlfaCon** ou entre com seu Facebook.

Passo 03:

Você terá acesso ao seu Feed de estudos, no qual poderá encontrar todas as suas anotações.

App AlfaCon Notes

Para criar uma nova anotação, clique no ícone localizado no canto inferior direito da tela.

Passo 04:

Cada tópico de seu livro contém **um Código QR** ao lado.

App AlfaCon Notes

Escolha o tópico e faça a leitura do Código QR utilizando o aplicativo AlfaCon Notes para registrar sua anotação.

Passo 05:

Pronto! Agora você poderá escolher o formato de suas anotações:

Texto:
Basta clicar no campo ***"Escreva sua anotação"*** e digitar seu comentário, **relacionado ao conteúdo** escolhido.

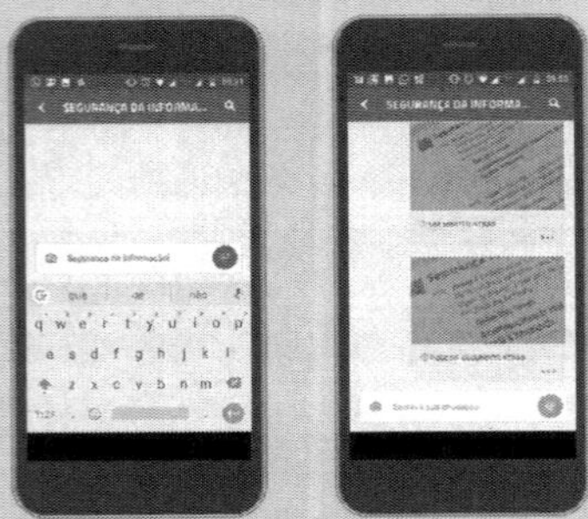

Áudio:
Clique no ícone ***"microfone"***, na lateral inferior direita, mantenha o ícone pressionado enquanto grava suas considerações de voz sobre o tópico que está lendo.

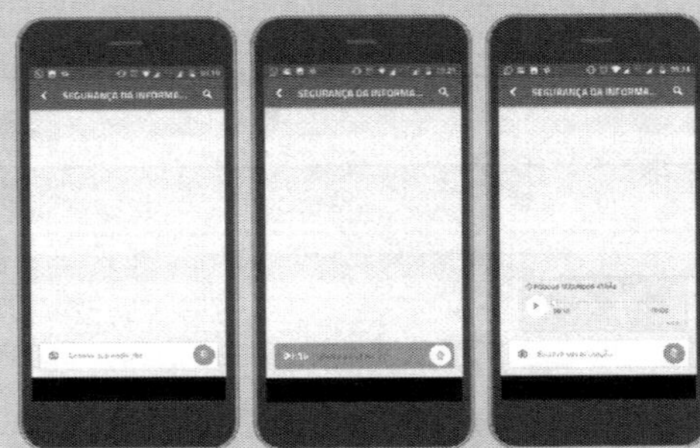

Foto:

1) Clique no ícone, na lateral **inferior esquerda**.

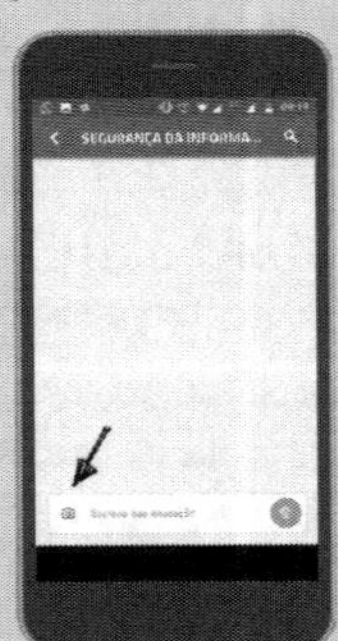

2) **Fotografe** as anotações realizadas durante sua leitura.

3) Envie no ícone na lateral **inferior direita**.

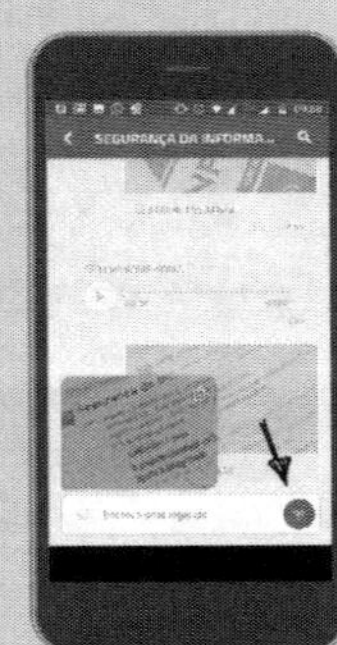

- Agora você tem suas **anotações organizadas** e sempre à mão. Elas ficarão **disponíveis** em seu smartphone.
- Pronto para essa **nova experiência?** Então, baixe o app **AlfaCon Notes** e crie suas anotações.

Mais que um livro. É uma experiência!

Utilize seu código de acesso e descubra mais sobre o seu material didático!

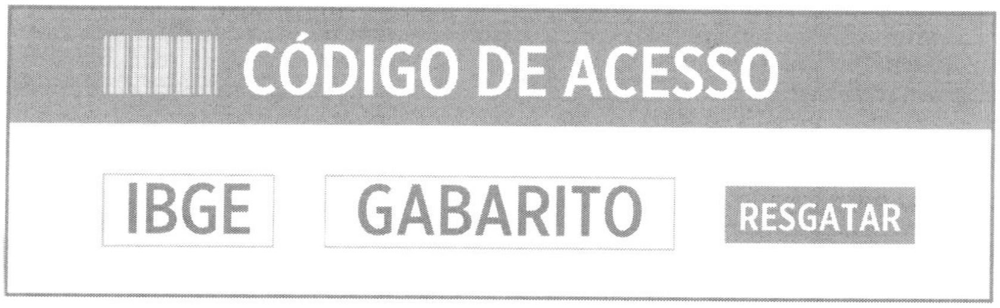

1

ACESSE O SITE:

www.alfaconcursos.com.br

CLIQUE **ENTRAR** PARA EFETUAR SEU **LOGIN**

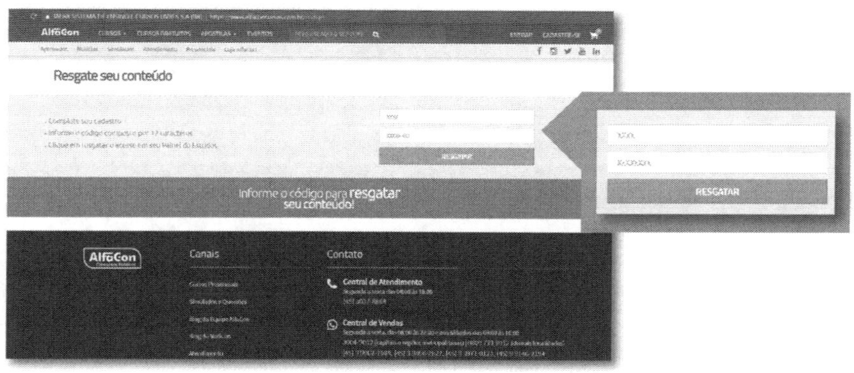

2

DIGITE O CÓDIGO:

Insira o **código** que se encontra

Na **última página** do material.

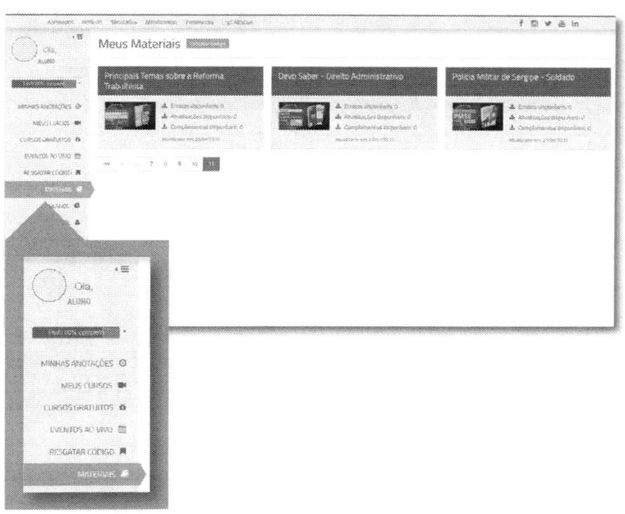

3

VISUALIZE SEUS MATERIAIS:

Você será redirecionado

para a página onde constam

os seus **materiais**

4

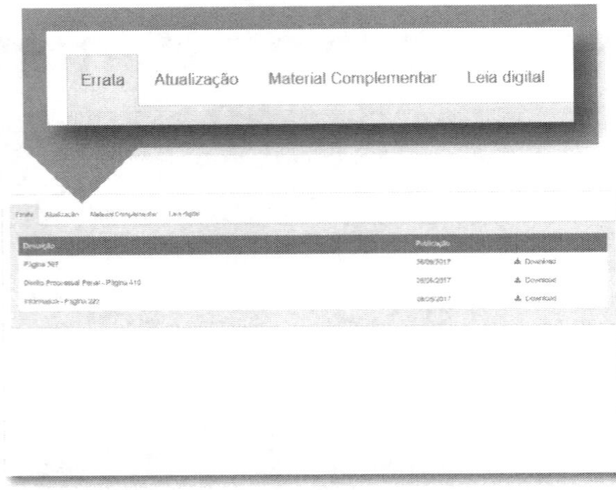

CLIQUE:
Nessa tela você terá acesso as erratas, atualizações, material complementar e o leia digital.

5

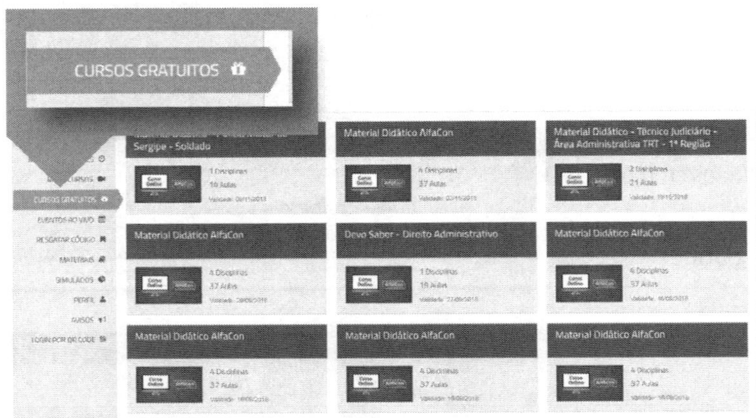

Navegue:
Nessa tela você também terá aesso ao conteúdo gratuito disponibilizado no material.

CÓDIGO DE ACESSO

IBGE | GABARITO | RESGATAR

Pronto!

Agora é só aproveitar todo o conteúdo impresso e digital que SÓ o AlfaCon proporciona para você!

COMO ESTUDAR COM SEU MATERIAL DIDÁTICO

INTRODUÇÃO

Com a profissionalização das formas de preparar-se para um concurso público, não basta simplesmente estudar o conteúdo. É preciso que sejam usadas ferramentas, como o plano de estudo, que ajudem o concurseiro na organização e manutenção do que foi visto. Por isso, organizamos esta seção, que traz indicações de como estudar para concursos. Vale destacar que as informações aqui disponibilizadas são o produto de muitos anos de experiência nessa area. Além disso, estudar de forma direcionada traz ótimos resultados para o aluno.

ORGANIZAÇÃO

A organização é fundamental e começa pelo conhecimento do edital que regrará o concurso público. Geralmente, os concursos seguem uma tendência e as matérias são previsíveis. Por isso, conhecer o conteúdo programático é essencial para um estudo eficiente. Usar o edital anterior como base é uma boa maneira de nortear os estudos; afinal, há um núcleo de matérias comuns que englobam 85% dos editais. Dessa maneira, quem estuda com base em um núcleo comum precisa somente ajustar os estudos quando os editais são publicados. Eis o segredo de uma preparação eficiente e, sobretudo, eficaz.

O PLANO DE ESTUDO

Organizar um plano de estudo é fundamental para que se estude corretamente e se tenha um aprendizado uniforme, seguindo o conteúdo programático do edital.
Depois de conhecer as disciplinas, as regras determinadas para seu concurso e as características das bancas examinadoras, é preciso construir uma tabela de horários, em que todas as matérias e atividades desenvolvidas na fase preparatória estejam dispostas.

PASSO A PASSO

ABAIXO, VOCÊ CONFERE OS PASSOS FUNDAMENTAIS PARA SUA ORGANIZAÇÃO

PASSO 1	PASSO 2	PASSO 3	PASSO 4	PASSO 5
...lecionar as disciplinas ...ue serão estudadas.	Organizar sua rotina diária: marcar pontualmente tudo o que é feito durante 24 horas, inclusive o tempo que é destinado para dormir, por exemplo.	Organizar a tabela semanal: dividir o horário para que você estude duas matérias por dia e também destine um tempo para a resolução de exercícios e/ou revisão de conteúdos.	Seguir rigorosamente o que está na tabela. Ou seja, destinar o mesmo tempo de estudo para cada matéria. Por exemplo: 2 horas diárias para cada disciplina.	Reservar um dia por semana para fazer exercícios e também simulados.

Esta tabela é uma sugestão de como você pode organizar seu plano de estudo. Para cada dia, você deve reservar um tempo para duas disciplinas e também para a resolução de exercícios e/ou revisão de conteúdos. Fique atento ao fato de que o horário precisa ser determinado por você. Ou seja, a duração e o momento do dia em que será feito o estudo é você quem escolhe.

TABELA SEMANAL

SEMANA	SEGUNDA	TERÇA	QUARTA	QUINTA	SEXTA	SÁBADO	DOMINGO
1							
2							
3							
4							

SUMÁRIO

SUMÁRIO

Sumário

1. ESTRUTURA E FORMAÇÃO DE PALAVRAS

1.1 Estrutura das Palavras

Radical

O radical é o elemento básico e significativo das palavras.

cert-o

cert-eza

in-**cert**-eza

Afixos

Afixos são elementos secundários (geralmente sem vida autônoma) que se agregam a um radical para formar palavras derivadas.

Quando são colocados antes do radical, os afixos recebem o nome de prefixos.

inativo (prefixo)

Quando surgem depois do radical, os afixos são chamados de sufixos.

igual**mente** (sufixo)

Prefixos de origem grega

a-, an-: Afastamento, privação, negação, insuficiência, carência.
Ex.: anônimo, amoral, ateu, afônico

ana- : Inversão, mudança, repetição.
Ex.: analogia, análise, anagrama, anacrônico

anfi- : Em redor, em torno, de um e outro lado, duplicidade.
Ex.: anfiteatro, anfíbio, anfibologia

anti- : Oposição, ação contrária.
Ex.: antídoto, antipatia, antagonista, antítese

apo- : Afastamento, separação.
Ex.: apoteose, apóstolo, apocalipse, apologia

arqui-, arce- : Superioridade hierárquica, primazia, excesso.
Ex.: arquiduque,arquétipo, arcebispo, arquimilionário

cata- : Movimento de cima para baixo.
Ex.: cataplasma, catálogo, catarata

di-: Duplicidade.
Ex.: dissílabo, ditongo, dilema

dia- : Movimento através de, afastamento.
Ex.: diálogo, diagonal, diafragma, diagrama

dis- : Dificuldade, privação.
Ex.: dispneia, disenteria, dispepsia, disfasia

ec-, ex-, exo-, ecto- : Movimento para fora.
Ex.: eclipse, êxodo, ectoderma, exorcismo

en-, em-, e-: Posição interior, movimento para dentro.
Ex.: encéfalo, embrião, elipse, entusiasmo

endo- : Movimento para dentro.
Ex.: endovenoso, endocarpo, endosmose

epi- : Posição superior, movimento para.
Ex.: epiderme, epílogo, epidemia, epitáfio

eu- : Excelência, perfeição, bondade.
Ex.: eufemismo, euforia, eucaristia, eufonia

hemi- : Metade, meio.
Ex.: hemisfério, hemistíquio, hemiplégico

hiper- : Posição superior, excesso.
Ex.: hipertensão, hipérbole, hipertrofia

hipo- : Posição inferior, escassez.
Ex.: hipocrisia, hipótese, hipodérmico

meta- : Mudança, sucessão.
Ex.: metamorfose, metáfora, metacarpo

para- : Proximidade, semelhança, intensidade.
Ex.: paralelo, parasita, paradoxo, paradigma

peri- : Movimento ou posição em torno de.
Ex.: periferia, peripécia, período, periscópio

pro- : Posição em frente, anterioridade.
Ex.: prólogo, prognóstico, profeta, programa

pros- : Adjunção, em adição a.
Ex.: prosélito, prosódia

proto- : Início, começo, anterioridade.
Ex.: proto-história, protótipo, protomártir

poli- : Multiplicidade.
Ex.: polissílabo, polissíndeto, politeísmo

sin-, sim- : Simultaneidade, companhia.
Ex.: síntese, sinfonia, simpatia, sinopse

tele- : Distância, afastamento.
Ex.: elevisão, telepatia, telégrafo

Prefixos de origem latina

a-, ab-, abs- : Afastamento, separação.
Ex.: aversão, abuso, abstinência, abstração

a-, ad- : Aproximação, movimento para junto.
Ex.: adjunto,advogado, advir, aposto

ante- : Anterioridade, procedência.
Ex.: antebraço, antessala, anteontem, antever

ambi- : Duplicidade.
Ex.: ambidestro, ambiente, ambiguidade, ambivalente

ben(e)-, bem- : Bem, excelência de fato ou ação.
Ex.: benefício, bendito

bis-, bi-: Repetição, duas vezes.
Ex.: bisneto, bimestral, bisavô, biscoito

circu(m) - : Movimento em torno.
Ex.: circunferência, circunscrito, circulação

cis- : Posição aquém.
Ex.: cisalpino, cisplatino, cisandino

co-, con-, com- : Companhia, concomitância.
Ex.: colégio, cooperativa, condutor

contra- : Oposição.
Ex.: contrapeso, contrapor, contradizer

de- : Movimento de cima para baixo, separação, negação.

Ex.: decapitar, decair, depor

de(s)-, di(s)- : Negação, ação contrária, separação.

Ex.: desventura, discórdia, discussão

e-, es-, ex- : Movimento para fora.

Ex.: excêntrico, evasão, exportação, expelir

en-, em-, in- : Movimento para dentro, passagem para um estado ou forma, revestimento.

Ex.: imergir, enterrar, embeber, injetar, importar

extra- : Posição exterior, excesso.

Ex.: extradição, extraordinário, extraviar

i-, in-, im- : Sentido contrário, privação, negação.

Ex.: ilegal, impossível, improdutivo

inter-, entre- : Posição intermediária.

Ex.: internacional, interplanetário

intra- : Posição interior.

Ex.: intramuscular, intravenoso, intraverbal

intro- : Movimento para dentro.

Ex.: introduzir, introvertido, introspectivo

justa- : Posição ao lado.

Ex.: justapor, justalinear

ob-, o- : Posição em frente, oposição.

Ex.: obstruir, ofuscar, ocupar, obstáculo

per- : Movimento através.

Ex.: percorrer, perplexo, perfurar, perverter

pos- : Posterioridade.

Ex.: pospor, posterior, pós-graduado

pre- : Anterioridade .

Ex.: prefácio, prever, prefixo, preliminar

pro- : Movimento para frente.

Ex.: progresso, promover, prosseguir, projeção

re- : Repetição, reciprocidade.

Ex.: rever, reduzir, rebater, reatar

retro- : Movimento para trás.

Ex.: retrospectiva, retrocesso, retroagir, retrógrado

so-, sob-, sub-, su- : Movimento de baixo para cima, inferioridade.

Ex.: soterrar, sobpor, subestimar

super-, supra-, sobre- : Posição superior, excesso.

Ex.: supercílio, supérfluo

soto-, sota- : Posição inferior.

Ex.: soto-mestre, sota-voga, soto-pôr

trans-, tras-, tres-, tra- : Movimento para além, movimento através.

Ex.: transatlântico, tresnoitar, tradição

ultra- : Posição além do limite, excesso.

Ex.: ultrapassar, ultrarromantismo, ultrassom, ultraleve, ultravioleta

vice-, vis- : Em lugar de.

Ex.: vice-presidente, visconde, vice-almirante

Desinências

Desinências são os elementos terminais indicativos das flexões das palavras.

Existem dois tipos:

Desinências nominais: flexões de gênero (masculino e feminino) e de número (singular e plural).

Ex.: alun**o**/aluno**s**/alun**a**/aluna**s**

Em palavras como mesa, tribo, por exemplo, não temos desinência nominal de gênero. Já em pires, lápis, ônibus não temos desinência nominal de número.

Desinências verbais: indicam as flexões de número e pessoa e de modo e tempo dos verbos.

Ex.: escolh**o** (indica 1ª pessoa do singular/modo indicativo/tempo: presente)

Vogal temática

Vogal temática é a vogal que se junta ao radical, preparando-o para receber as desinências.

Nos verbos, distinguem-se três vogais temáticas:

A: Caracteriza os verbos da 1ª conjugação: buscar, buscavas etc.

E: Caracteriza os verbos da 2ª conjugação: bater, batemos etc.

I: Caracteriza os verbos da 3ª conjugação: permitir, permitirá etc.

1.2 Processos de Formação de Palavras

Derivação

Processo pelo qual novas palavras são formadas a partir de uma palavra, denominada *primitiva*, pelo acréscimo de novos elementos que modificam ou alteram o sentido primitivo. As novas palavras, assim formadas, são chamadas *derivadas*.

Os processos de derivação podem ocorrer de diversas maneiras:

Derivação prefixal: ocorre quando há o acréscimo de um **prefixo** ao radical.

contrapor: contra + por
prefixo radical

Derivação sufixal: ocorre quando há o acréscimo de um **sufixo** ao radical.

felizmente: feliz + mente
radical sufixo

Derivação prefixal e sufixal: ocorre quando há o acréscimo simultâneo de um **sufixo** e um **prefixo** ao radical.

infelizmente: in + feliz + mente
prefixo radical sufixo

Derivação Parassintética: ocorre quando há o acréscimo simultâneo de um **sufixo** e um **prefixo** ao radical, de forma que a palavra não exista só com o prefixo ou só com o sufixo:

empobrecer: em + pobre + cer
prefixo radical sufixo

Note que a palavra infelizmente, formada por prefixo e sufixo, pode ser formada somente com prefixo ou somente com sufixo. Essa possibilidade não existe no caso de empobrecer. Essa é a diferença entre derivação parassintética e prefixal e sufixal.

Derivação regressiva: ocorre quando há a eliminação de sufixos ou desinências. Na maioria das vezes, são substantivos formados a partir de verbos.

Ex.: consumir – consumo

Derivação imprópria: ocorre quando há mudança na classe gramatical.

Temos que fechar bem os armários, pois nessa época aparecem **baratas**.
substantivo

Compramos várias coisas, pois achamos que estavam muito **baratas**.
adjetivo

A sala estava cheia de **crianças**.
substantivo

Apesar de adulto, ele ainda é muito **criança**.
substantivo adjetivado

Uma palavra pode exercer diferentes funções em uma oração. Por isso, é importante observar o sentido do que ela representa para identificar a classe gramatical.

Eu amo meu **trabalho**!

Eu **trabalho** muito!

Composição

Processo pelo qual novas palavras são formadas através da união de dois radicais. A composição pode ser por aglutinação ou justaposição.

Composição por justaposição: quando não há alteração fonética nos radicais.

Exs.:

Pontapé: ponta + pé

Pé-de-meia: pé + de + meia

Composição por aglutinação: quando há alteração fonética nos radicais.

Planalto: plano + alto

Fidalgo: filho + de + algo

Hibridismo

As palavras formadas por elementos provenientes de diferentes línguas são denominadas hibridismos.

Exs.:

Bis + avô: bisavô
Radical latino

Crono + metro: cronômetro
Radical grego

Onomatopeia

São as palavras que imitam sons.

Exs.:

Tique-taque

Reco-reco

Pingue-pongue

Questões

01. (FUNCAB) O elemento destacado em ANTIbiótico significa:

a) repetição.
b) embaixo de
c) movimento para trás.
d) movimento para dentro.
e) oposição.

02. (CESGRANRIO) Algumas palavras são formadas pelo acréscimo de prefixos ou de sufixos. É o caso de "contracultura", que é formada pela combinação entre o prefixo "contra" e a palavra "cultura". O grupo que é formado por palavras em que "contra" é um prefixo que expressa "sentido contrário" é

a) contraexemplo, contraveneno
b) contrátil, contraespionagem
c) contrassenha, contratual
d) contratura, contraversão
e) contração, contrato

03. (FGV) Os vocábulos "aliena" e "alienante" são chamados cognatos por pertencerem à mesma família de palavras.

Assinale a opção que apresenta os vocábulos que não pertencem à mesma família.

a) Estudar / estudante
b) Ler / leitura
c) Ver / visão
d) Escrever / escrivão
e) Amar / amizade

04. (FGV) "... acabar com os criadouros de mosquitos".

O vocábulo sublinhado tem um sufixo (-douro) indicando "lugar", que também está presente em

a) "No ano vindouro, pretendia viajar à Europa."
b) "Com a crise, o bebedouro estava quase seco."
c) "Nutria por ela um sentimento duradouro."
d) "Pretendia criar algo imorredouro."
e) "Passou por intenso suadouro no verão."

05. (Vunesp) Assinale a alternativa que é formada por prefixo.

a) Máquina.
b) Brilhantismo.
c) Hipertexto.
d) Textualidade.
e) Arquivamento.

06. (FGV) Assinale a alternativa que mostra um vocábulo do texto formado sem a ajuda de um prefixo.

a) Descriminalização.
b) Impróprio.
c) Anteprojeto.
d) Desintoxicação.
e) Internação.

07. (Vunesp) A forma plural das palavras está correta na alternativa:

a) A empresa foi condenada por não pagar os salário-famílias.

b) Preferimos evitar males-entendidos; é melhor pacificar os ânimos.

c) As reuniões ocorrem sempre às segundas-feiras pela manhã.

d) Tomamos conhecimento dos abaixos-assinados apresentados pelos grevistas.

e) Já foram publicados os decreto-leis?

08. (Vunesp) Observe a forma verbal destacada na frase:

A internet é um espaço usado para **compartilhar** mensagens e imagens.

O verbo **compartilhar** é formado com o acréscimo do prefixo **com**, que indica união, companhia, à forma **partilhar**.

Assinale a alternativa cujo termo destacado contém um prefixo com sentido equivalente ao de **compartilhar**.

a) O homem confessou **compactuar** com os colegas na execução do crime.

b) Nossa família decidiu **comprar** uma casa maior.

c) A palestra deverá **começar** em instantes.

d) O atleta olímpico não teve condições de **completar** a prova.

e) O uso incorreto da medicação poderá **complicar** o estado do paciente.

09. (FUNCAB) Em "...externamos nossos sentimentos para vivê-los mais INTENSAMENTE" e

"Os amores silenciosos podem provocar o CHORO", as palavras destacadas são formadas, respectivamente, a partir de processos de:

a) derivação sufixal e composição por justaposição.

b) composição por justaposição e derivação regressiva.

c) derivação sufixal e derivação regressiva.

d) derivação regressiva e derivação parassintética.

e) derivação parassintética e derivação prefixal.

10. (FCC) Das palavras a seguir, a única formada por derivação prefixal e sufixal é

a) destinação.

b) desocupação.

c) criminológico.

d) carcereiro.

e) preventivamente.

11. (IBFCI) Considerado a estrutura das palavras abaixo, percebe-se que em todas elas os prefixos aproximam-se quanto ao valor semântico, EXCETO em uma. Assinale-a.

a) "impróprias"

b) "desníveis"

c) "coabitamos"

d) "irregulares"

12. (IOBV) "Infelizmente as cheias de 2011 castigaram de forma severa o Vale do Itajaí."

Na frase acima (elaborada para fins de concurso) temos o caso da expressão "Infelizmente". A palavra pode ser assim decomposta: in + feliz + mente. Aponte qual a função da partícula in dentro do processo de estruturação das palavras.

a) Radical.

b) Sufixo.

c) Prefixo.

d) Interfixo.

13. (FUNRIO) Um publicitário recebeu a incumbência de criar o nome de um novo brinquedo a ser lançado no mercado. Tratava-se de um boneco de aparência sobrenatural com oito tentáculos. Usando corretamente o radical erudito correspondente ao número oito, o publicitário apresentou ao cliente a palavra:

a) exomístico.

b) octamístico.

c) hexamístico.

d) hipomístico.

e) heptamístico.

14. (FGV) Entre os substantivos abaixo, aquele que NÃO é formado a partir de verbo é:

a) Constituição;

b) pressão;

c) inclusão;

d) redução;

e) população.

15. (CONSESP) A palavra "recriar" tem como prefixo "re" que dá ideia de:

a) abastecer.

b) criar novamente.

c) divertir.

d) atravessar.

e) delatar.

16. (FGV) Neologismo é o processo de criação de uma palavra devido à necessidade de designar novos objetos ou novos conceitos ligados às áreas tecnológica, artística, econômica, esportiva etc.

Assinale a frase que mostra um exemplo de neologismo.

a) "Quem inventou o trabalho não tinha o que fazer." (Barão de Itararé)

b) "Apaixonar-se é criar uma religião que tem um deus falível." (Borges)

c) "Nem ditadura, nem democratura... liberdade!" (Higgins)

d) "Paranoia é a ilusão de que seus inimigos estão organizados." (A. Hlavaty)

e) "E ninguém é eu, e ninguém é você. Esta é a solidão." (Clarice Lispector)

Gabaritos

01	E	09	C
02	A	10	B
03	E	11	C
04	B	12	C
05	C	13	B
06	E	14	E
07	C	15	B
08	A	16	C

2. MORFOLOGIA - SUBSTANTIVO E ADJETIVO

2.1 Substantivo

Todos os seres recebem nomes, e este nome é a classe gramatical chamada substantivo. Os substantivos nomeiam os seres: pessoas, objetos, fenômenos, sentimentos, qualidades, lugares ou ações. Observe os exemplos:

Exs.:

O **carro** está estacionado na **rua**.

objeto lugar

Estava cansada da **corrida**.

ação

A **sinceridade** é uma virtude desejável nos amigos.

qualidade

A **chuva** nos obrigou a cancelar, com **tristeza**, a festa na piscina.

fenômeno estado

Os substantivos são classificados em:

Comum

São os substantivos que indicam nomes comuns, como os que aparecem no início deste capítulo: carro, rua, chuva. Não indicam nada específico.

Próprio

São os substantivos que individualizam os seres. Nesta classe estão os nomes próprios:

Maria Clara
Porto Alegre
Pernambuco
Japão

Classificam-se, aqui, os nomes próprios de:

Pessoas
Cidades
Estados
Países
Rios
Ruas

> *Os substantivos próprios se diferem dos comuns porque devem ser escritos com a inicial maiúscula.*

Concreto

São os substantivos que indicam seres (reais ou imaginários) cuja existência é independente de outros seres.

Ex.: *Casa, Brasil, cama, fada.*

Abstrato

São os substantivos que indicam seres (reais ou imaginários) cuja existência depende de outros seres.

Exs.: Banho: **Alguém** toma banho.

Cansaço: **Alguém** fica cansado.

Felicidade: **Alguém** fica feliz.

Portanto, são abstratos os substantivos que indicam sentimentos, ações, estados e qualidades.

> *Tradicionalmente, estuda-se a noção de substantivo concreto ou abstrato considerando abstratos os substantivos que indicassem seres invisíveis, como os sentimentos. Porém, é preciso atentar-se ao fato de que os fenômenos da natureza, como vento e calor, embora não sejam palpáveis, tem existência independente e, por isso, são substantivos concretos.*

Coletivo

São substantivos comuns que, apesar de estarem no singular, indicam mais de um ser da mesma espécie.

Exs.: Enxame: grupo de insetos.

Manada: grupo de búfalos, elefantes ou cavalos.

Século: período de cem anos.

Relação de Alguns Substantivos Coletivos

Acervo: bens patrimoniais, obras de arte;
Alavão: ovelhas leiteiras;
Álbum: fotografias, selos;
Alcateia: lobos, feras;
Antologia: reunião de textos literários;
Armada: navios de guerra;
Arquipélago: ilhas;
Arsenal: armas;
Assembleia: parlamentares, membros de associações;
Atilho: espigas;
Atlas: mapas reunidos em livros;
Bagagem: objetos de viagem;
Baixela: utensílios de mesa;
Bandeira: garimpeiros, exploradores de minérios;
Banca: examinadores, advogados;
Banda: músicos;
Bandeira: exploradores;
Bando: aves, ciganos, crianças, salteadores;
Batalhão: soldados;
Bateria: peças de guerra ou de cozinha; instrumentos de percussão;
Biblioteca: livros;
Boiada: bois;
Boana: peixes miúdos;
Cabido: cônegos (conselheiros de bispo);
Cacho: bananas, uvas, cabelos;
Cáfila: camelos;
Cainçalha: cães;
Cambada: caranguejos, malandros, chaves;
Cancioneiro: canções, de poesias líricas;

Canzoada: cães;
Caravana: viajantes, peregrinos, estudantes;
Cardume: peixes;
Casario: casas;
Caterva: desordeiros, vadios;
Choldra: assassinos, malfeitores, canalhas;
Chusma: populares, marinheiros, criados;
Cinemateca: filmes;
Claque: pessoas pagas para aplaudir;
Clero: a classe dos clérigos (padres, bispos, cardeais...);
Clientela: clientes de médicos, de advogados;
Código: leis;
Conciliábulo: feiticeiros, conspiradores;
Concílio: bispos em assembleia;
Conclave: cardeais para a eleição do Papa;
Colmeia: cortiço de abelhas;
Confraria: pessoas religiosas;
Congregação: professores, religiosos;
Conselho: vereadores, diretores, juízes, militares;
Consistório: cardeais, sob a presidência do Papa;
Constelação: estrelas;
Corja: vadios, tratantes, velhacos, ladrões;
Coro: anjos, cantores;
Corpo: jurados, eleitores, alunos;
Correição: formigas;
Cortiço: abelhas, casas velhas;
Elenco: atores, artistas;
Enxame: abelhas, insetos;
Enxoval: roupas e adornos;
Esquadra: navios de guerra;
Esquadrilha: aviões;
Falange: soldados, anjos;
Fato: cabras;
Fauna: animais de uma região;
Feixe: lenha, capim, varas;
Filmoteca: filmes;
Fornada: pães, tijolos;
Frota: navios mercantes, ônibus;
Galeria: quadros, estátuas;
Girândola: foguetes, fogos de artifício;
Grei: gado miúdo, paroquianos, políticos;
Hemeroteca: jornais, revistas;
Hostes: inimigos, soldados;
Irmandade: membros de associações religiosas ou beneficentes;
Junta: médicos, credores, examinadores;
Júri: jurados;
Legião: anjos, soldados, demônios;
Magote: pessoas, coisas;
Malta: desordeiros, ladrões, bandidos, capoeiras;
Mapoteca: mapas;
Matilha: cães de caça;
Matula: desordeiros, vagabundos, vadios;
Magote: pessoas, coisas;
Manada: bois, búfalos, elefantes, porcos;
Maquinaria: máquinas;
Miríade: astros, insetos, anjos;
Molho: chaves, verdura, capim;
Multidão: pessoas;
Ninhada: pintos;
Nuvem: gafanhotos, mosquitos, poeira;
Panapaná: borboletas em bando migratório;
Pelotão: soldados;
Penca: bananas, chaves, frutos;
Pente: balas de arma automática;
Pinacoteca: quadros, telas;
Piquete: soldados montados, grevistas;
Plantel: atletas, animais de raça;
Plateia: espectadores;
Plêiade: poetas, artistas;
Pomar: árvores frutíferas;
Prole: filhos de um casal;
Quadrilha: ladrões, bandidos, assaltantes;
Ramalhete: flores;
Rancho: pessoas em passeio ou jornada, romeiros;
Récua: cavalgaduras (bestas de carga);
Rebanho: ovelhas, carneiros, cabras, reses;
Renque: árvores, pessoas ou coisas enfileiradas;
Repertório: peças teatrais ou musicais interpretadas por artistas;
Resma: quinhentas folhas de papel;
Réstia: cebolas, alhos;
Revoada: aves voando;
Ronda: grupo de soldados que percorre as ruas garantindo a ordem;
Rol: lista, relação (de pessoas ou coisas);
Ror: grande quantidade de coisas;
Roda: pessoas, amigos;
Romanceiro: conjunto de poesias narrativas;
Súcia: pessoas desonestas, velhacos, patifes;
Sínodo: párocos (sacerdotes, vigários);
Tertúlia: amigos, intelectuais em reunião;
Talha: lenha;
Tríade: conjunto de três pessoas ou três coisas;
Tríduo: período de três dias;
Tripulação: aeroviários, marinheiros;
Tropilha: cavalos;
Tropa: muares;
Trouxa: roupas;
Turma: estudantes, trabalhadores;
Vara: porcos;
Vocabulário: palavras.

2.2 Flexão do Substantivo

O substantivo é uma classe variável. Ou seja: os nomes sofrem alterações (variações) para indicar gênero, número e grau.

gato (**substantivo masculino)**

gata (**mudança de gênero: feminino)**

gatinha (**mudança de grau: diminutivo)**

gatão (**mudança de grau: aumentativo)**

A alteração do substantivo para formar o feminino não ocorre em todos os casos e nem sempre da mesma maneira. Acontecerá nos substantivos biformes, que são os que apresentam uma forma para o masculino e outra para o feminino.

Formação do Feminino

Nos substantivos biformes, alguns casos, por indicarem nomes de seres vivos, geralmente indicam o sexo ao qual pertence o ser, apresentando uma forma para o masculino e outra para o feminino.

Exs.: menino – menina
leão – leoa

O feminino pode ser formado de diferentes formas:

> Alterando a terminação o por a:
aluno – aluna.

> Alterando a terminação e por a:
mestre – mestra.

> Acrescentando a no final da palavra:
português – portuguesa.

> Alterando a terminação ão por ã, oa ou ona:
Exs.: aldeão – aldeã;
varão – varoa;
comilão – comilona.

> Acrescentando esa, essa, isa, ina ou triz:
Exs.: barão – baronesa;
ator – atriz.

Em alguns casos, o feminino é indicado com uma palavra diferente:

Exs.: homem – mulher;
carneiro – ovelha.

Substantivos Uniformes

Em alguns casos, há apenas um substantivo para indicar tanto o sexo feminino quanto o masculino. Esses substantivos classificam-se em:

Epicenos

São os substantivos uniformes que indicam nomes de animais e para especificar o sexo, utiliza-se macho ou fêmea.

Exs.: a girafa fêmea;
a girafa macho.

Sobrecomuns

São substantivos uniformes que indicam tanto masculino quanto feminino. A identificação do sexo correspondente se dará através do contexto.

O indivíduo (**homem ou mulher).**

Criança de oito anos comove público ao competir em triatlo carregando irmão deficiente.

Comovente a atitude de Noah Aldrich, de 8 anos, que não queria participar sozinho de uma competição de triatlo infantil nos Estados Unidos e resolveu levar o irmão caçula, Lucas, de 6 anos, com ele. Porém, Lucas sofre de deficiência cerebral, que o impede de andar ou falar. Noah se preparou durante três meses para as provas de natação, corrida e ciclismo e usou um carrinho, uma bicicleta e um pequeno bote adaptado para que Lucas pudesse acompanhá-lo.

Fonte: http://amazonrunners1.blogspot.com.br/2014/07/menino-de-oito-anos-comove-publico-ao.html (adaptado)

Comuns de dois gêneros

São substantivos que utilizam a mesma forma para indicar tanto o masculino quanto o feminino. A diferença, nesse caso, é o artigo, que será variável para indicar o sexo:

Exs.:

O colega;

A colega;

O chefe;

A chefe.

Mudança de gênero com mudança de sentido

Em alguns casos, a mudança de gênero implicará na mudança de sentido do substantivo.

Exs.:

O moral: ânimo;

A moral: caráter;

O capital: valores (bens ou dinheiro);

A capital: cidade;

O cabeça: líder;

A cabeça: parte do corpo;

O grama: unidade de medida de peso;

A grama: planta rasteira;

O rádio: aparelho sonoro;

A rádio: estação;

2.3 Adjetivo

A palavra que caracteriza o substantivo é chamada adjetivo. Estas características, denominadas qualidades, podem ser positivas ou negativas.

Formação do Adjetivo

O adjetivo, assim como o substantivo, pode ser formado de diversas maneiras. Ele pode ser:

Primitivo

Quando não é derivado de nenhuma outra palavra:

Ex.: A menina era tão **bonita**!

Derivado

Quando deriva de outras palavras, como verbos ou substantivos:

Ex.: Rancorosa, a avó não quis atender o neto.

(derivado do substantivo rancor)

Simples

Assim como ocorre no substantivo, o adjetivo simples é aquele formado por apenas um radical:

Ex.: As ruas da cidade estão **agitadas**.

Composto

Assim como ocorre no substantivo, o adjetivo composto é aquele formado por mais de um radical:

Ex.: A Literatura **afro-brasileira** vem ganhando destaque.

O adjetivo não aparece sozinho na oração, sem um substantivo que o complemente. Quando isso acontecer, ele assumirá a função de substantivo. Observe:

Exs.: O professor carioca se adaptou bem ao Norte.

O carioca se adaptou bem ao Norte.

No primeiro enunciado, o termo carioca expressa uma característica ao substantivo professor. No segundo caso, não há substantivo, e o termo carioca assume a função de substantivo, sendo precedido por um artigo.

Questões

01. (FGV) Assinale a opção em que o adjetivo sublinhado indica uma qualidade ou um defeito do substantivo.

a) presunto francês.

b) pintura antiga.

c) sujeito desprezível.

d) parede descascada.

e) pele manchada.

02. (EsFCEx - 2016) Analise as afirmativas abaixo, colocando entre parênteses a letra V, quando se tratar de afirmativa verdadeira, e a letra F, quando se tratar de afirmativa falsa. Em seguida, assinale a alternativa que apresenta a sequência correta.

( ) As palavras cabido, falange e plêiade são classificadas como substantivos coletivos referentes a conjuntos de pessoas.

( ) As palavras junta, piara e ruma são consideradas substantivos coletivos utilizados para se referir a grupos de coisas ou objetos.

( ) As palavras cordão, fato e lotepodem ser utilizadas como substantivos coletivos para designar grupos de animais.

a) V - V - V

b) F - V - F

c) V - F - V

d) F - F - V

e) V - V - F

03. (EsSA - 2014) No período " Tinha o coração grosso, queria responsabilizar alguém pela sua desgraça", os vocábulos em destaque são, respectivamente

a) adjetivo e substantivo.

b) pronome indefinido e adjetivo

c) pronome adjetivo e substantivo.

d) substantivo e adjetivo.

e) advérbio de intensidade e substantivo.

Gabaritos

01	C	03	A
02	C		

3. MORFOLOGIA - ARTIGO, INTERJEIÇÃO E NUMERAL

3.1 Artigo

Observe a oração a seguir:

Uma ligação mudou meu dia: era o médico de minha mãe, dizendo que eu podia buscá-la.

O artigo é um nome que acompanha o substantivo, definindo-o. Observe que no primeiro caso destacado, o artigo indefine o substantivo, mostrando que é uma ligação como qualquer outra, nada específico. Já no segundo caso temos um artigo definido, especificando a pessoa: não era um médico indeterminado, mas o médico específico.

Observa-se, portanto, que o artigo classifica-se em definido ou indefinido.

Artigo definido: utilizado para especificar o substantivo - *o, a, os, as.*

Ex.: A encomenda chegou.

Artigo indefinido: utilizado para apresentar o substantivo como algo não específico, como parte de um grupo, e não um ser determinado.

Encontrei **uma** vizinha na festa.

Combinações e Contrações dos Artigos				
Preposições	Artigos			
	o, os	a, as	um, uns	uma, umas
a	ao, aos	à, às	-	-
de	do, dos	da, das	dum, duns	duma, dumas
em	no, nos	na, nas	num, nuns	numa, numas
por (per)	pelo, pelos	pela, pelas	-	-

3.2 Interjeição

Observe o exemplo a seguir:

Ex.: Cuidado! O piso está molhado.

Algumas palavras são utilizadas para expressar advertência, surpresa, alegria etc. Essas palavras são classificadas como interjeições. Geralmente, aparecem sozinhas na frase, podendo ser seguidas ou não por ponto de exclamação:

Exs.: Parabéns! O trabalho ficou lindo!

Adeus, meninas, foi um prazer conhecê-las.

Aleluia! Meu projeto ficou pronto!

Puxa! A festa foi maravilhosa!

Locução Interjetiva

Em alguns casos, a interjeição poderá ser formada por mais de uma palavra:

Exs.: Meu Deus! Você viu essa notícia?

Que pena, não conseguirei chegar a tempo.

Advertência	Calma! Olha! Cuidado! Atenção!
Agradecimento	Obrigado!
Alegria	Oh! Oba! Viva!
Alívio	Ufa!
Animação	Força! Coragem! Firme!
Apelo	Psiu! Hei! Socorro!
Aplauso	Parabéns! Ótimo! Viva! Bis!
Concordância	Pois não! Claro! tá!
Desejo	Tomara! Oxalá!
Dor	Ai! Ui! Que pena!
Admiração	Opa! Puxa!
Pena	Coitado!
Satisfação	Boa! Oba! Opa! Upa!
Saudação	Olá! Salve! Adeus! Viva! Alô!
Silêncio	Calada! Silêncio! Psiu!
Susto	Valha-me, Deus! Nossa!
Medo	Credo! Cruzes! Ui!

3.3 Numeral

Outra classe de palavras que se relaciona com o substantivo é o numeral. Observe as orações a seguir:

Exs.: Comprei maçãs hoje cedo.

Comprei **quatro** maçãs hoje cedo.

O numeral especifica o substantivo dando a ideia de quantidade, ordem, multiplicação ou fração. Observe os exemplos:

Exs.: Encontrei **dois** amigos do tempo da faculdade.
(quantidade)

Ele foi classificado em **segundo** lugar na prova.
(ordem)

O preço daqui é quase o **dobro** do que era no ano passado.
(multiplicação)

Metade das contas foi paga com atraso.
(fração)

De acordo com a ideia expressa pelo numeral é que se fará sua classificação. O numeral pode ser:

Cardinal

Quando expressa a ideia de quantidade: um, oito, trinta.

Ordinal

Quando expressa a ideia de ordem: primeiro, décimo, milésimo

Multiplicativo

Quando expressa a ideia de multiplicação: dobro, triplo, quádruplo.

Fracionário

Quando expressa a ideia de fração: terço, sexto, oitavo.

Questões

01. O artigo (definido ou indefinido) tem a capacidade de substantivar qualquer palavra; ou seja, transformá-la em substantivo. Indique a opção em que ocorre substantivação de um advérbio:

a) O bonito é te ver sorrir.

b) Ambas as crianças estão vestindo azul.

c) Fui falar com uma garota e recebi um não como resposta.

d) Todos os candidatos são incompetentes.

e) A Fernanda canta muito bem.

02.

"Ah, como eu queria voltar a ser criança!"

"Hum! Esse pudim estava maravilhoso!"

"Puxa! Hoje não foi meu dia de sorte!"

As frases apresentadas indicam:

a) Preposição

b) Interjeição

c) Conjunção

d) Nenhuma das alternativas

03. Marque a opção CORRETA quanto à classificação dos numerais a seguir: quatrocentos – sexagésimo – sétuplo

a) cardinal – ordinal – multiplicativo.

b) arábico – cardinal – ordinal.

c) cardinal – cardinal – multiplicativo.

d) arábico – multiplicativo – multiplicativo.

e) cardinal – cardinal – ordinal.

Gabaritos

01	C	03	A
02	B		

4. MORFOLOGIA - ADVÉRBIO, CONJUNÇÃO E PREPOSIÇÃO

4.1 Advérbio

Observe os exemplos a seguir:

Pegamos nossas coisas **rapidamente**.
Modo

Corremos muito **naquele dia**.
Tempo

A menina caiu **na escada**.
Lugar

O advérbio indica ou modifica a ação expressa pelo verbo. Pode indicar:

Tempo	Ontem, hoje, agora, já, sempre etc.
Lugar	Aqui, lá, perto, longe etc.
Modo	Rapidamente, tranquilamente (a maioria dos advérbios de modo terminará em -mente).
Intensidade	Muito, pouco, tão, tanto etc.
Afirmação	Sim, certamente etc.
Negação	Não, tampouco etc.
Dúvida	Talvez, porventura, possivelmente etc.

Locução Adverbial

Os netos foram almoçar **apressadamente**.
Advérbio de modo

Os netos foram almoçar **com pressa**.
Locução adverbial

Considera-se locução adverbial o conjunto de duas ou mais palavras que formam o advérbio, como no caso acima, em que "com pressa" é o advérbio de modo.

Exs.: O casal se animou com o passeio **a cavalo**.

A entrevista foi feita **ao vivo**.

Os filhos almoçam com ele **de vez em quando**.

Adjetivos Adverbializados

Observe a afirmação a seguir, que faz parte de uma crônica de Luis Fernando Veríssimo:

"A sintaxe é uma questão de uso, não de princípios. Escrever bem é escrever claro, não necessariamente certo. Por exemplo: dizer "escrever claro" não é certo mas é claro, certo?"

Escrever **claro** = escrever **claramente**.

Escrever **certo** = escrever **corretamente**.

Os adjetivos adverbializados são adjetivos empregados no lugar do advérbio. Normalmente isso ocorre na linguagem coloquial.

4.2 Conjunção

Conjunção é o elemento que liga duas orações ou dois termos em uma mesma oração.

Ela é uma menina doce, **mas** quando precisa, vira uma fera.

As aulas vão começar **logo que** o professor chegar.

Ela pode ser:

Coordenativa: Quando liga duas orações independentes:

Ex.: Vendeu tudo **e** mudou de cidade.

Subordinativa: Quando liga duas orações dependentes:

Ex.: Soube **que** a empresa vai fechar.

Classificação das Conjunções

Coordenativas

Aditivas: E, nem, mas também, como também, bem como, mas ainda.

Adversativas: Mas, porém, todavia, contudo, pelo contrário, não obstante, apesar de.

Alternativas: Ou...ou, ora.... ora, quer.... quer.

Explicativas: Pois (antes do verbo), porque, que, porquanto.

Conclusivas: Pois (depois do verbo), logo, portanto, por conseguinte, por isso.

Subordinativas

Temporais

Quando, enquanto, logo que, desde que, assim que, até que.

Mal será conjunção subordinativa temporal quando equivaler a logo que:

Mal cheguei e já me cobraram o projeto.

Causais: Porque, visto que, já que, uma vez que, como, desde que.

Condicionais: Se, caso, contanto que, desde que, salvo se.

Proporcionais: À medida que, à proporção que, ao passo que.

Finais: fim de que, para que.

Consecutivas: De modo que, de maneira que, de sorte que, que, para que.

Concessivas: Embora, conquanto, se bem que, ainda que, mesmo que.

Comparativas: Como, tal qual, assim como, tanto quanto.

Conformativas: Conforme, segundo, como.

Integrantes:

Que, se.

As conjunções integrantes introduzem orações substantivas (que equivalem a substantivos):

Ex.: Não sei se ele virá (não sei da sua **vinda**).

4.3 Preposição

Observe o exemplo a seguir:

Exs.: Gosto muito das músicas **de** Chico Buarque;

Chegou da viagem **com** febre.

As palavras em destaque estabelecem uma relação entre outros termos. Elas são chamadas de preposição. São elas:

A, ante, após, até, com, contra, de, desde, em, entre, para, pelo, perante, por, sem, sobre, sob, trás.

Algumas palavras pertencentes a outras classes gramaticais podem, eventualmente, aparecer como preposição em alguns casos. Por exemplo: salvo, fora, durante, segundo etc.

As preposições podem ser:

> Essenciais: quando são sempre preposição. São as palavras listadas acima;
> Acidentais: quando não são preposições essenciais mas em alguns casos exercem a função de preposição;
> Puras: quando não há junção com artigo;
> Contrações: quando aparecem junto com o artigo. Por exemplo: de+a, per+o etc.

Relação estabelecida pela preposição	
Assunto	Conversamos **sobre** a viagem.
Autoria	Apaixonei-me por um quadro **de** Picasso.
Causa	Foi preso **por** roubar dinheiro público.
Companhia	Fui jantar com meu marido.
Conteúdo	Traga, por favor, um copo **de** (com) água.
Destino	Vou **para** casa mais cedo.
Distância	A casa fica **a** duas quadras da praça.
Finalidade	Eles vieram **para** a palestra.
Instrumento	Ele abriu a embalagem **com** uma faca.
Limite	As meninas correram **até** a casa da tia.
Lugar	Gostava de ficar **em** casa. As coisas estão **sobre** a mesa.
Matéria	Comprei um brinco **de** ouro.
Meio	Tivemos que fazer a viagem **de** ônibus.
Modo	As coisas foram resolvidas **com** tranquilidade.
Oposição	O movimento do bar aumenta nos dias de jogos do Brasil **contra** a Argentina.
Origem	Eles vieram **do** interior.
Posse	Gostei da camiseta **de** Raul.
Preço	Estava feliz com meu livro **de** dez reais. Vendia as tortas **por** vinte reais.
Tempo	Tivemos que sair **após** a discussão. Chegaremos **em** uma hora.

Questões

01. (FGV) O dicionário Houaiss lista um conjunto de valores mais frequentes da preposição em: tempo, lugar, maneira de ser, estado, modo, distribuição, forma como se pratica uma ação, finalidade, conformidade, equivalência e valor.

Assinale a frase em que essa preposição tem seu valor corretamente identificado.

a) "Comecei uma dieta, cortei a bebida e alguns pratos e, em catorze dias, perdi duas semanas." / distribuição.

b) "Se você insiste em emagrecer meu conselho é: coma o quanto quiser. Apenas não engula." / maneira de ser.

c) "Difícil coisa é, cidadãos, entrar em discussão com a barriga vazia." / estado.

d) "Tomei comprimidos, mas desisti de me matar por esse método. Gasta-se uma fortuna em clínicas de desintoxicação." / finalidade.

e) "A família é um conjunto de pessoas que se defendem em bloco e se atacam em particular." / modo.

02. (EsFCEx - 2018) No trecho "O que valida a existência da moeda é uma gigantesca planilha que detém o conjunto de todas as operações já feitas, constantemente atualizada por milhares de servidores anônimos ao redor do mundo.", há:

I. Somente uma preposição essencial.

II. Somente uma locução prepositiva.

III. Duas preposições acidentais.

a) Apenas I está correta.

b) Apenas II está correta.

c) Apenas I e II estão corretas.

d) Apenas I e III estão corretas.

e) Apenas II e III estão corretas.

Gabaritos

01	E	02	C

5. MORFOLOGIA - PRONOME, PALAVRAS "QUE" E "SE"

5.1 Pronome

Observe o trecho a seguir:

O bebê de Daniela nasceu perfeito. O bebê de Daniela tem olhos azuis. As mãos do bebê de Daniela são fortes, e os cabelos do bebê de Daniela são claros.

Para que não haja esta repetição desagradável durante a comunicação, utilizamos os pronomes:

O bebê de Daniela nasceu perfeito. Ele tem olhos azuis, suas mãos são fortes e seus cabelos são claros.

Os pronomes são palavras que substituem ou acompanham os substantivos. Eles podem indicar qualquer uma das três pessoas do discurso:

1ª pessoa: quem fala;

2ª pessoa: com quem se fala;

3ª pessoa: de quem se fala.

Classificação dos Pronomes

Pronomes Pessoais

Pessoa do discurso	Retos	Oblíquos
1ª pessoa do singular 2ª pessoa do singular 3ª pessoa do singular	Eu Tu Ele/Ela	Me, mim, comigo Te, ti, contigo O, a, lhe, se, si, consigo
1ª pessoa do plural 2ª pessoa do plural 3ª pessoa do plural	Nós Vós Eles/Elas	Nos, conosco Vos, convosco Os, as, lhes, se, si, consigo

Os pronomes pessoais funcionam como **sujeito** da oração.

Ex.: Eu estava cansada ontem.

Os pronomes oblíquos funcionam como **complementos**.

Ex.: Eu **lhe** escrevi uma carta.

Observe que o verbo escrever é transitivo direto e indireto: quem escreve, escreve algo a alguém. O objeto direto, o que se escreveu, é "uma carta", e o objeto indireto, a quem se escreveu, é o pronome oblíquo lhe, que tem valor de objeto indireto porque possui a preposição a subentendida. Ou seja: lhe equivale a a ele/a ela.

As formas o, a, os, as sofrem modificações dependendo da terminação do verbo que acompanham. Observe:

> Quando o verbo terminar em **r**, **s** ou **z**, ficarão **lo, la, los, las**:

Exs.: Começa**r**: começá-**los**;

Celebramo**s**: celebramo-**lo**.

Fi**z**: fi-**lo**.

> Quando o verbo terminar em som nasal, ficarão **no**, **na**, **nos**, **nas**:

Exs.: Comemora**m**: comemora**m-no**;

Vira**m**: vira**m-no**.

O pronome oblíquo jamais inicia frase. Por isso, ele aparecerá, em início de frase, depois do verbo, ou utiliza-se algum termo para que ele possa aparecer antes do verbo:

Ex.: Eu te liguei.

Liguei-te.

Pronomes de Tratamento

São pronomes utilizados para dirigir-se ou referir-se a autoridades ou pessoas com quem se tem menos contato. Os mais utilizados são:

PRONOMES DE TRATAMENTO		USADOS PARA
Você		Usado para um tratamento íntimo, familiar.
Senhor, Senhora	Sr., Sr.ª	Pessoas com as quais mantemos um certo distanciamento mais respeitoso.
Vossa Senhoria	V. S.ª	Pessoas com um grau de prestígio maior. Usualmente, os empregamos em textos escritos, como: correspondências, ofícios, requerimentos etc.
Vossa Excelência	V. Ex.ª	Usados para pessoas com alta autoridade, como: Presidente da República, Senadores, Deputados, Embaixadores etc.
Vossa Alteza	V. A.	Príncipes e duques.
Vossa Santidade	V.S.	Para o Papa.
Vossa Magnificência	V. Mag.ª	Reitores de Universidades.
Vossa Majestade	V. M.	Reis e Rainhas.

> O pronome de tratamento concorda com o verbo na 3ª pessoa:

Vossa Excelência me **permite** fazer uma observação?

> Quando o pronome for utilizado para referir-se à 3ª pessoa, o pronome **Vossa** será substituído por **Sua**:

Sua Alteza, o Príncipe William, casou-se com uma plebeia.

Pronomes Possessivos

São pronomes que indicam posse. Observe os exemplos:

Exs.:

Andei tanto que **meus** pés estão doendo.

Pegue **tuas** coisas e vamos embora.

Marina ficou feliz ao ver que **sua** mala não estava perdida.

Os pronomes destacados indicam quem é o possuidor dos itens das orações: pés, coisas e malas. Observe que pelo pronome é possível identificar a pessoa. Isso acontece porque há um pronome possessivo específico para cada pessoa:

Pessoa do discurso	Pronomes possessivos
1ª pessoa do singular 2ª pessoa do singular 3ª pessoa do singular	Meu, minha, meus, minhas Teu, tua, teus, tuas Seu, sua, seus, suas
1ª pessoa do plural 2ª pessoa do plural 3ª pessoa do plural	Nosso, nossa, nossos, nossas Vosso, vossa, vossos, vossas Seu, sua, seus, suas

O pronome possessivo concorda:

> Em pessoa, com o possuidor:

Ex.: Meu irmão chegou de viagem.

1ª pessoa do singular

> Em número, com o que se possui:

Ex.: Teus filhos são lindos!

Masculino plural

Pronomes Demonstrativos

São os pronomes que indicam a posição de algo em relação à pessoa do discurso. Observe os exemplos:

Exs.:

Este mês está sendo ótimo para o comércio graças a Dia das Mães. (mês atual);

Na última semana tivemos quatro provas. **Essa** semana foi uma correria! (passado próximo);

Quando meus filhos eram pequenos, viajamos para a Europa. **Aquela** foi uma viagem inesquecível. (passado distante)

O mesmo ocorre com os mesmos pronomes em relação à localização no espaço. Observe:

Exs.:

Acho que **esta** camiseta ficou bem em mim. (próximo à pessoa que fala);

Esse chapéu ficou ótimo em você! (próximo à pessoa com que se fala);

Você sabe de quem é **aquela** pasta? (distante de quem fala e da pessoa com que se fala).

Pronomes Demonstrativos	
Variáveis	Invariáveis
Este, estas, estes, estas Esse, essa, esses, essas Aquele, aquela, aqueles, aquelas	Isto Isso aquilo

Pronomes Indefinidos

São pronomes que se referem à 3ª pessoas mas sem a função de determinar ou definir. Pelo contrário: são pronomes que dão um sentido vago, impreciso sobre quem ou o que se fala.

Exs.:

Muitos querem sucesso, mas **poucos** estão dispostos a pagar pelo seu preço.

Não se sabe sobre quem ou quantas pessoas se fala, por isso são utilizados pronomes que dão a ideia de quantidade indefinida.

Pronomes indefinidos	
Variáveis	Invariáveis
algum, alguns, alguma, algumas; certo, certos, certa, certas; nenhum, nenhuns, nenhuma, nenhumas; todo, todos, toda, todas; outro, outros, outra, outras; muito, muitos, muita, muitas; pouco, poucos, pouca, poucas; vário, vários, vária, várias; tanto, tantos, tanta, tantas; quanto, quantos, quanta, quantas.	Alguém Ninguém Outrem Tudo Nada Cada Algo Mais Menos

Pronomes Interrogativos

São os pronomes utilizados nas perguntas diretas e indiretas. Observe o exemplo:

Exs.:

Quantas pessoas se matricularam no curso?

Quem estava aqui ontem?

Gostaria de saber **que** dia você viajará.

Pronomes interrogativos
Quem, quanto, quantos, quanta, quantas, qual, quais, que

Pronomes Relativos

São pronomes que se relacionam com termos já citados na oração, evitando a repetição.

Exs.:

Trouxe um livro.

O livro que eu trouxe é o livro que você me pediu.

O pronome relativo que indica e especifica o livro ao qual o interlocutor se refere:

Trouxe o livro **que** você pediu.

O pronome relativo concordará:

> Com o seu antecedente:

As **ruas** pelas quais passou traziam lembranças.

Exceção: pronome cujo (e variações), que concorda com o consequente:

Estou lendo um livro cuja **capa** foi feita pelo meu irmão.

> A regência do pronome relativo seguirá a regra da regência pedida pelo verbo:

Exs.:

É uma menina **de** quem todos **gostam**.

Era uma pessoa **a** quem todos **admiravam**.

Pronomes Substantivos

Em alguns casos, o pronome atuará como substantivo, substituindo-o. Observe:

Poucos conhecem o segredo de viver em paz.

Pronome indefinido – substitui o substantivo

Pronomes Adjetivos

Em alguns casos, o pronome atuará como adjetivo, atribuindo uma característica ao substantivo. Observe:

Este quadro é **meu**.

Pronome possessivo adjetivo

5.2 Palavra Que

A palavra "que" possui diversas funções e costuma gerar muitas dúvidas. Por isso, para entender cada função e identificá-las, observe os exemplos a seguir:

Substantivo

Senti um **quê** de falsidade naquela fala.

Neste caso, o "que" está precedido por um determinante – um artigo, e é acentuado, pois assume o papel de um substantivo. Poderia ser substituído por outro substantivo:

Senti um **ar** de falsidade naquela fala.

Quanto atua como substantivo, o quê será sempre acentuado e precedido por um artigo, pronome ou numeral.

Pronome

Exs.:

Que beleza de festa!

pronome exclamativo

O livro **que** comprei estava em promoção.

pronome relativo

Que dia é a prova?

pronome interrogativo

Interjeição

Exs.: Quê? Não entendi.

Quê! Ela sabe sim!

Preposição

Temos **que** chegar cedo.

Observe que a regência do verbo ter exige a preposição "de": *Temos de chegar cedo.* No entanto, na fala coloquial, já é aceito o uso do "que" como preposição.

Advérbio

Que bela está a casa!

Neste caso, antecede um adjetivo, modificando-o: **como** a casa está bela!

Que longe estava da cidade!

Neste caso, antecede um advérbio, intensificando-o: Estava **muito longe** da cidade.

Conjunção

Exs.:

Que gostem ou **que** não gostem, tomei minha decisão.

conjunção alternativa

Pode entrar na fila **que** não será atendida.

conjunção adversativa

Não falte à aula **que** o conteúdo é importante.

conjunção explicativa

Conjunção Subordinativa

Exs.:

Estava tão cansada **que** não quis recebê-lo.

conjunção subordinativa consecutiva

Gostei da viagem, cara **que** tenha sido.

conjunção subordinativa concessiva

Não corra **que** o chão está molhado!

conjunção subordinativa causal

Partícula Expletiva (de realce)

Que bonito **que** está o seu cabelo!

(não tem função na oração, apenas realça o que está sendo falado)

5.3 Palavra Se

A palavra "se", assim como o "que", possui diversas funções e costuma gerar muitas dúvidas. Por isso, para entender cada função e identificá-las, observe os exemplos a seguir:

Partícula Apassivadora

Vendem-**se** plantas.

(É possível passar a oração para a voz passiva analítica: Plantas são vendidas)

Neste caso, o "se" nunca será seguido por preposição.

Pronome Reflexivo

Ex.: Penteou-**se** com capricho.

Pronome Recíproco

Ex.: Amaram-**se** durante anos.

Partícula Expletiva (de realce)

Ex.: Foi-**se** o tempo em que confiávamos nos políticos.

(não possui função na oração, apenas realça o que foi dito)

Pronome indeterminador do sujeito

Transforma o sujeito em indeterminado.

Exs.:

Precisa-**se** de secretária.

(não se pode passar a oração para a voz passiva analítica)

Nessa casa, come-**se** muito.

Parte do verbo pronominal

Alguns verbos exigem a presença da partícula "se" para indicar que a ação é referente ao sujeito que a pratica:

Ex.: Arrependeu-**se** de ter ligado.

Outros exemplos de verbos pronominais: Lembrar-**se**, queixar-**se**, enganar-**se**, suicidar-**se**.

Conjunção

Exs.:

Vou chegar no horário **se** não chover.

conjunção condicional

Não sei **se** dormirei em casa hoje.
conjunção integrante

Se vai ficar aqui, então fale comigo.
conjunção adverbial causal

Se queria ser mãe, nunca demonstrou amor pelas crianças.
conjunção concessiva

Questões

01. (VUNESP) "entretanto acredita-SE que a prática dos crimes infantis se deva ao modo como se vive nos dias atuais"
A palavra SE em destaque classifica-se como:
a) índice de indeterminação do sujeito.
b) partícula expletiva
c) conjunção subordinativa integrante.
d) pronome reflexivo.
e) partícula apassivadora.

02. Em "Que tragédia!", o "Que" tem função de
a) advérbio.
b) substantivo.
c) pronome relativo.
d) conjunção integrante.
e) Interjeição

03. (EsPCEx - 2018) "Nesse sentido destacamos as Conferências das Cidades e a criação da Secretaria de Saneamento e do Conselho Nacional das Cidades, que deram à política urbana uma base de participação e controle social".
No fragmento, o pronome relativo exerce a função sintática de
a) objeto direto e introduz uma explicação.
b) objeto direto e introduz uma restrição.
c) objeto indireto e introduz uma explicação.
d) sujeito e introduz uma restrição.
e) sujeito e introduz uma explicação.

Gabaritos

01	E	03	E
02	A		

6. MORFOLOGIA - VERBO

6.1 Verbos

O estudo dos verbos representa uma parte bastante importante da gramática da Língua Portuguesa. A maioria das circunstâncias comunicativas acontece em torno dessa classe gramatical. Em provas, não se costuma cobrar toda uma conjugação de determinado verbo. Todavia, pode-se solicitar a análise da mudança semântica a partir da modificação das conjugações, ou mesmo se alguma conjugação está correta. Muitas vezes, as conjugações verbais trazem uma significação completamente diferente, dependendo do contexto em que aparecem.

Exs.: Não **matarás**.

(verbo no futuro do presente, mas com conotação de proibição).

Pudera eu ser milionário.

(verbo no pretérito-mais-que-perfeito, mas com conotação de hipótese).

Conjugações do Verbo

Todos os verbos em Língua Portuguesa, quando no infinitivo, terminarão em **ar, er** ou **ir**. Essa classificação é chamada de conjugação:

1ª conjugação: Verbos terminados em AR

2ª conjugação: Verbos terminados em ER

3ª conjugação: Verbos terminados em IR

Locução Verbal

É formada por um ou mais verbos auxiliares e um principal na forma nominal (infinitivo, gerúndio ou particípio).

Exs.: Vou Querer/Pode ter ocorrido/Deve ter sido feito/Estou estudando.

Modo Indicativo

Indica certeza. Conseguimos precisar quando algo realmente acontece, aconteceu ou acontecerá. Mas isso nem sempre é recorrente, muitas vezes, dependendo do tempo verbal, teremos noção hipótese também.

Presente

Indica algo que se faz neste exato momento, algo que se faça rotineiramente, algo que se fará no futuro ou, muitas vezes, pode adquirir até uma conotação de passado (presente histórico).

Reaver: defectivo, possui apenas algumas pessoas no presente do modo indicativo e **inexiste** no presente do modo subjuntivo.

Nós reavemos e vós reaveis.

Aderir: eu adiro, tu aderes, ele adere, nós aderimos, vós aderis, eles aderem. (Competir e repelir seguem a mesma conjugação.)

Intermediar: eu intermedeio, tu intermedeias, ele intermedeia, nós intermediamos, vós intermediais, eles intermedeiam (MEDIAR, ANSIAR, REMEDIAR, INCENDIAR e ODIAR seguem a mesma conjugação).

Aprazer: eu aprazo, tu aprazes, ele apraz, nós aprazemos, vós aprazeis, eles aprazem. (ter prazer)

Pretérito Perfeito

Indica uma ação terminada, concluída no passado. Atenção para as gírias, muitas vezes elas aparecem na linguagem do dia a dia, mas a normal culta condena o uso delas. É o caso do exemplo: "Festa hoje? Fui!". Perceba que o verbo FUI indica uma certeza de algo, porém, na linguagem tradicional, o normal seria VOU ou IREI, mantendo a ideia certa de presença no evento.

Reaver: eu reouve, tu reouveste, ele reouve, nós reouvemos, vós reouvestes, eles reouveram.

Ter: eu tive, tu tiveste, ele teve, nós tivemos, vós tivestes, eles tiveram (Derivados do Ter se conjugam igualmente, **reter, manter, obter, abster, entreter, deter, conter**).

Vir: eu vim, tu vieste, ele veio, nós viemos, vós viestes, eles vieram. (Derivados do VIR se conjugam igualmente, **intervir, advir, provir, convir**.)

Prover: eu provi, tu proveste, ele proveu, nós provemos, vós provestes, eles proveram.

Pretérito Imperfeito

Indica uma ação não concluída no passado. Noção de movimento, algo em andamento, mas no passado. Existe a tendência de usá-lo como ação não feita, tal qual o futuro do pretérito.

Pôr: eu punha, tu punhas, ele punha, nós púnhamos, vós púnheis, eles punham. (Derivados do PÔR se conjugam igualmente, **supor, predispor, propor, repor, transpor, justapor, depor, compor, decompor, opor** etc.)

Amar: eu amava, tu amavas, ele amava, nós amávamos, vós amáveis, eles amavam.

Reaver: eu reavia, tu reavias, ele reavia, nós reavíamos, vós reavíeis, eles reaviam.

Ter: eu tinha, tu tinhas, ele tinha, nós tínhamos, vós tínheis, eles tinham. (Derivados do Ter se conjugam igualmente, **reter, manter, obter, abster, entreter, deter, conter**).

Pretérito-Mais-Que-Perfeito

Indica uma ação anterior ao pretérito perfeito ou uma ação hipotética.

Ex.: Eu abri a garrafa que eu pegara (**PEGUEI** ou **TINHA PEGADO**).

Trazer: eu trouxera, tu trouxeras, ele trouxera, nós trouxéramos, vós trouxéreis, eles trouxeram.

Saber: eu soubera, tu souberas, ele soubera, nós soubéramos, vós soubéreis, eles souberam.

Fazer: eu fizera, tu fizeras, ele fizera, nós fizéramos, vós fizéreis, eles fizeram. (**SATISFAZER** conjuga-se da mesma maneira).

Futuro do Presente

Ação futura ou proibição. Muitas vezes esse tempo verbal pode ser trocado pelo Presente do Indicativo ou pelo Imperativo Negativo, tudo dependendo do contexto!

Querer: eu quererei, tu quererás, ele quererá, nós quereremos, vós querereis, eles quererão.

Aniversariar: eu aniversariarei, tu aniversariarás, ele aniversariará, nós aniversariaremos, vós aniversariareis, eles aniversariarão.

Muitas bancas podem colocar verbos na mesma conjugação na locução, mas com semântica diferente.

Ex.: QUERERÉI ≠ DEVEREI QUERER, não se equivalem. QUERERÉI indica certeza, DEVEREI QUERER, hipótese.

O correto é **VOU VIR,** e não **VOU VIM**, construção frequente na linguagem coloquial.

Futuro do Pretérito

Indica ação não feita, hipótese, expressão de desejo e ação no passado. Aqui temos o exemplo típico de hipótese. É o tempo verbal do indicativo com mais simbologias, portanto fique atento ao discurso.

Fazer: eu faria, tu farias, ele faria, nós faríamos, vós faríeis, eles fariam. (**SATISFAZER** se conjuga da mesma maneira).

Querer: eu quereria, tu quererias, ele quereria, nós quereríamos, vós quereríeis, eles quereriam.

Dizer: eu diria, tu dirias, ele diria, nós diríamos, vós diríeis, eles diriam. (**MALDIZER** se conjuga da mesma maneira).

Modo Subjuntivo

Hipótese: Usa-se esse modo quando não se sabe a precisão dos fatos. Quando tal modo aparece, consegue-se imaginar certo tom de dúvida, de hipótese. Imaginemos determinado anfitrião perguntando a uma visita: "você quer que eu PEGUE um copo d'água?". O tempo usado é o correto, porque não se sabe qual resposta será dada.

Presente (que)

Vale lembrar que não só a conjunção QUE determina a flexão nesse tempo verbal, pode-se também usar AINDA, QUE, EMBORA etc.

Aderir	Caber	Intervir
adira	caiba	intervenha
adiras	caibas	intervenhas
adira	caiba	intervenha
adiramos	caibamos	intervenhamos
adirais	caibais	intervenhais
adiram	caibam	intervenham

Obs.: os verbos defectivos **INEXISTEM** nesta conjugação, tais como REAVER, EXTORQUIR, FALIR, COLORIR.

Pretérito Imperfeito (se)

Vale lembrar que não só a conjunção SE determina a flexão nesse tempo verbal, pode-se também usar CASO, AINDA QUE etc.

Reaver	Requerer	Intervir	Manter
reouvesse	requeresse	interviesse	mantivesse
reouvesses	requeresses	interviesses	mantivesses
reouvesse	requeresse	interviesse	mantivesse
reouvéssemos	requerêssemos	interviéssemos	mantivéssemos
reouvésseis	requerêsseis	interviésseis	mantivésseis
reouvessem	requeressem	interviessem	mantivessem

Futuro (quando)

Destaca-se que não só a conjunção QUANDO determina a flexão nesse tempo verbal, pode-se também usar SE, CASO etc.

Ver	Vir	Pôr	Manter
Vir	Vier	Puser	Mantiver
Vires	Vieres	Puseres	Mantiveres
Vir	Vier	Puser	Mantiver
Virmos	Viemos	Pusermos	Mantivemos
Virdes	vierdes	Puserdes	Mantiverdes
Virem	vierem	puserem	mantiverem

Muitos tempos verbais no futuro do subjuntivo são conjugados do mesmo modo que o infinitivo impessoal. É o caso do verbo AMAR.

Ex.: Ele falou para eu AMAR (infinitivo).

Quando eu AMAR (futuro do subjuntivo).

Modo Imperativo

Imperativo: pode indicar ordem ou proibição.

Afirmativo

Ordem. Em linguagem coloquial, nota-se que, muitas vezes, o imperativo afirmativo é usado de forma inadequada, sem que o próprio falante se dê conta. Deveríamos usar a conjugação em terceira pessoa, já que esta é bastante frequente nas situações comunicativas cotidianas. O tratamento de VOCÊ é muito mais comum que o de TU. Porém, quando se usa o imperativo, nota-se a constante opção pela conjugação em segunda pessoa: TU.

Presente do Indicativo		Imperativo Afirmativo		Presente do Subjuntivo
Eu compro		-		Que eu compre
Tu compras	sem o **s**	Compra tu		Que tu compres
Ele compra		Compre você		**Que ele compre**
Nós compramos	sem o **s**	Compremos nós		**Que nós compremos**
Vós comprais		Comprai vós		Que vós compreis
Eles compram		Comprem vocês		**Que eles comprem**

Obs.: Todos os verbos se conjugam assim, com exceção de SER.

SÊ tu, SEJA você, SEJAMOS nós, SEDE vós, SEJAM vocês.

Negativo

Proibição. Existe uma equivalência com uma dos significados do futuro do indicativo.

Imperativo Negativo		Presente do Subjuntivo
Não sejas tu	←	Que tu sejas
Não seja você	←	Que ele seja
Não sejamos nós	←	Que nós sejamos
Não sejais vós	←	Que vós sejais

Correlação Verbal

As conjugações dos verbos, na maioria das bancas de concurso, não são cobradas de modo direto, senão pela correlação verbal. Ela consiste em situações cujas conjugações verbais aparecem de modo correlato, numa sintonia lógica ao que se queira dizer. Muitas vezes, ficar atento à conjunção ajuda bastante.

Exs.: Ainda que ela **suponha** a solução, nada **mudará**.

Ainda que ela **supusesse** a solução, nada **mudaria**.

Ainda que ela **supuser** a solução, nada **mudará**.

Caso nós **cheguemos** cedo, **iremos** ao show.

Caso nós **chegássemos** cedo, **iríamos** ao show. (Percebe-se que, pela conjugação verbal, tem-se a certeza de que ninguém foi ao show).

Caso nós **chegarmos** cedo, **iremos** ao show.

Vale ressaltar que unir o conhecimento do idioma com a conjugação certa dos verbos é um estudo bastante eficaz para se entender a gramática e compreender como as bancas abordam tal recurso.

Verbos Abundantes

Geralmente, os verbos trazem apenas um particípio, que pode ser regular ou irregular. No caso dos verbos abundantes, os particípios podem aparecer de duas formas: regular (-**do**) e irregular.

Exs.: nascer: nasci**do** → nato

benzer: benzi**do** → bento

morrer: morri**do** → morto

inserir: inseri**do** → inserto

pagar: paga**do** → pago

pegar: pega**do** → pego

enxugar: enxuga**do** → enxuto

Observações:

Usamos o particípio regular (-do), com os verbos auxiliares **TER** e **HAVER**.

Usamos o particípio irregular com os verbos auxiliares **SER** e **ESTAR**.

Ex.: Os boletos **foram pagos**.

A menina **tinha pagado** os boletos.

Obs.: TINHA PAGO é aceito.

Os padres **haviam benzido** o bebê.

Os bebês **estão bentos**.

Vozes Verbais

Indicam a relação que o sujeito mantém com o verbo. A abordagem desse tema é muito comum em provas de concurso. Geralmente, nos enunciados das questões, as vozes verbais podem aparecer associadas a uma palavra que gera dúvidas aos candidatos: transposição.

As vozes verbais são divididas em três: analítica, reflexiva e sintética.

Voz Passiva Analítica

Formada por verbos auxiliares e particípios. Nela, o sujeito recebe a ação e é chamado de sujeito paciente.

Exs.: Eu **corto** o pão. (voz ativa)

O pão **é cortado** por mim. (voz passiva analítica)

Percebe-se que o tempo verbal na voz ativa determina o tempo do verbo auxiliar na voz passiva. Fique atento nas provas, muitas vezes a transposição da voz ativa para a passiva é possível, mas o verbo aparece em outro tempo e você pode se prejudicar. Exemplo: Ele CORTA a maçã/A maçã É CORTADA por ela. Veja que os verbos CORTA e É estão no mesmo tempo verbal.

Exs.: Pintei – **foi** pintado.

Pintara – **fora** pintado.

Pintava – **era** pintado.

Pintará – **será** pintado.

Pintaria – **seria** pintado.

Estou Pintando – **está sendo** pintado.

Estava Pintando – **estava sendo** pintado.

Os verbos que aceitam transposição são os **transitivos diretos**, ou seja, aqueles que aceitam como complemento **algo** ou **alguém**.

Cortar, ver, pintar, amar, selecionar, ultrapassar, transpor, prejudicar etc.: percebemos que todos estes verbos pedem complemento **algo** ou **alguém**.

Não existe **voz passiva analítica** com verbos que exigem, no complemento, uma preposição.

Exs.: Eu gosto **de** você.

Eu assisti **ao** jogo.

Eu preciso **de** ajuda.

Como não existe sujeito preposicionado, não existe a possibilidade de haver **voz passiva analítica**.

Exceção: verbos OBEDECER e DESOBEDECER:

Exs.: Nós desobedecemos **ao** pai → **O pai foi desobedecido por nós**.

Eu obedeço **ao** pai → **O pai é obedecido por mim**.

Existem transposições que fogem do comum, mas estão perfeitamente corretas.

Exs.: Vives rodeado de mulheres. (Mulheres te rodeiam – **voz ativa**)

Pareceis cercado de problemas. (Problemas vos cercam - **voz ativa**)

Reflexiva

Caracteriza-se pela presença de pronome reflexivo, ou seja, o sujeito faz e recebe a ação simultaneamente.

Ex.: Eu **me** penteio - Ele **se** cortou.

Vejamos as formas reflexivas e seus respectivos pronomes.

eu **me** – tu **te** – ele(a)(s) **se** – nós **nos** – vós **vos**.

Sintética

Quando SE é um pronome apassivador ou partícula apassivadora, é possível transformar tal oração em voz passiva analítica. O verbo concorda com o sujeito. Assim, quando o sujeito estiver no plural, o verbo também estará.

Ex.: Vendem-**se** casas. - Casas **são vendidas**.

Pronome apassivador

Ex.: Fazem-**se** reparos. – Reparos **são feitos**.

Aqui **se** analisam as propostas.

Alugam-se salas.

Entender o conceito é o melhor caminho. Em provas, temos alguns exemplos que podem trazer confusão. Portanto, encontrar o sujeito sempre é uma saída. Descobre-se também a concordância correta quando passamos a oração para a voz passiva analítica.

Exs.: Não se **contrapuseram** nossos pontos de vista. → Nossos pontos de vista não **foram contrapostos**.

Aqui se **veem** problemas por toda parte. → Problemas **são vistos** por toda parte.

Verbos Impessoais

Não possibilitam a alguém exercer a ação. Só existem na 3ª pessoa do singular (em todos os tempos e modos). Aparecem em orações cujo sujeito é inexistente. São 4 os verbos impessoais:

Haver (no sentido de existir)

Na sala, **há** alunos.

Há = Existem

Exs.: Haverá problemas. (vai haver)

Existirão problemas. (vão existir)

> Quando for utilizado o verbo EXISTIR, o sujeito se torna PROBLEMAS. Há diferença gramatical, mas não semântica, ou seja, o sentido continua o mesmo. Cuidado: muitas vezes, a locução verbal pode trazer mudança semântica. Desse modo, se a locução for DEVERÁ HAVER PROBLEMAS, existe a possibilidade de haver ou não problemas.

Fazer (indicando tempo decorrido)

Exs.: Hoje **faz** 15 anos que me formei.

Lá **faz** invernos rigorosos.

Verbos que Indicam Fenômenos da Natureza

Exs.: Chove sem parar.

Amanheceu muito tarde.

Na oração "**O dia** amanheceu tarde", a semântica é a mesma. Porém, há sujeito. Desse modo, o verbo, mesmo representando semanticamente um fenômeno da natureza, deixa de ser impessoal.

Ser

Sentido de tempo e quantidade: pode vir no plural, ainda assim será impessoal.

Ex.: É meia-noite.

É 01 de maio.

É meio-dia e meia.

SÃO 14 horas.

É (dia) / **SÃO** 25 de agosto.

100 reais **É** suficiente.

Vimos como os verbos são determinantes em uma prova. Saber a conjugação para entender a correlação e os sentidos que dão ao texto é fundamental. Conhecer as regras gramaticais ajuda, porém, entender cada forma como o verbo se mostra e as relações que possui é primordial ao entendimento de uma mensagem, de um texto. Verbo é essencial em Língua Portuguesa e sempre estará presente em qualquer assunto gramatical.

Transitividade Verbal

Os verbos dividem-se conforme a sua transitividade. São eles:

Intransitivo: Quando o sentido do verbo é completo e não exige complemento.

Ex.: Meu vizinho morreu.

Transitivo: Quando o sentido do verbo não é completo e é necessário um complemento para que faça sentido. Dentre os transitivos, pode ser:

Transitivo Direto: Quando exige um complemento que não é seguido por preposição (objeto direto):

Ex.: Comprei uma bolsa.

Transitivo Indireto: Quando exige um complemento que é seguido por preposição (objeto indireto):

Ex.: Gosto de cantar.

Transitivo Direto e Indireto (bitransitivo): Quando exige dois complementos para fazer sentido:

Ex.: Entreguei uma carta ao porteiro.

Verbo de Ligação: Quando não exprime uma ação e sim uma característica do sujeito:

Ex.: Marina é bonita.

São verbos de ligação:

Ser

Estar

Continuar

Andar

Parecer

Permanecer

Ficar

Tornar-se

Virar

Questões

01. (FCC) A frase escrita com clareza e correção, no que se refere ao emprego das formas verbais, é:

a) Será vedada a autorização para a aquisição de matéria-prima ao contribuinte que não estivesse regular com o pagamento dos impostos na forma e no prazo que se estabeleceu na legislação tributária.

b) Para participar da licitação, a empresa deverá possuir tecnologias gráficas de segurança que correspondesse às especificações do edital, além de obter todas as autorizações para operação no estado.

c) Apenas depois que efetuasse o pagamento de todos os impostos e que mantivesse regularizada sua situação junto aos órgãos responsáveis é que as lojas estão aptas a abrir suas portas ao consumidor.

d) Tendo em vista ser este um projeto piloto, aqueles que se oporem ao novo sistema de arrecadação seriam convidados a manifestar suas críticas através de diferentes canais, como internet, telefone, além de debates com as lideranças.

e) Os crimes de sonegação, que vêm persistindo a despeito do arrefecimento da fiscalização, atentam contra os cofres públicos e promovem a concorrência desleal, prejudicando o trabalhador honesto.

02. (FGV) "A democracia não é o mais perfeito dos mundos, mas certamente sua prática tem trazido muitos benefícios ao convívio entre as pessoas, já que se trata de um exercício contínuo de tolerância; talvez não nos damos conta desses benefícios em função de alguns problemas, que já tinham sido detectados na Antiguidade por Platão, como a oportunidade de demagogos exercerem sua prática".

Com base no segmento de texto acima, assinale a opção que indica a forma verbal empregada equivocadamente.

a) tem trazido

b) se trata

c) damos

d) tinham sido detectados

e) exercerem

03. (FCC) [Para onde vão as palavras]

Como se sabe, a palavra durante algum tempo foi obrigada a recuar diante da imagem, e o mundo escrito e impresso diante do falado na tela. Tiras de quadrinhos e livros ilustrados com um mínimo de texto hoje não se destinam mais somente a iniciantes que estão aprendendo a soletrar. De muito mais peso, no entanto, é o recuo da notícia impressa em face da notícia falada e ilustrada. A imprensa, principal veículo da esfera pública no século X I X assim como em boa parte do século XX, dificilmente será capaz de manter sua posição no século XXI.

Mas nada disso pode deter a ascensão quantitativa da literatura.

A rigor, eu quase diria que - apesar dos prognósticos pessimistas - o mais importante veículo tradicional da literatura, o livro impresso, sobreviverá sem grande dificuldade, com poucas exceções, como as das enciclopédias, dos dicionários, dos compêndios de informação etc., os queridinhos da internet.

(Adaptado de: HOBSBAWM, Eric. Tempos fraturados. São Paulo: Companhia das Letras, 2013, p. 29-30.)

O verbo indicado entre parênteses deverá flexionar-se de modo a concordar com o elemento sublinhado na seguinte frase:

a) Entre as várias atrações que (conter) um livro, uma é a de tornar-se um obieto do afeto de quem o possui.

b) Se há imagens pelas quais se (deixar) prender um espectador, há palavras que encantam um leitor.

c) Quando há num livro imagens excessivas, que (contaminar) um texto, as palavras saem desvalorizadas.

d) A despeito de (haver) nele figuras demais, esse livro infantil atrai também um leitor adulto.

e) Aos frequentadores da internet (atrair) sobretudo o volume de informações que nela circulam.

Gabaritos

01	E	03	B
02	C		

7. SINTAXE DA ORAÇÃO

7.1 Frase

Observe os exemplos:

Cuidado!

Estou cansada.

Passei no concurso!

Mentira!

Jura?

Anda logo!

Toda palavra ou conjunto de palavras organizada de maneira coerente e que transmita informações ou tenha sentido é considerada **frase**.

Classificação da Frase

De acordo com o seu **significado**, uma frase pode ser:

Declarativa ou afirmativa: Eu gosto de você.

Interrogativa: Você sabe que dia é a prova?

Exclamativa: Mentira!

Imperativa: Fique onde está.

Nominal

Quando não possui verbos:

Exs.:

Silêncio!

Bom dia!

Verbal

Quando possui verbos:

Exs.:

João **gosta** de Química.

As crianças **brincavam** no quintal.

Os meninos **são** muito agitados.

A frase verbal também é considerada *oração*.

7.2 Oração

Todo enunciado que faz sentido e que possui verbo é considerado oração.

Exs.:

***Cansei** de esperar.*

Eles **estão estudando** muito para a prova.

As meninas **passaram** horas se **arrumando** para a festa.

É preciso observar que:

- Nem toda frase é oração

Somente será oração quando houver verbo. Portanto, alguns enunciados serão apenas frases, pois terão sentido completo mas sem a presença de verbos:

Ex.: Que calor!

- Nem toda oração é frase

Em alguns casos, a oração não fará sentido sem um complemento. Portanto, haverá a presença de verbo, mas não será considerada uma frase:

Ex.: Gostei | de você ter falado o que sentia.

Observe que o primeiro verbo não faz sentido sem o complemento, sendo, portanto, uma oração, e não uma frase.

Período: Toda oração é chamada também de período, que pode ser:

Simples: Quando possui apenas um verbo, ou seja, apenas uma oração:

Exs.:

Eles **gostaram** do bolo.

As roupas **secaram** no varal.

Composto: Quando possui mais de um verbo, ou seja, mais de uma oração:

Exs.: Queremos que as coisas **sejam resolvidas** logo.
1ª oração 2ª oração

Era tarde quando **chegamos** do trabalho.
1ª oração 2ª oração

Quando houver uma locução verbal, será contado apenas o verbo principal, ou seja, será apenas uma oração:

Vai ficar tarde para **ligar** para ela.
1ª oração 2ª oração

Termos Essenciais da Oração

Observe o trecho a seguir:

Os alunos gostam das aulas de Inglês.

A oração faz sentido porque possui dois elementos essenciais: sujeito e predicado.

Sujeito é o termo sobre o qual a oração fala.

Predicado é o que se fala sobre o sujeito.

Os **alunos** <u>gostam das aulas de Inglês</u>.
Sujeito Predicado

Sujeito

Núcleo do sujeito: É o termo essencial na identificação do sujeito:

Os alunos.
Artigo substantivo

Núcleo do sujeito: alunos

Tipos de sujeito

Determinado: Quando é possível identificar o sujeito, ele é chamado sujeito determinado. Ele pode ser:

Simples: Quando possui apenas um núcleo:

Meus filhos gostam de almoçar aqui.

Núcleo: filhos.

Composto: Quando possui mais de um núcleo:

Meus filhos e meus netos gostam de almoçar aqui.

Núcleo: filhos, netos.

Oculto: Quando o sujeito não aparece na oração, mas é possível identificá-lo através do verbo:

Gostei de almoçar aqui.

Sujeito: eu.

Fomos embora cedo.

Sujeito: nós.

Indeterminado: Pode ser representado de duas maneiras:

01. Verbo na 3ª pessoa do plural.

Chegaram atrasado.

Falaram sobre ele.

Reclamaram dos preços.

Disseram que a fila estava enorme.

Note que nos períodos acima não é possível identificar o agente das ações. Por isso, é chamado sujeito indeterminado.

Observação: dependendo do contexto, o verbo na 3ª pessoa não significará sujeito indeterminado.

Exs.: Os meninos vieram do banco. Disseram que a fila estava enorme.

Sujeito: os meninos – implícito na oração e identificado graças ao contexto.

02. Verbo + partícula "se"

Confia-se muito em medicamentos.

Sujeito: ?

A partícula "se", nesse caso, atua como índice de indeterminação do sujeito. Essa construção ocorrerá com verbos transitivos indiretos, verbos intransitivos e verbos de ligação. Observe:

Ex.: Precisa-se de vendedores.

verbo transitivo indireto

Quem precisa?

Sujeito indeterminado.

Ex.: Vive-se melhor no campo.

verbo intransitivo

Quem vive?

Sujeito indeterminado.

Note que as orações anteriores não estão na voz passiva, pois não é possível convertê-las para a voz ativa:

Vive-se melhor no campo.

Precisa-se de vendedores.

Diferentemente dos exemplos acima, a construção de "verbo + se" também pode indicar voz passiva sintética. Veja o exemplo a seguir:

Vende-se terreno.

verbo transitivo direto

Nesse caso, a partícula "se" é pronome apassivador, e o sujeito é "terreno". A oração na voz ativa ficará: Terreno é vendido.

Oração sem Sujeito

Em alguns casos, a ação expressa pelo verbo não terá sujeito. São eles:

Haver: Quando significar existir, acontecer, realizar:

Exs.:

Há muita gente passando fome. (existe)

O que **houve**? (aconteceu)

Houve uma cerimônia rápida em homenagem aos pais. (realizou-se)

Fazer, ser e estar: Quando significar tempo decorrido ou tempo decorrido de um fenômeno da natureza:

Exs.:

Faz dias que não a vejo.

Faz dias que chove.

Estava calor.

Verbos que expressam fenômenos da natureza

Amanheceu, embora ninguém tivesse dormido.

Choveu a noite inteira.

Faz anos que não **neva** aqui.

Predicado: embora seja possível existir oração sem sujeito, não existe oração sem predicado.

Ex.: Faz duas semanas que não a vejo.

Predicado

O predicado se divide em 3 tipos: verbal, nominal e verbo-nominal.

Predicado verbal: é o predicado cujo verbo indica uma ação:

Ex.:

Os **meninos levantaram** com pressa.

As águas **correm** depressa nessa parte do rio.

O núcleo do predicado verbal sempre será o verbo:

Os meninos **levantaram** cedo.

Sujeito Predicado

Núcleo do predicado: levantaram

Predicado nominal: é o predicado cujo verbo indica um estado do sujeito:

Ex.:

Os alunos **parecem** cansados.

Raul **estava** atrasado quando me encontrou.

Os verbos do predicado nominal são os **verbos de ligação**, que não indicam ação mas características do sujeito. Os principais verbos de ligação são:

Andar

Continuar

Estar

Ficar

Parecer

Permanecer

Ser

Assim como ocorre no predicado verbal, o núcleo do predicado nominal será o verbo de ligação:

Os alunos (Sujeito) **parecem** cansados. (Predicado; **parecem**: Núcleo do predicado)

Predicado verbo-nominal: em alguns casos, o predicado verbal e o predicado nominal aparecerão juntos, ou seja, o predicado indicará uma ação e um estado do sujeito:

Os meninos (Sujeito) **subiram** (Ação) as escadas apressados. (Estado (Estavam apressados))

O predicado verbo-nominal apresentará dois núcleos: os verbo de ação e o verbo de ligação.

No exemplo apresentado acima, o núcleo será: *subiram* e *apressados*.

Termos Integrantes da Oração

Em alguns casos, o verbo ou nome expresso na oração não apresenta sentido completo, exigindo um complemento para que a informação seja transmitira. Estes complementos, por não serem opcionais mas obrigatórios, são chamados de termos integrantes da oração. Eles são divididos em: objeto direto, objeto indireto, complemento nominal e agente da passiva.

Objeto direto: é o termo que completa o sentido do verbo transitivo direto. Observe o exemplo a seguir:

Ex.: Compramos frutas na feira.

O verbo comprar não possui sentido completo. Ou seja: é um verbo transitivo e exige um complemento para que a oração fique clara.

Como este complemento é ligado a ele de maneira direta, sem o auxilio de uma preposição, é chamado **objeto direto**.

Objeto indireto: é o termo que completa o sentido do verbo transitivo indireto. Observe o exemplo a seguir:

Eu **gostei** da viagem.

O verbo gostar não possui sentido completo. Ou seja: é um verbo transitivo e exige um complemento para que a oração fique clara.

Como este complemento é ligado a ele de maneira indireta, com o auxilio de uma preposição, é chamado **objeto indireto**.

Complemento nominal: em alguns casos, o termo que terá o sentido incompleto e exigirá um complemento será um nome (substantivo, adjetivo ou advérbio). Observe o exemplo a seguir:

Ex.: A saudade (Substantivo) **de casa** (complemento nominal) agitava a menina.

Agente da passiva: quando o verbo aparece na voz passiva, ou seja, com sujeito paciente, o termo que pratica a ação verbal será chamado **agente da passiva**:

Ex.: A festa (Sujeito paciente) foi paga **pelos funcionários do banco.** (Agente da passiva)

Se a oração for passava para voz ativa, o agente da passiva será sujeito:

Os funcionários do banco (sujeito) pagaram a festa.

Termos Acessórios da Oração

Adjunto adnominal: assim como o complemento nominal, o adjunto adnominal completa o sentido de um nome, caracterizando-o.

As luzes **de Natal** enfeitavam **a** sala.

Adjunto adnominal: as, de natal, a.

Os termos que completam o sentido de um nome podem ser artigos, adjetivos ou numerais:

Ex.: A (Artigo) cidade inteira acordou com **uma** (numeral) sensação **estranha.** (adjetivo)

Diferença entre adjunto adnominal e complemento nominal

Considerando que ambos completam o sentido de um nome, é comum ter dúvidas entre o adjunto adnominal e o complemento nominal. Para distingui-los, é importante observar os critérios abaixo:

Complemento nominal	Adjunto adnominal
Sempre com preposição	Nem sempre com preposição
Se relaciona com substantivos, adjetivos e	Se relaciona somente com substantivos, nunca com adjetivos ou advérbios
Nunca se relaciona com substantivos concretos	Se relaciona com substantivos concretos
	Transmite a ideia de **posse**

Adjunto Adverbial

Este é um dos termos da oração, muito abordado em provas de concurso. Tem-se observado que a nomenclatura dos adjuntos adverbiais não é visada pelas bancas; o que se aborda é a significação que tais palavras adquirem no contexto de um enunciado.

É importante frisar que o ADVÉRBIO está ligado ao verbo, e não o complementa. Sua função é modificar um verbo ou outro advérbio.

Exs.:

Eu moro **longe.** (Modificando um verbo)

Eu moro **muito** (Modificando outro advérbio) longe.

É possível perceber que as nomenclaturas representam realmente o que simbolizam.

De tempo (quando?): Termo que sempre vai designar ideia de tempo.

Ex.: Hoje, geralmente, amanhã, ontem, nunca, jamais etc.

De lugar (onde?): Termo que sempre vai designar ideia de lugar.

Ex.: Aqui, lá, acolá, ali etc.

De afirmação: Termo que sempre vai designar ideia de afirmação.

Ex.: Sim, certamente, com certeza, sem dúvida, amém etc.

De negação: Termo que sempre vai designar ideia de negação.

Ex.: Não, nunca, jamais etc.

De dúvida: Termo que sempre vai designar ideia de dúvida.

Ex.: Talvez, quiçá, oxalá, provavelmente etc.

De causa: Termo que sempre vai designar ideia de causa.

Exs.: Tremeu **com a palavra**.

Vibrou **com a notícia**.

De instrumento: Termo que sempre vai designar ideia de instrumento.

Exs.: Feriu-se **com o anzol**.

Enforcou-se **com a corda**.

De companhia: Termo que sempre vai designar ideia de companhia.

Exs.: Saí **com minha tia.**

Viajamos **com a mãe.**

De modo: Termo que sempre vai designar ideia de modo.

Ex.: Erroneamente, facilmente, às claras, às escuras etc.

De intensidade: Termo que sempre vai designar ideia de intensidade.

Ex.: Muito, pouco, menos, mais, bastante etc.

De assunto: Termo que sempre vai designar ideia de assunto.

Ex.: Falei **sobre gramática**.

De proporção: Termo que sempre vai designar ideia de proporção.

Ex.: À medida que, à proporção que, conforme, quanto mais, quanto menos etc.

De finalidade: Termo que sempre vai designar ideia de finalidade.

Ex.: Para que, a fim de (que), para etc.

De consequência: Termo que sempre vai designar ideia de consequência.

Ex.: Tanto que, tamanho que, tal que, tão que etc.

De concessão: Termo que sempre vai designar ideia de concessão.

Ex.: Embora, ainda que, por mais, apesar de, conquanto etc.

De condição: Termo que sempre vai designar ideia de condição.

Ex.: Se, caso, desde que, contanto que etc.

De comparação: Termo que sempre vai designar ideia de comparação.

Ex.: Como, tal qual, (do) que, qual, quão etc.

De conformidade: Termo que sempre vai designar ideia de conformidade.

Ex.: Como, conforme, segundo, consoante, de acordo etc.

De meio: Termo que sempre vai designar ideia de meio.

Exs.: Fui **de trem.**

Mandei **via correio**.

Aposto: Observe o exemplo a seguir:

João, **morador do térreo**, reclamou do barulho das crianças na garagem.

O termo destacado acrescenta uma informação sobre o sujeito, identificando-o ou caracterizando-o. Este termo é chamado *aposto.*

São Paulo, **maior cidade do país**, luta contra a poluição.

Fascinadas com o parque, as meninas não queriam ir embora.

Geralmente, o aposto aparece entre vírgulas. Entretanto, quando aparece sem elas, é chamado aposto restritivo. Observe a diferença:

Os alunos da tarde que vão viajar devem entregar a autorização até amanhã.

Os alunos da tarde, que vão viajar, devem entregar a autorização até amanhã.

No 1º caso, entende-se que apenas os alunos da tarde que vão viajar precisam entregar a autorização. Trata-se, portanto, de aposto restritivo.

No 2º caso, entende-se que TODOS vão viajar e o aposto, portanto, é uma informação que cabe a todos os alunos da tarde. Trata-se, portanto, de aposto explicativo.

Vocativo

Observe os exemplos a seguir:

Marina, você viu o edital do concurso?

Crianças, já bateu o sinal!

Corram, **meninas**, vocês vão se atrasar!

Observe que os termos assinalados não possuem relação sintática com os enunciados. Trata-se de uma **interlocução**, uma relação entre quem fala e quem ouve.

Questões

01. -se a diferença entre o adjunto adnominal e o complemento nominal é a comparação entre a função de agente (adjunto adnominal) e a de paciente (complemento nominal).

Essa estratégia deve ser empregada no seguinte caso a seguir:

a) "O perigo de políticas públicas desgastadas..."

b) "A legalização da maconha..."

c) "cadeia de crimes..."

d) "ser cobaias da experiência..."

e) "entrada em vigor da nova lei..."

02. (FGV) A população brasileira

Os primeiros habitantes do território, hoje conhecido como Brasil, chegaram aqui há milhares de anos. Por volta de 1500, havia diferentes povos indígenas espalhados por todo o território. Em 1500 chegaram os portugueses e, no século XVI, eles começaram a trazer os povos africanos. Assim, pode-se dizer que a população brasileira se originou do encontro desses três grupos.

Outros povos, como os chineses, os italianos, os alemães e os japoneses, começaram a chegar no século XIX. Todos trouxeram importantes contribuições.

A convivência entre diferentes povos deu à população brasileira uma de nossas principais características: a grande diversidade de costumes e tradições, que faz do nosso país um lugar muito rico culturalmente.

A diversidade nem sempre foi respeitada em nosso país.

Desde a chegada dos portugueses, em 1500, inúmeras situações de preconceito têm ocorrido em razão das diferenças de etnia, religião, sexo, classe social, nacionalidade, idade.

Muita coisa ainda precisa melhorar, mas hoje existem leis que proíbem quaisquer manifestações e atitudes de preconceito.

Elas também determinam que todos devem ser tratados com igualdade, respeito e tolerância.

(Cláudia Carvalho Neves)

"Elas também determinam que todos devem ser tratados com igualdade, respeito e tolerância"

Com a utilização da forma passiva "devem ser tratados", o autor consegue o seguinte efeito:

a) identifica-se o sujeito.
b) não se atribui a ação verbal a ninguém.
c) localiza-se a ação verbal no passado.
d) torna a ação verbal obrigatória.
e) o agente da ação verbal passa a ser indeterminado.

03. (U.E. Maringá)

O Brasil **jovem** está "curtindo" o **vestibular**.

Os termos destacados no período acima são, respectivamente:

a) ( ) adjunto adverbial e objeto direto
b) ( ) predicativo do sujeito e objeto direto
c) ( ) adjunto adnominal e complemento nominal
d) ( ) adjunto adnominal e objeto direto
e) ( ) adjunto adverbial e predicativo do sujeito

04. (PUC-SP) Identifique a alternativa que contém uma oração sem sujeito:

a) Ontem fez muito calor
b) Vive-se bem em apartamentos
c) Existem muitos apartamentos à venda
d) O dia de ontem foi muito quente
e) Vendem-se apartamentos

Gabaritos

01	B	03	D
02	B	04	A

8. SINTAXE DO PERÍODO

Observe as orações a seguir:

Fui à fazenda.

Cheguei à fazenda e **corri** para ver o lago.

Gostei de **andar** pela fazenda.

A primeira oração possui apenas um verbo e o sentido completo. Trata-se, portanto, de um **período simples**, ou uma **oração absoluta.**

No segundo caso, temos duas orações, ou seja, dois verbos, com sentidos completos e independentes uma da outra.

Ex.: Cheguei à fazenda. **Corri** para ver o lago.

Cheguei à fazenda e **corri** para ver o lago.

Por possuir mais de um verbo, trata-se de um **período composto.**

Por serem as orações independentes, trata-se de um período composto por coordenação. As orações são **coordenadas.**

No terceiro caso, as duas orações não possuem sentido completo e independente:

Ex.: Gostei de **andar** pela fazenda.

As orações dependem uma da outra para ter sentido, não sendo, portanto, independentes. Neste caso, trata-se de um período composto por subordinação. Há uma oração principal e uma **oração subordinada.**

8.1 Período Composto por Coordenação

As orações coordenadas são aquelas que possuem sentido independente.

As orações coordenadas podem ser:

Sindéticas: quando possuem elemento de ligação, normalmente representado pelas conjunções:

Ex.: Cheguei tarde **e** logo dormi.

Assindéticas: quando não possuem elemento de ligação, normalmente representado pelas conjunções:

Ex.: Tentou, (1ª oração) cansou, (2ª oração) desistiu. (3ª oração)

Aditivas: são as orações que dão a ideia de adição. Normalmente são ligadas por uma conjunção aditiva:

Ex.: Chegou cansada **e** logo foi dormir.

Alternativas: são as orações que dão a ideia de alternância. Normalmente são ligadas por uma conjunção alternativa:

Ex.: Ou chega atrasado **ou** sai mais cedo.

Adversativas: são as orações que dão a ideia de oposição. Normalmente são ligadas por uma conjunção adversativa:

Ex.: Chegou cansada, **mas** deu atenção aos filhos.

Explicativas: são as orações que dão a ideia de explicação. Normalmente são ligadas por uma conjunção explicativa:

Ex.: Estava chateado, **pois** *não* conseguiu o emprego que queria.

Conclusivas: são as orações que dão a ideia de conclusão. Normalmente são ligadas por uma conjunção conclusiva:

Ex.: Choveu o dia inteiro, **portanto** não poderemos realizar a reunião no gramado.

8.2 Período Composto por Subordinação

O período composto por subordinação é caracterizado pela presença de uma oração principal e uma a ela subordinada.

A classificação das orações subordinadas é semelhante à classificação dos termos no período simples. A diferença é que o termo será representado por uma oração.

Oração Subordinada Substantiva

As orações subordinadas substantivas classificam-se em:

Oração subordinada substantiva	Função
Subjetiva	Sujeito da oração principal
Objetiva direta	Objeto direto da oração principal
Objetiva indireta	Objeto indireto da oração principal
Completiva nominal	Complemento nominal (de um termo) da oração principal
Apositiva	Aposto da oração principal
Predicativa	Predicativo do sujeito da oração principal

As orações subordinadas substantivas exercem a mesma função sintática que os substantivos exerceriam na oração. Observe:

Ex.: Mariana gosta de doces.
VTI OI

Ex.: Mariana gosta de passear com o cachorro.
VTI

de passear com o cachorro: por possuir verbo, é uma oração subordinada com função de OI. Portanto, trata-se de uma oração subordinada substantiva objetiva indireta.

Subjetiva: a oração subordinada substantiva subjetiva tem a função de sujeito da oração principal:

Exs.: Não **convém** falar mal dos outros.

Foi **avisado** que a reunião ia demorar.

Objetiva direta: a oração subordinada objetiva direta tem a função de objeto direto da oração principal:

Ex.: As meninas **falaram** que você gostou do presente.
VTD

Objetiva indireta: a oração subordinada objetiva indireta tem a função de objeto indireto da oração principal:

Os alunos **gostaram** de falar sobre as férias
VTI

Completiva nominal: a oração subordinada completiva nominal tem a função de complemento nominal de um nome da oração principal:

Ex.: Nós ficamos **cansados** por viajar tanto tempo.
(nome incompleto)

Apositiva: a oração subordinada apositiva tem a função de aposto da oração principal:

Ex.: Uma coisa era certa: **nada seria como antes**.

Predicativa: a oração subordinada predicativa tem a função de predicado da oração principal.

Acontece quando a oração principal apresenta um verbo de ligação:

Meu medo ***era*** que ***chovesse no dia da viagem***.

Orações subordinadas adverbiais: têm valor de advérbio e formam um total de 9 tipos de orações. O mais comum em provas é cobrar o valor da conjunção. Atenção: **oração = verbo** - *subordinada = dependência* - adverbial = valor de advérbio.

Oração subordinada adverbial temporal: possui valor de tempo e traz conjunções como QUANDO, DESDE QUE, ENQUANTO, ASSIM QUE, LOGO QUE etc.

Desde que trabalho, meus sonhos acontecem.
Conj. temporal

Trabalho = modo indicativo (tempo)

Oração subordinada adverbial condicional: possui valor de condição e traz conjunções como SE, CASO, DESDE QUE, CONTANTO QUE etc.

Desde que trabalhe, meus sonhos acontecerão.
Conj. condicional

Trabalhe = subjuntivo (hipótese)

Oração subordinada adverbial proporcional: possui valor de proporção e traz conjunções como À MEDIDA QUE, À PROPORÇÃO QUE, CONFORME, QUANTO MAIS, ASSIM COMO etc.

Ex.: À medida que leio, mais inteligente fico.
Conj. proporcional

Existem muitas conjunções que podem aparecer com valores distintos. Portanto, decorar não é a solução. Dependendo de como elas apareçam na oração e de como se relacionam com verbos, o valor de tais conectivos muda.

Oração subordinada adverbial consecutiva: possui valor de consequência e traz conjunções como TANTO QUE, TÃO QUE, TAMANHO QUE etc.

Ex.: O tombo foi **tão** feio **que** desmaiou.
Conj. consecutiva

Oração subordinada adverbial causal: possui valor de causa e traz conjunções como PORQUE, COMO, JÁ QUE, UMA VEZ QUE etc.

Exs.: Como você não apareceu, fui ao cinema.
Conj. causal

Nosso produto vende mais, **porque** é fresquinho.
Conj. causal

É comum confundir conjunções causais com as explicativas. Para não cair em armadilhas, pergunte "O que acontece primeiro?". A causa sempre vem primeiro, se houver conjunção na causa, a conjunção terá valor de causa, se não, terá valor de explicativa.

Oração subordinada adverbial conformativa: possui valor de conformidade e traz conjunções como CONFORME, COMO, SEGUNDO, CONSOANTE, DESTA FORMA etc.

Ex.: Segui as instruções **como** nós havíamos combinado.
Conj. conformativa

Oração subordinada adverbial comparativa: possui valor de comparação e traz conjunções como QUE, TAL QUAL, QUAL, QUÃO, COMO etc.

Ex.: Ela me tratou **como** se eu não existisse.
Conj. comparativa

Oração subordinada adverbial final: possui valor de finalidade e traz conjunções como A FIM DE (QUE), PARA QUE, PARA etc.

Ex.: Rezei **para que** a prova fosse adiada.
Conj. final

Oração subordinada adverbial concessiva: possui valor de concessão (ceder) e traz conjunções como EMBORA, AINDA QUE, CONQUANTO, APESAR DE, POR MAIS QUE etc.

Ex.: Embora odeie minha sogra, dependo dela.
Conj. concessiva

Orações Subordinadas Adjetivas

Orações que têm valor de adjetivo. Se houver conectivos nessas orações, serão pronomes relativos QUE, O(A)(S) QUAL(IS), CUJO (A)(S) etc. Não é comum aparecerem nas provas com essa nomenclatura, porém é a vírgula quem dá toda a diferença delas. Fique atento à semântica, ao entendimento do contexto das orações.

O gelo **FRIO** – adjetivo explicativo.

Que é frio

A mulher **GANANCIOSA** – adjetivo restritivo.

Que é gananciosa

QUE é um pronome relativo.

Para transformar adjetivos em orações, colocamos verbos neles.

Adjetiva explicativa: são aquelas orações que têm valor de adjetivo explicativo, ou seja, se retiradas não fazem diferença numa oração. Sempre são isoladas por vírgulas.

Exs.: A mãe, **que tem filhos,** detesta fraldas de pano.

Este menino, **que rouba livros**, é analfabeto.

A menina, **que nunca foi santa**, aprontou mais uma.

Perceba que aqui o entendimento da oração, do idioma, fica mais evidente que a nomenclatura gramatical. Perceba que todas as orações em destaque não fazem diferença na mensagem. Todo padre faz seminário. Já se sabe quem enforcou o rato e, se a menina aprontou MAIS UMA, significa que ela nunca foi santa.

Adjetiva restritiva: são aquelas orações que têm valor de adjetivo restritivo, ou seja, são essenciais para pontuar uma mensagem. Literalmente restringem uma informação. A vírgula depois dela, uma só, é opcional.

O padre **que é bêbado** (,) sempre atrasa a missa.

O cão **que latiu** (,) estava bravo.

Perceba que não é qualquer padre ou qualquer cão, todos eles estão especificados, ou seja, restritos. Na terceira oração, o tempo verbal faz a diferença, veja que se falou do "cão que latiu", apenas dele.

Exs.: Almocei com meu irmão **que se casou.** (restritiva)

Almocei com meu irmão, **que se casou.** (explicativa)

A diferença entre as duas é gritante. Na primeira, o sujeito possui mais de um irmão, ele especifica com qual deles almoçou. Na segunda, ele possui apenas um irmão.

As nomenclaturas reforçam a tese. Repare que na segunda, sendo explicativa, já se sabe com qual irmão ele almoçou. Na primeira ele restringe com qual irmão almoçou.

Exs.: Vi o senador **que é meu vizinho.** (restritiva)

Vi o senador, **que é meu vizinho.** (explicativa)

Na primeira, sei de qual senador o sujeito se refere. Na segunda, pode-se falar que o sujeito esteja na Câmara do Senado, por especificar qual senador, entre muitos que lá trabalham, ele viu.

Vimos neste capítulo como o valor das conjunções pode e vai confundir você, caso sua mente não esteja atenta. Saber quais são as conjunções é válido, porém saber o valor que possuem é ainda mais útil e eficaz para êxito numa prova de concurso. Assim como na coordenadas, as subordinadas pedem uma atenção ainda maior. O lado positivo é que representam literalmente o nome que recebem. Já nas substantivas, não se esqueça de que a conjunção é sempre integrante e que você consegue substituir toda uma oração substantiva por ISSO. Nas adjetivas, as vírgulas diferenciam uma da outra, entretanto estar atento à mensagem é o essencial para ter êxito nas provas.

Questões

01. (IDECAN) Relacione adequadamente a classificação das orações subordinadas substantivas às respectivas orações.

01.	Subjetiva.	( ) Cada situação permite que se aprenda algo novo.
02.	Objetiva direta.	( ) Só quero uma coisa: que tires a tua carteira.
03.	Objetiva indireta.	( ) Tenho esperança de que o trânsito melhore.
04.	Completiva nominal.	( ) É importante que todos colaborem.
05.	Predicativa.	( ) Meu desejo é que sejas classificado.
06.	Apositiva.	( ) Lembrei-me de que já estava errado.

A sequência está correta em

a) 1, 6, 3, 5, 2, 4.
b) 2, 6, 4, 1, 5, 3.
c) 1, 2, 3, 4, 5, 6.
d) 6, 5, 4, 3, 2, 1.
e) 2, 6, 4, 1, 3, 5.

02. (IADES) Quanto ao período "Só não conseguiu antecipar que", é correto afirmar que a conjunção "que" introduz uma oração

a) subordinada adverbial consecutiva.
b) coordenada sindética explicativa.
c) subordinada adjetiva restritiva.
d) subordinada substantiva objetiva direta.
e) coordenada sindética adversativa.

Fé - Esperança – Caridade

(Sérgio Milliet)

É preciso ter fé nesse Brasil
nesse pau-brasil
nessas matas despovoadas
nessas praias sem pescadores
É preciso ter fé
Nesse norte de secas
e de literatura
A esperança vem do sul
Vem de mansinho
contagiosa e sutil
vem no café que produzimos
vem nas indústrias que criamos
A esperança vem do sul
do coração calmo de São Paulo
É preciso ter caridade
e ter carinho
perdoar o ódio que nos cerca
que nos veste
e trabalhar para os irmãos pobres...

(Poetas do Modernismo. INL-MEC, Rio de Janeiro, 1972)

03. (IBFC) É recorrente, no poema, a construção "É preciso", sempre relacionada a uma outra oração. Sobre essa outra oração, é correto afirmar que se trata de:

a) uma oração subordinada adverbial.
b) uma oração coordenada assindética.
c) uma oração subordinada substantiva.
d) uma oração coordenada sindética.
e) uma oração subordinada adjetiva.

04. (IADES)

Quanto aos aspectos gramaticais, assinale a alternativa correta.

a) Em "Se eu ver você ameaçando alguém de novo", o verbo **ver** está flexionado no futuro do subjuntivo.

b) A oração "que você vem ameaçando o vizinho" exerce função de objeto direto.

c) A oração "que você vem ameaçando o vizinho" exerce a função de sujeito da oração.

d) Em "Ameaçar é muito feio, meu filho!", tem-se uma oração subordinada substantiva apositiva.

e) Em "Se eu ver você ameaçando alguém de novo", a substituição do verbo "ver" pela forma verbal **vir** causa prejuízo à correção gramatical.

05. (FUMARC) Em "É assustador **que ninguém tenha ouvido um termo desses**.", a oração destacada tem a função de

a) sujeito.

b) predicativo.

c) objeto direto.

d) complemento nominal.

06. (QUADRIX)

A oração "que fechou o corte com grampos" pode ser classificada como:

a) Coordenada sindética explicativa.

b) Subordinada substantiva objetiva direta.

c) Subordinada substantiva predicativa.

d) Subordinada adjetiva explicativa.

e) Subordinada adverbial causai.

07. (FUNCAB) A oração destacada em "Ela quer QUE EU A ESCUTE!" está corretamente classificada em:

a) subordinada adverbial consecutiva.

b) subordinada substantiva predicativa.

c) subordinada substantiva objetiva direta.

d) coordenada sindética explicativa.

e) subordinada adjetiva restritiva.

08. (FUNCAB) "Porque a verdade é que eu também não sei." A respeito desse período, analise as afirmativas a seguir.

I. O período é composto por coordenação.

II. O QUE é uma conjunção integrante.

III. A segunda oração é subordinada substantiva predicativa.

A alternativa que indica apenas a(s) afirmativa(s) correta(s) é:

a) II

b) II e III

c) III

d) I e III

e) I

09. (ESPCEX) No período: "... no fundo eu não estava triste com a viagem de meu pai, era a primeira vez que ele ia ficar longe de nós por algum tempo ...", a oração sublinhada é:

a) subordinada substantiva predicativa;

b) subordinada adjetiva restritiva;

c) subordinada adverbial de lugar;

d) subordinada substantiva subjetiva.

Gabaritos

01	B	06	D
02	D	07	C
03	C	08	B
04	C	09	D
05	A		

9. CONCORDÂNCIA VERBAL E NOMINAL

9.1 Concordância Verbal

A concordância verbal é dos assuntos mais cobrados em provas de concurso, justamente pela complexidade que envolve a detecção de certos erros. O assunto por si só gera problemas, e as bancas agravam a abordagem do conteúdo, conduzindo, muitas vezes, o candidato ao erro. Saber as regras é importante, mas seguir alguns passos para isso é ainda melhor. Uma dica: em primeiro lugar, deve-se encontrar o sujeito. Fazendo isso, o candidato perceberá a relação do verbo com o sujeito, de modo que fica mais fácil unir o conhecimento das regras à coerência da mensagem.

A concordância verbal ocorre quando o verbo concorda com o núcleo do sujeito. Porém, levar isso à risca é perigoso, pois nem todos os casos seguem tal teoria e definição. Por isso, atenção aos exemplos. Vale lembrar que todos os verbos seguem as mesmas regras, com exceção de SER, que possui uma regra específica.

1ª pessoa	2ª pessoa	3ª pessoa
eu, nós	tu, vós	ele(a)(s)

Eu e tu **fizemos.**
(nós)

Tu e ele **fizestes** – ou – Tu e ele **fizeram.**
(vós) **(eles)**

Percebe-se que a ordem de aparição dos sujeitos pode mudar a concordância do verbo:

Eu, ela, Maria e Paula **fizemos**.
(nós)

Quando o sujeito vier posposto ao verbo, a concordância pode ser feita de duas formas: com os núcleos ou com o mais próximo.

Exs.: Fizemos eu, ela, Maria e Paula.

Fiz eu, ela, Maria e Paula.

Casos de concordância verbal

Um(a) dos(as) que

Um dos que: pode-se concordar com o mais próximo ou a quem que se quer dar ênfase:

Ela é uma **das** que **vieram** – ou – veio.

> Muitas vezes, a mudança de concordância dos verbos pode influenciar em prejuízo semântico. A ênfase pode mudar. Saber unir seu domínio do idioma com as regras gramaticais é essencial para ter êxito em uma prova.

Núcleos com sinônimos

A concordância é feita de duas formas, com os núcleos ou no singular, como se fosse uma coisa apenas.

Dor e sofrimento

Guiam – ou – guia minha vida.

(dor e sofrimento são sinônimos)

Sujeito oracional

Verbo sempre no SINGULAR.

Ex.: Amar e agir não **denota** a mesma coisa.

OU como inclusão no plural

Ex.: Manga **ou** mexerica me **aprazem**.
valor de E

Aposto resumitivo

Verbo concorda com ele. Único caso em que o verbo não concordará com o núcleo do sujeito.

Ex.: Cinema, música, arte, dança, **tudo** me **agrada**.
aposto

Preposição COM

Duas concordâncias, com um dos núcleos ou com os dois.

Exs.: José **com** o cão **passeou** – ou – **passearam**.

José passeou com o cão. – mesma semântica

Coletivo pelo determinante

Duas concordâncias, com o coletivo e com os determinantes.

Exs.: A maioria **das pessoas** sofre – ou – sofrem.

Parte **dos alunos vieram** – ou – veio.

Mais de / Menos de

Ex.: Mais de um cliente **surgiu** – Menos de dois clientes **surgiram**.

Mais de um caminhão **se chocaram**.

Por causa do SE (pronome reflexivo), acredita-se que seja mais de um carro mesmo, ou seja, no mínimo dois.

Com pronomes

Ex.: Nem eu nem ele **vamos**.

Equivale a "eu e ele vamos".

(Nenhum) Nem um nem outro **vai.**

Ninguém apareceu.

Ex.: Quem de nós **foi**? – Qual de nós **vai**?

Concordando sempre com o pronome no singular.

Ex.: Quantos de **nós** vão – ou – **vamos**?

Pronomes no plural, tanto faz concordar com o coletivo ou com o determinante.

Sujeito deslocado

Muitas vezes, achar o sujeito é o meio mais seguro de saber se a concordância está correta. Claro que saber a regra constitui um aliado. Em provas, o mais comum é a mescla dos dois.

Ex.: Não se **contrapuseram** o meu e o seu ponto de vista.

Sujeito

São dois os pontos de vista. Verifica-se que tudo fica no singular para induzir o candidato ao erro.

Couberam (**coube**) a mim, um ator jovem, num mundo de ambição, o papel de mordomo e o de vilão.

Sujeito: o papel de mordomo e o de vilão. São dois os papéis.

Verifica-se que o verbo, por anteceder o sujeito, poderia vir no singular. Mas, em um concurso, a banca tende a induzir o candidato ao erro. Nota-se que não existe uma palavra no plural, e isso pode confundir o candidato. A flexão no singular COUBE é aceita porque o verbo está anteposto, podendo concordar com o primeiro núcleo do sujeito, no caso, PAPEL.

Vejamos algumas orações que podem causar dúvida quanto à concordância verbal:

Exs.: Soaram 10 horas no relógio.

Deu meio-dia nos relógios.

Deram 1 hora **nos relógios**.

Que / Quem

Fui eu **que fiz.**

Quem fiz.

Quem fez.

Fomos nós **que fizemos.**

Quem fizemos.

Quem fez.

Países / Estados

Mesmo que o nome esteja no plural, o verbo ficará no singular, a menos que apareça um artigo, daí o verbo se flexiona no plural.

Exs.: Estados Unidos **invade** o Iraque – **Os** Estados Unidos **invadem** o Iraque.

Minas Gerais **abraça** o Brasil – **As** Minas Gerais **abraçam** o Brasil.

Os lusíadas **narra / narram** a saga portuguesa.

Pronomes de tratamento

Sempre 3ª pessoa do singular.

Vossa Santidade está bem?

Locução verbal

O verbo auxiliar concorda com o núcleo do sujeito.

Eles **vão** sair.

Exceção ao verbo auxiliar PARECER, que pode flexionar concordando com o núcleo ou ficar no singular.

Eles **parecem** dormir – Eles parece **dormirem**.

Haja Vista

Pode concordar com o termo sucessor no plural ou ficar invariável.

Ex.: (...) **HAJA** VISTA **o problema** da saúde.

(...) **HAJAM** VISTA **os problemas** da saúde.

(haja vista)

Silepse de Pessoa

O verbo concorda com um termo implícito.

Os brasileiros **estamos** calmos. (**nós**, termo implícito)

(**estão**)

Concordância do Verbo Ser

As regras do verbo SER são diferentes. Ele concorda com o pronome do caso reto e/ou com pessoas, independente se estiverem no sujeito ou no predicado. Na ausência dessas duas possibilidades, o verbo SER concorda com quem estiver no plural.

Exs.: As crianças são o inferno.

Meu sonho **são meus pais**.

O rei **somos nós**.

Tudo **são** (é) **flores**.

O verbo "ser", quando indica tempo ou distância, concordará com o predicativo:

Ex.: São seis quilômetros daqui até a cidade.

→ Se a oração estiver na voz passiva, com sujeito indeterminado, o verbo ficará na terceira pessoa do singular:

Ex.: Precisa-se de vendedores.

→ Se o verbo vier acompanhado do pronome apassivador "se", deverá concordar com o sujeito:

Ex.: Alugam-se barcos.

→ Quando o sujeito for composto, o verbo ficará no plural quando aparecer depois do sujeito:

Ex.: Filhos e netos aplaudiram o discurso do jardineiro.

→ Quando o verbo aparecer antes do sujeito composto, poderá aparecer no plural ou no singular concordando com o primeiro termo:

Exs.: Chegaram a filha, o genro e os netos.

Chegou a filha, o genro e os netos.

→ Verbos que indicam fenômenos da natureza, por não possuírem sujeito, ficarão sempre na terceira pessoa do singular:

Exs.: Ventou a semana toda.

Choveu por três dias.

→ O verbo "haver", quando apresentar o sentido de "existir", será impessoal e ficará sempre na terceira pessoa do singular:

Ex.: Há várias coisas para fazer aqui.

→ Os verbos "haver" e "fazer", quando indicarem tempo, também serão impessoais e ficarão sempre na terceira pessoa do singular:

Exs.: Faz duas semanas que não como doces.

Há meses que não vou até lá.

9.2 Concordância Nominal

Muitas vezes, a concordância nominal aparece junto à verbal. As bancas têm o hábito de colocar as duas num mesmo exercício. O grau de atenção que o tópico pede é o mesmo que o da concordância verbal.

A concordância nominal ocorre quando existe a concordância com o nome em gênero (masculino e feminino) e número (singular e plural).

Quando houver os dois gêneros, na concordância, sempre prevalecerá o masculino.

Comprei toalha e tapete **amarelos**. (concorda com os dois)

Comprei toalha e tapete **amarelo**. (concorda apenas com TAPETE)

Comprei toalha **amarela** e tapete. (concorda apenas com TOALHA e deve estar "colado" ao termo feminino)

Comprei **amarela** toalha e tapete. (concorda com o mais próximo)

Comprei **amarelos** toalha e tapete. (concorda com os dois)

Exs.: A cerveja que desce **REDONDO**.

(advérbio, sem variação)

É **PROIBIDO** entrada de estranhos.

É **PROIBIDA A** entrada de estranhos.

(artigo muda o gênero)

Casos de concordância nominal

Anexo

Ex.: Seguem **ANEXAS** as planilhas.

Seguem **EM ANEXO** as planilhas.

Bom / Boa

Exs.: Salada é **bom.**

A salada é **boa**.

Meio / Meia

Exs.: Ela ficou **MEIO** tensa. (advérbio)

Já é meio-dia e **meia**. (numeral)

Menos

Ex.: Faça **MENOS** força.

Mesmo

Ex.: Joana **MESMA** fez o bolo.

Joana fez o bolo **MESMO.**

Só

Exs.: Ele ficou SÓ com a menina. (concorda com o sujeito)

Eles ficaram **SÓS** com a menina. (concorda com o sujeito)

A Sós

Exs.: Ele ficou **A SÓS** com ela.

Eles ficaram **A SÓS** com ela.

(ambos são advérbios, portanto, não há variação)

Quite/Quites

Exs.: Eu estou **QUITE**.

Nós estamos **QUITES.**

Alerta

Ex.: As pessoas ficaram **ALERTA**.

Muitas vezes, saber a quem o termo se refere ajuda, e muito, para entender o conceito de concordância. Em provas, é comum deslocar a concordância do termo com o qual ela se relaciona, e o candidato pode ser induzido ao erro.

Ex.: Achei **LINDA**, entre todos os presentes, homens de negócio, ambiciosos cujo poder suplanta qualquer caráter, **a sua atitude**.

Adjetivos Compostos

Quando há dois adjetivos, em um mesmo termo, apenas o segundo se flexiona em concordância ao nome.

Reuniões afro-**brasileiras.**

Clínicas médico-**cirúrgicas.**

Exceção:

Crianças **SURDAS-MUDAS.**

Cores

Cores compostas, apenas **CLARO e ESCURO flexionam,** os demais termos não.

Exs.: Blusas verde**-claras.**

Calças verde-**escuras.**

Sutiãs verde-abacate.

Cuecas vermelho-sangue.

Quando a cor funcionar também como substantivo, apenas o substantivo flexionará o adjetivo, ou seja, a cor não. O plural de CINZA, como substantivo ficará CINZAS, a cor não.

Exs.: Saias laranja.

Camisas vinho.

Blusas violeta.

Calcinhas creme.

Sapatos cinza.

Vimos, neste capítulo, como a atenção ao sujeito é primordial para que tanto a concordância nominal como a verbal fiquem claras para o aluno. Saber as regras é importante, porém entender os conceitos e, principalmente, dominar a semântica da Língua Portuguesa é ainda mais essencial. A leitura ajuda muito. Quem lê bastante acaba dominando as mensagens, mesmo as mais peculiares que os discursos trazem.

Questões

01. (FCC – 2016) As exigências quanto à concordância verbal estão plenamente atendidas na frase:

a) A muitos poderá parecer um excesso as lutas travadas pelas mulheres americanas contra a prática de graves atitudes machistas.

b) Acaba por se constituir numa grande hipocrisia as atitudes de quem se diz reger por determinada moral e pratica outra, inteiramente diversa.

c) É comum que aos homens ocorra estar no exercício de um direito quando, em suas práticas amorosas, impõem às mulheres o que as humilha e as desonra.

d) Couberam às mulheres americanas, cansadas de se submeterem aos machistas, travar duras lutas contra o assédio sexual e outras práticas que as vitimam.

e) A maioria dos homens não costuma levar a sério o "não" que, saindo das bocasdas namoradas, ressoam como se fosse tão somente uma fingida evasiva.

02. (FCC – 2016) A respeito da concordância verbal, é correto afirmar:

a) Em "A aquisição de novas obras devem trazer benefícios a todos os frequentadores", a concordância está correta por se tratar de expressão partitiva.

b) Em "Existe atualmente, no Brasil, cerca de 60 museus", a concordância está correta, uma vez que o núcleo do sujeito é "cerca".

c) Na frase "Hão de se garantir as condições necessárias à conservação das obras de arte", o verbo "haver" deveria estar no singular, uma vez que é impessoal.

d) Em "Acredita-se que 25% da população frequentem ambientes culturais", a concordância está correta, uma vez que a porcentagem é o núcleo do segmento nominal.

e) Na frase "A maioria das pessoas não frequentam o museu", o verbo encontra-se no plural por concordar com "pessoas", ainda que pudesse, no singular, concordar com "maioria".

03. (FCC - 2015) As normas de concordância verbal estão plenamente observadas na frase:

a) Vincula-se ao nosso antigo complexo de povo colonizado hábitos como o que nos leva ao emprego indiscriminado de termos estrangeiros.

b) Somente no caso de haverem razões plenamente justificáveis admite-se, na opinião do autor do texto, o uso de vocábulos estrangeiros.

c) Constam nos programas de congressos acadêmicos, como se fosse natural, chamamento em inglês para o nosso brasileiríssimo cafezinho.

d) O emprego de termos estrangeiros cujas acepções originais não têm tradução adequada conta com o respaldo do autor do texto.

e) Aquilo que os estrangeiros parecem dizer melhor, com palavras mais apropriadas, quase sempre encontram perfeita tradução em nosso idioma.

Gabaritos

01	E	**03**	D
02	C		

10. COLOCAÇÃO PRONOMINAL

A colocação pronominal caracteriza-se quando o pronome oblíquo aparece relacionado ao verbo. Existem 3 formas de o pronome oblíquo aparecer junto ao verbo: depois, no meio e antes dele. Apesar de a próclise ser a mais recorrente em concursos, a colocação pronominal é comum nas provas, independentemente da banca.

Ênclise

Caracteriza-se quando o pronome oblíquo aparece depois do verbo. É a forma natural de o pronome aparecer. Existe apenas uma regra. É comum chamar o pronome oblíquo numa ênclise de pronome **enclítico**.

Jamais se inicia oração com pronomes oblíquos.

Ex.: Dê-**me** – Fale-**me** - Compre-**o** – Diga-**lhe**– Faça-**o**- Fizeram-**me**.

Não importa o pronome, importa que a ele seja dado o nome de enclítico quando vier depois do verbo.

A ênclise só é obrigatória nessas situações, fora isso, a próclise, quando o pronome oblíquo aparece antes do verbo, também pode ser correta.

> *Não é interessante decorar regras. Entender o conceito é muito mais seguro para uma prova. Observemos a oração a seguir.*

Ex.: Aqui (se) trabalha(**-se**).

O pronome SE viria antes ou depois do verbo?

É aqui que a Língua Portuguesa traz mais uma vez suas particularidades. Se a resposta for "depende", haveria alguns ajustes a serem feitos.

Vejamos a sentença a seguir:

Ex.: Aqui **se** trabalha.

A posição do pronome não só é correta como também é obrigatória, porque o termo AQUI é um advérbio, uma palavra atrativa, ou seja, o pronome oblíquo se torna proclítico, obrigatoriamente.

Ex.: Aqui, trabalha-**se.**

Caso se opte pela ênclise, significa que a vírgula, opcional, deve aparecer na sentença. O início da oração traz um advérbio reduzido, com isso, o uso da vírgula é opcional.

Caso se opte por colocar a vírgula, a oração vai se iniciar depois dela, logo aplica-se a regra da ênclise de jamais se iniciar oração por pronome oblíquo. O pronome tem de ser enclítico, obrigatoriamente.

Exs.: Em janeiro, permite-**se** tudo.

Lá, perseguem-**me**.

Vejamos a oração:

Ex.: As meninas, ontem, (me) ligaram(-me).

Percebe-se que, se a regra de colocação pronominal for meramente decorada, com certeza, o candidato seria induzido ao erro. Na oração citada, tanto faz colocar o pronome antes ou depois do verbo.

O termo ONTEM, isolado por vírgulas, está no meio da oração, é como "se ele não existisse", é possível retirá-lo, de modo que a oração não será modificada sintaticamente. Convém observar que a oração começa com AS MENINAS.

Conforme já afirmamos no início da abordagem desse tema, a próclise é tradicional no Brasil. Portanto, **tanto faz** falar "me ligaram" ou "ligaram-me".

Como as vírgulas são opcionais, ao retirá-las, o termo ONTEM (uma palavra atrativa) fica em evidência. Dessa forma, a oração apenas ficará certa com a seguinte formação:

Ex.: As meninas ontem **ME** ligaram.

> *A ênclise inexiste no particípio e nos futuros do presente e do pretérito do modo indicativo.*
> **Ex.:** *Comprado-me – Dito-lhe – Compraria-me – Darei-lhe.*

Mesóclise

Caracteriza-se quando o pronome oblíquo aparece no meio do verbo. Os verbos que aceitam a mesóclise são os conjugados nos tempos futuro do presente e futuro do pretérito do modo indicativo. A mesóclise só será obrigatória em início de oração, caso contrário, a próclise também estará certa.

Exs.: Dar-**LHE**-ei - Comprar-**TE**-íamos

Ligá-**LO**-ei - Trá-**LA**-á.

Vejamos a mesóclise em exemplos apontados a seguir. Verifica-se que, obrigatoriamente, os verbos estão no início da oração. Por isso, o pronome mesoclítico é a única forma correta:

Exs.: Comparemos a ti (TE) o pão (O).

Comprar-**TO**-emos.

Darei a ela (LHE) a palavra (A).

Dar-**LHA**-ei.

> *Percebe-se que, quando a mesóclise não aparecer no início, a próclise também estará certa. Tanto faz "O casamento REALIZAR-SE-Á à noite" ou "O casamento SE REALIZARÁ à noite".*

Próclise

Ocorre quando o pronome oblíquo aparece **antes** do verbo. É a forma mais comum no Brasil. Por isso, são as mais cobradas pelas bancas. A próclise só estará errada se aparecer no início da oração. Para que ela seja OBRIGATÓRIA, existem as palavras atrativas.

Vejamos as regras:

Advérbio

Ex.: Não **me** desanime.

Pronome indefinido, demonstrativo

Exs.: Isso **o** desapontou.

Tudo **me** anima.

Pronome relativo

Ex.: Este é o homem que **lhe** desobedecerá.

Conjunção subordinativa

Ex.: Ela falou que **me** deve dinheiro.

Frases exclamativas e interrogativas

Exs.: Como **te** maltrataram!

Onde **a** deixaram?

Expressão de desejo / Imprecação (desejo ruim)

Ex.: Deus **o** ilumine. O diabo **te** carregue.

Verbo no gerúndio precedido, porém, de outra oração.

Ex.: Em **se** falando de política, cale-se.

Nas orações a seguir, é possível observar que ambas estão certas:

Ex.: Joana disse **que** a festa se realizará amanhã.

A conjunção subordinada atrai o pronome oblíquo, mas não de forma obrigatória, a ênclise também estaria certa aqui.

Ex.: Joana disse **que** vai chamar-me.

Mesmo que haja a palavra atrativa, existe uma locução verbal e o verbo principal no infinitivo, assim, mesmo se tivermos a oração abaixo, também estaria correta.

Exs.: Joana disse **que** vai me chamar. – Joana disse **que** me vai chamar.

Não irá convidar-me.

Não irá me convidar.

Não me irá convidar.

> Não existe ênclise com verbos no particípio. Assim como nem toda locução verbal exigirá o pronome oblíquo igual ao exemplo anterior. Ex.: O padre (ME) tinha (ME) chamado.

Vimos, neste capítulo, como a próclise predomina na colocação pronominal. Claro que saber as regras ajuda, e muito, a usar adequadamente os pronomes oblíquos em uma oração. Porém, perceber que tais termos em nada mudarão a semântica em uma mensagem é fundamental para que não se cometam erros ao se resolver uma questão.

Questões

01. (FGV) Muitos gramáticos apontam as Frases do tipo "Me dá um copo de vinho!" como equivocadas, apoiados na regra que diz que não se pode começar frase com pronome pessoal oblíquo átono.

Assinale a alternativa que indica o comentário correto sobre esse fato gramatical.

a) Os gramáticos estão perfeitamente corretos já que, de fato, os pronomes átonos só podem ser empregados encliticamente.

b) Os gramáticos estão totalmente equivocados, já que, na frase destacada não se trata de pronome pessoal, mas de um modalizador.

c) A regra indicada está formulada erradamente, já que não há outra possibilidade de colocação pronominal.

d) A regra indicada este perfeitamente correta, mas não se aplica ao pronome da frase, que é tônico na pronúncia brasileira, e não átono.

e) Os gramáticos estão corretos, já que o padrão da língua culta, que é a linguagem literária, nunca abonou esse emprego.

02. (FCC) A questão refere-se ao texto abaixo.

#PARTIU VIVER?

Sabe o que eu mais acho incrível nas redes sociais? Como as pessoas acabam se tornando diferentes do que são. Diferentes mesmo. Todo mundo é bonito, sai de casa maquiado, com o cabelo certinho, come um prato digno de chef e leva essa vida de comercial de margarina. Eu tenho perfil em quase tudo o que é rede, mas também tenho uma teoria que funciona, pra mim pelo menos: quanto mais ativo você está na internet, mais chato está seu dia a dia. Sério, eu acredito nisso.

Boa parte das pessoas, nas redes sociais, vive a vida que queria viver. Dá a impressão de que a internet se transformou em um trailer do seu dia a dia. Mas qualquer trailer no cinema parece interessante. Mais do que o filme em si. É só editar e apagar os defeitinhos com um filtro poderoso.

Eu mesma não vou curtir sair com o cabelo arrepiado em foto, o problema é acreditar que a vida alheia é assim, 100% irretocável e divertida. Qualquer pessoa viva experimenta momentos de tristeza, tédio, preguiça, falta de inspiração, comida feia no prato, cabelo rebelde, olheira, dúvida sobre um tema... Supernormal não ser perfeito, não ter uma opinião formada sobre algo. Anormal mesmo é essa vida plástica que a gente nota pelo Snapchat, Facebook e Instagram.

(Adaptado de Scherma, Mariana, 01/10/2015. Disponível em: <www.cronicadodia.com.br/2015/10/partiu-viver-mariana-scherma.html>. Acessado em: 01/10/2015)

A colocação pronominal está correta em:

a) As pessoas têm dedicado-se a compartilhar fotos de várias situações.

b) Ela repara como tornam-se diferentes algumas pessoas nas redes sociais.

c) A autora parece incomodar-se com algumas postagens nas redes sociais.

d) Há vários recursos digitais que prestam-se a corrigir os defeitos das imagens.

e) Atualmente, as pessoas sempre lembram-se de sorrir ao serem fotografadas.

03. (FCC) O enunciado de um cartaz está redigido corretamente em:

a) Aqui se vendem produtos ecologicamente corretos.

b) Vende-se, aqui, produtos ecologicamente corretos.

c) Se vende, aqui, produtos ecologicamente corretos.

d) Vendem-se aqui, produtos ecologicamente corretos.

e) Aqui, se vende produtos ecologicamente corretos.

Gabaritos

01	D	03	A
02	C		

11. REGÊNCIA VERBAL E NOMINAL

11.1 Regência Verbal

A relação correta entre o verbo e seus complementos, ou seja, os termos regidos por ele.

Os verbos que exigem complemento, chamados transitivos, se relacionam de duas maneiras com seus complementos:

> Verbos transitivos diretos:

São os verbos que não exigem preposição antes de seus complementos:

Ex.: Comprei frutas hoje cedo.

> Verbos transitivos indiretos:

São os verbos que não exigem preposição antes de seus complementos:

Exs.: Os moradores **gostaram da** pintura do prédio.

Fui à cidade de ônibus.

> Verbos transitivos diretos e indiretos:

São verbos que exigem dois complementos, sendo um ligado por preposição:

Ex.: Entreguei a carta **ao diretor**.

> Verbos intransitivos:

São verbos que não exigem complemento:

Ex.: O vizinho do apartamento ao lado **morreu**.

Em alguns casos, o emprego ou não de preposição poderá alterar o sentido do verbo:

Assistir:

Verbo transitivo direto quando tiver o sentido de ajudar.

Verbo transitivo indireto quando tiver o sentido de ver.

Ex.: Assistimos **ao** filme na minha casa.

O médico assistiu **os** pacientes mesmo fora de seu horário.

Verbo	Sentido	Regência/Preposição	Pronomes	Exemplos
Chamar	convocar	TD (por)	o,a	O Diretor o chamou à sua presença. Chamei por você. (ODp)
	apelidar	TD TI > a	o,a lhe	Chamaram-no (de) charlatão. (PO) Chamaram-lhe (de) charlatão. (PO)
Chegar, vir, ir	-	VI > a	-	Chegou ao Rio ontem.
Custar	ser custoso/difícil	TDI > a	lhe	Custa ao homem o perdão.
Implicar	acarretar	TD		Isso implica punição.
Lembrar Esquecer	-	TD	o,a	Lembrou o fato Esqueceu a chave.
Lembrar-se Esquecer-se	-	TI > de	dele	Lembrou-se do fato. Esqueceu-se da chave.
Namorar	-	TD	o,a	Ele namora minha irmã.
Necessitar Precisar	-	TD TI > de	o, a dele	O País precisa (de) agrônomos. O País precisa deles. O País precisa-os.
(Des)obedecer	-	TI > a	lhe (pessoa)	Os filhos obedecem aos pais. Não devemos desobedecer-lhes.
Morar, residir	-	VI > em	-	Mora na Rua XV de Novembro.
Pagar Perdoar	coisa/algo	TD	o, a	Ela pagou a conta do restaurante.
	pessoa	TI > a	lhe	Perdoei aos meus devedores. Perdoei-lhes.
Preferir	algo a alguma coisa	TDI > a		Prefiro água a sucos.
Proceder	dar início/realizar	TI > a	a ele/ela	O professor procedeu-lhe.
Querer	desejar	TD	o,a	Ele não a quis para esposa.
	amar/ter afeto a	TI > a	lhe	Juro que lhe quero muito.
Referir-se		TI > a	a ele	Referiu-se à ajuda coletiva. (a ela)
Responder	dizer/escrever em resposta	TI > a TDI	lhe	Respondeu ao telegrama. Respondeu-lhe que estava doente.

Visar	fazer pontaria pôr visto em	TD	o,a	Visou o alvo e atirou. O banco visou o cheque.
	pretender	TI > a	a ele	O vestiba visa a uma vaga na universidade. (a ela)
Agradar	causar agrado	TI > a	lhe	O vestibular agradou aos calouros.
Ajudar		TD	o,a	O filho ajudava o pai na roça.
Aludir	fazer/referência	TI > a TDI	a ele	Aludiu aos fatos acontecidos. (a eles) Aludiu os fatos aos ouvintes.
Ansiar	causar mal-estar/ angustiar	TD	o,a	O cansaço ansiava-o.
	desejar ardentemente	TD TI > por	o, a por ele	Minha alfa anseia o infinito. Ansiava por me ver fora de casa.
	padecer ânsias	VI	-	Anseio em viagens.
Aspirar	sorver/respirar	TD	o, a	Aspirava o cheiro das rosas abertas.
	desejar/pretender	TI > a	a ele	O vestiba aspira a ser médio. (a isso)
Assistir	prestar assistência	TD	o, a	O médico assiste o doente. Os missionários são assistidos por Deus.
	presenciar/ver	TI > a	a ele	porque não assistes às aulas, vestiba? Tenho assistido a elas (às aulas)
	caber/ser de direito	TI > a	lhe	Não lhe assiste o direito de oprimir os vestibas.
	morar/residir	VI > em	-	Assistirei na capital enquanto estiver estudando.

11.2 Regência Nominal

Observe os exemplos a seguir:

Exs.: Temos muito **admiração pelo** seu trabalho.

A atitude dele durante a reunião foi **contrária ao** esperado.

Tenho certeza de que você tem **capacidade para** fazer um ótimo trabalho.

Observe que os nomes são acompanhados por preposições que lhes dão sentido. Estas preposições ligam os nomes ao termos de maneira coerente.

Cada nome possui um ou mais preposições específicas que devem acompanha-los. Esta colocação correta é chamada **regência nominal.**

Nomes e Respectivas Regências			
Acessível : a	Contíguo: a	Imbuído: de, em	Preferível: a
Acostumado: a, com	Contrário: a	Impróprio: para	Prejudicial: a
Afável: com, para, a	Curioso: de	Imcompatível: com	Presente: a
Aflito: com, por	Descontente: com	Indeciso: em	Prestes: a
Agradável: a	Desejoso: de	Inepto: para	Propenso: a, para
Alheio: a. de	Devoto: a, de	Insensível: a	Propício: a
Alusão: a	Diferente: de	Liberal: com	Próximo: a, de
Ambicioso: de	Entendido: em	Medo: a, de	Relacionado: com, a
Análogo: a	Equivalente: a	Misericordioso: com, para, com	Residente, situado, sito, morador: em
Ansioso: de, para, por	Essencial: para	Natural: de	Respeito: a, com, para com
Apaixonado: de (entusiasmado), por (enamorado)	Fácil: de	Necessário: a	Satisfeito: com, de, em, por
Apto: a, para	Falho: de, em	Nocivo: a	Semelhante: a
Aversão: a, por	Fanático: por	Obediência: a	Sensível: a
Ávido: de, por	Favorável: a	Ódio: a, contra	Suspeito: de

Benéfico: a	Favorável: a	Ojeriza: a. por	União: a, com, de, entre
Capacidade: de, para	Generoso: com	Paralelo: a, com, entre	Único: a, em
Capaz: de, para	Grato: a	Parco: em, de	Útil: a, para
Compatível: com	Hábil: em	Parecido: a, com	Vazio: de
Conforme: a (semelhante), com (coerente), em (concorde)	Habituado: a	Passível: de	Versado: em
Constante: de, em	Horror: a	Possível: de	Vinculado: a
Conteporâneo: a, de	Idêntico: a	Possuído: de, por	

Questões

01. (VUNESP) Considere os trechos:

"o estudante que **se interesse pela área** pode direcionar seu curso para questões de auditoria..."

"É fundamental que a pessoa **seja atenta aos detalhes**..."

Atendendo à norma-padrão de regência, as expressões destacadas podem ser substituídas, respectivamente, por:

a) queira se comprometer de trabalhar nessa área; se ocupe minuciosamente aos detalhes

b) se sinta cativado por trabalhar nessa área; se aplique meticulosamente aos detalhes

c) pretenda se conduzir a essa área; se empenhe de analisar os detalhes

d) veja aptidão com essa área; passe em revista nos detalhes

e) deseja progredir a essa área; dê preponderância aos detalhes

02. (FCC) A frase que, do ponto de vista da regência verbal e nominal, está em acordo com a norma-padrão é:

a) No protocolo em estudo ficava bem nítida a ideia de que o paciente tem o direito de concordar ou recusar a realização dos procedimentos médicos propostos pela equipe que o atende.

b) Esta era a advertência: "Nenhuma parte deste livro pode ser reproduzida sem a expressa permissão da editora, a não ser que se trate de resenha, à qual é permitido citar pequenos trechos".

c) Ao expor sua opinião sobre a adoção de crianças, deixou transparecer mais de um preconceito; esse não é, sem dúvida, um tema que um educador como ele deve estar alheio.

d) O coordenador dos trabalhos emergenciais, bastante abalado com o que via, declarou de que garantiria o reconhecimento e o respeito dos direitos de todos os que viviam os efeitos daquela imensa catástrofe.

e) Iniciado o programa inovador de atendimento a refugiados, uma onda de manifestações a favor da iniciativa legitimou-a, de que é prova contundente a quantidade de projetos similares à ação pioneira de atendimento a expatriados.

03. (ESAF) Assinale a opção que completa corretamente as lacunas do texto abaixo.

Produtividade é o que se busca na essência. Só houve racionalidade na indústria, depois de décadas de desperdício, depois que os computadores começaram __(1)__ ser interligados uns aos outros.

O nosso tempo, este da ampliação extraordinária da internet, onipresente e onisciente, é o melhor dos mundos para o salto de produtividade.

Com a internet das coisas, estaremos aptos __(2)__ levantar informações detalhadíssimas, o que ajudará __(3)__ administrar melhor qualquer negócio e o tempo que __(4)__ para realizá-lo. Para entender como esse novíssimo movimento tecnológico transformará __(5)__ sociedade, em todos os aspectos, basta olhar __(6)__ nossa volta, observar nossa casa e o escritório de trabalho. Quanto tempo se demora ajustando a temperatura do chuveiro antes de tomar banho?

Ou enchendo de gasolina o tanque do carro? Pagando contas bancárias?

Com a internet das coisas, não nos preocuparemos com nada disso.

Os aparelhos que nos rodeiam, conectados entre si e programados para compreender os hábitos de seus donos, se encarregarão sozinhos de resolver __(7)__ maior parte dos afazeres do dia a dia. Soa longínquo?

Não é. __(8)__ hoje experiências interessantíssimas do bom uso da internet plugada em objetos.

(Adaptado de VEJA, 22 de janeiro, 2014)

a) (1) - à; (2) - a; (3) - à; (4) - a; (5) - à; (6) - à; (7) - a; (8) – Há

b) (1) - a; (2) - à; (3) - a; (4) - há; (5) - à; (6) - a; (7) - a; (8) – A

c) (1) - à; (2) - a; (3) - a; (4) - há; (5) - a; (6) - à; (7) - à; (8) – A

d) (1) - a; (2) - a; (3) - a; (4) - há; (5) - a; (6) - à; (7) - a; (8) – Há

e) (1) – a; (2) - à; (3) - à; (4) - a; (5) - a; (6) - à; (7) - a; (8) – Há

04. (FCC – 2016) O acento indicativo de crase está empregado corretamente em:

a) À esta assinatura eletrônica que usa algoritmos de criptografia assimétrica, dá-se o nome de assinatura digital.

b) Destinada à resguardar a integridade de um documento, a assinatura digital usa a criptografia.

c) A assinatura digital destina-se à preservação da autoria de documentos eletrônicos.

d) A assinatura digital é útil à todas as pessoas que desejam proteger seus documentos eletrônicos

e) A assinatura digital atende à várias finalidades, das quais se destaca a verificação da autoria do documento.

05. (FCC – 2016) Quanto à ocorrência de crase, considere as frases abaixo.

I. No segmento ... encontrar um mulungu em Meio à vegetação... (2º parágrafo), pode-se substituir corretamente o elemento sublinhado por "por entre", sem que nenhuma outra alteração seja feita.

I. No segmento Disse isso à minha avó e ela riu... (3º parágrafo), pode-se suprimir o artigo definido sem prejuízo para o sentido e a correção.

II. Uma redação correta para o segmento ... na hora de ir para casa (3º parágrafo), caso se substitua a preposição "em" por "a", é: "à hora de ir para casa".

Está correto o que consta em

a) I, II e III.

b) I, apenas.

c) III, apenas.

d) II e III, apenas.

e) I e II, apenas.

06. (FCC – 2016) O sinal indicativo de crase está empregado corretamente em:

a) Não era uma felicidade eufórica, semelhava-se mais à uma brisa de contentamento.

b) O vinho certamente me induziu àquela súbita vontade de abraçar uma árvore gigante.

c) Antes do fim da manhã, dediquei-me à escrever tudo o que me propusera para o dia.

d) A paineira sobreviverá a todas às 18 milhões de pessoas que hoje vivem em São Paulo.

e) Acho importante esclarecer que não sou afeito à essa tradição de se abraçar árvore.

Gabaritos

01	B	04	A
02	D	05	B
03	D	06	B

12. CRASE

Assunto mais do que recorrente em qualquer prova, banca e nível. Por ser tão complexa, a crase tronou-se a vilã de qualquer concurso público. O importante é entender o conceito e não apenas decorar regras. Lembre-se de que o acento indicativo da crase é o grave e que crase é o encontro vocálico entre a preposição A e o artigo A.

Existem as regras obrigatórias, as proibitivas e as facultativas. Porém, há que se ter uma base delas para entender como as bancas optam por cobrar esse assunto.

12.1 Regras Obrigatórias

Em locuções conjuntivas

Ex.: à medida que**, à** proporção que.

A medida que tomei foi a correta. - sem crase

Em locuções adverbiais

Ex.: à direita, à esquerda, à noite, às vezes, à vista, às 10h etc.

Quando o assunto se refere aos períodos de tempo, principalmente as horas, é importante saber diferenciar um período de uma hora exata. Observemos que "Ele ficou as 10h em jejum" não leva acento grave, por representar o tempo total do jejum. Deve-se atentar também para as preposições, com exceção do ATÉ - nunca haverá crase com elas: "Estou aqui desde as 9h".

Em expressões à moda de

Bife à milanesa – Escrevo à Camões – Fiz um gol à Maradona.

Antes de senhora, senhorita e dona

Eu obedeço à senhora – Ele se referiu à dona – Eu paguei à senhorita.

Antes de casa, terra e distância, quando tais palavras vierem determinadas

Exs.: Cheguei à terra **dos meus pais.**

Fomos à casa **amarela.**

Fiquei à distância **de 50 metros.**

12.2 Regras Facultativas

Antes de nomes próprios femininos

Exs.: Ele se referiu (a) (à) Mariana.

Nós obedecemos (a) (à) Carla

Eles pagaram (a) (à) Maria.

Com a preposição ATÉ

Exs.: Todos foram **até (a) (à)** mais bela fantasia.

Ficaremos abertos **até (as) (às)** 23h.

Pronomes possessivos femininos

Exs.: Fomos **(a) (à) sua** casa.

Ele se referiu **(a) (à) minha** mãe.

12.3 Regras Proibitivas

Antes de palavras masculinas

Exs.: Graças **a Deus**

Fomos **a pé**.

Entre palavras repetidas

Exs.: gota **a** gota – uma **a** uma – cara **a** cara – face **a** face.

Antes de verbos

Exs.: Voltamos a apresentar

Contas a pagar

A partir

Antes de palavras no plural sem que haja encontro vocálico

Exs.: Ele se referiu **a mulheres**

Fomos **a missas.**

Observação: verifica-se que só há preposição nos exemplos acima.

Antes de numerais

Exs.: Matrículas de 15 **a 30** de abril.

De segunda **a sexta.**

Ficamos **a 10** metros de distância.

Quando existir a contração da preposição DE com o artigo A, haverá uso do acento grave. Ex.: Da primeira à sexta fileiras - Escrevi DA página 1 à 40.

Antes de pronomes

Exs.: Um beijo **a todos.**

Graças **a Sua Santidade.**

Dei um recado **a ela.**

Este é o filme **a que** assisti.

12.4 Crase – Casos Especiais

Decorar regras de crase pode não ser tão eficiente. É importante atentar para algumas formas de o acento grave ser cobrado em provas. A probabilidade de aparecer isso nas questões é muito grande, principalmente quando a crase aparece com regras implícitas. Vejamos:

Ex.: Vivenciei uma situação análoga à que você contou.

Verifica-se que, pelas regras, antes de pronomes, não haveria acento grave. Mas, no exemplo, há uma palavra implícita: SITUAÇÃO.

A oração ficaria assim:

Ex.: Vivenciei uma situação análoga à **(situação)** que você contou.

Como a palavra não pode ser repetida, pois seria um eco, a crase dá a impressão de estar errada. É preciso ter cuidado com esse tipo de situação.

Ex.: O termo À QUE pode ser trocado por À QUAL (A+A QUAL).

> Muitas vezes, saber a regência do verbo ajudará, e muito, no entendimento do uso do acento grave. Além de assimilar o valor correto da mensagem, também trará ao leitor uma exatidão no uso da crase.

Outro Caso

Quando o aluno decora algo e toma aquilo como lei, pode sofrer consequências inesperadas. O acento grave pode aparecer em pronomes demonstrativos. Isso ocorre quando o verbo exigir a preposição A. Nesse caso, saber a regência do verbo é primordial ao entendimento.

Exs.: Ele viu aquilo. (quem vê vê algo)

Obedeci **àquele** homem. (Quem obedece obedece a alguém)

A preposição ligada ao verbo, no caso o A, junta-se ao A do pronome aquele e tem-se tal formação. Mesmo sendo pronome masculino: **a+aquele.**

Ele se referiu **àquilo.**

(Quem se refere se refere a algo) a preposição ligada ao verbo, no caso o A, junta-se ao A do pronome AQUILO e tem-se tal formação: **a+aquilo**.

Crase com Termos Implícitos

Ainda no campo de palavras implícitas, percebamos, nos exemplos abaixo, como o ato de simplesmente decorar pode atrapalhar o aluno.

Ex.: Não só fez uma homenagem à filha do vizinho como também à dele.

Não só fez uma homenagem à filha do vizinho como também (fez uma homenagem) à (filha) dele.

Neste capítulo, vimos como a crase é importantíssima para uma comunicação perfeita. Procuramos salientar como as bancas costumam agir, elaborando questões que tendem a eliminar o candidato que se ocupa em exclusivamente decorar regras. Entender o conceito que o conteúdo traz e associar as regras ao uso correto do acento será primordial para que o assunto se torne corriqueiro e de domínio do aluno, auxiliando-o, inclusive, em suas redações.

Questões

1. Assinale a opção que completa corretamente as lacunas do texto abaixo.

Produtividade é o que se busca na essência. Só houve racionalidade na indústria, depois de décadas de desperdício, depois que os computadores começaram __(1)__ ser interligados uns aos outros. O nosso tempo, este da ampliação extraordinária da internet, onipresente e onisciente, é o melhor dos mundos para o salto de produtividade. Com a internet das coisas, estaremos aptos __(2)__ levantar informações detalhadíssimas, o que ajudará __(3)__ administrar melhor qualquer negócio e o tempo que __(4)__ para realizá-lo. Para entender como esse novíssimo movimento tecnológico transformará __(5)__ sociedade, em todos os aspectos, basta olhar __(6)__ nossa volta, observar nossa casa e o escritório de trabalho. Quanto tempo se demora ajustando a temperatura do chuveiro antes de tomar banho? Ou enchendo de gasolina o tanque do carro? Pagando contas bancárias? Com a internet das coisas, não nos preocuparemos com nada disso. Os aparelhos que nos rodeiam, conectados entre si e programados para compreender os hábitos de seus donos, se encarregarão sozinhos de resolver __(7)__ maior parte dos afazeres do dia a dia. Soa longínquo? Não é. __(8)__ hoje experiências interessantíssimas do bom uso da internet plugada em objetos.

(Adaptado de VEJA, 22 de janeiro, 2014)

a) (1) - à; (2) - a; (3) - à; (4) - a; (5) - à; (6) - à; (7) - a; (8) – Há
b) (1) - a; (2) - à; (3) - a; (4) - há; (5) - à; (6) - a; (7) - a; (8) – A
c) (1) - à; (2) - a; (3) - a; (4) - há; (5) - a; (6) - à; (7) - à; (8) – A
d) (1) - a; (2) - a; (3) - a; (4) - há; (5) - a; (6) - à; (7) - a; (8) – Há
e) (1) – a; (2) - à; (3) - à; (4) - a; (5) - a; (6) - à; (7) - a; (8) – Há

2. Assinale a opção que preenche as lacunas de forma gramaticalmente correta.

O termo Bioeconomia designa __1__ ideia de uma estrutura industrial baseada em materiais, processos e serviços biológicos desenvolvidos de maneira sustentável. Setores da economia global, como a agricultura e a pecuária, têm suas bases econômicas em alterações biotecnológicas de forma __2__ elevar a qualidade e quantidade da produção. Hoje o conceito de Bioeconomia é utilizado para descrever pelo menos três conceitos baseados na noção de que os sistemas e recursos biológicos podem ser manipulados para manter os atuais sistemas industriais de produção, consumo e acumulação de capital: a economia de biomassa também designada de produção primária, relacionada ao melhoramento genético; a economia da biotecnologia industrial, identificada pelos biocombustíveis e alterações moleculares; e a economia da saúde, relacionada __3__ farmacogenética, aos alimentos funcionais, aos equipamentos médicos e __4__ terapêutica em que se enquadra a terapia com células tronco. Devido __5__ suas características multifuncionais, as células tronco vêm sendo utilizadas no ramo médico veterinário com o objetivo de tratar diferentes doenças que acometem tanto os grandes como os pequenos animais.

https://www.nucleodoconhecimento.com.br/veterinaria/terapeutica-das-celulas-tronco (com adaptações)

a) 1 - a; 2 - a; 3 - à; 4 - à; 5 – às
b) 1 - à; 2 - à; 3 - a; 4 - a; 5 – as
c) 1 - a; 2 - à; 3 - a; 4 - à; 5 – às
d) 1 - a; 2 - à; 3 - à; 4 - a; 5 – às
e) 1 - à; 2 - à; 3 - à; 4 - a; 5 – as

3. Atenção: A questão refere-se ao texto seguinte.

Leitores precoces

Um dos mitos que alguns escritores inventam para si mesmos é o do leitor precoce. Antes mesmo de bater uma pelada ou de brincar de cabra-cega, certas crianças – meninos e meninas letrados – já leram trechos de Proust ou de uma tragédia grega. Quanta precocidade! Melhor viver intensamente a infância e a juventude, e ler os clássicos no momento adequado.

Não fui um leitor precoce. Mas, por obrigação, tive de ler capítulos de Os sertões antes dos quinze anos de idade. Foi literalmente um castigo, um ato de punição disciplinar de um professor de literatura. Ainda bem que no sorteio dos capítulos que seriam lidos e fichados tirei a última parte do livro, cuja leitura me fascinou. Nessas páginas de Os sertões há grandes personagens de uma batalha extremamente desigual.

(HATOUM, Milton. Um solitário à espreita. São Paulo: Companhia das Letras, 2013, p. 193)

Quanto à necessidade do emprego do sinal indicativo de crase, a frase plenamente correta é:

a) Ele próprio um grande escritor, Milton Hatoum sentiu-se a vontade para dirigir críticas a alguns escritores precoces.
b) Afeito a leitura de grandes clássicos, o rapaz sente-se intimidado face à escritores populares.
c) A iniciação à literatura clássica deve ser feita à medida que o jovem se sinta inclinado a conhecê-la.
d) Difícil estipular uma idade à partir da qual alguém deva se entregar à leitura dos clássicos.
e) Dos clássicos quero ficar à uma distância bem segura, disse-me ele, rindo à valer.

Gabaritos

01	D	03	C
02	A		

13. PONTUAÇÃO

A pontuação assinala a melodia de nossa fala, ou seja, as pausas, a ênfase etc.

13.1 Principais Sinais E Usos

Vírgula

É o sinal mais importante para concurso público.

Usa-se a vírgula para:

→ Separar termos que possuem mesma função sintática no período:

Ex.: José, **Maria**, **Antônio** e **Joana** foram ao mercado. (função de núcleo do sujeito)

→ Isolar o vocativo:

Ex.: Então, **minha cara**, não há mais o que se dizer!

→ Isolar um aposto explicativo (cuidado com essa regra, veja que não há verbo no aposto explicativo):

Ex.: O João, **ex-integrante da comissão**, veio fazer parte da reunião.

→ Isolar termos antecipados, como: complemento, adjunto ou predicativo:

Ex.: Na semana passada, comemos camarão no restaurante português. (antecipação de adjunto adverbial)

→ Separar expressões explicativas, conjunções e conectivos:

Ex.: isto é, ou seja, por exemplo, além disso, pois, porém, mas, no entanto, assim etc.

→ Separar os nomes dos locais de datas:

Ex.: Cascavel, 02 de maio de 2012.

→ Isolar orações adjetivas explicativas (pronome relativo + verbo + vírgula):

Ex.:O Brasil, **que é um belíssimo país**, possui ótimas praias.

→ Separar termos de uma enumeração:

Ex.: Vá ao mercado e traga **cebola**, **alho**, **sal**, **pimenta e coentro**.

→ Separar orações coordenadas:

Exs.: Esforçou-se muito, **mas não venceu o desafio**. (oração coordenada sindética adversativa)

Roubou todo o dinheiro, **e ainda apareceu na casa**. (oração coordenada sindética aditiva).

> A vírgula pode ser utilizada antes da conjunção aditiva "e" caso se queira enfatizar a oração por ela introduzida.

Omitir um termo, elipse (no caso da elipse verbal, chamaremos "zeugma"):

Ex.: De dia era um anjo, de noite um **demônio**. (omissão do verbo "ser")

Separar termos de natureza adverbial deslocado dentro da sentença:

Exs.: Na semana passada, trinta alunos foram aprovados no concurso. (locução adverbial temporal)

Se estudar muito, você será aprovado no concurso. (oração subordinada adverbial condicional)

Ponto final

Usa-se o ponto final:

→ Ao final de frases para indicar uma pausa total; é o que marca o fim de um período:

Ex.: Depois de passar no concurso, comprarei um carro.

→ Em abreviaturas:

Ex.: Sr., a. C., Ltda., num., adj., obs., máx., bat., brit. etc.

Ponto e vírgula

Usam-se ponto e vírgula para:

→ Separar itens que aparecem enumerados:

Ex.: Uma boa dissertação apresenta:

Coesão;

Coerência;

Progressão lógica;

Riqueza lexical;

Concisão;

Objetividade;

Aprofundamento.

→ Separar um período que já se encontra dividido por vírgulas:

Ex.: Não gostava de trabalhar; queria, no entanto, muito dinheiro no bolso.

→ Separar partes do texto que se equilibram em importância:

Exs.: Os pobres dão pelo pão o trabalho; os ricos dão pelo pão a fazenda; os de espíritos generosos dão pelo pão a vida; os de nenhum espírito dão pelo pão a alma.(Vieira).

O capitalismo é a exploração do homem pelo homem; o socialismo é exatamente o contrário.

Dois pontos

São usados dois pontos quando:

→ Se vai fazer uma citação ou introduzir uma fala:

Exs.: José respondeu:

- Não, muito obrigado!

→ Se quer indicar uma enumeração:

Ex.: Quero apenas uma coisa: que vocês sejam aprovados no concurso!

Aspas

São usadas aspas para indicar:

→ Citação presente no texto.

Ex.: "Há distinção entre categorias do pensamento" - disse o filósofo.

→ Expressões estrangeiras, neologismos, gírias.

Exs.: Na parede, haviam pintado a palavra "love". (expressão estrangeira)

Ficava "bailarinando", como diria Guimarães. (neologismo)

"Velho", esconde o "cano" aí e "deixa baixo". (gíria)

Reticências

São usadas para indicar supressão de um trecho, interrupção na fala, ou dar ideia de continuidade ao que se estava falando.

Exs.: (...) Profundissimamente hipocondríaco Este ambiente me causa repugnância Sobe-me à boca uma ânsia análoga à ânsia Que se escapa pela boca de um cardíaco(...)

Eu estava andando pela rua quando...

Eu gostei da nova casa, mas da garagem...

Parênteses

São usados quando se quer explicar melhor algo que foi dito ou para fazer simples indicações.

Ex.: Foi o homem que cometeu o crime (o assassinato do irmão).

Travessão

Indica a fala de um personagem:

Exs.: Ademar falou.

- Amigo, preciso contar algo para você.

Isola um comentário no texto.

Ex.: O estudo bem realizado - diga-se de passagem, que quase ninguém faz - é o primeiro passo para a aprovação.

Isola um aposto na sentença.

Ex.: A Semântica – estudo sobre as relações de sentido - é importantíssima para o entendimento da Língua.

Reforçar a parte final de um enunciado.

Ex.: Para passar no concurso, é preciso estudar muito — muito mesmo.

Trocas

A Banca, eventualmente, costuma perguntar sobre a possibilidade de troca de termos, portanto, atenção!

» Vírgulas, travessões e parênteses, quando isolarem um aposto, podem ser trocadas sem prejuízo para a sentença;

» Travessões podem ser trocados por dois pontos, a fim de enfatizar um enunciado.

Regra de ouro

Na ordem natural de uma sentença, é proibido:

→ Separar Sujeito e Predicado com vírgulas:

"Aqueles maravilhosos velhos ensinamentos de meu pai foram de grande utilidade. (certo) Aqueles maravilhosos velhos ensinamentos de meu pai, foram de grande utilidade. (errado)."

→ Separar Verbo de Objeto:

"O presidente do maravilhoso país chamado Brasil assinou uma lei importante. (certo) O presidente do maravilhoso país chamado Brasil assinou, uma lei importante. (errado)"

14. REESCRITURA DE FRASES E PARÁGRAFOS DO TEXTO

A reescrita ou reescritura de frases é uma paráfrase que visa à mudança da forma de um texto. Para que o novo período esteja correto, é preciso que sejam respeitadas a correção gramatical e o sentido do texto original. Desse modo, quando há qualquer inadequação do ponto de vista gramatical e/ou semântico, o trecho reescrito deve ser considerado incorreto.

Assim, para resolver uma questão que envolve reescritura de trechos ou períodos, é necessário verificar os aspectos gramaticais (principalmente, pontuação, elementos coesivos, ortografia, concordância, emprego de pronomes, colocação pronominal, regência etc.) e aspectos semânticos (significação de palavras, alteração de sentido etc.).

Existem diversas maneiras de se parafrasear uma frase, por isso cada Banca Examinadora pode formular questões a partir de muitas formas. Nesse sentido, é essencial conhecer e dominar as variadas estruturas que uma sentença pode assumir quando ela é reescrita.

14.1 Substituição de Palavras ou de Trechos de Texto

No processo de reescrita, pode haver a substituição de palavras ou trechos. Ao se comparar o texto original e o que foi reestruturado, é necessário verificar se essa substituição mantém ou altera o sentido e a coerência do primeiro texto.

Locuções x palavras

Em muitos casos, há locuções (expressões formadas por mais de uma palavra) que podem ser substituídas por uma palavra, sem alterar o sentido e a correção gramatical. Isso é muito comum com verbos.

Exs.:

Os alunos **têm buscad**o formação profissional.

(locução: têm buscado)

Os alunos **buscam** formação profissional.

(uma palavra: buscam)

Ambas as frases têm sentido atemporal, ou seja, expressam ações constantes, que não têm fim.

Significação das palavras

Ao avaliarmos a significação das palavras, devemos ficar atentos a alguns aspectos: sinônimos, antônimos, polissemia, homônimos e parônimos.

→ **Sinônimos**: palavras que possuem significados próximos, mas não são totalmente equivalentes.

Exs.:

Casa: lar - moradia – residência

Carro: automóvel

Para verificar a validade da substituição, deve-se também ficar atento ao significado contextual. Por exemplo, na frase "As fronteiras entre o bem e o mal", não há menção a limites geográficos, pois a palavra "fronteira" está em sentido conotativo (figurado).

Além disso, nem toda substituição é coerente. Por exemplo, na frase "Eu comprei uma casa", fica incoerente reescrever "Eu comprei um lar".

Antônimos: palavras que possuem significados diferentes, opostos, contrários.

Exs.: Mal / Bem

Ausência / Presença

Subir / Descer

Cheio / Vazio

Possível / Impossível

Polissemia: ocorre quando uma palavra apresenta mais de um significado em diferentes contextos.

Exs.:

Banco (instituição comercial financeira; assento)

Manga (parte da roupa; fruta)

> A polissemia está relacionada ao significado contextual, ou seja, uma palavra tem um sentido específico apenas no contexto em que está inserida. Por exemplo: A eleição foi marcada por debates explosivos (ou seja: debates acalorados, e não com sentido de explodir algo).

→ **Homônimos**: palavras com a mesma pronúncia (algumas vezes, a mesma grafia), mas com significados diferentes.

Exs.:

A**c**ender: colocar fogo. A**sc**ender: subir.

Con**c**erto: sessão musical. Con**s**erto: reparo.

→ **Homônimos perfeitos:** palavras com a mesma grafia e o mesmo som.

Exs.:

Eu **cedo** este lugar você. (cedo = verbo)

Cheguei **cedo** para jantar. (cedo = advérbio de tempo)

Percebe-se que o significado depende do contexto em que a palavra aparece. Portanto, deve-se ficar atento à ortografia quando a questão é de reescrita.

→ **Parônimos**: palavras que possuem significados diferentes, mas são muito parecidas na pronúncia e na escrita.

Exs.:

Abso**l**ver: perdoar, inocentar.

Abso**r**ver: aspirar.

C**o**mprimento: extensão.

C**u**mprimento: saudação.

Conectores de mesmo valor semântico

Há palavras, principalmente as conjunções, que possuem valores semânticos específicos, os quais devem ser levados em conta no momento de fazer uma substituição.

Logo, pode-se reescrever um período, alterando-se a conjunção. Para tanto, é preciso que a outra conjunção tenha o mesmo valor semântico. Além disso, é importante verificar como ficam os tempos verbais após a substituição.

Exs.:

Embora fosse tarde, fomos visitá-lo. (conjunção subordinativa concessiva)

Apesar de ser tarde, fomos visitá-lo. (conjunção subordinativa concessiva)

No exemplo acima, o verbo também sofreu alteração.

Exs.:

Toque o sinal **para que** todos entrem na sala.
(conjunção subordinativa final)

Toque o sinal **a fim de que** todos entrem na sala.
(conjunção subordinativa final)

No exemplo acima, o verbo permaneceu da mesma maneira.

Paralelismo

Ocorre quando há uma sequência de expressões com estrutura idêntica.

→ **Paralelismo sintático**: é possível quando a estrutura de termos coordenados entre si é idêntica. Nesse caso, entende-se que "termos coordenados entre si" são aqueles que desempenham a mesma função sintática em um período ou trecho.

João comprou **balas** e **biscoitos**.

Perceba que "balas" e "biscoitos" têm a mesma função sintática (objeto direto). Além disso, ambas são expressões nominais. Assim, apresentam, na sentença, uma estrutura sintática idêntica.

Os formandos estão pensando **na carreira,** isto é**, no futuro.**

Tanto "na carreira" quanto "no futuro" são complementos do verbo pensar. Ademais, as duas expressões são formadas por preposição e substantivo.

→ **Paralelismo semântico**: estrutura-se pela coerência entre as informações.

Lucélia gosta de **maçã** e de **pera.**

Percebe-se que há uma relação semântica entre maçã e pera, pois ambas são frutas.

Lucélia gosta de **livros de ação** e de **pizza.**

Observa-se que os termos "livros de ação" e "pizza" não possuem sentidos semelhantes que garantam a sequência lógica esperada no período.

14.2 Retextualização de Diferentes Gêneros e Níveis de Formalidade

Na retextualização, pode-se alterar o nível de linguagem do texto, dependendo de qual é a finalidade da transformação proposta. Nesse caso, são possíveis as seguintes alterações: linguagem informal para a formal; tipos de discurso; vozes verbais; oração reduzida para desenvolvida; inversão sintática; dupla regência.

Linguagem formal x linguagem informal

Um texto pode estar escrito em linguagem coloquial (informal) ou formal (norma padrão). A proposta de reescrita pode mudar de uma linguagem para outra. Veja o exemplo:

Exs.:

Pra que serve a política? (informalidade)

Para que serve a política? (formalidade)

A oralidade geralmente é mais informal. Portanto, fique atento: a fala e a escrita são diferentes, ou seja, a escrita não reproduz a fala e vice-versa.

Tipos de discurso

Discurso está relacionado à construção de textos, tanto orais quanto escritos, portanto, ele é considerado uma prática social.

Em um texto, podem ser encontrados três tipos de discurso: o discurso direto, o indireto e o indireto livre.

→ **Discurso direto**: são as falas das personagens. Esse discurso pode aparecer em forma de diálogos e citações, e vêm marcadas com alguma pontuação (travessão, dois pontos, aspas etc.). Ou seja, o discurso direto reproduz fielmente a fala de alguém.

O médico disse à paciente:

– Você precisa fazer exercícios físicos regularmente.

→ **Discurso indireto**: é a reprodução da fala de alguém, a qual é feita pelo narrador. Normalmente, esse discurso é escrito em terceira pessoa.

Exs.: O médico disse à paciente que ela precisava fazer exercícios regulamente.

→ **Discurso indireto livre**: é a ocorrência do discurso direto e indireto ao mesmo tempo. Ou seja, o narrador conta a história, mas as personagens também têm voz própria.

No exemplo a seguir, há um discurso direto: "que raiva", que mostra a fala da personagem.

"*Retirou as asas e estraçalhou-a. Só tinham beleza. Entretanto, qualquer urubu... que raiva...*" (Ana Maria Machado)

No trecho a seguir, há uma fala da personagem, mesclada com a narração: "Para que estar catando defeitos no próximo?".

"*D. Aurora sacudiu a cabeça e afastou o juízo temerário. Para que estar catando defeitos no próximo? Eram todos irmãos. Irmãos.*" (Graciliano Ramos)

Nas questões de reescrita que tratam da transposição de discursos, é mais frequente a substituição do direto pelo indireto. Nesse caso, deve-se ficar atento aos tempos verbais.

Exemplo de uma transposição de discurso direto para indireto:

Ana perguntou:

– Qual a resposta correta?

Ana perguntou qual era a resposta correta.

Voz verbal

Um verbo pode apresentar-se na voz ativa, passiva ou reflexiva.

→ **Ativa**: ocorre quando o sujeito é agente, ou seja, pratica a ação expressa pelo verbo.

O aluno resolveu o exercício.

→ **Passiva**: ocorre quando o sujeito é paciente, ou seja, recebe a ação expressa pelo verbo.

O exercício foi resolvido pelo aluno.

→ **Reflexiva**: ocorre quando o sujeito é agente e paciente ao mesmo tempo, ou seja, pratica e recebe a ação.

Ex.: A criança feriu-se com a faca.

Não confunda o emprego reflexivo do verbo com a reciprocidade. Por exemplo:
Os lutadores de MMA feriram-se. (um ao outro)"

Formação da voz passiva

A voz passiva pode ocorrer de forma analítica ou sintética.

→ **Voz passiva analítica**: verbo SER + particípio do verbo principal.

Exs.: A academia de polícia **será pintada**.

O relatório é **feito** por ele.

A variação de tempo é determinada pelo verbo auxiliar (SER), pois o particípio é invariável.

Exs.: João **fez** a tarefa. (pretérito perfeito do indicativo)

A tarefa **foi** feita por João. (pretérito perfeito do indicativo)

João **faz** a tarefa. (presente do indicativo)

A tarefa **é** feita por João. (presente do indicativo)

João **fará** a tarefa. (futuro do presente)

A tarefa **será** feita por João. (futuro do presente)

→ **Voz passiva sintética**: verbo na 3ª pessoa, seguido do pronome apassivador SE.

Abriram-se as inscrições para o concurso.

Transposição da voz ativa para a voz passiva

Pode-se mudar de uma voz para outra sem alterar o sentido da frase.

Exs.: Os médicos brasileiros **lançaram** um tratamento para o câncer.

Um tratamento para o câncer **foi lançado** pelos médicos brasileiros.

Nas questões de concursos, costuma-se cobrar a transposição da voz ativa para a passiva, e da voz passiva sintética para a analítica.
Exs.:
A fiscalização exige o passaporte.
O passaporte é exigido pela fiscalização.
Exige-se comprovante de pagamento.
É exigido comprovante de pagamento.

Oração reduzida x oração desenvolvida

As orações subordinadas podem ser reduzidas ou desenvolvidas. Não há mudança de sentido se houver a substituição de uma pela outra.

Exs.: Ao terminar a aula, todos podem sair. (reduzida de infinitivo)

Quando terminarem a prova, todos podem sair.(desenvolvida)

Os vizinhos ouviram uma criança chorando na rua.(reduzida de gerúndio)

Os vizinhos ouviram uma criança que chorava na rua. (desenvolvida)

Terminada a reforma, a família mudou-se para a nova casa. (reduzida de particípio)

Assim que terminou a reforma, a família mudou-se para a nova casa.(desenvolvida)

Inversão sintática

Um período pode ser escrito na ordem direta ou indireta. Nesse caso, quando ocorre a inversão sintática, a correção gramatical é mantida. Apenas é necessário ficar atento ao sentido do período.

Ordem direta: sujeito – verbo – complementos/adjuntos adverbiais.

Exs.: Os documentos foram levados para o gerente. (direta)

Foram levados os documentos para o gerente. (indireta)

Curiosidade: o Hino Nacional brasileiro é escrito em ordem indireta.
"Ouviram do Ipiranga as margens plácidas
De um povo heroico o brado retumbante."
As margens plácidas do Ipiranga ouviram o brado retumbante de um povo heroico.

Dupla regência

Há verbos que exigem a presença da preposição e outros não. Deve-se ficar atento ao fato de que a regência pode influenciar no significado de um verbo.

→ **Verbos transitivos diretos ou indiretos:** sem alterar o sentido, alguns verbos admitem duas construções: uma transitiva direta e outra indireta. Portanto, a ocorrência ou não da preposição mantém um trecho com o mesmo sentido.

Almejar: Exs.: Almejamos ***a*** paz entre os países que estão em guerra. / Almejamos ***pela*** paz entre os países que estão em guerra.

Atender: Exs.: O gerente atendeu ***os*** meus pedidos. / O gerente atendeu ***aos*** meus pedidos.

Necessitar: Exs.: Necessitamos algumas horas para organizar o evento. / Necessitamos ***de*** algumas horas para organizar o evento.

Transitividade e mudança de significado

Existem alguns verbos que, conforme a mudança de transitividade, têm o sentido alterado.

Aspirar: é transitivo direto no sentido de sorver, inspirar (o ar), inalar.

Ex.: Aspirava o suave perfume. (Aspirava-o.)

Aspirar é transitivo indireto no sentido de desejar, ter como ambição.

Aspirávamos ao cargo de diretor.

Questões

01. As opções a seguir apresentam propostas de reescrita do período "Se um colega constrange o outro, em tese, não há crime, embora tal comportamento possa dar causa a reparação por dano moral.". Assinale a opção que apresenta proposta de reescrita que, além de manter o sentido original da informação, preserva a correção gramatical do texto.

a) Em tese, embora não seja crime, o fato de um colega constranger o outro pode justificar reparação por dano moral.

b) Quando um colega molesta o outro é crime, ou seja, esse ato pode ensejar reparação por dano moral.

c) Caso um colega constrange o outro, em tese, não é crime, mas pode gerar reparação por dano moral.

d) Hipoteticamente, à medida que um colega constrange o outro, não há crime, logo não pode haver reparação por dano moral.

e) Teoricamente, se um colega constrange o outro, há vantagem sexual, o que pode causar reparação por dano moral.

02. Cada uma das opções seguintes apresenta uma proposta de reescrita do seguinte trecho do texto: "Quando se trata de enfrentar a desigualdade, não há saída fácil ou receita de bolo". Assinale a opção em que a reescrita, além de manter o sentido da informação originalmente apresentada, preserva a correção gramatical.

a) Não existe solução simples nem prescrição adequada para eliminar a desigualdade.

b) Se tratarmos de afrontar à desigualdade, não existirá instruções precisas nem solução fácil.

c) Naquilo que tange ao combate à desigualdade, não há solução fácil, tampouco fórmula simples.

d) No que se refere à enfrentar a desigualdade, não existe remédio simples, nem dosagem certa.

e) O enfrentamento da desigualdade se trata de algo sem saída fácil e sem receita secreta.

Gabaritos

01	A	02	C

15. INTERPRETAÇÃO E COMPREENSÃO DE TEXTO

Interpretar textos é, antes de tudo, compreender o que se leu. Para que haja essa compreensão, é necessária uma leitura muito atenta e algumas técnicas que veremos no decorrer dos textos. Entre os aspectos que envolvem esse processo de interpretação, é essencial saber o que é ambiguidade, conhecer como se dá a coesão, entender o que é a coerência, dominar algumas características de uma dissertação, e distinguir os tipos de discurso que se podem encontrar num texto.

Ambiguidade

Ambiguidade ou anfibologia é a falta de clareza em um enunciado que lhe permite mais de uma interpretação. É conhecida, também, como duplo sentido. Observe os exemplos a seguir:

Exs.: Maria disse à Ana que sua irmã chegou.
(A irmã é de Maria ou Ana?)

A mãe falou com a filha caída no chão.
(Quem estava caída no chão?)

Está em dúvida quanto à configuração da sua máquina? Então, acabe com ela agora mesmo!
(Acabe com a dúvida, com a configuração ou com a máquina?)

Em alguns casos, especialmente na publicidade e nos textos literários, a ambiguidade é proposital; mas, para que ocorra a compreensão necessária, é preciso que o leitor tenha conhecimento de mundo suficiente para interpretar de maneira literal e não literal.

No entanto, ela se torna um problema nos textos quando causa dúvidas em relação à interpretação. Ela também pode gerar problemas e fazer com que o autor seja mal interpretado, como na frase "Sinto falta da galinha da minha mãe".

Ao escrever, para que não haja problemas relacionados à ambiguidade, é necessária atenção do autor e uma leitura cuidadosa.

É importante observar que os textos não são estáticos e dificilmente apresentarão apenas uma tipologia. É comum que o texto seja, por exemplo, dissertativo-argumentativo, narrativo-descritivo ou descritivo-instrucional. É importante, portanto, identificar a tipologia que predomina.

Coesão

Observe as orações a seguir:

Mariana estava cansada. Viajou a noite toda. Foi trabalhar no dia seguinte.

Perceba que a relação entre elas não está clara. Agora, veja o que acontece quando são inseridos **elementos de coesão**:

Mariana estava cansada **porque** viajou a noite toda. **Mesmo assim**, foi trabalhar no dia seguinte.

Os elementos de coesão são responsáveis por criar a relação correta entre os termos do texto, tornando-o coerente.

Os elementos de coesão são representados pelas conjunções. As principais relações estabelecidas entre eles são:

Concessão	embora – ainda que – se bem que – mesmo que – por mais que.
Adversidade	mas – contudo – no entanto – todavia – se bem que – porém – entretanto.
Conclusão	dessa forma – logo – portanto – assim sendo – por conseguinte
Causa	Porque – pois – já que – visto que – uma vez que
Tempo	quando – na hora em que – logo que – assim que

Leia o trecho a seguir, publicado no jornal Correio Popular:

"Durante a sua carreira de goleiro, iniciada no Comercial de Ribeirão Preto, sua terra natal, Leão, de 51 anos, sempre impôs seu estilo ao mesmo tempo arredio e disciplinado. Por outro lado, costumava ficar horas aprimorando seus defeitos após os treinos. Ao chegar à seleção brasileira em 1970, quando fez parte do grupo que conquistou o tricampeonato mundial, Leão não dava um passo em falso. Cada atitude e cada declaração eram pensados com um racionalismo típico de sua família, já que seus outros dois irmãos são médicos."

Correio Popular, Campinas, 20 out. 2000.

Observe que neste trecho há problemas de coerência.

"(...) costumava ficar horas aprimorando seus defeitos (...)"

Entende-se o que o redator do texto quis dizer, mas a construção é indevida, uma vez que a definição para aprimorar, segundo o dicionário, é *aperfeiçoar, melhorar a qualidade de.* Portanto, se interpretada seguindo esta definição, entender-se-ia que o jogador *melhorava seus defeitos.*

Além da escolha inadequada do vocábulo, há também um problema causado pelo uso indevido dos elementos de coesão. Observe o uso da expressão "Por outro lado", que deveria indicar algo contrário ao que foi dito anteriormente, mas neste caso precede uma afirmação que confirma o que foi dito no período anterior, deixando o texto confuso.

Perceba, portanto, que:

Coesão é a relação entre as afirmações do texto, de maneira a deixá-lo claro e fazer sentido:

Ontem o dia foi bom **porque** vi Lucas.

Ontem o dia foi bom **apesar de** eu ter visto Lucas.

A relação de sentido estabelecida pela conjunção fará o sentido do texto.

Coerência Textual

Em provas de concurso, é muito comum as bancas abordaremos uso da coerência textual nas questões. Portanto, ficar atento ao texto é mais do que essencial, é vital para seu sucesso. Coerência é a união de ideias, é a harmonia entre as partes de um texto. Há um único sentido para o entendimento de um texto. O conteúdo da linguagem usada num texto deve ser compatível, não havendo oposição ou incoerência.

Os nomes das coerências aparecem aqui apenas para divisar e ilustrar cada uma delas. As bancas não cobrarão tais nomenclaturas, porém a palavra COERÊNCIA é mais do que reincidente nos enunciados das questões.

Coerência externa

Usemos a lógica: quando nos referimos à coerência externa, há que se ter o conhecimento geral de mundo, sobre política, esportes, cultura, atualidades; é necessário um conhecimento prévio do assunto. A coerência acaba sendo vital, não somente à prova de gramática, como também ao conteúdo referente a atualidades. Uma informação errada pode gerar outras mais, tornando a propagação deste erro algo tão grande e que se torna impossível ver quais proporções isso pode tomar e quais desastres pode causar. Seja numa prova, numa conversa, as consequências de um domínio falso de determinado assunto é constrangedor, especialmente em dias de globalização com o acesso tão rápido e fácil à informação.

Em uma questão da prova de Oficial de Promotoria/SP, houve uma questão sobre o seguinte *slogan*: "Nossa **guerra** é contra a fome". E o enunciado cobrava a quem ele pertencia? Sim, era do projeto FOME ZERO, do primeiro mandato do governo Lula.

Saber tais informações foi essencial para acertar a questão. Apenas a coerência externa bastaria. Isso em uma redação ajuda, e muito.

Podemos ver a coerência externa e seus benefícios nos exemplos a seguir:

"A **fatídica curva de Ímola** fez o Brasil chorar".

↓

Ayrton Senna, piloto brasileiro de Fórmula 1, morreu em 1º de maio de 1994 numa corrida no circuito de Ímola, Itália.

"O **Boca do Inferno** foi o primeiro escritor brasileiro". →

Gregório de Matos Guerra nasceu no século XVII, no Brasil. Sua obra não foi publicada em vida, mas ficou eternizada na memória do povo. Sua poesia trazia com ironia e sarcasmo situações cômicas da sociedade e do clero baiano.

Nos dois exemplos anteriores, vemos que a coerência externa é essencial para saber quais assuntos são tratados.

Já discutimos, neste estudo, a importância de se ter conhecimento do mundo, quando abordamos o assunto "Crônicas". Agora essa ideia vem reforçada pelo estudo da coerência externa. Verifica-se, inclusive, uma interdisciplinaridade entre gramática e Atualidades nesse caso.

Coerência interna

Acabamos de conceituar a coerência externa, ou seja, aquela que vem fora do texto. A coerência interna acaba sendo o oposto: é aquela que aparece dentro do texto. Para que isso aconteça, há que se ver todo o ambiente que cerca determinado documento, narrativa ou dissertação. A maioria dos textos de concursos aborda tal coerência, principalmente no tocante ao cargo. O exemplo a seguir ilustrará melhor o assunto:

> E você vai **rasgar meu papel**.
> (...) Serei sempre seu confidente fiel.
> E você vai molhar meu papel.
> O que **está escrito em mim**
> **Comigo ficará guardado** se quiser saber
> A vida segue sempre em frente
> O que há de se fazer
> Só peço a você um favor se puder
> Não me esqueça num canto qualquer.
>
> (O CADERNO, Toquinho)

Se imaginarmos um caderno conversando com uma criança, perceberemos que nada de errado aparece nos versos. A coerência interna fica latente pela proposta do tema. É assim que deve ser feito nos textos. A coerência tem de estar ligada ao tema proposto.

Coerência argumentativa

A argumentação deve concordar com o texto. Em concursos públicos, isso pode aparecer nos exercícios de maneira indireta para que o concursando seja induzido ao erro. Mas vejamos como a propaganda pode fazer isso:

"**Bombril** tem mil e uma utilidades."
(slogan de uma propaganda de palha de aço)

↘ Pagando menos e com mais vantagens

"**Hollywood**, o sucesso"
(slogan de uma propaganda de cigarros)

↘ Mesmo prejudicial à saúde, o cigarro pode servir de status a alguém.

Numa prova de concurso, a coerência textual é o fator que mais aparece. A falta de habilidade de leitura dos mecanismos de coerência pode facilmente induzir o leitor ao erro. Vejamos essa característica em uma questão de prova:

Dissertação

A dissertação está presente em qualquer tipo de texto. Predomina em pensamentos, análises. Ela não poderia ficar de fora em concursos públicos, o que justifica sua maior aparição e predominância em tais provas. Este tipo de texto é mais complexo que a narração e a descrição, pois usa de um entendimento mais avançado para determinado assunto.

Dissertar é opinar sobre determinado assunto. Há que se ter, nesse caso, um conhecimento geral suficiente para que o texto possa ser mais lógico e coerente para o leitor. Uma dica: é sempre importante estar atento a noticiários, ler sobreo maior número possível de temas. E, junto a este texto, aparecem as linguagens, cada qual com um estilo, e muitas vezes o estilo do texto, o tema central pede tais linguagens, e estas vão ditar de um modo coerente o que se quer passar ao leitor.

Exemplo de dissertação:

Falar que o Brasil é um país repleto de problemas é como chover no molhado. Identificar os problemas quanto ao crescimento deixou de ser um recomeço. Talvez o lugar comum no Brasil seja mais do que promessas. A fé nunca esteve tão presente. Os sonhos se fortalecem e ficarão tão fortes que este texto acabou de dar mais um passo para o lado.

Uma dissertação está dividida em **três partes** que se interagem:

1ª parte: **introdução, apresentação do assunto**
2ª parte: **desenvolvimento, dados exatos informação nova**
EVITE: **clichês, ditados populares**.
3ª parte: **conclusão coerente com toda a redação**

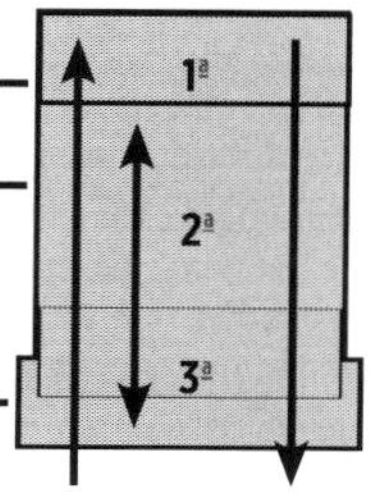

Introdução: falar que o Brasil é um país repleto de problemas é como chover no molhado. Identificar os problemas quanto ao crescimento deixou de ser um recomeço.

Desenvolvimento: talvez o lugar comum no Brasil seja mais do que promessas. A fé nunca esteve tão presente.

Conclusão: os sonhos se fortalecem e ficarão tão fortes que este texto acabou de dar mais um passo para o lado.

Como no esquema citado encontramos um exemplo para textos dissertativos, aproveite-o para usar em suas redações, já que a dissertação é a forma textual mais frequente, no que tange à elaboração de um texto em provas.

Discurso

Discurso é a forma de uma mensagem aparecer. Ele pode vir em forma direta e indireta. Há bancas que pedem principalmente a transposição de um para outro. Ficar atento aos verbos, pronomes e advérbios ajuda, e muito, nos exercícios que as bancas trazem.

→ **Discurso direto**: representa a fala de alguém. Aparece literalmente num diálogo.

Ex.: "Eu não vou à sua casa hoje".

→ **Discurso indireto**: representa a fala de outrem. Aparece indiretamente, por meio da voz de uma pessoa, o que outra acabou proferindo.

Ex.: "Ele disse que não vai à minha casa hoje".

Vimos, neste capítulo, como a coerência rege um texto para que ele tenha um perfil fiel ao que se propõe a fazer. Aliada à dissertação, estilo mais comum nos concursos, ela constitui a base geral de uma comunicação clara e sem ruídos.

Questões

O homem que só tinha certezas quase nunca usava ponto de interrogação. Em seu vocabulário, não constavam as expressões: talvez, quiçá, quem sabe, porventura.

Parece que foi de nascença. Ele já teria vindo ao mundo assim, com todas as certezas junto, pulou a fase dos porquês e nunca soube o que era curiosidade na vida. Cresceu achando natural viver derramando afirmações pela boca.

A notícia espalhou-se rapidamente. Não demorou muito para se tornar capa de todas as revistas e personagem assíduo dos programas de TV. Para cada pergunta havia uma só resposta certa e era essa que ele dava, invariavelmente, exterminando aos pouquinhos todas as dúvidas que existiam, até que só restou uma dúvida no mundo: será que ele não vai errar nunca? Mas ele nunca errava, e já nem havia mais o que errar, uma vez que não havia mais dúvidas.

Um dia aconteceu um imprevisto, e o homem que só tinha certezas, quem diria, acordou apaixonado. Para se assegurar de que aquela era a mulher certa para ele, formulou cento e vinte perguntas, as quais ela respondeu sem vacilar. Os dois se amaram noites adentro, foram a Barcelona, tiraram fotos juntos, compraram álbuns, porta-retratos... Desde então, por alguma razão desconhecida, o homem que só tinha certezas foi perdendo todas elas, uma por uma. No início ainda tentou disfarçar. Mas as dúvidas multiplicavam-se como praga, espalhavam-se pelo mundo, e agora, meu Deus? Deus existe? Existe sim. Ou será que não? Ele não estava bem certo.

Adriana Falcão. O homem que só tinha certezas. In: O doido da garrafa. São Paulo: Planeta do Brasil, 2003, p. 75 (com adaptações).

01. O narrador do texto sugere que o personagem central adquiriu paulatinamente a habilidade de ter certezas.
Certo ( ) Errado ( )

02. Conclui-se do texto que a fama do personagem central e o interesse das pessoas por ele devem-se ao fato de ele jamais ter mentido nas respostas às questões que lhe eram propostas.
Certo ( ) Errado ( )

03. Depreende-se do texto que o personagem principal perdeu repentinamente a capacidade de ter certezas devido ao fato de ter se apaixonado.
Certo ( ) Errado ( )

04. Infere-se do trecho "derramando afirmações pela boca" que o homem que só tinha certezas falava demasiadamente.
Certo ( ) Errado ( )

Luís Fernando Veríssimo diz que o cronista é como uma galinha, bota seu ovo regularmente. Carlos Eduardo Novaes diz que crônicas são como laranjas, podem ser doces ou azedas e podem ser consumidas em gomos ou pedaços, na poltrona de casa ou espremidas na sala de aula. Já andei dizendo que o cronista é um estilita. Não confundam, por enquanto, com estilista. Estilita era o santo que ficava anos e anos em cima de uma coluna, no deserto, meditando e pregando. São Simeão passou trinta anos assim, exposto ao sol e à chuva. Claro que, de tanto purificar seu estilo diariamente, o cronista estilita acaba virando um estilista.

O cronista é isso: fica pregando lá em cima de sua coluna no jornal. Por isso, há uma certa confusão entre colunista e cronista, assim como há outra confusão entre articulista e cronista. O articulista escreve textos expositivos e defende temas e ideias. O cronista é o mais livre dos redatores de um jornal. Ele pode ser subjetivo. Pode (e deve) falar na primeira pessoa sem envergonhar-se.

O cronista é crônico, ligado ao tempo, deve estar encharcado, doente de seu tempo e ao mesmo tempo pairar acima dele.

Affonso Romano de Sant'Anna. O que é um cronista? In: O Globo. 12/6/1988 (com adaptações).

05. Infere-se do texto que, tanto para o autor como para outros cronistas, a crônica se caracteriza pela constância com que é produzida.

Certo ( ) Errado ( )

06. No período "O cronista é isso: fica pregando lá em cima de sua coluna no jornal", o verbo pregar foi empregado em sentido figurado.

Certo ( ) Errado ( )

07. O autor defende que a crônica, comparada a outros gêneros textuais, confere ao escritor menos autonomia.

Certo ( ) Errado ( )

Saúde: direito de todos e dever do Estado. É assim que a Constituição Federal de 1988 inicia a sua seção sobre o tema. Uma vez que muitas ações ou omissões vão de encontro a essa previsão, cotidianamente é possível observar graves desrespeitos à Carta Magna. A Defensoria Pública, importante instituição garantida por lei assim como a saúde, busca sanar o problema por meio da via judicial quando a mediação não produz resultados. Recentemente, a Defensoria Pública em Foz do Iguaçu, por exemplo, obteve três decisões liminares garantindo o direito à saúde a três pessoas por ela assistidas. Em todos os casos, a Defensoria Pública fez intervenção judicial para suprir a negativa ou a má prestação do serviço público de saúde na localidade.

Em um dos casos, atendeu uma gestante com histórico de abortos decorrentes de doença trombofílica e que necessitava de uma medicação diária de alto custo. A medicação, única opção na manutenção da gestação, havia sido negada pelo município e pelo estado, o que colocava a gestante em sério risco de sofrer mais um aborto.

Em mais uma intervenção judiciária do defensor público, foi deferida liminar em favor da assistida, tendo o estado e o município sido obrigados a fornecer o medicamento necessário durante toda a sua gestação e enquanto houver prescrição médica, sob pena de multa diária.

Internet: <www.defensoriapublica.pr.gov.br> (com adaptações).

08. Conclui-se do texto que, a despeito do que prevê a Constituição Federal, muitos cidadãos encontram dificuldades em conseguir atendimento na rede pública de saúde e acabam por recorrer à Defensoria Pública para que seus direitos sejam respeitados e garantidos.

Certo ( ) Errado ( )

Maria Silva é moradora do Assentamento Noroeste, onde moram cerca de cem pessoas cuja principal forma de renda é o trabalho com reciclagem. Ela é uma das líderes que lutam pelos direitos daquela comunidade. Vinda do estado do Ceará, Maria chegou a Brasília em 2002 e conheceu o trabalho da Defensoria Pública por meio do projeto Monitoramento da Política Nacional para a População em Situação de Rua, tendo seu primeiro contato com a defensoria ocorrido quando ela precisou de novos documentos para substituir os que haviam sido perdidos no período em que esteve nas ruas.

O objetivo do referido projeto é o de ir até a população que normalmente não tem acesso à Defensoria Pública. "Nós chegamos de forma humanizada até essas pessoas em situação de rua. Com esse trabalho nós estamos garantindo seu acesso à justiça e aos direitos para que 16 consigam se beneficiar de outras políticas públicas", explica a coordenadora do Departamento de Atividade Psicossocial.

A mais recente visita de participantes de outro projeto, o Atenção à População de Rua do Assentamento Noroeste, levou respostas às demandas solicitadas pelos moradores. O foco foram soluções e retornos de casos como o de um morador que tem problemas com a justiça e que está sendo assistido por um defensor público e o de uma senhora que estava internada em um hospital público e conseguiu uma cirurgia por meio dos serviços da defensoria.

As visitas acontecem mensalmente, sendo a maior demanda a solicitação de registro civil. "As certidões de nascimento figuram entre as demandas porque essas pessoas não as conseguiram por outros serviços, e a defensoria teve que intervir. Nós entramos para solucionar problemas: vamos até as ruas para informar sobre o trabalho da defensoria, para que seus direitos sejam garantidos", afirma a coordenadora.

Internet: <www.defensoria.df.gov.br.> (com adaptações).

09. Conforme o texto, a Defensoria Pública deve atuar sempre que direitos dos cidadãos são negligenciados, por isso atua na defesa das pessoas em situação de rua.

Certo ( ) Errado ( )

10. Depreende-se do texto que os moradores do Assentamento Noroeste buscam se organizar socialmente para levar ao poder público reivindicações da comunidade, por intermédio de lideranças, entre as quais se encontram mulheres.

Certo ( ) Errado ( )

Gabaritos

01	ERRADO	06	CERTO
02	ERRADO	07	ERRADO
03	ERRADO	08	CERTO
04	ERRADO	09	ERRADO
05	CERTO	10	CERTO

16. TIPOLOGIA E GÊNEROS TEXTUAIS

Neste capítulo, são apresentados alguns gêneros textuais que circulam na sociedade (artigo, ata, atestado, apostila, carta, charge, certidão, circular, declaração, editorial, entrevista, edital, gênero literário, história em quadrinhos, notícia, ofício, parecer, propaganda, poema, reportagem, requerimento, relatório, portaria). Sobre esse assunto, é importante saber que esses gêneros estão relacionados à tipologia textual. Portanto, vale a pena fazer uma síntese dessas tipologias antes de tratarmos diretamente dos gêneros.

Tipologia Textual

Um texto pode ter várias características. Entre elas, estão a tipologia e o gênero textual. A relação é a seguinte: cada tipologia textual possui diversos gêneros textuais. Além disso, geralmente um texto não é escrito com base em apenas uma tipologia, ou seja, podem ser encontradas várias tipologias num texto, mas sempre há alguma que se torna predominante.

As tipologias mais importantes que devemos estudar são: narração, descrição, dissertação, injunção, predição, dialogal.

Narração

Modalidade textual que tem o objetivo de contar um fato, fictício ou não, que aconteceu num determinado tempo e lugar, e que envolve personagens. Geralmente, segue uma cronologia em relação à passagem de tempo. Nesse tipo de texto, predomina o emprego do pretérito.

Os gêneros textuais mais comuns são: conto, fábula, crônica, romance, novela, depoimento, piada, relato etc.

Descrição

A descrição consiste em fazer um detalhamento, como se fosse um retrato por escrito de um lugar, uma pessoa, um animal ou um objeto. O adjetivo é muito usado nesse tipo de produção textual. As abordagens podem ser tanto físicas quanto psicológicas (que envolvem sentimentos, emoções). Esse tipo de texto geralmente está contido em textos diversos.

Os gêneros textuais mais comuns são: cardápio, folheto turístico, anúncio classificado etc.

Dissertação

Dissertar significa falar sobre algo, explicar um assunto, discorrer sobre um fato, um tema. Nesse sentido, a dissertação pode ter caráter expositivo ou argumentativo.

→ **Dissertação-Expositiva**: o texto expositivo apresenta ideias sobre um determinado assunto. Há informações sobre diferentes temas, em que o autor expõe dados, conceitos de modo objetivo. O objetivo principal é informar, esclarecer.

Os gêneros mais comuns em que se encontra esse tipo de texto são: aula, resumo, textos científicos, enciclopédia, textos expositivos de revistas e jornais etc.

→ **Dissertação-Argumentativa**: um texto argumentativo defende ideias ou um ponto de vista do autor. Além de trazer explicações, esse tipo de texto busca persuadir, convencer o leitor de algo. O texto, além de explicar, também persuade o interlocutor, objetivando convencê-lo de algo. O mais importante é haver uma progressão lógica e coerente das ideias, sem ficar no que é vago, impreciso.

É comum encontrar essa tipologia textual em: sermão, ensaio, monografia, dissertação, tese, ensaio, manifesto, crítica, editorial de jornais e revistas.

Injunção/Instrucional

Com uma linguagem objetiva e concisa, esse tipo de texto orienta como realizar uma ação. Predominantemente, os verbos são empregados no modo imperativo, todavia há também o uso do infinitivo e do futuro do presente do modo indicativo.

Temos como gêneros textuais mais comuns: ordens; pedidos; súplica; desejo; manuais e instruções para montagem ou uso de aparelhos e instrumentos; textos com regras de comportamento; textos de orientação (ex: recomendações de trânsito); receitas, cartões com votos e desejos (de natal, aniversário etc.).

Predição

A predição tem por características a informação e a probabilidade. O intuito é predizer algo ou levar o interlocutor a crer em alguma coisa que ainda irá ocorrer.

Os gêneros em que mais são encontrados essa tipologia são: previsões astrológicas, previsões meteorológicas, previsões escatológicas/apocalípticas.

Dialogal/Conversacional

A base para esta tipologia textual é o diálogo entre os interlocutores. Nesse tipo de texto, temos um locutor (quem fala), um assunto, um receptor (quem recebe o texto). Ou seja, temos um diálogo entre os interlocutores (locutor e receptor).

Os gêneros em que essa tipologia ocorre são: entrevista, conversa telefônica, chat etc.

Gêneros Textuais

Os gêneros textuais podem ser textos orais ou escritos, formais ou informais. Eles possuem características em comum, como a intenção comunicativa, mas há algumas características que os distinguem uns dos outros.

Gêneros textuais e esferas de circulação

Cada gênero textual está vinculado a uma esfera de circulação, ou seja, um lugar comum em que ele pode ser encontrado.

Cotidiana: Adivinhas, Diário, Álbum de Família Exposição Oral, Anedotas, Fotos, Bilhetes, Músicas, Cantigas de Roda, Parlendas, Carta Pessoal, Piadas, Cartão, Provérbios, Cartão Postal, Quadrinhas, Causos, Receitas, Comunicado, Relatos de Experiências Vividas, Convites, Trava-Línguas, *Curriculum Vitae.*

Literária/Artística: Autobiografia, Letras de Músicas, Biografias, Narrativas de Aventura, Contos, Narrativas de Enigma,

Contos de Fadas, Narrativas de Ficção, Contos de Fadas Contemporâneos, Narrativas de Humor, Crônicas de Ficção, Narrativas de Terror, Escultura, Narrativas Fantásticas, Fábulas, Narrativas Míticas, Fábulas Contemporâneas, Paródias, Haicai, Pinturas, Histórias em Quadrinhos, Poemas, Lendas, Romances, Literatura de Cordel, Tankas, Memórias, Textos Dramáticos.

Científica: Artigos, Relato Histórico, Conferência, Relatório, Debate, Palestra, Verbetes, Pesquisas.

Escolar: Ata, Relato Histórico, Cartazes, Relatório, Debate, Regrado, Relatos de Experiências, Diálogo/Discussão Argumentativa Científicas, Exposição Oral, Resenha, Júri Simulado, Resumo, Mapas, Seminário, Palestra, Texto Argumentativo, Pesquisas, Texto de Opinião, Verbetes de Enciclopédias.

Jornalística: Imprensa: Agenda Cultural, Fotos, Anúncio de Emprego, Horóscopo, Artigo de Opinião, Infográfico, Caricatura, Manchete, Carta ao Leitor, Mapas, Mesa Redonda, Cartum, Notícia, Charge, Reportagens, Classificados, Resenha Crítica, Crônica Jornalística, Sinopses de Filmes, Editorial, Tiras, Entrevista (oral e escrita).

Publicidade: Anúncio, Músicas, Caricatura, Paródia, Cartazes, Placas, Comercial para TV, Publicidade Comercial, E-mail, Publicidade Institucional, Folder, Publicidade Oficial, Fotos, Texto Político, Slogan.

Política: Abaixo-Assinado, Debate Regrado, Assembleia, Discurso Político, Carta de Emprego, Fórum, Carta de Reclamação, Manifesto, Carta de Solicitação, Mesa Redonda, Debate, Panfleto.

Jurídica: Boletim de Ocorrência, Estatutos, Constituição Brasileira, Leis, Contrato, Ofício, Declaração de Direitos, Procuração, Depoimentos, Regimentos, Discurso de Acusação, Regulamentos, Discurso de Defesa, Requerimentos.

Social: Bulas, Relato Histórico, Manual Técnico, Relatório, Placas, Relatos de Experiências Científicas, Resenha, Resumo, Seminário, Texto Argumentativo, Texto de Opinião, Verbetes de Enciclopédias.

Midiática: Blog, Reality Show, Chat, Talk Show, Desenho Animado, Telejornal, E-mail, Telenovelas, Entrevista, Torpedos, Filmes, Vídeo Clip, Fotoblog, Videoconferência, Home Page.

Exemplos de gêneros textuais

Artigo: o artigo de opinião é um gênero textual que faz parte da esfera jornalística e tem por finalidade a exposição do ponto de vista sobre um determinado assunto. Assim como a dissertação, ele também se compõe de um título, uma introdução, um desenvolvimento e uma conclusão.

Ata: a ata tem como finalidade registrar ocorrências, resoluções e decisões de reuniões, sessões realizadas por algum órgão, setor, entidade etc.

Estrutura da ata:

> dia, mês, ano e hora (por extenso);
> local da reunião;
> pessoas presente, devidamente qualificadas;
> ordem do dia (pauta);
> fecho.

Observações:

> não há disposição quanto à quantidade de pessoas que deve assinar a ata; pode ser assinada apenas pelo presidente e secretário.
> a ata deve ser redigida de modo que não sejam possíveis alterações posteriores à assinatura (há o emprego de expressões "digo" e "em tempo").
> não há parágrafos ou alíneas.
> a ata é o registro fiel.

Atestado: atestado é o documento mediante o qual a autoridade comprova um fato ou situação de que tenha conhecimento em razão do cargo que ocupa ou da função que exerce. Destina-se à comprovação de fatos ou situações passíveis de modificações frequentes. É uma mera declaração, ao passo que a certidão é uma transcrição. Ato administrativo enunciativo, o atestado é, em síntese, afirmação oficial de fatos.

Partes:

> título ou epígrafe: denominação do ato (atestado).
> texto: exposição do objeto da atestação. Pode-se declarar, embora não seja obrigatório, a pedido de quem e com que finalidade o documento é emitido.
> local e data: cidade, dia, mês e ano da emissão do ato, podendo-se também citar, preferentemente sob forma de sigla, o nome do órgão em que a autoridade signatária do atestado exerce suas funções.
> assinatura: nome e cargo ou função da autoridade que atesta.

Apostila: apostila é a averbação, feita abaixo dos textos ou no verso de decretos e portarias pessoais (nomeação, promoção, ascensão, transferência, readaptação, reversão, aproveitamento, reintegração, recondução, remoção, exoneração, demissão, dispensa, disponibilidade e aposentadoria), para que seja corrigida flagrante inexatidão material do texto original (erro na grafia de nomes próprios, lapso na especificação de datas etc.), desde que essa correção não venha a alterar a substância do ato já publicado.

Tratando-se de erro material em decreto pessoal, a apostila deve ser feita pelo Ministro de Estado que o propôs. Se o lapso houver ocorrido em portaria pessoal, a correção por apostilamento estará a cargo do Ministro ou Secretário signatário da portaria. Nos dois casos, a apostila deve sempre ser publicada no Boletim de Serviço ou Boletim Interno correspondente e, quando se tratar de ato referente a Ministro de Estado, também no Diário Oficial da União.

A finalidade da correção de inexatidões materiais por meio de apostila é evitar que se sobrecarregue o Presidente da República com a assinatura de atos repetidos, e que se onere a Imprensa Nacional com a republicação de atos.

→ **Forma e Estrutura:**

> título, em maiúsculas e centralizado sobre o texto: APOSTILA;
> texto, no qual deve constar a correção que está sendo feita, a ser iniciada com a remissão ao decreto que autoriza esse procedimento;

> data, por extenso:

Brasília, em 12 de novembro de 1990;

> identificação do signatário, abaixo da assinatura:

NOME (em maiúsculas)

Secretário da Administração Federal

No original do ato normativo, próximo à apostila, deverá ser mencionada a data de publicação da apostila no Boletim de Serviço ou no Boletim Interno.

Carta: pode ter caráter argumentativo quando se trata de uma carta aberta ou carta do leitor. Quando se trata de carta pessoa, há a presença de aspectos narrativos ou descritivos.

> A charge é um dos gêneros textuais mais cobrados em questões de concurso. Deve dar atenção à crítica feita pelo autor, a qual pode ser percebida pela relação texto verbal e não verbal (palavras e imagens).

Charge: é um gênero textual em que é feita uma ilustração cômica, irônica, por meio de caricaturas, com o objetivo de satirizar, criticar ou fazer um comentário sobre algum acontecimento, que é atual, em sua grande maioria.

Certidão: certidão é o ato pelo qual se procede à publicidade de algo relativo à atividade Cartorária, a fim de que, sobre isso, não haja dúvidas. Possui formato padrão próprio, termos essenciais que lhe dão suas características. Exige linguagem formal, objetiva e concisão.

Termos essenciais da certidão:

- > afirmação: certidão e dou fé que.
- > identificação do motivo de sua expedição: a pedido da parte interessada.
- > ato a que se refere: revendo os assentamentos constantes deste cartório, não logrei encontrar ação movida contra (nome).
- > data de sua expedição:
- > assinatura: O Escrivão.

Circular: é utilizada para transmitir avisos, ordens, pedidos ou instruções, dar ciência de leis, decretos, portarias etc.

- > destina-se a uma ou mais de uma pessoa/órgão/empresa. No caso de mais de um destinatário, todas as vias distribuídas devem ser iguais.
- > a paragrafação pode seguir o estilo americano (sem entradas de parágrafo), ou estilo tradicional. No caso de estilo americano, todo o texto, a data e a assinatura devem ser alinhados à margem esquerda. No estilo tradicional, devem ser centralizados.

Partes:

- > TIMBRE: impresso no alto do papel.
- > TÍTULO E NÚMERO: cerca de três linhas do timbre e no centro da folha. O número pode vir seguido do ano.
- > DATA: a data deve estar próxima do título e número, ao lado ou abaixo, podendo se apresentar de várias formas:

CIRCULAR Nº 01, DE 2 MARÇO DE 2002

CIRCULAR Nº 01

De 2 de março de 2002

CIRCULAR Nº 01/02 Rio de Janeiro, 2 de março de 2002

- > EMENTA (opcional): deve vir abaixo do título e data, cerca de três linhas.

Ementa: Material de consumo.

Ref.: Material de consumo

- > INVOCAÇÃO: cerca de quatro linhas do título. Dependendo do assunto e destinatários, a invocação é dispensável.

Excelentíssimo Senhor:

Senhor Prefeito:

Senhores Pais:

→ TEXTO: cerca de três linhas do título. Deve conter:

- > exposição do assunto, desenvolvida a partir dos objetivos;
- > a sensibilização do receptor/destinatário;
- > convite a agir;
- > CUMPRIMENTO FINAL:

Respeitosamente,

Atenciosamente,

- > ASSINATURA: cerca de quatro linhas do cumprimento final. É composta do nome do emissor (só as iniciais maiúsculas) e cargo ou função (todo em maiúscula):

Herivelto Nascimento

DIRETOR

- > ANEXOS: quando houver documentos a anexar, escreve-se a palavra anexo à margem esquerda, seguida da relação do que está anexado:

Anexo: quadro de horários.

Anexa: cópia do documento.

Anexas: tabela de horários e cópia dos documentos.

- > INICIAIS: na última linha útil do papel, à esquerda, devemos escrever as iniciais de quem elaborou o texto (redator), seguido das iniciais de quem a datilografou/digitou (em maiúscula ou minúscula, tanto faz). Quando o redator e o datilógrafo forem a mesma pessoa, basta colocar a barra seguida das iniciais:

PPS/AZ

Pps/az

/pps

/PPS

Declaração: a declaração deve ser fornecida por pessoa credenciada ou idônea que nele assume a responsabilidade sobre uma situação ou a concorrência de um fato. Portanto, é uma comprovação escrita com caráter de documento.

A declaração pode ser manuscrita em papel almaço simples ou digitada. Quanto ao aspecto formal, divide-se nas seguintes etapas:

- > timbre: impresso com cabeçalho, contendo o nome do órgão ou empresa. Nas declarações particulares, usa-se papel sem timbre.
- > título: no centro da folha, em caixa alta.
- > texto:
  - » identificação do emissor.

   » o verbo atestar ou declarar deve aparecer no presente do indicativo, terceira pessoal do singular ou do plural.
   » finalidade do documento: em geral, costuma-se usar o termo "para os devidos fins". Também se pode especificar: "para fins de trabalho", "para fins escolares" etc.
   » nome e dados de identificação do interessado.
   » citação do fato a ser atestado.
- local e data: deve-se escrevê-lo a cerca de três linhas do texto.

Editorial: é um gênero textual dissertativo-argumentativo que apresenta o posicionamento de uma empresa, revista, jornal sobre determinado assunto.

Entrevista: é um gênero textual em que aparece o diálogo entre o entrevistador e o(s) entrevistado(s), para obter informações sobre o entrevistado ou algum assunto. Podem aparecer elementos expositivos, argumentativos e narrativos.

Edital: é um documento em que são apresentados avisos, citações, determinações.

São diversos os tipos de editais, de acordo com o objetivo: pode comunicar uma citação, um proclame, um contrato, uma exoneração, uma licitação de obras, serviços, tomada de preço etc.

Entre eles, os editais mais comuns são os de concursos públicos, que determinam as etapas dos processos seletivos e as competências necessárias para a sua execução.

Gêneros literários

Os gêneros literários costumam ser cobrados em algumas provas. É importante saber que há a presença tanto da linguagem denotativa quanto da conotativa. Geralmente, as provas trazem fragmentos de textos. Alguns gêneros mais cobrados são: novela, conto, fábula, crônica, ensaio.

Novela: é um texto narrativo longo, em que são narradas várias histórias. Sempre há uma história principal que caracteriza esse gênero. Exemplos: O Alienista, de Machado de Assis, e A Metamorfose, de Kafka.

Conto: é um texto narrativo curto, em que há, geralmente, um enredo (uma história) e poucos personagens.

Fábula: É um texto narrativo em que há uma história curta que termina com uma lição de moral. Geralmente, há a personificação, pois há personagens que não são humanos (animais, objetos) que adquirem características humanas.

Crônica: é uma narrativa breve, relacionada ao cotidiano. Pode ter um tom humorístico ou reflexivo (presença de críticas).

Ensaio: é um texto com caráter também didático, em que são expostas ideias, críticas e reflexões morais e filosóficas a respeito de certo tema. É caracterizado pela defesa de um ponto de vista pessoal e subjetivo sobre um tema (humanístico, filosófico, político, social, cultural, moral, comportamental etc.), sem a necessidade de comprovação científica.

História em quadrinhos

É um gênero narrativo que consiste em contar algo por meio de pequenos quadros. Pode haver diálogos diretos entre personagens. É caracterizado pela linguagem verbal e não verbal.

Notícia

É um texto em que podem aparecer características narrativas e descritivas. Conta-se como ocorreu um determinado fato. Aparecem as seguintes informações: o que ocorreu, como, quando, onde e quem estava envolvido.

Ofício

O ofício tem o objetivo de informar, propor convênios, ajustes, acordos, encaminhar documentos, solicitar providências e/ou informações.

É uma correspondência que pode ser dirigida tanto ao Poder Público quanto a particulares.

Formatação:

- Papel timbrado;
- Número de ordem na margem superior esquerda;
- Local e data na mesma linha do número de ordem, ao lado direito;
- Vocativo (a forma de se dirigir à pessoa a que se destina a correspondência);
- O texto pode ser dividido em parágrafos;
- Fecho;
- Assinatura e cargo do remetente;
- Endereçamento.

Parecer

O parecer é o pronunciamento fundamentado, com caráter opinativo, de autoria de comissão ou de relator, snobre matéria sujeita a seu exame.

Partes de um parecer:

- designação: número do processo, no centro superior do papel. Não é um item obrigatório.
- título: denominação do ato, seguido de numeração (Parecer nº).
- ementa: resumo do assunto do parecer, de maneira concisa, a dois espaços do título.
- texto: introdução (histórico); esclarecimentos (análise do fato); conclusão do assunto.
- fecho: compreende: local e/ou denominação do órgão (sigla);
   » data;
   » assinatura (nome e cargo de quem emite o parecer).

Propaganda

Caracterizado como um texto expositivo, o objetivo é propagar informações sobre algo, para influenciar o leitor com mensagens que despertam as emoções e a sensibilidade.

Poema

É um texto estruturado em versos (linhas) e pode também ter estrofes (conjunto de linhas). É muito comum haver a descrição e a narração.

Reportagem

É um gênero textual que pertence à esfera jornalística e tem um caráter dissertativo-expositivo. A reportagem tem, por objetivo, informar e levar os fatos ao leitor de uma maneira concisa, clara, e direta.

Requerimento

O requerimento é o instrumento por meio do qual o signatário pede, a uma autoridade, algo que lhe pareça justo ou legal. Qualquer pessoa que tenha interesse no serviço público pode valer-se de um requerimento, que será dirigido a uma autoridade competente para conhecer, analisar e solucionar o caso, podendo ser escrito ou datilografado (digitado).

Os elementos constitutivos do requerimento são:

> vocativo: indica a autoridade a quem se dirige a comunicação (alinhado à esquerda, sem parágrafo, identificando a autoridade e não a pessoa em si;

> texto: nome do requerente (letras maiúsculas), qualificação, objeto do requerimento;

> fecho: pede deferimento, espera deferimento, aguarda deferimento;

> local e data;

> assinatura.

Relatório

Relatório é um documento em que se faz uma descrição de fatos, analisados com o objetivo de orientar o serviço interessado ou o superior imediato para possíveis ações a serem tomadas.

É, em última análise, a exposição circunstanciada de atividades levadas a termo por funcionário, no desempenho das funções do cargo que exerce, ou por ordem de autoridade superior.

É geralmente feito para expor:

> situações de serviço;

> resultados de exames;

> eventos ocorridos em relação a planejamento;

> prestação de contas ao término de um exercício etc.

Suas partes componentes são:

1) Título (a palavra RELATÓRIO), em letras maiúsculas.
2) Vocativo: a palavra Senhor(a), seguida do cargo do destinatário, e de vírgula.
3) Texto paragrafado, composto de introdução, desenvolvimento e conclusão.
   > Introdução: enuncia-se o propósito do relatório;
   > Desenvolvimento: corpo do relatório - a exposição dos fatos;
   > Conclusão: o resultado ou síntese do trabalho, bem como a recomendação de providências cabíveis.
4) Fecho, utilizando as fórmulas usuais de cortesia, como as do ofício.
5) Local e data, por extenso.
6) Assinatura, nome e cargo ou função do signatário.
7) Anexos, complementando o Relatório, com material ilustrativo e/ou ocumental.

Classificação de Relatórios

> Informativo: aborda um problema ou situação e oferece informações.

> Reativo: aborda um problema, examina as causas e as consequências e oferece sugestões.

> Conclusivo: aborda um problema ou situação e oferece conclusões.

Portaria

É um ato pelo qual as autoridades competentes determinam providências de caráter administrativo, dão instruções sobre a execução de leis e de serviços, definem situações funcionais e aplicam medidas de ordem disciplinar.

Partes:

> numeração (classificação): número do ato e data de expedição.

> título: denominação completa de autoridade que expede o ato.

> fundamentação: citação da legislação básica em que a autoridade apoia sua decisão, seguida do termo resolve.

> texto: desenvolvimento do assunto.

> assinatura: nome da autoridade que expede o ato.

Questões

01. (Cespe)

Embora a produção de televisores com tela de cristal líquido (LCD), motocicletas e telefones celulares, os três produtos mais representativos do PIM, tenha sofrido decréscimo no período de janeiro a novembro de 2013 na comparação com o mesmo intervalo em 2012, a produção de outros produtos apresentou grande crescimento, com destaque para tablets, videogames, condicionadores de ar e microcomputadores.

Entre janeiro e novembro de 2013, o PIM produziu mais de 2,2 milhões de unidades de tablets, o que representa uma produção 11 vezes maior que a de todo o ano anterior (197.616 unidades). Também os telejogos, videogames, tiveram resultados expressivos, com produção de mais de 1,2 milhão de unidades e crescimento de 91,82% na comparação com o período de janeiro a novembro de 2012 (651.242 unidades).

Internet: <www.suframa.gov.br> (com adaptações).

O tipo textual predominante no texto é o descritivo.

Certo ( ) Errado ( )

02. (Cespe)

A chamada Economia Verde foi o grande destaque do Fórum Estadão Região Norte, realizado em São Paulo. Em meio a discussões como problemas logísticos, guerra fiscal, Zona Franca de Manaus (ZFM) e qualificação profissional, a possibilidade de desenvolver a região por meio do melhor aproveitamento de seus ativos ambientais foi o assunto que provocou a maior participação do público e centralizou as discussões entre os painelistas.

A questão ambiental foi levantada com uma pergunta ao governador de Rondônia sobre como desenvolver a região com a floresta em pé. "Para isso, é preciso oferecer opções. Nesse ponto, posso dizer que a Zona Franca de Manaus é o mais bem-sucedido projeto ambiental da Amazônia", disse, ao lembrar que, mesmo sem ser o objetivo de sua criação, a ZFM acabou sendo a opção para afastar a população da exploração da floresta. "O Amazonas garantiu 95% de preservação", observou.

Internet: <www.suframa.gov.br> (com adaptações).

No texto apresentado, predomina o tipo textual narrativo.

Certo ( ) Errado ( )

03. (Cespe)

A Portaria Interministerial nº 12 estabelece o Processo Produtivo Básico (PPB) para motos aquáticas e similares. Esse PPB é composto por oito etapas, que deverão ser realizadas na ZFM, com exceção da primeira, relacionada à moldagem do casco, que poderá ser dispensada, caso a empresa fabricante adquira partes dele e peças no mercado regional ou nacional nas quantidades mínimas indicadas na portaria. "A moto aquática, conhecida popularmente como jet ski, é hoje um produto inteiramente importado. O que fizemos foi simplificar o PPB, sem prejuízos dos níveis de investimento e mão de obra, e com isso vamos trazer essa produção para o PIM. Pelo menos quatro grandes empresas participaram das discussões visando ao estabelecimento do PPB e já demonstraram interesse em fabricar o produto em Manaus", disse o superintendente da ZFM.

Internet: <www.suframa.gov.br/suf_pub_noticias> (com adaptações).

O texto tem natureza instrucional, visto que explica o PPB para a fabricação de moto aquática.

Certo ( ) Errado ( )

04. (Cespe)

A ANS vai mudar a metodologia de análise de processos de consumidores contra as operadoras de planos de saúde com o objetivo de acelerar os trâmites das ações. Uma das novas medidas adotadas será a apreciação coletiva de processos abertos a partir de queixas dos usuários. Os processos serão julgados de forma conjunta, reunindo várias queixas, organizadas e agrupadas por temas e por operadora.

Segundo a ANS, atualmente, 8.791 processos de reclamações de consumidores sobre o atendimento dos planos de saúde estão em tramitação na agência. Entre os principais motivos que levaram às queixas estão a negativa de cobertura, os reajustes de mensalidades e a mudança de operadora.

No Brasil, cerca de 48,6 milhões de pessoas têm planos de saúde com cobertura de assistência médica e 18,4 milhões têm planos exclusivamente odontológicos.

Valor Econômico, 22/3/2013.

Trata-se de texto de natureza subjetiva, em que a opinião do autor está evidente por meio de adjetivos e considerações de caráter pessoal.

Certo ( ) Errado ( )

05. (Cespe)

Entre 2009 e 2011, aumentou o número dos brasileiros ocupados, a população mais velha trabalhou por mais tempo, mais pessoas passaram a viver sozinhas e os índices de distribuição da renda melhoraram. Essas foram algumas das informações da Pesquisa Nacional por Amostra de Domicílios (PNAD), divulgada pelo Instituto Brasileiro de Geografia eEstatística (IBGE). O levantamento é um bom instrumento para entender a evolução da economia no último triênio e ajuda a prospectar o futuro.

O País ainda é um dos mais desiguais do mundo, mas a desigualdade diminui desde o controle da inflação, em 1994. A maior alta nos rendimentos do trabalho (29,2%) foi registrada entre os 10% mais pobres, salvo na região Norte. Na média, mais de cinco milhões de pessoas saíram da faixa de pobreza.

Aumentou em 3,6 milhões o número de empregados com carteira assinada no setor privado. No conjunto, a PNAD mostra um quadro favorável, apesar do aumento do percentual de maiores de 25 anos de idade sem instrução (de 13% para 15,1%) e de jovens entre quinze e dezessete anos de idade que não estudam nem trabalham. O levantamento explica por que o consumo liderou a atividade econômica: a maior propensão a consumir está na população de baixa renda, que, até então, tinha pouco acesso a bens (eletroeletrônicos, eletrodomésticos, motos ou autos) e a serviços (viagens aéreas, turismo, planos de saúde).

O aumento das contratações de mão de obra é o principal motor da ascensão social e da demanda de consumo. Novas profissões se expandem, como a de cuidadores de idosos, mas, para que os avanços se consolidem, é preciso reconhecer o papel fundamental da educação.

O Estado de S. Paulo, Editorial, 25/9/2012 (com adaptações).

Predomina, no texto, a estrutura textual narrativa, o que se evidencia pela alta frequência de verbos no tempo pretérito.

Certo ( ) Errado ( )

06. (Cespe)

Mundo animal

No morro atrás de onde eu moro vivem alguns urubus. Eles decolam juntos, cerca de dez, e aproveitam as correntes ascendentes para alcançar as nuvens sobre a Lagoa Rodrigo de Freitas. Depois, planam de volta, dando rasantes na varanda de casa. O grupo dorme na copa das árvores e lembra o dos carcarás do Mogli. Às vezes, eles costumam pegar sol no terraço. Sempre que dou de cara com um, trato-o com respeito. O urubu é um pássaro grande, feio e mal-encarado, mas é da paz. Ele não ataca e só vai embora se alguém o afugenta com gritos.

Recentemente, notei que um bem-te-vi aparecia todos os dias de manhã para roubar a palha da palmeira do jardim. De vez em quando, trazia a senhora para ajudar no ninho. Comecei a colocar pão na mesa de fora, e eles se habituaram a tomar o café conosco. Agora, quando não encontram o repasto, cantam, reclamando do atraso. Um outro casal descobriu o banquete, não sei a que gênero esses dois pertencem. A cor é um verde-escuro brilhante, o tamanho é menor do que o do bem-te-vi e o Pavarotti da dupla é o macho. A ideia de prender um passarinho na gaiola, por mais que ele se acostume com o dono, é muito triste. Comprei um periquito, uma vez, criado em cárcere privado, e o soltei na sala. Achei que ele ia gostar de ter espaço. Saí para trabalhar e, quando voltei, o pobre estava morto atrás da poltrona. Ele tentou sair e morreu dando cabeçadas no vidro. Carrego a culpa até hoje. De boas intenções o inferno está cheio.

O Rio de Janeiro existe entre lá e cá, entre o asfalto e a mata atlântica, mas a fauna daqui é mais delicada do que a africana e a indiana. Quem tem janela perto do verde conhece bem o que é conviver com os micos. Nos meus tempos de São Conrado, eu costumava acordar com um monte deles esperando a boia. Foi a primeira vez que experimentei cativar espécies não domesticadas. Lanço aqui a campanha: crie vínculos com um curió, uma paca ou um formigueiro que seja. Eles são fiéis e conectam você com a mãe natureza. Experimente, ponha um pãozinho no parapeito e veja se alguém aparece.

Fernanda Torres. In: Veja Rio, 2/12/2012 (com adaptações).

Os dois primeiros parágrafos do texto são predominantemente narrativos.

Certo ( ) Errado ( )

07. (Cespe)

O tráfico internacional de drogas começou a desenvolver-se em meados da década de 70, tendo tido o seu boom na década de 80. Esse desenvolvimento está estreitamente ligado à crise econômica mundial. O narcotráfico determina as economias dos países produtores de coca e, ao mesmo tempo, favorece principalmente o sistema financeiro mundial. O dinheiro oriundo da droga corresponde à lógica do sistema financeiro, que é eminentemente especulativo. Este necessita, cada vez mais, de capital "livre" para girar, e o tráfico de drogas promove o "aparecimento mágico" desse capital que se acumula de modo rápido e se move velozmente.

A América Latina participa do narcotráfico na qualidade de maior produtora mundial de cocaína, e um de seus países, a Colômbia, detém o controle da maior parte do tráfico internacional. A cocaína gera "dependência" em grupos econômicos e até mesmo nas economias de alguns países, como nos bancos da Flórida, em algumas ilhas do Caribe ou nos principais países produtores — Peru, Bolívia e Colômbia, para citar apenas os casos de maior destaque. Na Bolívia, os lucros com o narcotráfico chegam a US$ 1,5 bilhão contra US$ 2,5 bilhões das exportações legais. Na Colômbia, o narcotráfico gera de US$ 2 a 4 bilhões, enquanto as exportações oficiais geram US$ 5,25 bilhões. Nesses países, a corrupção é generalizada. Os narcotraficantes controlam o governo, as forças armadas, o corpo diplomático e até as unidades encarregadas do combate ao tráfico. Não há setor da sociedade que não tenha ligação com os traficantes e até mesmo a Igreja recebe contribuições destes.

Osvaldo Coggiola. O comércio de drogas hoje. In: Olho da História, nº 4. Internet: <www.oolhodahistoria.ufba.br> (com adaptações).

O texto, que se classifica como dissertativo, expõe a articulação entre o tráfico internacional de drogas e o sistema financeiro mundial.

Certo ( ) Errado ( )

08. (Cespe)

Imagine a leitora que está em 1813, na igreja do Carmo, ouvindo uma daquelas boas festas antigas, que eram todo o recreio público e toda a arte musical. Sabem o que é uma missa cantada; podem imaginar o que seria uma missa cantada daqueles anos remotos. Não lhe chamo a atenção para os padres e os sacristães, nem para o sermão, nem para os olhos das moças cariocas, que já eram bonitos nesse tempo, nem para as mantilhas das senhoras graves, os calções, as cabeleiras, as sanefas, as luzes, os incensos, nada. Não falo sequer da orquestra, que é excelente; limito-me a mostrar-lhes uma cabeça branca, a cabeça desse velho que rege a orquestra, com alma e devoção.

Chama-se Romão Pires; terá sessenta anos, não menos, nasceu no Valongo, ou por esses lados. É bom músico e bom homem; todos os músicos gostam dele. Mestre Romão é o nome familiar; e dizer familiar e público era a mesma coisa em tal matéria e naquele tempo. "Quem rege a missa é mestre Romão" — equivalia a esta outra forma de anúncio, anos depois: "Entra em cena o ator João Caetano"; — ou então: "O ator Martinho cantará uma de suas melhores árias." Era o tempero certo, o chamariz delicado e popular. Mestre Romão rege a festa! Quem não conhecia mestre Romão, com o seu ar circunspecto, olhos no chão, riso triste, e passo demorado? Tudo isso desaparecia à frente da orquestra; então a vida derramava-se por todo o corpo e todos os gestos do mestre; o olhar acendia-se, o riso iluminava-se: era outro. Acabou a festa; é como se acabasse um clarão intenso, e deixasse o rosto apenas alumiado da luz ordinária. Ei-lo que desce do coro, apoiado na bengala; vai à sacristia beijar a mão aos padres e aceita um lugar à mesa do jantar.

Machado de Assis. Histórias sem data. Internet: <www.machadodeassis.org.br> (com adaptações).

O texto acima caracteriza-se, predominantemente, como narrativo, ainda que se identifiquem nele trechos descritivos.

Certo ( ) Errado ( )

09. (Cespe)

Pavio do destino
Sérgio Sampaio

O bandido e o mocinho
São os dois do mesmo ninho
Correm nos estreitos trilhos
Lá no morro dos aflitos
Na Favela do Esqueleto
São filhos do primo pobre
A parcela do silêncio
Que encobre todos os gritos
E vão caminhando juntos
O mocinho e o bandido
De revólver de brinquedo
Porque ainda são meninos
Quem viu o pavio aceso do destino?
Com um pouco mais de idade
E já não são como antes
Depois que uma autoridade
Inventou-lhes um flagrante
Quanto mais escapa o tempo
Dos falsos educandários
Mais a dor é o documento
Que os agride e os separa
Não são mais dois inocentes
Não se falam cara a cara
Quem pode escapar ileso
Do medo e do desatino
Quem viu o pavio aceso do destino?
O tempo é pai de tudo
E surpresa não tem dia
Pode ser que haja no mundo
Outra maior ironia
O bandido veste a farda
Da suprema segurança
O mocinho agora amarga
Um bando, uma quadrilha
São os dois da mesma safra
Os dois são da mesma ilha
Dois meninos pelo avesso
Dois perdidos Valentinos
Quem viu o pavio aceso do destino?

O texto, pertencente a um gênero poético, faz um relato biográfico sobre duas crianças em uma localidade periférica, contrastando a inocência e o ludismo da infância com a aspereza e a ironia do destino na vida adulta.

Certo ( ) Errado ( )

Gabaritos

01	ERRADO	06	CERTO
02	CERTO	07	CERTO
03	ERRADO	08	CERTO
04	ERRADO	09	CERTO
05	ERRADO		

17. FIGURAS DE LINGUAGEM

Na Língua Portuguesa, como em qualquer outro idioma, verificam-se expressões que, se observadas exclusivamente a partir de seu significado literal, podem não fazer muito sentido. Todavia, elas são entendidas, compreendidas e, em alguns casos, tornam-se até insubstituíveis. Muitas vezes, algumas dessas expressões chegam a ser consideradas desvios da norma culta; outras vezes, elas são vistas como "um tempero na gramática", algo capaz de provocar, através da linguagem, a formação de imagens (figuras), de modo a criar um efeito linguístico insubstituível do ponto de vista semântico e estilístico.

As figuras de linguagem aparecem em provas de concurso como "um divisor de águas" (acabamos de utilizar uma figura de linguagem!). Quando o assunto é o estudo da gramática, nota-se que nem todos os concursandos se dedicam ao aprofundamento dessa particularidade da linguagem. Portanto, quem se empenhar em conhecer esse tema certamente terá, diante da concorrência, um diferencial em termos de conhecimento. Vejamos quais são as figuras de linguagem mais abordadas em provas de concurso.

Metáfora

Consiste em usar uma palavra com o significado de outra, havendo entre elas alguma relação de semelhança.

Na parede da memória essa lembrança é o **quadro** que dói mais. *(Como Nossos Pais, Belchior)*

↓

Imaginemos a memória como parede e as lembranças como quadros pendurados.

Comparação

É muito parecida com a metáfora, porém a partícula de comparação, no caso COMO, aparece de forma explícita.

Você é bem **como** eu, conhece o que é ser assim. *(Toda Forma De Amor, Lulu Santos)*

Metonímia

Consiste na troca da parte por um todo. Usa-se uma palavra com o significado de outra numa relação de **implicação mútua**.

Ex.: Ouvia **Mozart**.
Lia **Saramago**. →

Não ouvia o compositor, ouvia as **obras** que ele compôs; não lia Saramago, lia as **obras** que ele escreveu.

Antonomásia

Registra a substituição do nome próprio da pessoa por uma característica pela qual se tornou conhecida.

Era quase impossível derrotar **Mohamed Ali**, parece que o destino escolheu quando perderia.

↓

Nome adotado pelo boxeador Cassius Marcelus Clay, nas décadas de 60 e 70.

Catacrese

É quase uma metáfora, porém o processo metafórico se desgastou pelo fato de a expressão ser usual demais.

Ex.: O jogador **enterrava** a bola na cesta, fazendo o público vibrar.

↓

Enterrar é um jargão utilizado nos jogos de basquete.

Sinestesia

Reúne sensações originárias de diferentes órgãos de sentidos.

Sentia o **aroma doce** e **áspero**

↓

Dá o sentido de olfato, paladar e tato.

Não é interessante tentar associar o nome da figura ao que ela representa. Isso apenas causará frustrações. O aconselhável é conseguir associar as figuras de linguagem ao rico universo da música, tão presente no cotidiano do ser humano. As músicas, em praticamente toda a sua totalidade, possuem pelo menos uma figura de linguagem presente em sua formação.

Assíndeto

Omissão de conjunções entre as orações.

Ex.: Pensou em sair**,** desfez a loucura em segundos**,** preferiu isolar-se.

↓

As vírgulas poderiam ser substituídas por **E, MAS** etc.

Polissíndeto

Excesso de conjunções entre as orações.

Nada fez **e** pensou sair **e** deixou-se em paz **e** dormiu **e** sonhou **e** não acordou.

Zeugma

Omissão de um termo já citado anteriormente em uma frase, feita por vírgula.

Ex.: Ele comprou sonhos, ela**,** realidades.

↓

A vírgula está omitindo o termo COMPRAR.

Elipse

Omissão de um termo que não foi enunciado anteriormente na oração.

Ex.: "A praia **(?)** deserta, ninguém **(?)** àquela hora na rua". (Autran Dourado)

Omissão do verbo estava.

Aliteração

Repetição de consoantes de mesma natureza ou semelhante no início ou meio de palavras.

Ex.: "Enquanto o**s** ho**m**e**ns** exer**c**e**m** **s**eus **pod**res **pod**eres". (Caetano Veloso)

Anáfora

Repetição da mesma palavra durante o texto.

Ex.: Era **abril**, o sol fervia, era **abril**, a esperança partia, era **abril**, apenas **abril**.

Anacoluto

Termo desconexo na frase, sem função sintática.

Ex.: E o menino perdido, solto como ar, sabíamos ficar de ventos.

Pleonasmo

Repetição de uma palavra já implicada no texto.

Ex.: Sonhei um sonho lindo.

Hipérbato

Inversão na posição normal dos termos da oração.

Ex.: Ouviram do Ipiranga as margens plácidas de um povo heroico o brado retumbante. (Osório Duque Estrada, Hino Nacional)

Silepse

Efetua a concordância com palavras ou noções pressupostas na frase, não com palavras explícitas. Pode ser classificada como:

De **pessoa**: Os brasileiros **somos** injustiçados.

O verbo concorda com NÓS.

De **número**: Todos nós estamos **aberto** a negociações.

ABERTO não concorda com NÓS.

De **gênero**: Basta irmos **à** Carlos Gomes e assistir ao concerto.

A palavra PRAÇA está omissa

Ainda que a silepse seja uma figura de linguagem, é muito comum que ela apareça em exercícios de gramática, já que sua associação está diretamente ligada às concordâncias verbal e nominal.

Epíteto

Qualificação de um nome por uma característica que já é inerente a ela.

Ex.: Aquelas chuvas **úmidas** faziam da paisagem algo a mais.

Não existe chuva seca.

Antítese

Quando há ideias opostas.

Ex.: Corro a ti, cujos **pés cravados ao chão** me abrem o coração.

Ideias opostas

Clímax

Apresenta as ideias de modo gradativo.

Ex.: Vinham de todo lado, **rosnavam**, o **barulho crescia**, a **morte gritava**.

Eufemismo

Figura que visa suavizar algo originalmente grosseiro, triste ou desagradável.

Dez anos passaram, cresceram meus irmãos, e os **anjos levaram minha mãe pelas mãos.** (MARVIN, versão de Nando Reis) → Termo que se usou para descrever a morte de alguém.

Hipérbole

Figura que expressa o exagero.

"Por você **vou roubar os anéis de Saturno.**" (DESCULPE O AUÊ, Rita Lee e Roberto de Carvalho) → Exagero expresso

Ironia

Figura que consiste em dizer justamente o contrário do que se pretende expressar, com o intuito de produzir um efeito satírico, de crítica, ou apenas para promover o humor.

"O meu nome é Dejair, **facinho de confundir com João do caminhão**". (BOIS DON'T CRY, Mamonas Assassinas)

Onomatopeia

Figura que consiste em criar uma palavra ou expressão que imite ou tente imitar algum som. Esse recurso é muito utilizado em histórias em quadrinhos, por exemplo.

Pluct, plact, zum, não vai a lugar nenhum. (O CARIMBADOR MALUCO, Raul Seixas)

Som que lembra batida, velocidade.

Muitas vezes, as figuras de linguagem podem aparecer misturadas em uma só. É o caso, por exemplo, de "Vozes veladas, veludosas vozes/ Volúpias dos violões, vozes veladas/ Vagam nos velhos vórtices velozes/ Dos ventos, vivas, vãs, vulcanizadas", de Cruz e Sousa. Verifica-se uma aliteração imitando o som do vento e dos violões. Ao mesmo tempo, há também uma onomatopeia, lembrando o som do vento.

Paradoxo

Figura que consiste em expressar duas ideias opostas simultaneamente.

"(...) era **provar para todo mundo que eu não precisava provar** nada pra ninguém". (QUASE SEM QUERER, Renato Russo)

Prosopopeia ou personificação

Figura que consiste em atribuir particularidades de seres animados (com vida) a seres inanimados (sem vida). Essa figura também se caracteriza quando são atribuídas características humanas a animais.

O meu cachorro
me **sorriu** latindo.
(O PORTÃO, Roberto Carlos e Erasmo Carlos)

→ Características humanas

Vimos, neste capítulo, como as figuras de linguagem podem "temperar" um texto e seu conteúdo, atribuindo-lhe outra roupagem. Ficar atento à nomenclatura é importante. Porém, associar os exemplos é uma forma eficiente de entender seu conteúdo.

Questões

01. (Cespe – Adaptada) No texto "A mocidade por viver nessas **alegres barracas de cimento**, nós precisamos de sólidas fortalezas", o excerto em destaque constitui uma metáfora da casa moderna.

Certo ( ) Errado ( )

02. (Cespe) Utilizando-se de metáforas, o autor constrói texto argumentativo em que a democracia é retratada como o oceano e suas ondas, e os que nela não creem, representados como os "espíritos que não veem muito"

Certo ( ) Errado ( )

Gabaritos

01	CERTO	02	D CERTO

18. VARIAÇÕES LINGUÍSTICAS

A língua é um conjunto de variedades, ou seja, apesar de altamente organizada, ela é um sistema flexível. Desse modo, os falantes têm a sua disposição várias alternativas para expressar um mesmo significado, podendo escolher aquela que seja a mais adequada para determinada situação. Para entender melhor essa informação, é importante que se estudem as funções da linguagem, a diferença entre fala e escrita e como ocorrem as variações linguísticas.

18.1 Funções da Linguagem

Função referencial ou denotativa

A linguagem transmite uma informação objetiva sobre a realidade, com preferência a dados concretos, fatos e circunstâncias. Essa forma de comunicação é comum em notícias de jornal, discurso científico etc. desse modo, coloca-se em evidência o assunto ao qual a mensagem se refere.

Função expressiva ou emotiva

A forma de se expressar reflete o estado de ânimo do emissor, os seus sentimentos e suas emoções. Uma das características de função é a presença de interjeições e de alguns sinais de pontuação, como as reticências e o ponto de exclamação.

Função apelativa ou conativa

A linguagem tem como objetivo influenciar o receptor ou destinatário, com a intenção de convencê-lo, de persuadi-lo. O emissor se dirige diretamente ao receptor. É a linguagem usada em discursos, sermões e propagandas que se dirigem diretamente ao consumidor.

Função poética

A linguagem poética deixa em evidência a forma da mensagem, ou seja, há uma preocupação em como dizer algo. Está muito presente em textos literários, mas não é exclusiva da poesia nem da literatura em geral, pois se encontra com frequência nas expressões cotidianas de valor metafórico e na publicidade.

Função fática

A linguagem é empregada para estabelecer, prolongar ou interromper a comunicação. É aplicada em situações em que o mais importante não é o que se fala, nem como se fala, mas sim o contato entre o emissor e o receptor. Fática quer dizer "relativa ao fato", ao que está ocorrendo. É a linguagem das falas telefônicas, saudações e similares.

Função metalinguística

Esta função refere-se à metalinguagem, que ocorre quando o emissor explica um código usando o próprio código. É a poesia que fala da poesia, da sua função e do poeta, um texto que comenta outro texto. As gramáticas e os dicionários são exemplos de metalinguagem.

18.2 Língua Falada e Língua Escrita

A fala e a escrita são dois meios de comunicação distintos.

A língua falada é mais espontânea e vem acompanhada de linguagem não verbal, tom de voz, mímicas etc.

A língua escrita é um sistema disciplinado e rígido, uma vez que não conta com mímicas e tom de voz.

A língua portuguesa, assim como todas as línguas, pode sofrer muitas variações. Ela varia conforme:

- o lugar social dos falantes;
- os nossos interlocutores;
- o papel social que exercemos em determinada situação.

Isso mostra que as línguas não são uniformes, homogêneas, pois todas sofrem algum tipo de variação quanto à pronúncia, ao vocabulário, à estrutura gramatical.

18.3 Fatores que Interferem os Usos Diferentes da Língua

Fatores regionais: diferença do português falado por habitantes de regiões diferentes. Também há variações no uso da língua dentro de uma mesma região.

Fatores culturais: é a influência que o grau de escolarização e a formação cultural de um indivíduo têm em relação ao uso da língua.

Fatores contextuais: a forma de comunicar-se é influenciada pelo contexto social, econômico, cultural etc. Por exemplo: há diferença de vocabulário, de expressões entre um encontro de amigos e uma reunião profissional.

Fatores profissionais: algumas atividades profissionais exigem o domínio de uma linguagem técnica. Isso pode ser percebido pelo emprego de termos específicos de engenheiros, biólogos, matemáticos, médicos, linguistas etc.

Fatores naturais: alguns fatores como idade e sexo influenciam o uso da língua.

> Mesmo que existam diferenças quanto à forma de se comunicar, não se pode afirmar que uma variedade regional, por exemplo, é um erro, pois a língua é empregada de acordo com o contexto social, econômico, político, educacional etc.

18.4 Níveis de Emprego da Fala e da Escrita

Nível coloquial-popular: é a linguagem que se utiliza no dia a dia, principalmente em situações informais. Esse nível da fala é mais espontâneo, pois não há uma preocupação em falar de acordo com a norma padrão, com as regras.

Nível formal-culto: é a linguagem que se utiliza em situações formais. Caracteriza-se por um cuidado maior com o vocabulário e pela obediência às regras gramaticais.

18.5 Tipos de Variações Linguísticas

Variações diafásicas

As variações ocorrem de acordo com o contexto comunicativo, ou seja, o momento é que determina a forma como alguém se dirige ao próprio interlocutor, se deve ser formal ou informal. 5.2 Variações diatópicas As variações surgem por causa de diferenças regionais. Um exemplo é o termo mandioca, que pode adquirir nomenclaturas diferentes em razão de um lugar (macaxeira, aipim)

Variações diastráticas

As variações ocorrem em razão da convivência entre os grupos sociais. Um exemplo é a linguagem relacionada ao ambiente profissional, como a linguagem dos advogados, dos surfistas etc.

Questões

01. (IBFC)

Notícia de Jornal

(Fernando Sabino)

Leio no jornal a notícia de que um homem morreu de fome. Um homem de cor branca, 30 anos presumíveis, pobremente vestido, morreu de fome, sem socorros, em pleno centro da cidade, permanecendo deitado na calçada durante 72 horas, para finalmente morrer de fome.

Morreu de fome. Depois de insistentes pedidos e comentários, uma ambulância do Pronto Socorro e uma radiopatrulha foram ao local, mas regressaram sem prestar auxílio ao homem, que acabou morrendo de fome. Um homem que morreu de fome. O comissário de plantão (um homem) afirmou que o caso (morrer de fome) era da alçada da Delegacia de Mendicância, especialista em homens que morrem de fome. E o homem morreu de fome. O corpo do homem que morreu de fome foi recolhido ao Instituto Anatômico sem ser identificado. Nada se sabe dele, senão que morreu de fome. Um homem morre de fome em plena rua, entre centenas de passantes. Um homem caído na rua. Um bêbado. Um vagabundo. Um mendigo, um anormal, um tarado, um pária, um marginal, um proscrito, um bicho, uma coisa - não é um homem. E os outros homens cumprem seu destino de passantes, que é o de passar. Durante setenta e duas horas todos passam, ao lado do homem que morre de fome, com um olhar de nojo, desdém, inquietação e até mesmo piedade, ou sem olhar nenhum. Passam, e o homem continua morrendo de fome, sozinho, isolado, perdido entre os homens, sem socorro e sem perdão.

Não é da alçada do comissário, nem do hospital, nem da radiopatrulha, por que haveria de ser da minha alçada? Que é que eu tenho com isso? Deixa o homem morrer de fome.

E o homem morre de fome. De trinta anos presumíveis. Pobremente vestido. Morreu de fome, diz o jornal. Louve-se a insistência dos comerciantes, que jamais morrerão de fome, pedindo providências às autoridades. As autoridades nada mais puderam fazer senão remover o corpo do homem. Deviam deixar que apodrecesse, para escarmento dos outros homens. Nada mais puderam fazer senão esperar que morresse de fome.

E ontem, depois de setenta e duas horas de inanição, tombado em plena rua, no centro mais movimentado da cidade do Rio de Janeiro, Estado da Guanabara, um homem morreu de fome.

(Disponível em http://www.fotolog.com.br/spokesman_/70276847/: Acesso em 10/09/14)

Texto II

O Bicho (Manuel Bandeira) Vi ontem um bicho Na imundície do pátio Catando comida entre os detritos. Quando achava alguma coisa, Não examinava nem cheirava: Engolia com voracidade. O bicho não era um cão, Não era um gato, Não era um rato. O bicho, meu Deus, era um homem.

(Disponível em: http://www.casadobruxo.com.br/poesia/m/bicho.htm, acesso em 10/09/2014)

Tanto na crônica (Texto I) quanto no poema (Texto II) os enunciadores não se limitam a apresentar o fato; eles também buscam causar comoção em seus leitores. A função de linguagem que melhor retrata esse objetivo e os trechos que podem representar esse aspecto são, respectivamente:

a) Função metalinguística; "Morreu de Fome" (texto I) e " Meu Deus" (texto II).

b) Função fática; "Leio no jornal" (texto I) e "Vi ontem um bicho" (texto II).

c) Função poética; "Leio no jornal" (texto I) e "Vi ontem um bicho" (texto II).

d) Função conativa, "Morreu de Fome" (texto I) e " Meu Deus" (texto II).

e) Função referencial; "Um homem de cor branca" (texto I); Na imundície do pátio"" (texto II)

02. (UFSC)

Texto 4

Glossário:
Intempestivamente: por impulso, subitamente.
Zefir: um tecido feito de algodão.
Incontinente: que não se contém.

WATTERSON, Bill. O melhor de Calvin. *O Estado de S. Paulo*, São Paulo, 27 ago. 2002.

Com relação ao Texto 4, analise as afirmativas abaixo.

I. I. Nos três primeiros quadrinhos, é utilizada uma variedade linguística característica de situações informais de comunicação.

II. II. As palavras "delinquente" e "traste" são antônimos.

III. III. No último quadrinho, Calvin sugere que a variedade linguística empregada no seriado é artificial.

IV. IV. O uso da conjugação de segunda pessoa, a ocorrência de inversão sintática e a escolha do vocabulário contribuem para o estranhamento causado no leitor nos três primeiros quadrinhos, por se tratar de um uso informal da língua.

Assinale a alternativa CORRETA.

a) Somente as afirmativas I e III estão corretas.

b) Somente as afirmativas I, II e IV estão corretas.

c) Somente as afirmativas I e II estão corretas.

d) Somente as afirmativas III e IV estão corretas.

e) Somente as afirmativas II e IV estão corretas.

03. (FUMARC)

Quem são nossos ídolos?

Claudio de Moura Castro

Eu estava na França nos idos dos anos 80. Ligando a televisão, ouvi por acaso uma entrevista com um jovem piloto de Fórmula 1. Foi-lhe perguntado em quem se inspirava como piloto iniciante. A resposta foi pronta: Ayrton Senna. O curioso é que nessa época Senna não havia ganho uma só corrida importante. Mas bastou ver o piloto brasileiro se preparando para uma corrida: era o primeiro a chegar no treino, o único a sempre fazer a pista a pé, o que mais trocava ideias com os mecânicos e o último a ir embora. Em outras palavras, sua dedicação, tenacidade, atenção aos detalhes eram tão descomunais que, aliadas a seu talento, teriam de levar ao sucesso.

Por que tal comentário teria hoje alguma importância?

Cada época tem seus ídolos, pois eles são a tradução de anseios, esperanças, sonhos e identidade cultural daquele momento. Mas, ao mesmo tempo, reforçam e ajudam a materializar esses modelos de pensar e agir.

Já faz muito tempo, Heleno de Freitas foi um grande ídolo do futebol. Segundo consta, jactava-se de tomar uma cachacinha antes do jogo, para aumentar a criatividade. Entrava em campo exibindo seu bigodinho e, após o gol, puxava o pente e corrigia o penteado. O ídolo era a genialidade pura do futebol-arte.

Mais tarde, Garrincha era a expressão do povo, com sua alegria e ingenuidade. Era o jogador cujo estilo brotava naturalmente. Era a espontaneidade, como pessoa e como jogo, e era facilmente amado pelos brasileiros, pois materializava as virtudes da criação genial.

Para o jogador "cavador", cabia não mais do que um prêmio de consola- ção. Até que veio Pelé. Genial, sim. Mas disciplinado, dedicado e totalmente comprometido a usar todas as energias para levar a cabo sua tarefa. E de atleta completo e brilhante passou a ser um cidadão exemplar.

É bem adiante que vem Ayrton Senna. Tinha talento, sem dúvida. Mas tinha mais do que isso. Tinha a obsessão da disciplina, do detalhe e da dedicação total e completa. Era o talento a serviço do método e da premeditação, que são muito mais críticos nesse desporto.

Há mais do que uma coincidência nessa evolução. Nossa escolha de ídolos evoluiu porque evoluímos. Nossos ídolos do passado refletiam nossa imaturidade. Era a época de Macunaíma. Era a apologia da genialidade pura. Só talento, pois esforço é careta. Admirávamos quem era talentoso por graça de Deus e desdenhávamos o sucesso originado do esforço. Amadurecemos. Cresceu o peso da razão nos ídolos. A emoção ingênua recuou. Hoje criamos espaço para os ídolos cujo êxito é, em grande medida, resultado da dedicação e da disciplina – como Pelé e Senna.

Mas há o outro lado da equação, vital para nossa juventude. Necessitamos de modelos que mostrem o caminho do sucesso por via do esforço e da dedicação. Tais ídolos trazem um ideário mais disciplinado e produtivo.

Nossa educação ainda valoriza o aluno genial, que não estuda – ou que, paradoxalmente, se sente na obrigação de estudar escondido e jactar-se de não fazê-lo. O cê-dê-efe é diminuído, menosprezado, é um pobre-diabo que só obtém bons resultados porque se mata de estudar. A vitória comemorada é a que deriva da improvisação, do golpe de mestre. E, nos casos mais tristes, até competência na cola é motivo de orgulho.

Parte do sucesso da educação japonesa e dos Tigres Asiáticos provém da crença de que todos podem obter bons resultados por via do esforço e da dedicação. Pelo ideário desses países, pobres e ricos podem ter sucesso, é só dar duro.

O êxito em nossa educação passa por uma evolução semelhante à que aconteceu nos desportos – da emoção para a razão. É preciso que o sucesso escolar passe a ser visto como resultado da disciplina, do paroxismo de dedica- ção, da premeditação e do método na consecução de objetivos.

A valorização da genialidade em estado puro é o atraso, nos desportos e na educação. O modelo para nossos estudantes deverá ser Ayrton Senna, o supremo cê-dê-efe de nosso esporte. Se em seu modelo se inspirarem, vejo bons augúrios para nossa educação.

Disponível em: http://veja.abril.com.br/idade/educacao/060601/ponto_de_vista.html. Acesso em: jul. 2016.

Sobre a constituição do texto, é correto afirmar, EXCETO:

a) No 1º parágrafo, o autor faz uso da 1ª pessoa do singular, o que não atrapalha a confiabilidade de seu texto.

b) No 3º parágrafo, apresenta-se a tese que será defendida ao longo do texto.

c) Utiliza-se de uma linguagem formal, o que dá ao leitor a ideia de um batepapo.

d) Utiliza-se da exemplificação, para melhor compreensão do tema a ser tratado.

04. (COMPERVE)

A questão refere-se ao texto reproduzido a seguir.

O futuro do trabalho

Thomaz Wood Jr.

Quando se observam carreiras e profissões, tem-se a sensação de que tudo que era sólido agora se desmancha no ar. O mago, ou vilão transformador, costuma ser a tecnologia, força capaz de abalar indústrias e desestruturar trajetórias.

O impacto é especialmente visível nas carreiras das indústrias criativas e da mídia. Nos últimos 20 anos, as indústrias musicais, as editoras de livros, as revistas e os jornais foram impactados pelas novas tecnologias da informação e de comunicação. Mudaram as formas de produzir e de trabalhar. Para melhor ou para pior? Há controvérsias.

Os arautos do fim do mundo denunciam a precariedade galopante das novas relações de trabalho. Os profetas do admirável mundo novo advogam que as novas tecnologias turbinam a criatividade e escancaram as portas do mercado para as mentes mais brilhantes.

Steve Johnson é um escritor norte-americano dedicado a temas relacionados à ciência, tecnologia e inovação. Situa sua pena no último grupo. Em um longo texto publicado no jornal The New York Times, em agosto de 2015, Johnson escreve sobre a emergência da economia digital e suas consequências sobre a cultura, as indústrias criativas e seus profissionais.

Argumenta que o apocalipse anunciado algumas décadas atrás não se materializou. Muitas empresas e empregos desapareceram, mas, segundo ele, a produção cultural está em alta e os profissionais do campo têm, hoje, mais oportunidades de trabalho do que antes.

Nas indústrias musicais, a tecnologia barateou a produção e transformou a distribuição. As gravadoras e as lojas de discos deixaram o palco. Empregos foram perdidos, mas não necessariamente aqueles dos artistas. Os músicos deixaram de ganhar dinheiro com discos e voltaram seu foco para as apresentações ao vivo.

A queda de renda de uma atividade foi compensada pelo aumento de renda na outra. Além disso, a redução dos custos de produção e distribuição permitiu aos músicos gravar e disponibilizar suas obras com facilidade e baixo preço.

A história da indústria editorial apresenta similaridades com a das indústrias musicais. A venda de livros impressos continuou a aumentar, mesmo depois da introdução dos e-books. Além disso, os livros impressos seguem sustentando uma fatia substancial do mercado. Novos autores e obras surgem todos os dias.

Para os artistas, o novo mundo do trabalho traz oportunidades e desafios. Favorece os profissionais que conseguem se adaptar a um portfólio amplo de atividades, em lugar de buscar especialização em um único caminho de carreira. De fato, as possibilidades de inserção comercial se multiplicaram.

Músicos podem hoje compor jingles para publicidade, trilhas para cinema, tevê, teatro, videogames e uma infinidade de aplicativos para smartphones etablets. Podem dar cursos presenciais, em escolas, e virtuais, por meio do YouTube. E mantêm a possibilidade de se apresentar em casas noturnas, teatros e salas de concerto.

As inúmeras opções abertas pelas novas tecnologias e seus desdobramentos no mercado de trabalho tornaram a carreira musical, como outras do setor artístico, mais factível. No entanto, sobreviver nesse novo mundo exige novas competências, relacionadas à gestão da própria carreira, como se esta fosse um negócio. E todo esse mar de oportunidades não significa que pagar as contas ficou mais fácil. O jogo continua desigual, com uma base numerosa e mal remunerada e um topo restrito e milionário.

A tendência da chamada "carreira portfólio", na qual o profissional é empreendedor de si mesmo e gerencia diferentes atividades e projetos, não é nova ou exclusiva das indústrias criativas. Muito antes da internet, músicos e outros artistas dividiam seu tempo entre diferentes atividades. Médicos e consultores há anos administram múltiplas frentes de trabalho.

Não há novidade, mas há intensificação e aceleração do fenômeno, para o bem e para o mal. O novo contexto cria novas oportunidades, porém demanda mudanças que comumente se situam além da capacidade dos profissionais. Com isso, gera ansiedade e frustração, criando com frequência dramas pessoais de difícil superação e que tendem a s e multiplicar, à medida que outras indústrias e profissões são afetadas.

Disponível em: . Acesso em: 27 abr. 2016.

Glossário

Arautos: aqueles que proclamam ou anunciam algo.

Factível: o que pode acontecer ou ser feito, realizável.

No texto, a linguagem apresenta marcas

a) do português escrito padrão, com excesso de jargão profissional, o que caracteriza um gênero discursivo de circulação restrita a um grupo específico.

b) do português oral, sem uso de jargão profissional, o que caracteriza um gênero discursivo de circulação ampla.

c) do português escrito padrão, sem uso de jargão profissional, o que caracteriza um gênero discursivo de circulação ampla.

d) do português oral, com excesso de arcaísmos, o que caracteriza um gênero discursivo de circulação restrita a um grupo específico.

05. (Quadrix)

Como manter cabelos saudáveis mesmo com química

A brasileira adora alisar o cabelo na chapinha. E tem que estar quente, bem quente mesmo.

Você sabia que a temperatura da chapinha dá pra fritar um bife? Fizemos o teste e a consequência é a formação de bolhas no cabelo por causa do calor.

Como proteger? Como cuidar? Às vezes as pessoas não se lembram de que a saúde dos cabelos é tão importante quanto a da pele ou a das unhas, por exemplo. Além disso, a beleza dos fios depende de como eles são tratados.

Entre os maiores vilões dos cabelos, vimos que o sol é um deles e, assim como a gente usa filtro solar para a pele, é importante usar nos cabelos também. O cabelo exposto ao sol fica áspero e tem aquele aspecto de palha.

A chapinha é outra vilã do cabelo bonito. "É uma agressão muito grande para o fio, as cutículas deixam de ser as mesmas, o cabelo abre, cria ponta dupla", explica a Dra. Márcia Purceli.

Sobre a hora de pentear, o ideal é não pentear o cabelo molhado porque ele está mais fragilizado, então ele rompe com mais facilidade.

Outra coisa que faz o cabelo quebrar é a mistura de várias técnicas, como tintura, alisamento e chapinha.

(g1.globo.com)

Em "Você sabia que a temperatura da chapinha dá pra fritar um bife?", pode-se afirmar corretamente que:

a) há marcas de coloquialidade, como "pra", o que invalida a classificação do texto como um artigo de opinião.

b) o pronome "você" atua como um vocativo que faz referência direta ao leitor das linhas; logo, trata-se de linguagem publicitária.

c) há apenas uma oração em todo o período - as orações absolutas são as mais frequentes em textos jornalístico-publicitários.

d) a forma verbal "dá" foi utilizada em seu sentido mais comum e poderia ser substituída por "fornece" ou "oferece", sem alteração de sentido.

e) há marcas de coloquialidade, o que, possivelmente, possa ter sido feito para aproximar a linguagem do leitor e torná-la mais dinâmica e mais leve para o público-alvo.

06. (FGV)

Assinale a frase em que a expressão "a gente" não exemplifica a variante coloquial de linguagem.

a) "Hipótese é uma coisa que não é, mas a gente faz de conta que é, para ver como seria se ela fosse".

b) "É uma grande obra arquitetônica e a gente que passa por lá fica impressionada com a grandeza da obra".

c) "Um cadáver é o produto final. A gente é apenas a matéria-prima".

d) "A morte impede a gente de viver, não de morrer".

e) "Não há nada novo sob o sol, mas há muitas coisas velhas que a gente não conhece".

07. (CS-UFG)

Festejando no precipício

Gregório Duvivier

Quando pequeno, a primeira coisa que fazia ao comprar uma agenda era escrever em letras garrafais no dia 11 de abril: "MEU NIVER". Depois ia pro dia 11 de março: "FALTA UM MÊS PRO MEU NIVER". E depois me esquecia da existência da agenda, até porque não tinha muitos compromissos naquela época. Tenho umas cinco agendas que só contêm essas duas informações fundamentais.

O aniversário era o grande dia do ano, a maior festa popular do planeta, um Natal em que o Jesus era eu. Pulava da cama e marcava minha altura no batente da porta. Era o dia de comemorar cada milímetro avançado nessa guerra que travo desde pequeno contra a gravidade.

Meu pai abria a porta: "Hoje a gente vai pro lugar que você quiser". "Oba! Vamos pro Tivoli Park!" "Não, filho, pro Tivoli Park não." "Mas você falou qualquer lugar." "No Tivoli Park tem assalto no trem fantasma." Era um argumento forte.

Acabava me levando pro clube, e depois minha mãe dava uma festa lá em casa na qual eu era o centro das atenções e podia comer brigadeiro e tomar litros de refrigerante — ambos artigos proibidos, classificados como "porcaria" — e assistir ao show do meu artista predileto — o mágico Almik. Na hora do parabéns, me escondia debaixo da mesa quando cantavam "Com Quem Será?", mas até que gostava da ideia de que um dia alguém talvez fosse querer se casar comigo. Para um garoto com cabelo de cuia e uma dentição anárquica, um relacionamento amoroso era um sonho tão distante quanto um McDonalds dentro de casa. O tempo passou e a verdade veio à tona: ambas as coisas talvez sejam possíveis, mas será que são desejáveis?

Hoje faço trinta. Dizem que com o passar dos anos deixa de fazer sentido comemorar o passar dos anos. Afinal, cada ano a mais é um ano a menos e na vida adulta não há nem mais a esperança de crescer algum centímetro. No batente da porta, estacionei no 1.69 m, entre minha prima Helena e minha irmã Barbara. Para piorar, o Brasil tá um caos, todo o mundo se odeia, e a temperatura do mundo não para de esquentar.

Lembro que a revista "The Economist" ficou chocada que o Brasil teria Carnaval mesmo na crise —estaríamos "festejando no precipício". A revista pode entender de crise, mas não entende nada de Carnaval — acha que serve para comemorar a opulência. Toda festa boa serve pra esquecer, nem que seja por um momento, o precipício. Debaixo da mesa do bolo, a felicidade parece tão possível, tão desejável.

Disponível em: . Acesso em:<http://1.folha.uol.com.br/colunas/gregorioduvivier/2016/04/1759507-festejando-no-precipiicio-.shtm,> 11 abr. 2016.

O uso da expressão "MEU NIVER", no primeiro parágrafo, é um caso de:

a) adequação comunicativa.

b) impropriedade vocabular.

c) uso de estrangeirismo.

d) variação regional da língua.

08. (FEPESE) Identifique abaixo as afirmativas verdadeiras (V) e as falsas (F) em relação à língua e suas variações.

( ) As variações linguísticas são próprias da língua e estão alicerçadas nas várias intenções comunicativas.

( ) A variedade linguística é um importante elemento de inclusão.

( ) A língua oficial deve ser preservada e utilizada como um instrumento de opressão.

( ) Nenhuma variante é superior à outra. Todas possuem sua função dentro de um determinado grupo social.

Assinale a alternativa que indica a sequência correta, de cima para baixo.

a) V - V - V - F

b) V - V - F - V

c) V - F - F - V

d) F - V - V - F

e) F - F - V - F

09. (FUMARC)

UM PAÍS SE FAZ COM SAPATOS E LIVROS

Leo Cunha

Outro dia, numa palestra, eu escutei uma frase genial do Pedro Bandeira, aquele escritor que você deve estar cansado de conhecer. [...]

Pois bem: o Pedro estava num colégio carérrimo e chiquérrimo de São Paulo quando uma madame veio reclamar do preço dos livros. Nosso caro escritor - carérrimo, segundo a madame - olhou pros filhos dela e viu que os dois estavam de tênis importado.

Então o Pedro – que, apesar do nome, não costuma dar bandeira – virou pra ela e soltou a seguinte frase: "Ô, minha senhora, não é o livro que é caro. É a senhora que prefere investir no pé do que na cabeça dos seus filhos".

O auditório aplaudiu de pé aquela história. Palmas, gritos, gargalhadas. Eu, disfarçadamente, olhei pra baixo pra ver se não estava calçando meu bom e velho Nike branco. Não tenho a menor intenção de fazer propaganda pra ninguém, pelo contrário: não perco uma chance de comentar aquelas acusações que a Nike vive recebendo, de explorar o trabalho infantil na Ásia. Mas não posso negar que me bateu um sentimento de culpa ao escutar aquela frase. Felizmente eu estava calçando um discretíssimo mocassim preto, então pude aplaudir com mais entusiasmo a tirada do Pedro.

Tirada, aliás, que me fez lembrar um caso divertido da minha infância. Foi no início da década de 80, eu e minha irmã estávamos entrando na adolescência e estudávamos num grande colégio de BH.

Um dia, estávamos em casa quando a mãe de um colega da minha irmã bateu a campainha. Abrimos a janela e vimos a tal senhora debruçada sobre o portão, em lágrimas. Pronto, morreu alguém!, pensamos logo.

Mas não. A coitada começou a explicar, aos soluços: "Eu não estou dando conta dos meus serviçais, eles não param de brigar!". Juro, foi assim que ela falou: "meus serviçais". Se eu me lembro bem, a casa dessa senhora era imensa e ocupava quase um quarteirão. Para manter o castelo em ordem, ela precisava de pelo menos uns oito "serviçais". Era aí que o negócio complicava, pois controlar tanta gente se mostrava uma tarefa árdua, que exigia muito preparo e psicologia.

Ficamos muito consternados com a pobrezinha, ela agradeceu o apoio moral, mas completou que esse não era o motivo da visita. O que era então? E foi aí que veio a bomba. O colégio tinha mandado os meninos lerem um livro assim assim (esqueci o título) e ela queria saber se minha irmã já tinha terminado, pra poder emprestar pro filho dela!

Minha mãe ficou congelada, não sabia se tinha ouvido direito. Então quer dizer que a madame podia contratar oito serviçais pra se engalfinharem e não podia comprar um livro, um mísero livro, coitadinho, que nunca brigou com ninguém?

Minha mãe era livreira, professora, escrevia resenhas para a imprensa e tinha uma biblioteca imensa, inclusive com alguns livros repetidos. Deve ser por isso que, se não me falha a memória, nós não apenas emprestamos, como demos o livro para a mulher.

A frase do Pedro Bandeira completa perfeitamente o caso, e vice-versa. Ninguém está negando que o livro, ou alguns livros, poderiam ser mais baratos, mas de que adianta baixar o preço do produto se nós não dermos valor a ele, se ele não for importante em nossas vidas? Se a gente prefere entrar numa sapataria e investir no pé de nossos filhos. Se a gente entra num McDonald's da vida e pede pelo número, pede pelo número deixando as letras para depois, ou para nunca.

Disponível em: http://dicasdeleitores.blogspot.com.br/2012/09/um-pais-se-faz-com-sapatos-e-livros.html Acesso em 28 mar. 2016 (Adaptado)

Há predomínio de linguagem oral, EXCETO em:

a) "A frase do Pedro Bandeira completa perfeitamente o caso, e vice-versa."

b) "Eu, disfarçadamente, olhei pra baixo pra ver se não estava calçando meu bom e velho Nike branco."

c) "Nosso caro escritor - carérrimo, segundo a madame - olhou pros filhos dela e viu que os dois estavam de tênis importado."

d) "Se a gente prefere entrar numa sapataria e investir no pé de nossos filhos."

10. (Instituto Excelência)

A Velha Contrabandista

Diz que era uma velhinha que sabia andar de lambreta. Todo dia ela passava pela fronteira montada na lambreta, com um bruto saco atrás da lambreta. O pessoal da Alfândega - tudo malandro velho - começou a desconfiar da velhinha.

Um dia, quando ela vinha na lambreta com o saco atrás, o fiscal da Alfândega mandou ela parar. A velhinha parou e então o fiscal perguntou assim pra ela: - Escuta aqui, vovozinha, a senhora passa por aqui todo dia, com esse saco aí atrás. Que diabo a senhora leva nesse saco?

A velhinha sorriu com os poucos dentes que lhe restavam e mais outros, que ela adquirira no odontólogo, e respondeu: - É areia! Aí quem sorriu foi o fiscal. Achou que não era areia nenhuma e mandou a velhinha saltar da lambreta para examinar o saco. A velhinha saltou, o fiscal esvaziou o saco e dentro só tinha areia. Muito encabulado, ordenou à velhinha que fosse em frente. Ela montou na lambreta e foi embora, com o saco de areia atrás.

Mas o fiscal ficou desconfiado ainda. Talvez a velhinha passasse um dia com areia e no outro com muamba, dentro daquele maldito saco. No dia seguinte, quando ela passou na lambreta com o saco atrás, o fiscal mandou parar outra vez. Perguntou o que é que ela levava no saco e ela respondeu que era areia, uai! O fiscal examinou e era mesmo. Durante um mês seguido o fiscal interceptou a velhinha e, todas as vezes, o que ela levava no saco era areia.

Diz que foi aí que o fiscal se chateou: - Olha, vovozinha, eu sou fiscal de alfândega com 40 anos de serviço. Manjo essa coisa de contrabando pra burro. Ninguém me tira da cabeça que a senhora é contrabandista. - Mas no saco só tem areia! - insistiu a velhinha. E já ia tocar a lambreta, quando o fiscal propôs: - Eu prometo à senhora que deixo a senhora passar. Não dou parte, não apreendo, não conto nada a ninguém, mas a senhora vai me dizer: qual é o contrabando que a senhora está passando por aqui todos os dias? - O senhor promete que não "espáia"? - quis saber a velhinha. - Juro - respondeu o fiscal. - É lambreta.

(Stanislaw Ponte Preta. Dois amigos e um chato. 8ed. São Paulo, Moderna, 1986)

Na oração: "Manjo essa coisa de contrabando pra burro.", o autor utiliza:

a) Linguagem coloquial, que é a linguagem cotidiana que utilizamos em situações informais, por exemplo, na conversa com os amigos, familiares, vizinhos, dentre outros.

b) Linguagem coloquial, a qual não engloba as preocupações com a norma culta. Porém essa linguagem não permite estrangeirismos, abreviar e criar palavras.

c) Linguagem coloquial, aquela que faz parte do cotidiano das pessoas de todos os lugares do mundo. A ideia é que ela seja substituída pela linguagem formal.

d) Nenhuma das alternativas.

11. (FGV)

TEXTO 2 - Manual de princípios éticos para sites de medicina e saúde na internet

A veiculação de informações, a oferta de serviços e a venda de produtos médicos na Internet têm o potencial de promover a saúde mas também podem causar danos aos internautas, usuários e consumidores.

O CREMESP define a seguir princípios éticos norteadores de uma política de autorregulamentação e critérios de conduta dos sites de saúde e medicina na Internet.

1) TRANSPARÊNCIA

Deve ser transparente e pública toda informação que possa interferir na compreensão das mensagens veiculadas ou no consumo dos serviços e produtos oferecidos pelos sites com conteúdo de saúde e medicina. Deve estar claro o propósito do site: se é apenas educativo ou se tem fins comerciais na venda de espaço publicitário, produtos, serviços, atenção médica personalizada, assessoria ou aconselhamento. É obrigatória a apresentação dos nomes do responsável, mantenedor e patrocinadores diretos ou indiretos do site.

2) HONESTIDADE

Muitos sites de saúde estão a serviço exclusivamente dos patrocinadores, geralmente empresas de produtos e equipamentos médicos, além da indústria farmacêutica que, em alguns casos, interferem no conteúdo e na linha editorial, pois estão interessados em vender seus produtos.

A verdade deve ser apresentada sem que haja interesses ocultos. Deve estar claro quando o conteúdo educativo ou científico divulgado (afirmações sobre a eficácia, efeitos, impactos ou benefícios de produtos ou serviços de saúde) tiver o objetivo de publicidade, promoção e venda, conforme Resolução CFM Nº 1.595/2000.

3) QUALIDADE

A informação de saúde apresentada na Internet deve ser exata, atualizada, de fácil entendimento, em linguagem objetiva e cientificamente fundamentada. Da mesma forma produtos e serviços devem ser apresentados e descritos com exatidão e clareza. Dicas e aconselhamentos em saúde devem ser prestados por profissionais qualificados, com base em estudos, pesquisas, protocolos, consensos e prática clínica.

Os sites com objetivo educativo ou científico devem garantir a autonomia e independência de sua política editorial e de suas práticas, sem vínculo ou interferência de eventuais patrocinadores.

Deve estar visível a data da publicação ou da revisão da informação, para que o usuário tenha certeza da atualidade do site. Os sites devem citar todas as fontes utilizadas para as informações, critério de seleção de conteúdo e política editorial do site, com destaque para nome e contato com os responsáveis.

O segmento abaixo que mostra exemplo de linguagem coloquial é:

a) "A informação de saúde apresentada na Internet deve ser exata, atualizada, de fácil entendimento, em linguagem objetiva e cientificamente fundamentada";

b) "Da mesma forma produtos e serviços devem ser apresentados e descritos com exatidão e clareza";

c) "Dicas e aconselhamentos em saúde devem ser prestados por profissionais qualificados, com base em estudos, pesquisas, protocolos, consensos e prática clínica";

d) "Deve estar visível a data da publicação ou da revisão da informação, para que o usuário tenha certeza da atualidade do site";

e) "Os sites devem citar todas as fontes utilizadas para as informações, critério de seleção de conteúdo e política editorial do site, com destaque para nome e contato com os responsáveis".

Gabaritos

01	D	07	A
02	D	08	B
03	C	09	A
04	C	10	A
05	E	11	C
06	B		

19. ORTOGRAFIA

A ortografia em provas de concurso costuma ser cobrada com palavras homógrafas, homófonas e parônimas. Aborda-se também o uso de grafias similares em determinados níveis de comunicação. Nesse sentido, o hábito da leitura e o uso de dicionários ajudam muito na assimilação gradativa da grafia das palavras, bem como no processo de compreensão e de interpretação de uma mensagem.

Ortho= correto, *graphos* = escrita

A ortografia das palavras pode ser assimilada de várias formas. As mais eficazes, conforme acabamos de afirmar, consistem na leitura e na consulta ao dicionário. Todas as grafias têm sua lógica proveniente da etimologia (origem das palavras). Algumas, porém, possuem também regras que as determinam.

19.1 Regras Para o Emprego de Letras

Letras E e I

Emprega-se E.

> Em sílabas finais dos verbos terminados em -oar, -uar.

Exs.: magoar - magoe, magoes; continuar- continue, continues.

> Em palavras formadas com o prefixo ante- (antes, anterior).

Exs.: antebraço, antecipar.

> Em vocábulos como:

Exs.: cadeado, confete, disenteria, empecilho, irrequieto, mexerico, orquídea etc.

Emprega-se I.

> Em sílabas finais dos verbos terminados em -air, -oer, -uir.

Exs.: cair- cai / doer- dói / influir- influi.

> Em palavras formadas com o prefixo anti- (contra)

Exs.: Anticristo, antitetânico.

> Nos seguintes vocábulos:

Exs.: aborígine, artimanha, chefiar, digladiar, penicilina, privilégio etc.

Letras O e U

O emprego de o/u determina a diferença de significado de algumas palavras.

Exs.: comprimento (extensão) e cumprimento (saudação, realização) / soar (emitir som) e suar (transpirar).

Grafam-se com a letra O: bolacha, bússola, costume, moleque.

Grafam-se com a letra U: camundongo, jabuti, Manuel, tábua.

Letra X e dígrafo Ch

Emprega-se X.

> Após um ditongo.

Exs.: caixa, frouxo, peixe.

Exceção: recauchutar e seus derivados.

> Após a sílaba inicial "en".

Exs.: enxame, enxada, enxaqueca.

Exceção: palavras iniciadas por "ch" que recebem o prefixo "en-": encharcar (de charco), enchiqueirar (de chiqueiro), encher e seus derivados (enchente, enchimento, preencher...)

> Após a sílaba inicial "me-".

Exs.: mexer, mexerica, mexicano, mexilhão.

Exceção: mecha.

> Em vocábulos de origem indígena ou africana e nas palavras inglesas aportuguesadas.

Exs.: abacaxi, xavante, orixá, xará, xerife, xampu.

> Outros casos.

Exs.: bexiga, bruxa, coaxar, faxina, graxa, lagartixa, lixo, puxar, rixa, oxalá, praxe, roxo, vexame, xadrez, xarope, xaxim, xícara, xale, xingar etc.

Emprega-se Ch.

> Em vocábulos como:

Exs.: bochecha, bucha, cachimbo, chalé, charque, chimarrão, chuchu, chute, cochilo, debochar, fachada, fantoche, ficha, flecha, mochila, pechincha, salsicha, tchau etc.

Letra G

> Nos substantivos terminados em -agem, -igem, -ugem.

Exs.: barragem, miragem, viagem, origem, ferrugem.

Exceção: pajem.

> Nas palavras terminadas em -ágio, -égio, -ígio, -ógio, -úgio.

Exs.: estágio, privilégio, prestígio, relógio, refúgio.

> Nas palavras derivadas de outras que se grafam com g

Exs.: engessar (de gesso), massagista (de massagem), vertiginoso (de vertigem).

> Outros casos:

Exs.: algema, auge, bege, estrangeiro, geada, gengiva, gibi, gilete, hegemonia, herege, megera, monge, rabugento, vagem.

Letra J

> Nas formas dos verbos terminados em -jar ou -jear.

Exs.: arranjar: arranjo, arranje, arranjem / espejar:despejo, despeje, despejem / gorjear: gorjeie, gorjeiam, gorjeando / enferrujar: enferruje, enferrujem / viajar: viajo, viaje, viajem.

> Nas palavras de origem tupi, africana, árabe ou exótica.

Exs.: biju, jiboia, canjica, pajé, jerico, manjericão, Moji.

> Nas palavras derivadas de outras que já apresentam j.

Exs.: laranja - laranjeira / loja - lojista / cereja: cerejeira.

> Outros casos.

Exs.: berinjela, cafajeste, jeca, jegue, majestade, jeito, jejum, laje, traje, pegajento.

Letras S e Z

Emprega-se S.

> Nas palavras derivadas de outras que já apresentam s no radical.

Exs.: análise – analisar / casa – casinha / catálise – catalisador.

> Nos sufixos -ês e -esa, ao indicarem nacionalidade, título ou origem.

Exs.: burguês – burguesa / inglês – inglesa.

> Nos sufixos formadores de adjetivos -ense, -oso e -osa.

Exs.: catarinense, gostoso, teimosa.

> Nos sufixos gregos -ese, -isa, -osa.

Exs.: catequese, diocese, poetisa, profetisa, sacerdotisa, glicose, metamorfose, virose.

> Após ditongos.

Exs.: coisa, pouso, lousa, náusea.

> Nas formas dos verbos pôr e querer, bem como em seus derivados.

Exs.: pus, pôs, pusemos, puseram, pusera, pusesse, puséssemos / quis, quisemos, quiseram, quiser, quisera, quiséssemos / repus, repusera, repusesse, repuséssemos.

> Outros casos.

Exs.: abuso, asilo, através, aviso, besouro, brasa, cortesia, decisão, despesa, empresa, /freguesia, fusível, maisena, mesada, paisagem, paraíso, pêsames, presépio, presídio, querosene, raposa, surpresa, tesoura, usura, vaso, vigésimo, visita etc.

Emprega-se Z.

> Nas palavras derivadas de outras que já apresentam z no radical.

Exs.: deslize – deslizar / razão – razoável.

> Nos sufixos -ez, -eza, ao formarem substantivos abstratos a partir de adjetivos.

Exs.: inválido – invalidez / limpo – limpeza.

> Nos sufixos -izar, ao formar verbos e -ização, ao formar substantivos.

Exs.: civilizar – civilização.

19.2 Homônimos

Os homônimos se diferenciam entre palavras **homógrafas** e as **homófonas**. São vocábulos que se pronunciam ou se escrevem da mesma forma e que diferem no sentido.

Homônimos Perfeitos

Possuem som e grafia idênticos, mas significado diferente.

Vela: substantivo e verbo (velar).

Saia: substantivo e verbo (sair).

Homógrafas

Mesma grafia; som, classe gramatical e significado diferentes.

Exs.: **Almoço**: substantivo.

Almoço: verbo almoçar, 1ª pessoa do presente.

Colher: verbo.

Colher: substantivo, talher.

Conserto: substantivo.

Conserto: verbo consertar, 1º pessoa do presente.

Polissemia

Mesmo som e grafia, mesma classe gramatical, mas significado diferente.

Cabo: patente militar, acidente geográfico, fio, haste da panela (substantivos).

Palavras homônimas são aquelas que possuem som e grafia iguais, mas classes gramaticais diferentes. Palavras polissêmicas possuem som e grafia iguais; além disso, pertencem às mesmas classes gramaticais.

Homófonas

Mesmo som; grafia e significado diferentes.

Xá: título Persa.

Chá: bebida.

Xeque: título honorífico, posto em prova.

Cheque: ordem de pagamento, talonário.

Caçar: matar.

Cassar: tirar os direitos políticos de alguém.

Intenção: desejo.

Intensão: intensidade.

Cozer: cozinhar.

Coser: costurar.

Incerto: não certo.

Inserto: inserido.

Descente: que desce.

Decente: honesto.

Passo: verbo passar.

Paço: palácio.

Expectador: que tem expectativa.

Espectador: que assiste a algo, que vê.

Experto: perito.

Esperto: inteligente.

Incipiente: iniciante.

Insipiente: ignorante.

Seção ou **secção:** divisão, departamento.

Sessão: divisão de horário, reunião.

Cessão: ato de ceder.

Mau: adjetivo, contrário de bom.

Mal: advérbio, contrário de bem.

Extrato: aquilo que foi extraído.

Estrato: faixa, camada.

Taxar: determinar taxa.

Tachar: censurar, pôr defeito.

Com quanto: quantidade.

Conquanto: conjunção concessiva (embora).

Censo: recenseamento.

Senso: juízo, entendimento.

Calda: creme.

Cauda: rabo.

Porquanto: porque (justificativa).

Por quanto: quantidade.

Ainda com relação às palavras **homófonas**, temos particularidades que são bastante recorrentes em provas.

Senão / Se Não

Se não: caso (conjunção condicional) não (advérbio). Geralmente, essa expressão traz um verbo explícito ligado a ela.

Se não chover, haverá festa.

Nem sempre o verbo ligado a este termo aparecerá explícito.

Ex.: Ele fará da mesma forma, SE NÃO (fizer) melhor.

Respondam SE SIM ou SE NÃO.

Senão: caso contrário. Semanticamente, é igual ao SE NÃO, mas o verbo estará implícito.

Faça o certo, **senão** seus erros dormirão ao seu lado.

O verbo FIZER está implícito, logo depois do termo. Porém, se tornarmos o verbo explícito, o SE NÃO será escrito separado.

Ex.: FAÇA o certo, SE NÃO fizer, seus erros dormirão ao seu lado.

Senão: a não ser.

Ex.: Ele nada fez, **senão** (a não ser) dormir o dia todo.

Senão: mas sim. MAS é uma conjunção com valor de adversidade; o oposto de SIM é Não. Logo, esse termo, sempre que aparecer com essa intenção, implicará um NÃO, na oração.

Ex.: NÃO quis fugir, **SENÃO** (mas sim) buscar ajuda.

19.3 Uso Dos Porquês

Por que: Como pronome interrogativo. (Nem sempre quando aparecer em frases interrogativas, o termo virá assim.)

Ex.: Por que eles odeiam gramática?

Por que: No meio da oração, pode ser substituído por O MOTIVO PELO QUAL, ou A RAZÃO PELA QUAL, ou somente por PELO(A) QUAL.

Exs.: Não sei **por que** ela se foi. (o motivo pelo qual)

Perguntamos **por que** a vida é injusta.(o motivo pelo qual)

A causa **por que** lutamos é digna. (pela qual)

Por quê:

Ex.: Perto de pontuação. A pontuação deve vir logo após o termo.

Por quê?

Não responderam como nem **POR QUÊ**.

Não se sabe **POR QUÊ,** mas a aula atrasou.

Porque: Justificativa. (Mas pode aparecer em frases interrogativas, conforme veremos adiante.)

Exs.: Eles odeiam gramática, **porque** preferem números.

Porque a mãe dele quis, ele se formou médico?

Obs.: pode-se perceber que a resposta será "sim", "não" ou "talvez". Esse termo virá escrito assim (PORQUE), mesmo que a frase seja interrogativa.

Porquê: *Substantivado, precedido por termos determinantes (adjetivos, artigos, pronomes, numerais).*

Exs.: O **porquê** não apareceu.

Dois **porquês** não apareceram na pauta.

19.4 Parônimos

A seguir, veremos alguns parônimos que são recorrentes em provas. Parônimos apresentam som e grafia parecidos.

Descriminar: relatar, livrar do crime.

Discriminar: isolar, separar.

Mandato: período de cumprimento de um cargo, procuração.

Mandado: ordem judicial.

Eminente: sublime, elevado.

Iminente: inevitável.

Deferimento: aprovação.

Diferimento: adiamento.

Flagrante: pego no ato.

Fragrante: aroma.

Inflação: alta de valores, alta de preços.

Infração: ato proibido.

Descrição: ato de descrever.

Discrição: ato de ser discreto.

Vultoso: volumoso, pomposo.

Vultuoso: congestão facial.

Delatar: revelar.

Dilatar: aumentar.

Em princípio: em tese.

A princípio: no início.

Retificar: consertar.

Ratificar: confirmar.

Tráfego: andar, trafegar, movimento.

Tráfico: comércio ilegal.

De encontro: discordar.

Ao encontro: concordar.

Ao invés de: inverso.

Em vez de: no lugar de.

Evasão: sair.

Invasão: entrar.

Vimos, neste capítulo, algumas observações de como a ortografia pode se apresentar em provas de concurso. É bastante importante atentar para os termos homônimos, envolvendo palavras homófonas e homógrafas. Tais conteúdos são determinantes para solucionar questões que podem induzir o candidato a erro. Vale lembrar que, nesse sentido, os parônimos também são recorrentes em concursos. Mais uma vez, ressalta-se a importância da leitura e do uso do dicionário para a assimilação desse conteúdo.

20. ACORDO ORTOGRÁFICO DA LÍNGUA PORTUGUESA

O Novo Acordo Ortográfico busca simplificar as regras ortográficas da Língua Portuguesa e unificar a nossa escrita e a das demais nações de língua portuguesa: Portugal, Angola, Moçambique, Cabo Verde, Guiné-Bissau, São Tomé e Príncipe e Timor-Leste.

Sua implementação no Brasil passou por algumas etapas:

> 2009 – vigência ainda não obrigatória
> 2010 a 2015: adaptação completa às novas regras
> A partir de 1º de janeiro de 2016: emprego obrigatório, o novo acordo ortográfico passa a ser o único formato da língua reconhecido no Brasil.

Entre as mudanças na língua portuguesa decorrentes da reforma ortográfica, podemos citar o fim do trema, alterações da forma de acentuar palavras com ditongos abertos e que sejam hiatos, supressão dos acentos diferencias e dos acentos tônicos, novas regras para o emprego do hífen e inclusão das letras w, k e y ao idioma.

Entre a proposta (em 1990) e a entrada em vigor (2016) são 16 anos. Esse processo foi longo porque era necessário que fossem alcançadas as três decisões para que o acordo fosse cumprido. Em 2006, São Tomé e Príncipe e Cabo Verde se uniram ao Brasil e ratificaram o novo acordo. Em maio de 2008, Portugal também ratificou o acordo para unificar a ortografia em todas as nações de língua portuguesa.

20.1 Trema

Não se usa mais o trema (¨), sinal colocado sobre a letra u para indicar que ela deve ser pronunciada nos grupos gue, gui, que, qui.

Exs.: aguentar, bilíngue, cinquenta, delinquente, eloquente, ensanguentado, frequente, linguiça, quinquênio, sequência, sequestro, tranquilo.

Obs.: o trema permanece apenas nas palavras estrangeiras e em suas derivadas. Exemplos: Müller, mülleriano.

20.2 Regras de Acentuação

Ditongos abertos em paroxítonas

Não se usa mais o acento dos ditongos abertos éi e ói das palavras paroxítonas (palavras que têm acento tônico na penúltima sílaba).

Exs.: alcateia, androide, apoia, apoio (verbo), asteroide, boia, celuloide, claraboia, colmeia, Coreia, debiloide, epopeia, estoico, estreia, geleia, heroico, ideia, jiboia, joia, odisseia, paranoia, paranoico, plateia, tramoia.

A palavra ideia não leva mais acento, assim como heroico. Mas o termo herói é acentuado.

Obs.: a regra é somente para palavras paroxítonas. Assim, continuam a ser acentuadas as palavras oxítonas e os monossílabos tônicos terminados em éi(s), ói(s). Exemplos: papéis, herói, heróis, dói (verbo doer), sóis etc.

I e U tônicos depois de um ditongo

Nas palavras paroxítonas, não se usa mais o acento no i e no u tônicos quando vierem depois de um ditongo.

baiuca, bocaiuva (tipo de palmeira), cauila (avarento)

Obs.:

> se a palavra for oxítona e o i ou o u estiverem em posição final (ou seguidos des), o acento permanece. Exemplos: tuiuiú, tuiuiús, Piauí;
> se o i ou o u forem precedidos de ditongo crescente, o acento permanece. Exemplos: guaíba, Guaíra.

Hiatos EE e OO

Não se usa mais acento em palavras terminadas em eem e oo(s).

Exs.: abençoo, creem, deem, doo, enjoo, leem, magoo, perdoo, povoo, veem, voos, zoo

Acento diferencial

Não se usa mais o acento que diferenciava os pares pára/para, péla(s)/pela(s), pêlo(s)/pelo(s), pólo(s)/polo(s) e pêra/pera.

Exs.:

Ele para o carro.
Ele foi ao polo Norte.
Ele gosta de jogar polo.
Esse gato tem pelos brancos.
Comi uma pera.

Obs.:

> Permanece o acento diferencial em pôde/pode. Pôde é a forma do passado do verbo poder (pretérito perfeito do indicativo), na 3ª pessoa do singular. Pode é a forma do presente do indicativo, na 3ª pessoa do singular.

Ex.: Ontem, ele não pôde sair mais cedo, mas hoje ele pode.

> Permanece o acento diferencial em pôr/por. Pôr é verbo. Por é preposição. Exemplo: Vou pôr o livro na estante que foi feita por mim.
> Permanecem os acentos que diferenciam o singular do plural dos verbos ter e vir, assim como de seus derivados (manter, deter, reter, conter, convir, intervir, advir etc.).

Exs.:

Ele tem dois carros. / Eles têm dois carros.
Ele vem de Sorocaba. / Eles vêm de Sorocaba.
Ele mantém a palavra. / Eles mantêm a palavra.
Ele convém aos estudantes. / Eles convêm aos es tudantes.
Ele detém o poder. / Eles detêm o poder.
Ele intervém em todas as aulas. / Eles intervêm em todas as aulas.

> É facultativo o uso do acento circunflexo para diferenciar as palavras forma/fôrma. Em alguns casos, o uso do acento deixa a frase mais clara. Veja este exemplo: Qual é a forma da fôrma do bolo?

Acento agudo no u tônico

Não se usa mais o acento agudo no u tônico das formas (tu) arguis, (ele) argui, (eles) arguem, do presente do indicativo dos verbos arguir e redarguir.

20.3 Hífen com Compostos

Palavras compostas sem elementos de ligação

Usa-se o hífen nas palavras compostas que não apresentam elementos de ligação.

Exs.: guarda-chuva, arco-íris, boa-fé, segunda-feira, mesa-redonda, vaga-lume, joão-ninguém, porta-malas, porta-bandeira, pão-duro, bate-boca.

Exceções: Não se usa o hífen em certas palavras que perderam a noção de composição, como girassol, madressilva, mandachuva, pontapé, paraquedas, paraquedista, paraquedismo.

Compostos com palavras iguais

Usa-se o hífen em compostos que têm palavras iguais ou quase iguais, sem elementos de ligação.

Exs.: reco-reco, blá-blá-blá, zum-zum, tico-tico, tique-taque, cri-cri, glu-glu, rom-rom, pingue-pongue, zigue-zague, esconde-esconde, pega-pega, corre-corre.

Compostos com elementos de ligação

Não se usa o hífen em compostos que apresentam elementos de ligação.

Exs.: pé de moleque, pé de vento, pai de todos, dia a dia, fim de semana, cor de vinho, ponto e vírgula, camisa de força, cara de pau, olho de sogra.

Obs.: Incluem-se nesse caso os compostos de base oracional. maria vai com as outras, leva e traz, diz que diz que, deus me livre, deus nos acuda, cor de burro quando foge, bicho de sete cabeças, faz de conta.

Exceções: água-de-colônia, arco-da-velha, cor-de-rosa, mais-que-perfeito, pé-de-meia, ao deus-dará, à queima-roupa.

Topônimos

Usa-se o hífen nas palavras compostas derivadas de topônimos (nomes próprios de lugares), com ou sem elementos de ligação.

Exs.:

Belo Horizonte: belo-horizontino
Porto Alegre: porto-alegrense
Mato Grosso do Sul: mato-grossense-do-sul
Rio Grande do Norte: rio-grandense-do-norte
África do Sul: sul-africano

20.4 Uso do Hífen com Palavras Formadas por Prefixos

Casos gerais

→ **Antes de H:** usa-se o hífen diante de palavra iniciada por h.

Exs.:

anti-higiênico	proto-história
anti-histórico	sobre-humano
macro-história	super-homem
mini-hotel	ultra-humano

→ **Letras iguais:** usa-se o hífen se o prefixo terminar com a mesma letra com que se inicia a outra palavra.

Exs.:

micro-ondas	sub-bibliotecário
anti-inflacionário	inter-regional

→ **Letras diferentes:** não se usa o hífen se o prefixo terminar com letra diferente daquela com que se inicia a outra palavra.

Exs.:

autoescola	superinteressante
antiaéreo	agroindustrial
intermunicipal	aeroespacial
supersônico	semicírculo

Obs.: se o prefixo terminar por vogal e a outra palavra começar por r ou s, dobram-se essas letras.

Exs.:

minissaia	ultrassom
antirracismo	semirreta

Casos particulares

→ **Prefixos SUB e SOB:** com os prefixos sub e sob, usa-se o hífen também diante de palavra iniciada por r.

Exs.:

sub-região	sub-regional
sub-reitor	sob-roda

→ **Prefixos CIRCUM e PAN:** com os prefixos circum e pan, usa-se o hífen diante de palavra iniciada por m, n e vogal.

Exs.:

circum-murado
circum-navegação
pan-americano

→ **Outros prefixos:** usa-se o hífen com os prefixos ex, sem, além, aquém, recém, pós, pré, pró, vice.

Exs.:

além-mar	pós-graduação
além-túmulo	pré-história
aquém-mar	pré-vestibular
ex-aluno	pró-europeu
ex-diretor	recém-casado
ex-hospedeiro	recém-nascido
ex-prefeito	sem-terra
ex-presidente	vice-rei

→ **Prefixo CO:** o prefixo co junta-se com o segundo elemento, mesmo quando este se inicia por o ou h. Neste último caso, corta-se o h. Se a palavra seguinte começar com rou s, dobram-se essas letras.

Exs.:

coobrigação	corréu
coedição	corresponsável
coeducar	cosseno
cofundador	
coabitação	
coerdeiro	

→ **Prefixos PRE e RE:** com os prefixos pre e re, não se usa o hífen, mesmo diante de palavras começadas por e.

Exs.:

preexistente — reescrever

preelaborar — reedição

→ **Prefixos AB, OB e AD:** na formação de palavras com ab, ob e ad, usa-se o hífen diante de palavra começada por b, d ou r.

Exs.:

ad-digital — ob-rogar

ad-renal — ab-rogar

Outros casos do uso do hífen

→ **NÃO e QUASE:** não se usa o hífen na formação de palavras com não e quase.

Exs.:

(acordo de) não agressão

(isto é um) quase delito

→ **MAL:** com mal*, usa-se o hífen quando a palavra seguinte começar por vogal, h ou l.

Exs.:

mal-entendido — mal-humorado

mal-estar — mal-limpo

Obs.: quando mal significa doença, usa-se o hífen se não houver elemento de ligação.

Ex.: mal-francês.

Se houver elemento de ligação, escreve-se sem o hífen.

Ex.: mal de lázaro, mal de sete dias.

→ **Tupi-guarani:** usa-se o hífen com sufixos de origem tupi-guarani que representam formas adjetivas: açu, guaçu, mirim.

Exs.:

capim-açu

amoré-guaçu — anajá-mirim

→ **Combinação ocasional:** usa-se o hífen para ligar duas ou mais palavras que ocasionalmente se combinam, formando não propriamente vocábulos, mas encadeamentos vocabulares.

Exs.:

ponte Rio-Niterói

eixo Rio-São Paulo

→ **Hífen e translineação:** para clareza gráfica, se no final da linha a partição de uma palavra ou combinação de palavras coincidir com o hífen, ele deve ser repetido na linha seguinte.

Exs.:

Na cidade, conta-
-se que ele foi viajar.

O diretor foi receber os ex-
-alunos.

guarda-
-chuva

Por favor, diga-
-nos logo o que aconteceu.

20.5 Síntese das Principais Regras do Hífen

Síntese do Hífen		
Letras diferentes	Não use hífen	Infraestrutura, extraoficial, supermercado
Letras iguais	Use hífen	Anti-inflamatório, contra-argumento, inter-racial, hiper-realista
Vogal + r ou s	Não use hífen (duplique r ou s)	Corréu, cosseno, minissaia, autorretrato
Bem	Use hífen	Bem-vindo, bem-humorado

20.6 Quadro-Resumo do Emprego do Hífen com Prefixos

Prefixos	Letra que inicia a palavra seguinte
Ante-, Anti-, Contra-, Entre-, Extra-, Infra-, Intra-, Sobre-, Supra-, Ultra-	**H / VOGAL IDÊNTICA À QUE TERMINA O PREFIXO** Exemplos com H: ante-hipófise / anti-higiênico / anti-herói / contra-hospitalar / entre-hostil / xtra-humano / infra-hepático / sobre-humano / supra-hepático / ultra-hiperbólico. Exemplos com vogal idêntica: anti-inflamatório / contra-ataque / infra-axilar, sobre-estimar / supra-auricular / ultra-aquecido.
Ab-, Ad-, Ob-, Sob-	**B - R - D** (Apenas com o prefixo "Ad") Exemplos: ab-rogar (pôr em desuso) / ad-rogar (adotar) / ob-reptício (astucioso) / sob-roda / ad-digital
Circum-, Pan-	**H / M / N / VOGAL** Exemplos: circum-meridiano / circum-navegação / circum-oral / pan-americano / pan-mágico / pan-negritude.
Ex- (no sentido de estado anterior), Sota-, Soto-, Vice-, Vizo-	**DIANTE DE QUALQUER PALAVRA** Exemplos: ex-namorada / sota-soberania (não total) / soto-mestre (substituto) / vice-reitor / vizo-rei.
Hiper-, Inter-, Super-	**H / R** Exemplos: hiper-hidrose / hiper-raivoso / inter-humano / inter-racial / super-homem / super-resistente.
Pós-, Pré-, Pró- (tônicos e com significados próprios)	**DIANTE DE QUALQUER PALAVRA** Exemplos: pós-graduação / pré-escolar / pró-democracia. Obs.: se os prefixos não forem autônomos, não haverá hífen. Exemplos: predeterminado / pressupor / pospor / propor.

Sub-	**B - H - R** Exemplos: sub-bloco / sub-hepático / sub-humano / sub-região. Obs.: "subumano" e "subepático" também são aceitas.
Pseudoprefixos (diferem-se dos prefixos por apresentarem elevado grau de independência e possuírem uma significação mais ou menos delimitada, presente à consciência dos falantes.) Aero-, Agro-, Arqui-, Auto-, Bio-, Eletro-, Geo-, Hidro-, Macro-, Maxi-, Mega, Micro-, Mini-, Multi-, Neo-, Pluri-, Proto-, Pseudo-, Retro-, Semi-, Tele-	**H / VOGAL IDÊNTICA À QUE TERMINA O PREFIXO** Exemplos com H: geo-histórico / mini-hospital / neo-helênico / proto-história / semi-hospitalar. Exemplos com vogal idêntica: arqui-inimigo / auto-observação / eletro-ótica / micro-ondas / micro-ônibus / neo-ortodoxia / semi-interno / tele-educação.

1) Não se utilizará o hífen em palavras iniciadas pelo prefixo 'co-'.

Ex.: coadministrar, coautor, coexistência, cooptar, coerdeiro corresponsável, cosseno.

2) Prefixos des- e in- + segundo elemento sem o "h" inicial.

Ex.: desarmonia, desumano, desumidificar, inábil, inumano etc.

3) Não se utilizará o hífen com a palavra não.

Ex.: não violência, não agressão, não comparecimento.

4) Não se utiliza o hífen em palavras que possuem os elementos "bi", "tri", "tetra", "penta", "hexa" etc.

Ex.: bicampeão, bimensal, bimestral, bienal, tridimensional, trimestral, triênio, tetracampeão, tetraplégico, pentacampeão, pentágono etc.

5) Em relação ao prefixo "hidro", em alguns casos pode haver duas formas de grafia.

Ex.: hidroelétrica e hidrelétrica

6) No caso do elemento "socio", o hífen será utilizado apenas quando houver função de substantivo (= de associado).

Ex.: sócio-gerente / socioeconômico

Questões

01. Nas alternativas a seguir, os acentos foram omitidos propositadamente. Assinale a alternativa em que todas as palavras deveriam ser graficamente acentuadas

a) rubrica, diluvio, viuva.

b) ambar, heroi, ilustra-lo.

c) protons, forceps, releem.

d) dificilmente, Piaui, misantropo.

e) perdoo, atribuimos, caiste.

02. Observe as frases abaixo e responda a seguir.

01. Fiz toda a janta usando só o _________ .

02. Na _________ , os homens viviam em cavernas.

03. Meu _________ é _________ .

As palavras que completam corretamente as lacunas em (1), (2) e (3) são, respectivamente:

a) micro-ondas / pré-história / microcomputador / seminovo.

b) microondas / préhistória / microcomputador / seminovo.

c) micro-ondas / pré-história /microcomputador / semi-novo.

d) microndas / preistoria / microcomputador / seminovo.

e) micro-ondas / pré-história / micro-computador / seminovo.

03. Assinale a alternativa correta, segundo o novo acordo ortográfico:

"O pronunciamento do parlamentar na _______ da peça de teatro teve repercussão na impressa, de modo que o outro deputado, ao desembarcar do seu ____ rumo à cidade de ______, no estado do ________também falou sobre o assunto: Os que _______ jornais saberão do que estou falando".

a) Estréia – vôo – Parnaíba – Piauí – lêem

b) Estreia – vôo – Parnaiba – Piaui – lêem

c) Estreia – voo – Parnaíba – Piaui – leem

d) Estreia – voo – Parnaíba – Piauí – leem

e) Estreia – voo – Parnaíba – Piauí – lêem

04. Assinale a opção em o emprego do hífen, segundo as regras do mais recente Acordo Ortográfico, está incorreto.

a) Vamos comprar um **anti-inflamatório** porque ela está **super-resfriada**.

b) O quadro foi protegido com vidro **antirreflexo**

c) Ele era **corréu** na acusação de ter assassinado o **contrarregra**

d) O grupo **antissequestro** já participa da investigação.

e) Trata-se de uma informação **semioficial**.

05. De acordo com a Nova Ortografia da Língua Portuguesa, no trecho "Apoiou ditaduras, avalizou políticas antipopulares, fingiu não ver os desmandos de aliados (...)" o termo destacado

I. deveria ter sido grafado com hífen, como em anti-higiênico e anti-inflacionário.

II. está adequadamente grafado, obedecendo à regra em que prefixo terminado em vogal se junta com a palavra iniciada por consoante.

III. está adequadamente grafado, assim como em antiaéreo e anti-profissional.

IV. tem como facultativo o emprego do hífen, visto que o Novo Acordo Ortográfico ainda é recente.

V. obedece à mesma regra que palavras formadas por prefixos como super-, ultra- e sub-.

Estão CORRETAS as proposições

a) II, III, IV e V.

b) I, II e IV.

c) II, III e V.

d) I, II e III.

e) I, II, III, IV e V.

06. Assinale a opção em que há quatro palavras INCORRETAS:

a) coronéis; micro-ondas; hipersensível; super-resistente; anti-horário; bem-vindo.

b) acessor; atraso; infringir; jus; excessão; ascenção; aridês; vírus; excesso; viuvez.

c) canalizar, pesquisar, analisar, balizar, sintetizar; dialisar; atualizar; bisar; prezar.

d) ideia, chapéu, herói, plateia, condói, céu, perdoo, voo, geo-história, subsolo.

Gabaritos

01	B	04	A
02	A	05	C
03	D	06	B

21. ACENTUAÇÃO GRÁFICA

A acentuação gráfica, em provas de concurso, acaba aparecendo sempre de modo decisivo. Observa-se que, com o advento da informática e com a comodidade proveniente dos corretores automáticos de texto, muitas pessoas deixam de usar os acentos gráficos. Todavia, quando se trata de concurso, é essencial que se domine o uso da acentuação, independentemente da banca elaboradora.

O acento gráfico é usado, na maioria das vezes, para indicar o acento tônico das palavras. São considerados acentos gráficos:

> acento agudo (´);

> acento circunflexo (^);

> acento grave (`) (apenas para indicar a ocorrência de crase).

Ru**IM** - oxítona, quando a última sílaba é a tônica.

Exs.: co**lher**, cate**ter**, ure**ter** etc.

Re**COR**de – **paroxítona**, quando a penúltima sílaba é a tônica

Exs.: ru**bri**ca, pu**di**co, a**va**ro etc.

ÍNterim – **proparoxítona**, quando a antepenúltima (limite de sílaba tônica) sílaba é a tônica.

Proparoxítona

Todas as **proparoxítonas recebem acento gráfico. Proparoxítonas são palavras que trazem a antepenúltima sílaba** como sendo a tônica

Exs.: ca**tás**trofe, bom**bás**tico, átomo etc.

Monossílabos

Acentuam-se os monossílabos tônicos terminados por **a, e, o(s)**.

Exs.: pá, fé, más, pés, dó, pós etc.

Obs.: monossílabos com "i" e "u" não recebem acento.

li, mi, cru, nu etc.

Oxítonas

Acentuam-se as oxítonas terminadas por **a, e, o(s)**.

Exs.: maracu**já**, i**pê**, ca**fés**, ci**pó**, domi**nós**, vata**pás** etc.

Acentuam-se as oxítonas terminadas por **em, ens**.

Exs.: amém, re**fém**, con**têm**, inter**véns**, para**béns** etc.

Paroxítonas

Acentuam-se as paroxítonas terminadas por **R, X, N, L**.

Exs.: **hí**fen, **lá**tex, re**vól**ver, **mó**vel etc.

Acentuam-se as paroxítonas terminadas por **i(s), u(s)**.

Exs.: sa**fá**ri, **lá**pis, ô**nus**, **bô**nus, **ví**rus etc.

Acentuam-se as paroxítonas terminadas por **on, ons**.

Exs.: **pró**ton, ele**trons**, âni**on**, í**ons** etc.

Acentuam-se as paroxítonas terminadas por **um, uns**.

Exs.: ál**bum**, **mé**dium, **fó**rum, **quó**runs etc.

Acentuam-se as paroxítonas terminadas por **ps**.

Exs.: **bí**ce**ps**, **fór**ce**ps**, **trí**ce**ps** etc.

Acentuam-se as paroxítonas terminadas por ão(s) ã(s).

Exs.: **ór**gão, **ór**fãos, **í**mãs etc.

Acentuam-se as paroxítonas terminadas por **ditongo(s)**.

Exs.: vocabu**lário**, ân**sia**, **tê**nue, ín**dios**, secre**tárias** etc.

O plural de hífen pode ser dois: hifens (sem acento) e hífenes. Existem duas separações silábicas para paroxítonas terminadas por ditongo.

Ex.: VO.CA.BU.LÁ.RIO – VO.CA.BU.LÁ.RI.O (chamada, neste caso, de proparoxítona eventual)

Ditongos Abertos

Acentuam-se os ditongos abertos **ÉI(s), ÉU(s), ÓI(s)**, somente os monossílabos e as oxítonas. As paroxítonas **não possuem** acento.

Exs.: pa**péis**, s**óis**, cha**péus**, he**rói** etc.

Hiato

Quando existe a junção de duas vogais, temos o hiato. As vogais se separam formando sílabas sozinhas.

Ex.: po.**e**.ta

Acentuam-se os **i(s), u(s) tônicos** formadores de hiato.

Exs.: sa**ú**de, sa**í**da, mi**ú**do, ba**ú**s, sa**í**ste etc.

Acent**u**am-se os hiatos precedidos por ditongos, somente nas proparoxítonas e nas oxítonas. As paroxítonas não possuem acento.

Exs.: Piau**í**, tuiui**ú**, fei**í**ssimo etc.

Ainda que exista hiato na vogal "i", se esta vier seguida de NH ou por outra vogal "i", o acento deixará de existir.

Ex.: rainha, xiita etc.

A exceção é a palavra iídiche, que recebe acento por ser uma proparoxítona.

Trema

> Utiliza-se o trema (¨) em palavras de origem estrangeira.

Exs.: **Mü**ller, **Fü**hrer etc.

Acentos Diferenciais

Os acentos diferenciais existem para literalmente diferenciar palavras, a fim de que não haja problemas na comunicação. Nos verbos TER, VIR e seus derivados, os acentos diferenciais também estão presentes.

PÔR (verbo) e POR (preposição) - PODE (presente) e PÔDE (pretérito) - TEM (singular) e TÊM (plural) etc.

Obs.: em **FORMA** e **FÔRMA** o acento é opcional.

Vimos, neste capítulo, como a acentuação se apresenta em provas de concurso. É importante dar atenção aos acentos nas paroxítonas e, principalmente, em diferentes classes de palavras. Vale lembrar que não há regras que priorizem classes de palavras, todas as palavras recebem um mesmo acento pela mesma regra que o justifica.

22. SIMULADO DE LÍNGUA PORTUGUESA

01. Indique dentre as frases abaixo a única que possui complemento nominal:

a) As crianças tinham muita alegria no coração.
b) Os jovens carregavam muitas dores da infância
c) Eu tinha o objetivo de vencer na vida.
d) Meus sonhos eram tristes lembranças.
e) Nunca duvide de um amigo.

02. A Igreja da Mãe dos Homens

Paulo Pacini

1.° Na rua da Alfândega, perto da Av. Rio Branco, encontra-se uma das igrejas menos conhecidas do centro do Rio, em que pese sua antiguidade e beleza. Dedicada a N.Sª Mãe dos Homens, este templo origina-se no século XVIII, e teve ligação com acontecimentos importantes da história carioca e brasileira.

2.° Quando o trecho da rua da Alfândega (antigo caminho de Capurerussú) ainda era chamado de Quitanda do Marisco, nome devido à existência de um estabelecimento na esquina da atual rua da Quitanda, erigiu-se um oratório com a imagem da Mãe dos Homens, junto ao qual, à noite, e sob a luz baça das lâmpadas de azeite de baleia, fiéis se reuniam e invocavam as graças da santa. O crescente número de devotos levou à construção de uma pequena capela, e em 1758 é fundada uma agremiação em seu nome. Doações possibilitariam, anos depois, o início das obras do templo atual. As primeiras iniciativas datam de 1779, e os trabalhos continuariam até o século seguinte. Com estilo arquitetônico barroco, possui rico trabalho de talha, além de belas imagens e pinturas. Seu terreno originalmente estendia-se até a Av. General Câmara, atual Av.Presidente Vargas, e foi utilizado como cemitério durante um período.

3.° Os fiéis formavam uma comunidade coesa, e, por isto mesmo, causou grande comoção os acontecimentos que atingiram um de seus membros, a viúva Inácia Gertrudes de Almeida, durante a época da Inconfidência Mineira. Há tempos sua filha sofria um problema de saúde aparentemente insolúvel: uma ferida no pé que nunca cicatrizava, não importando o medicamento empregado. Chegou a seus ouvidos que estava no Rio uma pessoa que poderia curá-la deste mal. O especialista não era ninguém menos que Joaquim José da Silva Xavier, o Tiradentes, com conhecimentos em medicina bem mais amplos que a odontologia. Comprovando sua perícia, após dois meses de tratamento, a moça estava curada.

4.° Por esta época, o vice-rei Luís de Vasconcellos havia começado sua caça aos inconfidentes, e Tiradentes organizou sua fuga. Necessitando ocultar-se por três dias antes de viajar, solicitou a Inácia que o acolhesse, mas esta, por ter filha solteira em casa, não podia recebê-lo, e pediu este favor a seu compadre Domingos Fernandes da Cruz, residente à rua dos Latoeiros (Gonçalves Dias). Foi neste endereço que o mártir da Inconfidência foi preso, e Inácia, sua filha, Domingos e o padre Inácio Nogueira, sobrinho de Inácia, que nada sabiam, foram presos como cúmplices, amargando vários meses na cadeia, até terem a inocência comprovada. A viúva atribuiu sua libertação à intercessão da santa de sua devoção — a Mãe dos Homens. E quem pode dizer que não?

5.° Esta antiga igreja, tombada pelo IPHAN, realiza missas regularmente e merece ser conhecida pelo seu valor histórico e estético, sendo parte integrante do valioso e respeitável patrimônio histórico da cidade do Rio de Janeiro.

http://www.jblog.com.br/rioantigo.php

"Esta antiga igreja, tombada pelo IPHAN, realiza missas regularmente e merece ser conhecida pelo seu valor histórico e estético..." (últ. par.). A expressão pelo indica uma relação semântica de

a) conclusão.
b) finalidade.

c) modo.
d) proporção.
e) causa.

03.

Nunca na história da humanidade, uma virada de ano teve tantos registros em imagens e textos como esta de 2013 para 2014. Jamais as pessoas tiveram tanto poder nas mãos para fotografar, descrever e repassar instantaneamente para qualquer parte do mundo tudo o que lhes parece interessante. Os smartphones e as redes sociais consolidaram-se como instrumentos da comunicação instantânea, reduzindo distâncias, aproximando pessoas, possibilitando o compartilhamento de informações e até mesmo de intimidades.

Fonte: (Adaptado de Zero Hora (RS), 31/12/2013)

Assinale a opção que apresenta substituição correta para o termo grifado no texto acima.

a) consolidou-se
b) foi consolidado
c) consolidavam-se
d) foi se consolidando
e) foram consolidados

04.

A situação fiscal brasileira é bem melhor que a da maior parte dos países desenvolvidos, mas bem pior que a da maioria dos emergentes, segundo números divulgados pelo FMI. Para cobrir suas necessidades de financiamento, dívida vencida e déficit orçamentário, o governo brasileiro precisará do equivalente a 18,5% do Produto Interno Bruto (PIB) neste ano e 18% no próximo. A maior parte do problema decorre do pesado endividamento acumulado ao longo de muitos anos. Neste ano, as necessidades de cobertura correspondem a pouco menos que o dobro da média ponderada dos 23 países – 9,5% do PIB. Países sul-americanos estão entre aqueles em melhor situação, nesse conjunto. O campeão da saúde fiscal é o Chile, com déficit orçamentário de 0,3% e compromissos a liquidar de 1% do PIB. As previsões para o Peru indicam um superávit fiscal de 1,1% e dívida a pagar de 2,5% do PIB. A Colômbia também aparece em posição confortável, com uma necessidade de cobertura de 3,9%. Esses três países têm obtido uma invejável combinação de estabilidade fiscal, inflação controlada e crescimento firme nos negócios.

Fonte: (Adaptado de O Estado de São Paulo, Notas & Informações. 21 de abril de 2012)

Infere-se das relações entre as ideias do texto que

a) a situação fiscal de um país não é, necessariamente, proporcional ao seu desenvolvimento.
b) países emergentes apresentam, geralmente, uma relação de baixo PIB e alto superávit fiscal.
c) países sul-americanos apresentam pouco mais que a metade da média ponderada de outros países.
d) o Brasil tem demonstrado vigor para superar, dentro de dois anos, os três países sul-americanos com melhor saúde fiscal.
e) inflação controlada provoca crescimento firme nos negócios, o que resulta em estabilidade fiscal.

05.

No período de 1907 a 1910, Santos Dumont realizou inúmeros voos com o monoplano Demoiselle. Patrono da Aeronáutica e da Força Aérea Brasileira __1__ recebeu a patente de Marechal do Ar, __2__ considerado, até hoje, o brasileiro que mais se destacou na história da aviação mundial.

Ao voo de Santos Dumont __3__ um período de competição entre países da Europa e os Estados Unidos na conquista de recordes de velocidade e distância. Com a I Guerra Mundial, a aviação tomaria considerável impulso, em virtude do uso dos aviões __4__ arma de grande poder ofensivo, mas seria na década de 1920/1930 que esse avanço se consolidaria.

Desde antes da I Guerra Mundial, atravessar o Atlântico sem escalas era a meta dos aeronautas e projetistas de aviões. Em 1919, Raymond Orteig, de Nova Iorque, ofereceu

um prêmio de US$ 25.000,00 __5__ quem voasse de Nova Iorque a Paris, sem escalas.

Fonte: <http://www.portalbrasil.net/aviacao_historia.htm>. Acesso em: 13/12/2015 (com adaptações).

Assinale a opção que preenche as lacunas do texto de forma que o torne coeso, coerente e gramaticalmente correto.

a) de onde - vem sendo – continuou – de - para
b) da qual - e é - seguiu-se – como - a
c) de quem – seria - decorreu – por - de
d) do qual – sendo – seguiu - com - em
e) das quais - tendo sido – veio - tendo - por

06.

O transporte internacional passou _1_ ser utilizado em larga escala depois da II Guerra Mundial, por aviões cada vez maiores e mais velozes. A introdução dos motores _2_ jato, usados pela primeira vez em aviões comerciais (Comet), em 1952, pela BOAC (empresa de aviação comercial inglesa), deu maior impulso _3_ aviação como meio de transporte.

No final da década de 1950, começaram _4_ ser usados os Caravelle, de fabricação francesa (Marcel Daussaud/Sud Aviation). Nos Estados Unidos, entravam em serviço em 1960 os jatos Boeing 720 e 707 e dois anos depois o Douglas DC-8 e o Convair 880. Em seguida apareceram os aviões turbo-hélices, mais econômicos e de grande potência.

Soviéticos, ingleses, franceses e norte-americanos passaram _5_ estudar a construção de aviões comerciais cada vez maiores, para centenas de passageiros, e _6_ dos chamados "supersônicos", _7_ velocidades duas ou três vezes maiores que a do som. Nesse item dos supersônicos, _8_ estrelas internacionais foram o Concorde (franco-britânico) e o Tupolev (russo), que transportavam 144 passageiros e voaram até os anos 90, mas, devido aos elevados custos de manutenção, passagens e combustíveis, eles acabaram por ter as suas produções suspensas.

Fonte: <http://www.portalbrasil.net/aviacao_historia.htm>. Acesso em: 13/12/2015 (com adaptações).

Assinale a opção que preenche "respectivamente" as lacunas do texto de forma que o torne coeso, coerente e gramaticalmente correto.

a) a - à - a - a - a - a - à - às
b) a - a - a - à - à - a - a - as
c) à - a - à - à - a - à - à - às
d) a - à - à - a - à - a - à - às
e) a - a - à - a - a - a - a - as

07. Considere os três períodos abaixo:

I. O estado de saúde do menino piorou.
II. A família levou-o para atendimento médico.
III. O hospital estava lotado e não havia vaga para internação do enfermo.

Formando um só período com as orações expressas nas sentenças, assinale a alternativa que traz a correta sequência das conjunções coordenativas que explicitam corretamente a relação de sentido entre elas.

a) mas – e
b) pois – portanto
c) logo – porque
d) por isso – entretanto
e) todavia - nem

08. "É proibido a saída de produtos do interior da loja sem efetuar o pagamento das mesmas." O fragmento acima NÃO atende à norma padrão. Assinale a alternativa que atende a ela.

a) É proibido a saída de produtos do interior da loja sem efetuar o seu pagamento.

b) É proibida a saída de produtos do interior da loja sem efetuar o seu pagamento.

c) É proibida a saída de produtos do interior da loja sem efetuar o pagamento das mesmas.

d) São proibidas a saída de produtos do interior da loja sem efetuar o seu pagamento.

e) São proibidos a saída de produtos do interior da loja sem efetuar o pagamento das mesmas.

09. No período " Tinha o coração grosso, queria responsabilizar alguém pela sua desgraça", os vocábulos em destaque são, respectivamente

a) adjetivo e substantivo.

b) pronome indefinido e adjetivo

c) pronome adjetivo e substantivo.

d) substantivo e adjetivo.

e) advérbio de intensidade e substantivo.

10. Leia os quadrinhos:

Disponível em: <https://br.pinterest.com/pin/540432642573133375/>. Acesso em: 17 fev. 2017.

Dadas as afirmativas sobre os aspectos morfossintáticos dos quadrinhos,

I. O pronome demonstrativo ESTA, 1º quadrinho, foi corretamente empregado, já que expressa proximidade de quem se manifesta com o objeto referente.

II. A linguagem verbal do 2º quadrinho foi constituída por apenas um período simples.

III. A vírgula, que aparece no 2º quadrinho, está de acordo com as orientações gramaticais, uma vez que aparece isolando um termo explicativo.

IV. O termo TODA A PROVA, presente no 3º quadrinho, apresenta idêntica classificação sintática que AS QUESTÕES, no 3º quadrinho.

verifica-se que está(ão) correta(s)

a) I, II, III e IV.

b) I, II e IV, apenas.

c) I e II, apenas.

d) III, apenas.

e) NDA

SUMÁRIO

1. LEI 8.112/90

1.1 Deveres

O Art. 116 da Lei nº 8.112/90 elenca um rol de deveres a que o servidor está obrigado a observar, sem prejuízos de outros previstos em outras leis e também em atos ou regulamentos.

Quando o servidor não observar algum dos deveres, será penalizado, em regra, com penalidade de advertência. No entanto, veremos em tópico oportuno que caso ele seja reincidente em relação a essa questão, será punido com suspensão.

São **DEVERES** do servidor:

- Exercer com **zelo** e **dedicação** as atribuições do cargo.
- Ser **leal** às instituições a que servir.
- Observar as **normas legais** e **regulamentares**.
- Cumprir as ordens superiores, **exceto quando manifestamente ilegais**.
- Atender com **presteza**:
    - Ao **público em geral**, prestando as informações requeridas, ressalvadas as protegidas por sigilo.
    - À **expedição de certidões** requeridas para defesa de direito ou esclarecimento de situações de interesse pessoal.
    - Às requisições para a **defesa da Fazenda Pública**.
- Levar ao **conhecimento da autoridade** superior as **irregularidades** de que tiver ciência **em razão do cargo**.
- Levar as irregularidades de que tiver ciência em razão do cargo ao conhecimento da **autoridade superior** ou, quando houver suspeita de envolvimento dessa, ao conhecimento de outra autoridade competente para apuração.
- Zelar pela **economia do material e a conservação do patrimônio público**.
- Guardar **sigilo** sobre assunto da repartição.
- Manter **conduta compatível** com a moralidade administrativa.
- Ser **assíduo** e **pontual** ao serviço.
- Tratar com urbanidade as pessoas.
- **Representar contra ilegalidade, omissão** ou **abuso de poder** (encaminhada pela via hierárquica e apreciada pela autoridade superior àquela contra a qual é formulada, assegurando-se ao representando ampla defesa).

1.2 Proibições

Já no Art. 117 dessa Lei encontramos algumas das interdições impostas ao servidor. Dependendo da proibição violada, ele poderá ser responsabilizado administrativamente com advertência, suspensão ou demissão.

Ao servidor é **proibido**:

- Ausentar-se do serviço durante o expediente, **sem prévia autorização** do chefe imediato.
- Retirar, **sem prévia anuência** da autoridade competente, qualquer documento ou objeto da repartição.
- **Recusar fé** a documentos públicos.
- Opor **resistência injustificada ao andamento** de documento e processo ou execução de serviço.
- Promover manifestação de **apreço ou desapreço** no recinto da repartição.
- Manter sob sua **chefia imediata**, em cargo ou função de confiança, cônjuge, companheiro ou parente até o **segundo grau civil**.
- Valer-se do cargo para lograr **proveito pessoal** ou de outrem, em **detrimento da dignidade da função pública.**
- Participar de **gerência** ou **administração** de sociedade privada, personificada ou não personificada, exercer o comércio, **exceto na qualidade de acionista, cotista ou comanditário** (existem alguns casos em que essa proibição não se aplica, serão vistos logo abaixo).
- Atuar, como **procurador ou intermediário**, junto a repartições públicas, **salvo** quando se tratar de **benefícios previdenciários** ou **assistenciais** de **parentes até o segundo grau**, e de **cônjuge** ou **companheiro**.
- Receber propina, comissão, presente ou vantagem de qualquer espécie, **em razão de suas atribuições**.
- Aceitar **comissão**, **emprego** ou **pensão** de **estado estrangeiro.**
- Praticar **usura** sob qualquer de suas formas.
- Proceder de forma **desidiosa**.
- Utilizar **pessoal** ou **recursos materiais** da repartição em serviços ou **atividades particulares**.
- Cometer a **outro servidor** atribuições estranhas ao cargo que ocupa, **exceto em situações de emergência e transitórias**.
- Exercer quaisquer **atividades** que sejam **incompatíveis** com o exercício do **cargo** ou **função** e com o **horário de trabalho**.
- **Recusar-se a atualizar seus dados cadastrais** quando solicitado.

A vedação de que trata o inciso X (participar de gerência ou administração de sociedade privada, personificada ou não personificada, exercer o comércio) **não se aplica** nos seguintes casos:

- Participação nos **conselhos de administração** e **fiscal** de empresas ou entidades em que a **União detenha**, direta ou indiretamente, **colaboração no capital social** ou em **sociedade cooperativa** constituída para prestar serviços a seus membros.
- Quando estiver em gozo de licença para o trato de interesses particulares, observada a legislação sobre conflito de interesses.

1.3 Da Acumulação

A Constituição Federal, em seu Art. 37, XVI, trata da acumulação remunerada de cargos, dispondo o seguinte:

> **XVI.** *É vedada a acumulação remunerada de cargos públicos, exceto, quando houver compatibilidade de horários, observado em qualquer caso o disposto no inciso XI:*
>
> **a)** *a de dois cargos de professor;*
>
> **b)** *a de um cargo de professor com outro técnico ou científico;*
>
> **c)** *a de dois cargos ou empregos privativos de profissionais de saúde, com profissões regulamentadas;*
>
> **XVII.** *A proibição de acumular estende-se a empregos e funções e abrange autarquias, fundações, empresas públicas, sociedades de economia mista, suas subsidiárias, e sociedades controladas, direta ou indiretamente, pelo poder público;*

Ressalvados os casos previstos na Constituição, é **vedada** a acumulação remunerada de cargos públicos. Essa proibição estende-se a:

> Cargos.

> Empregos.

> Funções.

E a proibição acima prevista também abrange:

> Autarquias.

> Fundações públicas.

> Empresas públicas.

> Sociedades de economia mista.

> Da União, do Distrito Federal, dos Estados, dos Territórios e dos Municípios.

A acumulação de cargos, ainda que lícita, fica condicionada à **comprovação da compatibilidade de horários**.

Considera-se acumulação proibida a percepção de vencimento de cargo ou emprego público efetivo com proventos da inatividade, salvo quando os cargos de que decorram essas remunerações forem acumuláveis na atividade.

O servidor não poderá exercer mais de um cargo em comissão, exceto no caso previsto no parágrafo único do Art. 9º (caso em que tem exercício nos dois, mas deve optar pela remuneração de um deles), nem ser remunerado pela participação em órgão de deliberação coletiva.

Essa disposição não se aplica à remuneração devida pela participação em conselhos de administração e fiscal das empresas públicas e sociedades de economia mista, suas subsidiárias e controladas, bem como quaisquer empresas ou entidades em que a União, direta ou indiretamente, detenha participação no capital social, observado o que, a respeito, dispuser legislação específica.

O servidor vinculado ao regime dessa Lei, que acumular licitamente dois cargos efetivos, quando investido em função de provimento em comissão, ficará afastado de ambos os cargos efetivos, salvo na hipótese em que houver compatibilidade de horário e local com o exercício de um deles, declarada pelas autoridades máximas dos órgãos ou entidades envolvidos.

Nessa hipótese, o servidor acumulou licitamente dois cargos efetivos, mas caso ele seja investido em algum em comissão, ele fica afastado dos dois. Por outro lado, havendo **compatibilidade (horário e local)**, ele poderá exercer um desses cargos efetivos e o de comissão ao mesmo tempo (mas essa compatibilidade deve ser declarada pelas autoridades máximas dos órgãos ou entidades envolvidas).

1.4 Responsabilidade do Servidor

Pelo exercício irregular de suas atribuições, o servidor responderá nas esferas:

> **Administrativa**.

> **Civil** (obrigação de reparar o dano).

> **Penal** (abrange crime e contravenções imputadas ao servidor, nessa qualidade).

Essas esferas são independentes, podendo cumular-se. Dessa forma, a absolvição ou condenação em uma delas, como regra geral, em nada influencia nas demais.

Pela mesma infração ele poderá responder nas três esferas, não havendo *bis in idem* (não será considerada dupla ou tripla condenação pelo mesmo fato, pois são diferentes, com consequências diferentes).

Apesar da independência das esferas, caso o servidor seja **absolvido criminalmente** (negada a existência do fato ou sua autoria), a **responsabilidade administrativa será afastada**.

Se for absolvido por outro motivo, como falta de provas, por exemplo, a responsabilidade administrativa não será afetada.

Responsabilidade administrativa afastada apenas em caso de absolvição criminal que negue:
- A existência do fato (o fato nem mesmo ocorreu);
- A sua autoria (não foi o servidor que praticou aquele ato).

A responsabilidade civil do servidor é **subjetiva** (somente será configurada se ele agiu com dolo ou culpa). Ela decorre de ato **omissivo ou comissivo** (ação ou omissão), doloso ou culposo, que **resulte em prejuízo ao erário ou a terceiros**. Quem pode responder **objetivamente** (regra geral, que não exige a comprovação de dolo ou culpa, assunto aprofundado em tópico específico) é o Estado, nunca o servidor.

Tratando-se de dano causado a terceiros, responderá o servidor perante a Fazenda Pública, em **ação regressiva**.

A obrigação de reparar o dano estende-se aos **sucessores** e contra eles será executada, até o limite do valor da **herança** recebida.

Assim, quando o servidor causar um dano a terceiros, esse terceiro somente poderá acionar judicialmente, visando a uma indenização, a Administração, ele não pode ingressar com a ação diretamente contra o servidor.

Caso a Administração Pública seja condenada, ela poderá ajuizar ação regressiva contra esse servidor, para reaver os valores que houver pago ao particular em indenização. Entretanto, o servidor apenas será responsabilizado se tiver agido com dolo ou culpa (responsabilidade subjetiva).

A responsabilidade civil-administrativa resulta de ato **omissivo ou comissivo** praticado no desempenho do cargo ou função.

A **responsabilidade penal** abrange os **crimes** e **contravenções** imputadas ao servidor, nessa qualidade.

1.5 Penalidades Disciplinares

Assim como as formas de provimento e de vacância, as penalidades administrativas possuem um rol taxativo (7 modalidades):

> Advertência.

> Suspensão.

> Demissão.

Na aplicação das penalidades serão consideradas a **natureza** e a **gravidade** da infração cometida, os **danos** que dela provierem para o serviço público, as **circunstâncias agravantes** ou **atenuantes** e os **antecedentes funcionais.**

O ato de imposição da penalidade mencionará sempre o **fundamento legal** e a **causa da sanção disciplinar.**

1.5.1 Advertência

Trata-se da penalidade utilizada em caso de infrações funcionais leves. Aplicada nas situações de violação de proibição constante do Art. 117, incisos I a VIII e XIX, e de inobservância de **dever funcional** (Art. 116) previsto em lei, regulamentação ou norma interna, que **não justifique imposição de penalidade mais grave.**

Principais características da advertência:

> Feita sempre por escrito (não existe advertência verbal).

> Em caso de reincidência, será convertida em suspensão (se cometer nova falta punível com advertência na sequência de outra, antes do prazo do cancelamento, essa advertência se converte em suspensão).

> Cancelamento do registro: após três anos (caso não pratique outra falta, não possui efeitos retroativos).

Hipóteses:

> Não observar os **deveres do servidor** (Art. 116 da Lei nº 8.112/90).

> Ausentar-se do serviço durante o expediente, **sem prévia autorização** do chefe imediato.

> Retirar, **sem prévia anuência** da autoridade competente, qualquer documento ou objeto da repartição.

> Recusar fé a documentos públicos.

> Opor **resistência injustificada ao andamento** de documento e processo ou execução de serviço.

> Promover manifestação de **apreço ou desapreço** no recinto da repartição.

> Cometer a **pessoa estranha à repartição**, fora dos casos previstos em lei, o desempenho de **atribuição que seja de sua responsabilidade ou de seu subordinado.**

> **Coagir ou aliciar subordinados** no sentido de filiarem-se a associação profissional ou sindical, ou a partido político.

> Manter sob **sua chefia** imediata, em **cargo ou função de confiança**, cônjuge, companheiro ou parente até o **segundo grau civil**.

> **Recusar-se** a atualizar seus **dados cadastrais** quando solicitado.

1.5.2 Suspensão

Durante o prazo em que estiver suspenso, o servidor não receberá sua remuneração e esse período também não será computado como tempo de serviço para qualquer efeito. A Lei nº 8.112/90 define que o prazo máximo de suspensão é de **90 dias**.

Essa penalidade será aplicada em caso de reincidência das faltas punidas com advertência e de violação das demais proibições que não tipifiquem infração sujeita a penalidade de demissão.

O servidor que injustificadamente, **recusar-se a ser submetido à inspeção médica** determinada pela autoridade competente, será suspenso pelo prazo de **até 15 dias, cessando os efeitos da penalidade uma vez cumprida a determinação**.

Essa hipótese de suspensão é diferenciada das demais, pois além de prever um prazo menor, caso o servidor cumpra a determinação, a penalidade será encerrada.

Hipóteses de suspensão:

> **Reincidência** das faltas punidas com **advertência**.

> Violação das demais proibições que não tipifiquem infração sujeita a penalidade de demissão.

> Cometer a outro servidor atribuições estranhas ao cargo que ocupa (**exceto** em situações de emergência e transitórias).

> Exercer quaisquer **atividades** que sejam **incompatíveis** com o exercício do cargo ou função e com o horário de trabalho.

> **Recusa injustificada** a realizar inspeção médica.

Durante o período de suspensão, o servidor perde a remuneração, entretanto, quando houver **conveniência para o serviço** (ato discricionário), a penalidade de suspensão poderá ser convertida em multa, na base de 50% por dia de vencimento ou remuneração, ficando o servidor obrigado a permanecer em atividade.

A suspensão será cancelada dos registros no prazo de cinco anos, caso não pratique nova infração nesse período (mas esse cancelamento não opera efeitos retroativos, ele não receberá o período em que ficou afastado).

1.5.3 Demissão

É o desligamento do servidor ativo, em caráter de penalidade (é diferente de exoneração, pois exoneração não é penalidade).

Hipóteses:

> **Crime contra a administração pública.**

> **Abandono de cargo** (ausência intencional por +30 dias consecutivos).

- **Inassiduidade habitual** (falta injustificada ao serviço por 60 dias, interpoladamente, no período de 12 meses).
- **Improbidade administrativa.**
- **Incontinência pública e conduta escandalosa**, na repartição.
- **Insubordinação** grave em serviço.
- **Ofensa física**, em serviço, a servidor ou a particular, salvo em legítima defesa própria ou de outrem.
- Revelação de **segredo** do qual se apropriou em razão do cargo.
- **Lesão** aos cofres públicos e **dilapidação** do patrimônio nacional.
- **Corrupção**.
- **Acumulação ilegal** de cargos, empregos ou funções públicas.
- Transgressão dos incisos IX a XVI do Art. 117:
  - Valer-se do cargo para lograr **proveito pessoal** ou de **outrem**, em **detrimento da dignidade da função pública**.
  - Participar de **gerência** ou **administração** de sociedade privada, personificada ou não personificada, exercer o comércio, **exceto na qualidade** de acionista, cotista ou comanditário.
  - Atuar, como procurador ou intermediário, junto a repartições públicas, **salvo** quando se tratar de **benefícios previdenciários** ou **assistenciais** de parentes até o **segundo grau**, e de **cônjuge** ou **companheiro**.
  - Receber propina, comissão, presente ou vantagem de qualquer espécie, **em razão de suas atribuições.**
  - Aceitar comissão, emprego ou pensão de **estado estrangeiro**.
  - Praticar **usura** sob qualquer de suas formas.
  - Proceder de forma **desidiosa**.
  - Utilizar pessoal ou recursos materiais da repartição em **serviços ou atividades particulares**.

Detectada a qualquer tempo a acumulação ilegal de cargos, empregos ou funções públicas o servidor será notificado para **apresentar opção no prazo improrrogável de dez dias**, contados da data da ciência e, na hipótese de omissão, adotará procedimento sumário para a sua apuração e regularização imediata (será utilizado o processo administrativo disciplinar no **rito sumário**).

A opção pelo servidor até o **último dia de prazo para defesa** configurará sua **boa-fé**, hipótese em que se converterá **automaticamente em pedido de exoneração do outro cargo.**

1.5.4 Cassação da aposentadoria ou disponibilidade

Será cassada a aposentadoria ou a disponibilidade do inativo que houver praticado, **na atividade**, falta **punível com a demissão**.

Ex.: Na atividade, servidor que já possuía tempo de serviço para aposentar-se voluntariamente pratica uma falta funcional (dia 10), em seguida, temendo a punição ele se aposenta (dia 15). No dia 20, um PAD é instaurado em virtude dessa infração. Se a consequência desse PAD for a penalidade de demissão, ele terá sua aposentadoria cassada.

1.6 Competência para Aplicação das Penalidades

As penalidades disciplinares serão aplicadas:

- Pelo Presidente da República, pelos Presidentes das Casas do Poder Legislativo e dos Tribunais Federais e pelo Procurador-Geral da República, quando se tratar de demissão e cassação de aposentadoria ou disponibilidade de servidor vinculado ao respectivo Poder, órgão, ou entidade.
- Pelas autoridades administrativas de hierarquia imediatamente inferior àquelas mencionadas no inciso anterior quando se tratar de suspensão superior a 30 dias.
- Pelo chefe da repartição e outras autoridades na forma dos respectivos regimentos ou regulamentos, nos casos de advertência ou de suspensão de até 30 dias.
- Pela autoridade que houver feito a nomeação, quando se tratar de destituição de cargo em comissão.

	Competência			
	Executivo	**Legislativo**	**Judiciário**	**MPU**
Demissão e Cassação	Presidente da República	Presidente das Casas	Presidente do Tribunal	Procurador Geral da República
Suspensão por +30 dias	Autoridade imediatamente inferior das acima citadas.			
Suspensão até 30 dias e advertência	Chefe imediato do servidor.			
Destituição	Autoridade que nomeou ou designou.			

1.7 Prescrição da Ação Disciplinar

Trata-se da perda do direito que o Estado possui de punir o servidor pela prática de alguma infração funcional. O prazo prescricional não começa na data da prática do ato, mas sim na que a administração teve ciência do mesmo.

Prazos	
Advertência	180 dias
Suspensão	2 anos
Demissão/Cassação/Destituição	5 anos

O prazo de prescrição começa a correr da data em que o fato se **tornou conhecido**.

Os prazos de prescrição previstos na lei penal aplicam-se às infrações disciplinares capituladas também como crime (segue o tempo prescricional do crime caso aquele ato também seja um crime).

A interrupção da prescrição: ocorre com a **abertura da sindicância** ou **instauração de processo**

administrativo disciplinar (interrompe até a decisão final proferida por autoridade competente).

Uma vez interrompida a prescrição, o prazo volta a correr (do zero) a partir do dia em que cessar a interrupção.

Questões

01. (Esaf) Assinale a opção que contenha a infração não apenada com demissão, nos termos da Lei nº 8.112/90.

a) Abandono de cargo.

b) Insubordinação grave em serviço.

c) Revelação de segredo do qual se apropriou em razão do cargo.

d) Inassiduidade habitual.

e) Oposição de resistência injustificada ao andamento de documento e processo ou execução de serviço.

02. (Funrio) Jorge Jerônimo, temeroso de responder a processo administrativo disciplinar, por atos ilícitos praticados, requer sua aposentadoria, sendo que esta vem a ser concedida, uma vez que foram preenchidos os requisitos legais. Posteriormente, vem a ser instaurado processo disciplinar, que conclui pela prática de improbidade administrativa e corrupção. Nesse caso, qual a pena a ser aplicada:

a) Demissão, com perda do objeto por aposentadoria concedida.

b) Arquivamento, em face da concessão de aposentadoria.

c) Cassação de aposentadoria.

d) O processo administrativo disciplinar não pode ser concluído, em face da aposentadoria.

e) Torna-se impossível a instauração do processo administrativo disciplinar, em face da aposentadoria anterior.

03. (FCC) Maria, servidora pública do Tribunal Regional Federal da 3º Região, desesperada para pagar uma conta pessoal já vencida, ausentou-se do serviço, durante o expediente, sem prévia autorização de seu chefe imediato. Vale salientar que Maria jamais sofreu qualquer sanção administrativa, tendo um histórico impecável na vida pública.

Nos termos da Lei nº 8.112/90, Maria:

a) Está sujeita à pena de suspensão.

b) Não está sujeita a qualquer sanção administrativa, sendo mantido intacto seu prontuário.

c) Está sujeita à pena de advertência.

d) Está sujeita à pena de censura.

e) Não está sujeita a qualquer sanção administrativa, no entanto, o fato será anotado em seu prontuário.

04.

05. (Cespe) Aplica-se a penalidade disciplinar de demissão a servidor público por abandono de cargo, caracterizado pela ausência intencional do servidor ao serviço por mais de trinta dias consecutivos ou por sessenta dias não consecutivos, em um período de um ano.

Certo ( ) Errado ( )

06. (FCC) A Lei nº 8.112/90, que dispõe sobre o regime jurídico dos servidores públicos civis da União, das autarquias e das fundações públicas federais, estabelece a responsabilidade civil, penal e criminal pelo exercício irregular de suas atribuições. Nos termos desse ordenamento legal, a responsabilidade civil decorre de ato que resulte em prejuízo ao erário ou a terceiros na forma:

a) Culposa ou dolosa, omissiva ou comissiva.

b) Omissiva ou comissiva, dolosa, mas não culposa.

c) Dolosa ou culposa, omissiva, mas não comissiva.

d) Comissiva, dolosa, mas não omissiva nem culposa.

e) Dolosa ou culposa, comissiva, mas não omissiva.

07. (Esaf) Pedro Paulo já poderia requerer a sua aposentadoria, porém abdica de fazê-lo por ser o trabalho a única atividade saudável que o retira da solidão.

Ao longo da sua vida funcional, Pedro Paulo perdeu toda a sua família, vítima de um acidente automobilístico que vitimou fatalmente sua esposa e filhos. Desde então, Pedro Paulo entregou-se aos vícios do álcool e do fumo sem, todavia, reconhecer-se vítima do alcoolismo e do tabagismo.

No dia em que completaria vinte anos que sua família tinha morrido, Pedro Paulo ingeriu álcool no ambiente de trabalho após o encerramento do expediente e, já não respondendo por si, terminou por deixar que uma guimba de cigarro acesa entrasse em contato com os papéis de trabalho e terminou provocando um incêndio de grandes proporções que destruiu boa parte do arquivo sob sua responsabilidade.

Em processo criminal específico, Pedro Paulo foi absolvido por não ter a intenção de provocar o dano, tendo agido sob a influência da doença que o acometia.

A respeito do caso concreto acima narrado e tendo em mente a Lei nº 8.112/90 acerca da responsabilidade do servidor público, analise as afirmativas abaixo, classificando-as como verdadeiras ou falsas.

( ) A responsabilidade penal abrange apenas os crimes imputados ao servidor, nesta qualidade.

( ) Fez-se necessário aguardar o final da ação penal para que tivesse início o processo administrativo disciplinar contra Pedro Paulo.

( ) A absolvição de Pedro Paulo na esfera criminal não afasta sua responsabilidade administrativa.

a) F, F, F

b) V, F, V

c) V, F, F

d) F, F, V

e) F, V, F

08. (Esaf) Assinale a opção que contenha a infração não apenada com demissão, nos termos da Lei nº 8.112/90.

a) Abandono de cargo.

b) Insubordinação grave em serviço.

c) Revelação de segredo do qual se apropriou em razão do cargo.

d) Inassiduidade habitual.

e) Oposição de resistência injustificada ao andamento de documento e processo ou execução de serviço.

09. (Cespe) É um dever do servidor guardar sigilo acerca de um assunto referente à sua repartição.

Certo ( ) Errado ( )

Gabaritos

01	E	05	A
02	C	06	C
03	C	07	E
04	ERRADO	08	CERTO

2. CÓDIGO DE ÉTICA PROFISSIONAL DO SERVIDOR PÚBLICO DO IBGE

Apresentação

Todo trabalho realizado no IBGE, seja ele de natureza finalística, seja ele de natureza administrativa, está pautado pela competência e pela excelência técnica adquiridas ao longo desses quase 80 anos em que vimos servindo aos cidadãos brasileiros, sem qualquer espécie de discriminação.

Considero importante que os princípios éticos sejam mais conhecidos por todos os servidores para orientar suas condutas no trabalho diário. Foi com essa ideia em mente que reconstituímos, em 2013, a Comissão de Ética do IBGE, a qual vem agora apresentar-nos impor tante documento: o Código de Ética do IBGE.

Tenho a convicção de que todo servidor do IBGE contribui sobre- maneira para que diariamente cumpramos nossa missão institucional, de todos bem conhecida. A expectativa da Direção do IBGE é a de que nossa missão, no que diz respeito ao ambiente de trabalho profissional, seja agora aperfeiçoada pela presença ainda mais intensa da ética em todos os setores da Casa.

Agradeço, por fim, a todos os servidores a seriedade e a extremada dedicação com que realizam seu trabalho. São vocês que fazem do IBGE uma das instituições mais respeitadas do País.

Wasmália Bivar

Presidenta do IBGE

Introdução

Na Administração Pública brasileira, a ética tem assumido relevante papel. O IBGE, como não poderia deixar de ser, vem fomentando e instigando a disseminação daquilo que se entende por ética no âmbito administrativo federal. Para tanto, a Presidência da Casa, entre outras medidas, delegou à Comissão de Ética do IBGE a elaboração de dois documentos essenciais: o Código de Ética Profissional do Servidor Público do IBGE, que ora apresentamos nesta singela publicação em papel, e o Regimento Interno da Comissão de Ética do IBGE (dispo- nível somente em formato digital, no seguinte endereço eletrônico: http://w3.presidencia.ibge.gov.br/etica).

O Código de Ética Profissional do Servidor Público do IBGE visa a estabelecer, fundamentalmente, os princípios de natureza deon- tológica, os deveres e as vedações a que estão sujeitos os agentes públicos lotados no Instituto. Documento de imprescindível leitura para todos nós, o Código foi construído, naturalmente, a partir do Código de Ética Profissional do Servidor Público Civil do Poder Executivo Federal (Decreto n° 1.171/1994), agregando a ele, contudo, algumas particularidades do trabalho realizado no IBGE.

O Regimento Interno da Comissão de Ética do IBGE, por sua vez, delimita e define as competências e atribuições da Comissão de Ética do IBGE, cuja função primeira – ressalte-se – é a de orientar e educar cotidianamente o agente público para a ética. O Regimento também estabelece, não obstante, o rito processual pelo qual se orienta a Comissão quando provocada por denúncia ou, ainda, ex officio, nos Processos de Apuração Ética, e segue de maneira estrita a Resolução nº 10/2008 da Comissão de Ética Pública, vinculada à Presidência da República.

A Comissão de Ética do IBGE está à disposição de todos no e-mail etica@ibge.gov.br.

aVinicius Duarte Figueira

Presidente da Comissão de Ética do IBGE

2.1 Capítulo I

2.1.1 Seção I - Das regras deontológicas

I. *A dignidade, o decoro, o zelo, a eficácia, a eficiência e a consciência dos princípios morais são primados maiores que devem nortear o servidor público do IBGE, seja no exercício do cargo ou função, ou fora dele, já que refletirá o exercício da vocação do próprio poder estatal. Seus atos, comportamentos e atitudes serão direcionados para a preservação da honra e da tradição do serviço público, como um todo, e, em especial, das pesquisas estatísticas e geocientíficas oficiais, cujas fontes de dados escolhidas devem contemplar a qualidade, a oportunidade, os custos e o ônus para os cidadãos.*

II. *O servidor público não poderá jamais desprezar o elemento ético de sua conduta. Assim, não terá que decidir somente entre o legal e o ilegal, o justo e o injusto, o conveniente e o inconveniente, o oportuno e o inoportuno, mas principalmente entre o honesto e o desonesto, consoante as regras contidas no art. 37, caput, e § 4°, da Constituição Federal. Por se integrar à condição de servidor do IBGE, o elemento ético da conduta abrange, além dos primados maiores, a adoção dos melhores princípios, métodos e práticas, de acordo com considerações estritamente profissionais, incluídos os princípios técnicos, científicos e a ética profissional.*

III. *A moralidade da Administração Pública não se limita à distinção entre o bem e o mal, devendo ser acrescida da ideia de que o fim é sempre o bem comum. O equilíbrio entre a legalidade e a finalidade, na conduta do servidor público, é que poderá consolidar a moralidade do ato administrativo. Para melhor exercício de sua função pública no IBGE, o servidor deve ter consciência da relevância das informações estatísticas e geocientíficas, a fim de atender ao direito à informação pública de modo imparcial e com igualdade de acesso. É imprescindível que o servidor do IBGE zele pela qualidade dos processos de produção das informações oficiais, adotando critérios de boas práticas tanto nas atividades finalísticas quanto nas atividades de apoio.*

IV- A remuneração do servidor público é custeada pelos tributos pagos direta ou indiretamente por todos, até por ele próprio, e por isso se exige, como contrapartida, que a moralidade administrativa se integre no Direito, como elemento indissociável de sua aplicação e de sua finalidade, erigindo-se, como consequência, em fator de legalidade.

V. *O trabalho desenvolvido pelo servidor público perante a comunidade deve ser entendido como acréscimo ao seu próprio bem-estar, já que, como cidadão, integrante da sociedade, o êxito desse trabalho pode ser considerado como seu maior patrimônio.*

VI. *A função pública deve ser tida como exercício profissional e, portanto, se integra na vida particular de cada servidor público. Assim, os fatos e atos verificados na conduta do dia a dia em sua vida privada poderão acrescer ou diminuir o seu bom conceito na vida funcional.*

VII. *Salvo os casos de segurança nacional, investigações policiais ou interesse superior do Estado e da Administração Pública, a serem preservados em processo previamente declarado sigiloso, nos termos da lei, a publicidade de qualquer ato administrativo constitui requisito de eficácia e moralidade, ensejando sua omissão comprometimento ético contra o bem comum, imputável a quem a negar. Entretanto, os dados individuais de pessoas físicas ou jurídicas coletados pelo IBGE são estritamente confidenciais e exclusivamente utilizados para fins estatísticos. Ademais, leis, regulamentos e medidas que regem a operação dos sistemas estatístico e cartográfico no Instituto devem ser de conhecimento público.*

VIII. *Toda pessoa tem direito à verdade. O servidor não pode omiti-la ou falseá-la, ainda que contrária aos interesses da própria pessoa interessada ou da Administração Pública. Nenhum Estado pode crescer ou estabilizar-se sobre o poder corruptivo do hábito do erro, da opressão ou da mentira, que sempre aniquilam até mesmo a dignidade humana quanto mais a de uma Nação.*

IX. *A cortesia, a boa vontade, o cuidado e o tempo dedicados ao serviço público caracterizam o esforço pela disciplina. Tratar mal uma pessoa que paga seus tributos direta ou indiretamente significa causar- lhe dano moral. Da mesma forma, causar dano a qualquer bem per- tencente ao patrimônio público, deteriorando-o, por descuido ou má vontade, não constitui apenas uma ofensa ao equipamento e às instalações ou ao Estado, mas a todos os homens de boa vontade que dedicaram sua inteligência, seu tempo, suas esperanças e seus esforços para construí-los.*

X. *Deixar o servidor público qualquer pessoa à espera de solução que compete ao setor em que exerça suas funções, permitindo a formação de longas filas, ou qualquer outra espécie de atraso na prestação do serviço, não caracteriza apenas atitude contra a ética ou ato de desumanidade, mas principalmente grave dano moral aos usuários dos serviços públicos.*

XI. *O servidor deve prestar toda a sua atenção às ordens legais de seus superiores, velando atentamente por seu cumprimento, e, assim, evitando a conduta negligente. Os repetidos erros, o descaso e o acúmulo de desvios tornam-se, às vezes, difíceis de corrigir e caracterizam até mesmo imprudência no desempenho da função pública.*

XII. *Toda ausência injustificada do servidor de seu local de trabalho é fator de desmoralização do serviço público, o que quase sempre conduz à desordem nas relações humanas.*

XIII. *O servidor que trabalha em harmonia com a estrutura organizacional, respeitando seus colegas e cada concidadão, colabora e de todos pode receber colaboração, pois sua atividade pública é a grande oportunidade para o crescimento e o engrandecimento da Nação. O caráter colaborativo e participativo deve estar presente nas atividades estatísticas e cartográficas, privilegiando-se, assim, um contato estreito e harmonioso entre ambas as atividades – contato essencial para melhorar a qualidade, comparabilidade e coerência dos dados produzidos. Esse espírito colaborativo e participativo deve estender-se à coordenação dos sistemas estatísticos e cartográficos nacionais de responsabilidade do IBGE. Portanto, compete ao Instituto propor, discutir e estabelecer, em conjunto com as demais instituições nacionais, diretrizes, planos e programas para a produção estatística e cartográfica – processo que deve irradiar-se à esfera internacional, especialmente na cooperação bilateral e multilateral, a fim de melhorar as informações estatísticas e geocientíficas oficiais em todos os países, por meio da utilização de conceitos, classificações e métodos que promovam a coerência e a eficiência entre os diversos sistemas estatísticos e cartográficos.*

2.1.2 Seção II - Dos principais deveres do servidor público do IBGE

XIV. *São deveres fundamentais do servidor do IBGE:*

a) *desempenhar, a tempo, as atribuições do cargo, função ou emprego público de que seja titular;*

b) *exercer suas atribuições com rapidez, perfeição e rendimento, pondo fim ou procurando prioritariamente resolver situações procrastinatórias, principalmente diante de filas ou de qualquer outra espécie de atraso na prestação dos serviços pelo setor em que exerça suas atribuições, com o fim de evitar dano moral ao usuário;*

c) *ser probo, reto, leal e justo, demonstrando toda a integridade do seu caráter, escolhendo sempre, quando estiver diante de duas opções, a melhor e a mais vantajosa para o bem comum;*

d) *jamais retardar qualquer prestação de contas, condição essencial da gestão dos bens, direitos e serviços da coletividade a seu cargo;*

e) *tratar cuidadosamente os usuários dos serviços aperfeiçoando o processo de comunicação e contato com o público;*

f) *ter consciência de que seu trabalho é regido por princípios éticos que se materializam na adequada prestação dos serviços públicos;*

g) *ser cortês, ter urbanidade, disponibilidade e atenção, respeitando a capacidade e as limitações individuais de todos os usuários do serviço público, sem qualquer espécie de preconceito ou distinção de raça, sexo, nacionalidade, cor, idade, religião, cunho político e posição social, abstendo-se, dessa forma, de causar-lhes dano moral;*

h) *ter respeito à hierarquia, porém sem nenhum temor de representar contra qualquer comprometimento indevido da estrutura em que se funda o Poder Estatal;*

i) *resistir a todas as pressões de superiores hierárquicos, de contratantes, interessados e outros que visem obter quaisquer favores, benesses ou vantagens indevidas em decorrência de ações imorais, ilegais ou aéticas e denunciá-las;*

j) *zelar, no exercício do direito de greve, pelas exigências específicas da defesa da vida e da segurança coletiva;*

l) *ser assíduo e frequente ao serviço, na certeza de que sua ausência provoca danos ao trabalho ordenado, refletindo negativamente em todo o sistema;*

m) *comunicar imediatamente a seus superiores todo e qualquer ato ou fato contrário ao interesse público, exigindo as providências cabíveis;*

n) *manter limpo e em perfeita ordem o local de trabalho, seguindo os métodos mais adequados à sua organização e distribuição;*

o) *participar dos movimentos e estudos que se relacionem com a melhoria do exercício de suas funções, tendo por escopo a realização do bem comum;*

p) *apresentar-se ao trabalho com vestimentas adequadas ao exercício da função;*

q) *manter-se atualizado com as instruções, as normas de serviço e a legislação pertinentes ao órgão onde exerce suas funções;*

r) *cumprir, de acordo com as normas do serviço e as instruções superiores, as tarefas de seu cargo ou função, tanto quanto possível, com critério, segurança e rapidez, mantendo tudo sempre em boa ordem;*

s) *facilitar a fiscalização de todos atos ou serviços por quem de direito;*

) exercer com estrita moderação as prerrogativas funcionais que lhe sejam atribuídas, abstendo-se de fazê-lo contrariamente aos legítimos interesses dos usuários do serviço público e dos jurisdicionados administrativos;

u) *abster-se, de forma absoluta, de exercer sua função, poder ou autoridade com finalidade estranha ao interesse público, mesmo que observando as formalidades legais e não cometendo qualquer violação expressa à lei;*

v) *apresentar, nas análises estatísticas e geográficas, informações que estejam de acordo com as normas científicas sobre fontes, métodos e procedimentos, bem como comentar as interpretações errôneas e o uso indevido de informações estatísticas e geocientíficas;*

x) zelar pela qualidade dos processos de produção das informações estatísticas e geocientíficas oficiais, adotando critérios de boas práticas tanto nas atividades finalísticas quanto nas atividades de apoio;

z) divulgar e informar a todos os integrantes da sua classe sobre a existência deste Código de Ética, estimulando o seu integral cumpri- mento. A conduta ética do servidor do IBGE deve respeitar a legisla- ção e as normatizações do Ministério do Planejamento, Orçamento e Gestão, assim como as normas internas desta Fundação, expressas em suas Resoluções, Ordens de Serviço, Portarias, Normas de Serviço e Memorandos.

2.1.3 Seção III - Das vedações ao servidor público do IBGE

***XV.** É vedado ao servidor público do IBGE:*

***a)** o uso do cargo ou função, facilidades, amizades, tempo, posição e influências, para obter qualquer favorecimento, para si ou para outrem;*

***b)** prejudicar deliberadamente a reputação de outros servidores ou de cidadãos que deles dependam;*

***c)** ser, em função de seu espírito de solidariedade, conivente com erro ou infração a este Código de Ética ou ao Código de Ética de sua profissão;*

***d)** usar de artifícios para procrastinar ou dificultar o exercício regular de direito por qualquer pessoa, causando-lhe dano moral ou material;*

***e)** deixar de utilizar os avanços técnicos e científicos ao seu alcance ou do seu conhecimento para atendimento do seu mister;*

***f)** permitir que perseguições, simpatias, antipatias, caprichos, paixões ou interesses de ordem pessoal interfiram no trato com o público, com os jurisdicionados administrativos ou com colegas hierarquicamente superiores ou inferiores;*

***g)** pleitear, solicitar, provocar, sugerir ou receber qualquer tipo de ajuda financeira, gratificação, prêmio, comissão, doação ou vantagem de qualquer espécie, para si, familiares ou qualquer pessoa, para o cumprimento da sua missão ou para influenciar outro servidor para o mesmo fim;*

***h)** alterar ou deturpar o teor de documentos que deva encaminhar para providências;*

***i)** iludir ou tentar iludir qualquer pessoa que necessite do atendimento em serviços públicos;*

***j)** desviar servidor público para atendimento a interesse particular;*

***l)** retirar da Instituição, sem estar legalmente autorizado, qualquer documento, livro ou bem pertencente ao patrimônio público;*

***m)** fazer uso de informações privilegiadas obtidas no âmbito interno de seu serviço, em benefício próprio, de parentes, de amigos ou de terceiros;*

***n)** apresentar-se embriagado no ser viço ou fora dele habitualmente;*

***o)** dar o seu concurso a qualquer instituição que atente contra a moral, a honestidade ou a dignidade da pessoa humana;*

***p)** exercer atividade profissional aética ou ligar o seu nome a empreendimentos de cunho duvidoso.*

***q)** disponibilizar informações de caráter sigiloso e confidencial sobre pessoas físicas ou jurídicas, bem como antecipar resultados de pesquisas à sua divulgação oficial, exceto quando autorizado.*

2.2 Capítulo II - Da Comissão de Ética do IBGE

***XVI.** A Comissão de Ética do IBGE está encarregada de orientar e aconselhar sobre a ética profissional dos servidores da Casa, no tratamento com as pessoas e com o patrimônio público, competindo-lhe conhecer concretamente de imputação ou de procedimento susceptível de censura.*

***XVII.** À Comissão de Ética do IBGE incumbe fornecer, quando necessário e a quem de direito, os registros sobre a conduta ética dos servidores da Casa, para o efeito de instruir e fundamentar promoções e para todos os demais procedimentos próprios da carreira de servidor público no âmbito do IBGE.*

***XVIII.** A pena aplicável ao servidor público pela Comissão de Ética do IBGE é a de censura e sua fundamentação constará do respectivo parecer, assinado por todos os seus integrantes, com ciência do faltoso.*

***XIX.** Para fins de apuração do comprometimento ético, entende-se por servidor público todo aquele que, por força de lei, contrato ou de qualquer ato jurídico, preste serviços de natureza permanente, temporária ou excepcional, ainda que sem retribuição financeira, desde que ligado direta ou indiretamente a qualquer órgão do poder estatal, como as autarquias, as fundações públicas, as entidades paraestatais, as empresas públicas e as sociedades de economia mista, ou em qualquer setor onde prevaleça o interesse do Estado.*

Questões

01. Em relação aos deveres do servidor público e de acordo com o decreto 1.171/94, assinale a opção correta:

a) É importante manter limpo e em perfeita ordem o local de trabalho, seguindo os métodos mais adequados a sua organização.

b) O servidor deve executar as suas atribuições, sem se preocupar com cursos de aperfeiçoamento já que essas atividades o desconcentrariam.

c) É fundamental que o servidor se apresente setor com a indumentaria inadequada.

d) Ninguém possui o dever de facilitar a fiscalização de seus atos ou serviços.

02. Acerca do código de ética profissional do servidor público e em acordo com o código de ética do IBGE, assinale a opção correta:

a) O servidor do IBGE deve ser assíduo e frequente ao serviço na certeza de que sua ausência reflete positivamente em todo o sistema.

b) O servidor do IBGE deve preocupar-se apenas com a sua conduta moral, não importando a forma de se vestir.

c) O servidor do IBGE deve se manter atualizado com as normas, instruções e a legislação pertinente ao órgão.

d) O servidor do IBGE não precisa utilizar o conhecimento ou os avanços técnicos e científicos para o atendimento da sua função.

03. Acerca dos preceitos DEONTOLÓGICOS previstos no código de ética do IBGE e no decreto 1.171/94, pode-se afirmar que:

a) Toda pessoa possui direito á verdade.

b) A Remuneração dos servidores não está intimamente relacionada com o pagamento dos tributos.

c) A moralidade da administração pública se limita á distinção entre o bem e o mal.

d) Em casos excepcionais, o servidor pode desprezar o elemento ético da conduta.

04. Pedro, após aprovado no processo seletivo simplificado do IBGE, busco junto ao setor responsável informações referentes à ética profissional a que estaria submetido.

a) Foi informado que Pedro deveria agir em conformidade com o código de ética do órgão em questão. Sendo assim, assinale a opção correta:

b) O servidor pode omitir ou falsear a verdade quando o interesse da administração pública estiver em risco.

c) O servidor pode fazer uso de informações privilegiadas obtidas no âmbito interno de seu serviço, me benefício próprio.

d) O servidor deve exercer suas atribuições, ainda que alheias aos interesses dos usuários do serviço público.

e) O servidor deve prestar atenção às ordens legais de seus superiores, velando atentamente pelo seu cumprimento.

05. De acordo com o decreto 1.171/94 e com o Código de ética do IBGE, é vedado ao servidor público.

a) Ausentar-se do serviço durante o expediente, sem que seu chefe autorize.

b) Manifestar sua opinião o chefe do departamento.

c) Interromper seu trabalho para, em casos excepcionalíssimos, prestar socorro a alguém.

d) Cumprir todas as ordens superiores, mesmo que manifestamente ilegais.

Gabaritos

01	A	04	D
02	C	05	A
03	A		

Comentários

Comentários do Simulado on-line

alfaconcursos.com.br/lp/ibge

CÓDIGO DE ACESSO

IBGE GABARITO RESGATAR

Acesse, cadastre-se e receba muito mais!

3. SIMULADO DE ÉTICA NO SERVIÇO PÚBLICO

01. Consoante o disposto na Lei n.º 8.112/1990, o servidor público civil

a) responde civil, penal e administrativamente pelo exercício irregular de suas atribuições.

b) deve repor qualquer prejuízo dolosamente causado ao erário.

c) é obrigado a reparar quaisquer danos causados a terceiros.

d) responde civil e administrativamente por ato omissivo ou comissivo praticado no desempenho do cargo ou função.

e) deve manter conduta compatível com a moralidade administrativa.

02. No que se refere ao Regime Jurídico dos Servidores Públicos Civis da União, assinale a opção correta.

a) A Lei n.º 8.112/1990 reúne as normas aplicáveis aos servidores públicos civis da União, das autarquias e das empresas públicas federais.

b) Tanto os servidores estatutários quanto os celetistas submetem-se ao regime jurídico único da Lei n.º 8.112/1990.

c) Os cargos públicos dos órgãos dos Poderes Legislativo e Judiciário são criados por lei, e os dos órgãos do Poder Executivo, por decreto de iniciativa do presidente da República.

d) O regime estatutário é o regime jurídico próprio das pessoas jurídicas de direito público e dos respectivos órgãos públicos.

e) Consideram-se cargos públicos apenas aqueles para os quais se prevê provimento em caráter efetivo.

03. Conforme a Lei nº 8.112/90, no que diz respeito ao vencimento e remuneração do servidor público federal, é CORRETO afirmar que:

a) Remuneração é a retribuição pecuniária pelo exercício de cargo público, com valor fixado em lei.

b) Vencimento é a retribuição do cargo efetivo, acrescido das vantagens pecuniárias permanentes estabelecidas em lei.

c) O servidor poderá receber remuneração inferior ao salário mínimo.

d) O vencimento e a remuneração poderão ser objeto de arresto, sequestro ou penhora.

e) Salvo por imposição legal, ou mandado judicial, nenhum desconto incidirá sobre a remuneração.

04. De acordo com a Lei nº 8.112/1990, a remoção é o deslocamento do servidor no âmbito do mesmo quadro, com ou sem mudança de sede. Assinale a alternativa que NÃO descreve uma modalidade de remoção com mudança de sede prevista na Lei nº 8.112/1990.

a) De ofício, no interesse da Administração.

b) A pedido, independentemente do interesse da Administração, para acompanhamento de cônjuge, servidor público militar da União, que foi deslocado no interesse da Administração.

c) A pedido, independentemente do interesse da Administração, em virtude de processo seletivo promovido, na hipótese em que o número de interessados for superior ao número de vagas, de acordo com as normas estabelecidas pelo órgão de lotação.

d) A pedido, independentemente do interesse da Administração, por motivo de saúde de cônjuge do servidor, condicionada à comprovação por junta médica oficial.

e) A pedido, independentemente do interesse da Administração, para acompanhamento de cônjuge que irá tomar posse em cargo público em outra localidade.

05. Um dos aspectos tratados pela Lei nº 8.112/1990 refere-se à seguridade social do servidor. Representam APENAS benefícios assegurados à pessoa do servidor pela referida Lei:

a) Aposentadoria, auxílio-natalidade e auxílio-reclusão.

b) Salário-família, licença para tratamento de saúde e garantia de condições individuais e ambientais de trabalho satisfatórias.

c) Aposentadoria, licença para tratamento de saúde e auxílio-funeral.

d) Auxílio-natalidade, licença à gestante, à adotante, licença-paternidade e pensão vitalícia e temporária.

e) Licença por acidente em serviço, salário-família e auxílio-reclusão.

Comentários

Comentários do Simulado on-line

alfaconcursos.com.br/lp/ibge

CÓDIGO DE ACESSO

IBGE GABARITO RESGATAR

Acesse, cadastre-se e receba muito mais!

PDF

SUMÁRIO

SUMÁRIO

1. CONJUNTOS NUMÉRICOS

Os números surgiram da necessidade de contar ou quantificar coisas ou objetos. Com o passar do tempo, foram adquirindo características próprias.

1.1 Números Naturais

É o primeiro dos conjuntos numéricos. Representado pelo símbolo $\mathbb{N}$. É formado pelos seguintes elementos:

$\mathbb{N} = \{0, 1, 2, 3, 4, 5, 6, 7, 8, 9, 10, 11, 12, 13, \ldots + \infty\}$

O símbolo ∞ significa infinito, o + quer dizer positivo, então $+\infty$ quer dizer infinito positivo.

1.2 Números Inteiros

Esse conjunto surgiu da necessidade de alguns cálculos não possuírem resultados, pois esses resultados eram negativos.

Representado pelo símbolo $\mathbb{Z}$, é formado pelos seguintes elementos:

$\mathbb{Z} = \{-\infty, \ldots, -3, -2, -1, 0, 1, 2, 3, \ldots, +\infty\}$

Operações e propriedades dos números naturais e inteiros

As principais operações com os números naturais e inteiros são: adição, subtração, multiplicação, divisão, potenciação e radiciação (as quatro primeiras são também chamadas operações fundamentais).

Adição

Na adição, a soma dos termos ou parcelas resulta naquilo que se chama **total**.

Ex.: $2 + 2 = 4$

As propriedades da adição são:

Elemento Neutro: qualquer número somado ao zero tem como total o próprio número.

Ex.: $+ 0 = 2$

Comutativa: a ordem dos termos não altera o total.

Ex.: $2 + 3 = 3 + 2 = 5$

Associativa: o ajuntamento de parcelas não altera o total.

Ex.: $2 + 0 = 2$

Subtração

Operação contrária à adição, também conhecida como diferença.

Os termos ou parcelas da subtração, assim como o total, têm nomes próprios:

$M - N = P$; em que M = minuendo, N = subtraendo e P = diferença ou resto.

Ex.: $7 - 2 = 5$

Quando o subtraendo for maior que o minuendo, a diferença será negativa.

Multiplicação

Nada mais é do que a soma de uma quantidade de parcelas fixas. Ao resultado da multiplicação chama-se produto. Os símbolos que indicam a multiplicação são o **"x"** (sinal de vezes) ou o **"."** (ponto).

Exs.: $4 \times 7 = 7 + 7 + 7 + 7 = 28$

$7 . 4 = 4 + 4 + 4 + 4 + 4 + 4 + 4 = 28$

As propriedades da multiplicação são:

Elemento Neutro: qualquer número multiplicado por 1 terá como produto o próprio número.

Ex.: $5 . 1 = 5$

Comutativa: ordem dos fatores não altera o produto.

Ex.: $3 \cdot 4 = 4 \cdot 3 = 12$

Associativa: o ajuntamento dos fatores não altera o resultado.

Ex.: $2 \cdot (3 \cdot 4) = (2 \cdot 3) \cdot 4 = 24$

Distributiva: um fator em evidência multiplica todas as parcelas dentro dos parênteses.

Ex.: $2 \cdot (3 + 4) = (2 \cdot 3) + (2 \cdot 4) = 6 + 8 = 14$

Na multiplicação existe "jogo de sinais", que fica assim:

Parcela	Parcela	Produto
+	+	+
+	-	-
-	+	-
-	-	+

Exs.: $2 \cdot -3 = -6$

$-3 \cdot -7 = 21$

Divisão

Por ser o inverso da multiplicação, a divisão também possui o "jogo de sinal".

É o inverso da multiplicação. Os sinais que a representam são: "÷", ":", "/" ou a fração.

Exs.: $14 \div 7 = 2$

$25 : 5 = 5$

$36/12 = 3$

1.3 Números Racionais

Com o passar do tempo alguns cálculos não possuíam resultados inteiros, a partir daí surgiram os números racionais, que são representados pela letra $\mathbb{Q}$ e são os números que podem ser escritos sob forma de frações.

$\mathbb{Q} = \frac{a}{b}$ (com "b" diferente de zero → $b \neq 0$); em que "a" é o numerador e "b" é o denominador.

Fazem parte desse conjunto também as dízimas periódicas (números que apresentam uma série infinita de algarismos decimais, após a vírgula) e os números decimais (aqueles que são escritos com a vírgula e cujo denominador são as potências de 10).

Toda fração cujo numerador é menor que o denominador é chamada de fração própria.

Operações com os números racionais

Adição e subtração

Para somar frações deve-se estar atento se os denominadores das frações são os mesmos. Caso sejam iguais, basta repetir o denominador e somar (ou subtrair) os numeradores, porém se os denominadores forem diferentes é preciso fazer o M.M.C. (assunto que será visto adiante) dos denominadores, constituir novas frações equivalentes às frações originais e, assim, proceder com o cálculo.

$$\frac{2}{7}+\frac{4}{7}=\frac{6}{7}$$

$$\frac{2}{3}+\frac{4}{5}=\frac{10}{15}+\frac{12}{15}=\frac{22}{15}$$

Multiplicação

Para multiplicar frações basta multiplicar numerador com numerador e denominador com denominador.

$$\frac{3}{4}\cdot\frac{5}{7}=\frac{15}{28}$$

Divisão

Para dividir frações basta fazer uma multiplicação da primeira fração com o inverso da segunda fração.

$$\frac{2}{3}\div\frac{4}{5}=\frac{2}{3}\cdot\frac{5}{4}=\frac{10}{12}=\frac{5}{6}\text{(Simplificando por 2)}$$

Toda vez que for possível deve-se simplificar a fração até sua fração irredutível (aquela que não pode mais ser simplificada).

Potenciação

Se a multiplicação é soma de uma quantidade de parcelas fixas, a potenciação é a multiplicação de uma quantidade de fatores fixos, tal quantidade indicada no expoente que acompanha a base da potência.

A potenciação é expressa por: **a**n, cujo "a" é a base da potência e o "n" é o expoente.

Ex.: $4^3 = 4 \cdot 4 \cdot 4 = 64$

As propriedades das potências são:

$a^0 = 1$

$3^0 = 1$

$a^1 = a$

$5^1 = 5$

$a^{-n} = 1/a^n$

$2^{-3} = \frac{1}{2^3} = 1/8$

$a^m \cdot a^n = a^{(m+n)}$

$3^2 \cdot 3^3 = 3^{(2+3)} = 3^5 = 243$

$a^m : a^n = a^{(m-n)}$

$4^5 : 4^3 = 4^{(5-3)} = 4^2 = 16$

$(a^m)^n = a^{m \cdot n}$

$(2^2)^4 = 2^{2 \cdot 4} = 2^8 = 256$

$a^{m/n} = \sqrt[n]{a^m}$

$7^{2/3} = \sqrt[3]{7^2} = \sqrt[3]{49}$

Não confunda: (am)n ≠ am n

Não confunda também: (-a)n ≠ -an.

Radiciação

É a expressão da potenciação com expoente fracionário.

A representação genérica da radiciação é: $\sqrt[n]{a}$; cujo "n" é o índice da raiz, o "a" é o radicando e "$\sqrt{\ }$" é o radical.

Quando o índice da raiz for o 2 ele não precisa aparecer e essa raiz será uma raiz quadrada.

As propriedades das "raízes" são:

→ $\sqrt[n]{a^m} = (\sqrt[n]{a})^m = a^{m/n}$

→ $\sqrt[m]{\sqrt[n]{a}} = {}^{m\,\cdot}\sqrt[n]{a}$

→ $\sqrt[m]{a^m} = a = am/m = a1 = a$

Racionalização: se uma fração tem em seu denominador um radical, faz-se o seguinte:

$$\frac{1}{\sqrt{a}}=\frac{1}{\sqrt{a}}\cdot\frac{\sqrt{a}}{\sqrt{a}}=\frac{\sqrt{a}}{\sqrt{a^2}}=\frac{\sqrt{a}}{a}$$

Transformando dízima periódica em fração

Para transformar dízimas periódicas em fração, é preciso atentar-se para algumas situações:

> Verifique se depois da vírgula só há a parte periódica, ou se há uma parte não periódica e uma periódica.

> Observe quantas são as "casas" periódicas e, caso haja, as não periódicas. Lembrado sempre que essa observação só será para os números que estão depois da vírgula.

> Em relação à fração, o denominador será tantos "9" quantos forem as casas do período, seguido de tantos "0" quantos forem as casas não periódicas (caso haja e depois da vírgula). Já o numerador será o número sem a vírgula até o primeiro período "menos" toda a parte não periódica (caso haja).

Exs.: $0,6666... = \frac{6}{9}$

$0,36363636... = \frac{36}{99}$

$0,123333... = \frac{123-12}{900} = \frac{111}{900}$

$2,8888... = \frac{28-2}{9} = \frac{26}{9}$

$3,754545454... = \frac{3754-37}{990} = \frac{3717}{990}$

Transformando número decimal em fração

Para transformar número decimal em fração, basta contar quantas "casas" existem depois da vírgula; então o denominador da fração será o número 1 acompanhado de tantos zeros quantos forem o número de "casas", já o numerador será o número sem a "vírgula".

Exs.: $0,3 = \frac{3}{10}$

$2,45 = \frac{245}{100}$

$49,586 = \frac{49586}{1000}$

1.4 Números Irracionais

São os números que não podem ser escritos na forma de fração.

O conjunto é representado pela letra $\mathbb{I}$ e tem como elementos as dízimas não periódicas e as raízes não exatas.

1.5 Números Reais

Simbolizado pela letra $\mathbb{R}$, é a união do conjunto dos números racionais com o conjunto dos números irracionais.

Representado, tem-se:

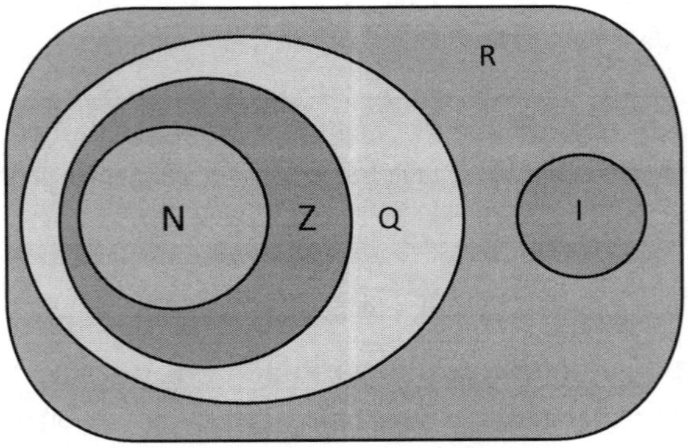

Colocando todos os números em uma reta, tem-se:

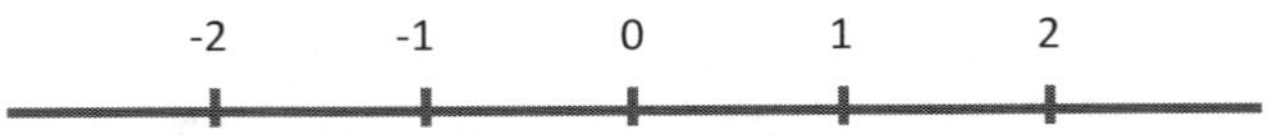

As desigualdades ocorrem em razão de os números serem maiores ou menores uns dos outros.

Os símbolos das desigualdades são:

$\geq$ maior ou igual a;

$\leq$ menor ou igual a;

$>$ maior que;

$<$ menor que.

Dessas desigualdades surgem os intervalos, que nada mais são do que um espaço dessa reta, entre dois números.

Os intervalos podem ser abertos ou fechados, depende dos símbolos de desigualdade utilizados.

Intervalo aberto ocorre quando os números não fazem parte do intervalo e os sinais de desigualdade são:

$>$ maior que;

$<$ menor que.

Intervalo fechado ocorre quando os números fazem parte do intervalo e os sinais de desigualdade são:

$\geq$ maior ou igual a;

$\leq$ menor ou igual a.

1.6 Intervalos

Os intervalos numéricos podem ser representados das seguintes formas:

Com os Símbolos $<, >, \leq, \geq$

Quando forem usados os símbolos $<$ ou $>$, os números que os acompanham não fazem parte do intervalo real. Já quando forem usados os símbolos $\leq$ ou $\geq$ os números farão parte do intervalo real.

Exs.:

$2 < x < 5$: o 2 e o 5 não fazem parte do intervalo.

$2 \leq x < 5$: o 2 faz parte do intervalo, mas o 5 não.

$2 \leq x \leq 5$: o 2 e o 5 fazem parte do intervalo.

Com os Colchetes

Quando os colchetes estiverem voltados para os números, significa que farão parte do intervalo. Porém, quando os colchetes estiverem invertidos, significa que os números não farão parte do intervalo.

Exs.:

]2;5[: o 2 e o 5 não fazem parte do intervalo.

[2;5[: o 2 faz parte do intervalo, mas o 5 não faz.

[2;5]: o 2 e o 5 fazem parte do intervalo.

Sobre uma Reta Numérica

Intervalo aberto $2<x<5$:

Em que 2 e 5 não fazem parte do intervalo numérico, representado pela marcação aberta (sem preenchimento - O).

Intervalo fechado e aberto $2 \leq x < 5$:

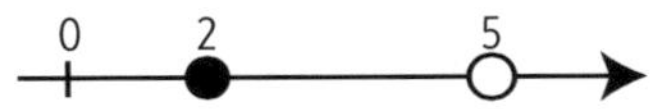

Em que 2 faz parte do intervalo, representado pela marcação fechada (preenchida - ●) em que 5 não faz parte do intervalo, representado pela marcação aberta (O).

Intervalo fechado $2 \leq x \leq 5$:

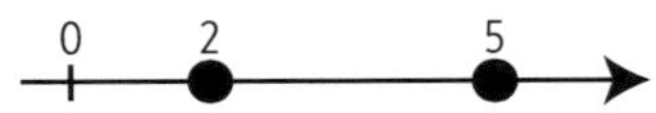

Em que 2 e 5 fazem parte do intervalo numérico, representado pela marcação fechada (●).

1.7 Múltiplos e Divisores

Os múltiplos são resultados de uma multiplicação de dois números naturais.

Ex.: Os múltiplos de 3 são: 0, 3, 6, 9, 12, 15, 18, 21, 24, 27, 30... (os múltiplos são infinitos).

> Números quadrados perfeitos são aqueles que resultam da multiplicação de um número por ele mesmo.
>
> Ex.: $4 = 2 \cdot 2$
>
> $25 = 5 \cdot 5$

Os divisores de um "número" são os números cuja divisão desse "número" por eles será exata.

Ex.: Os divisores de 12 são: 1, 2, 3, 4, 6, 12.

1.8 Números Primos

São os números que têm apenas dois divisores, o 1 e ele mesmo (alguns autores consideram os números primos aqueles que tem 4 divisores, sendo o 1, o -1, ele mesmo e o seu oposto – simétrico).

Veja alguns números primos:

2 (único primo par), 3, 5, 7, 11, 13, 17, 19, 23, 29, 31, 37, 41, 43, 47, 53, 59, ...

Os números primos servem para decompor outros números.

A decomposição de um número em fatores primos serve para fazer o MMC (mínimo múltiplo comum) e o MDC (máximo divisor comum).

1.9 MMC e MDC

O MMC de um, dois ou mais números é o menor número que, ao mesmo tempo, é múltiplo de todos esses números.

O MDC de dois ou mais números é o maior número que pode dividir todos esses números ao mesmo tempo.

Para calcular, após decompor os números, o MMC de dois ou mais números será o produto de todos os fatores primos, comuns e não comuns, elevados aos maiores expoentes. Já o MDC será apenas os fatores comuns a todos os números elevados aos menores expoentes.

Exs.: $6 = 2 \cdot 3$

$18 = 2 \cdot 3 \cdot 3 = 2 \cdot 3^2$

$35 = 5 \cdot 7$

$144 = 2 \cdot 2 \cdot 2 \cdot 2 \cdot 3 \cdot 3 = 2^4 \cdot 3^2$

$225 = 3 \cdot 3 \cdot 5 \cdot 5 = 3^2 \cdot 5^2$

$490 = 2 \cdot 5 \cdot 7 \cdot 7 = 2 \cdot 5 \cdot 7^2$

$640 = 2 \cdot 2 \cdot 2 \cdot 2 \cdot 2 \cdot 2 \cdot 2 \cdot 5 = 2^7 \cdot 5$

MMC de 18 e 225 = $2 \cdot 3^2 \cdot 5^2 = 2 \cdot 9 \cdot 25 = 450$

MDC de 225 e 490 = 5

Para saber a quantidade de divisores de um número basta, depois da decomposição do número, pegar os expoentes dos fatores primos, somar "+1" e multiplicar os valores obtidos.

Exs.: $225 = 3^2 \cdot 5^2 = 3^{2+1} \cdot 5^{2+1} = 3 \cdot 3 = 9$

Nº de divisores = $(2 + 1) \cdot (2 + 1) = 3 \cdot 3 = 9$ divisores. Que são: 1, 3, 5, 9, 15, 25, 45, 75, 225.

1.10 Divisibilidade

As regras de divisibilidade servem para facilitar a resolução de contas, para ajudar a descobrir se um número é ou não divisível por outro. Veja algumas dessas regras.

Divisibilidade por 2: para um número ser divisível por 2 basta que o mesmo seja par.

Exs.: 14 é divisível por 2.

17 não é divisível por 2.

Divisibilidade por 3: para um número ser divisível por 3, a soma dos seus algarismos tem que ser divisível por 3.

Exs.: 174 é divisível por 3, pois 1 + 7 + 4 = 12

188 não é divisível por 3, pois 1 + 8 + 8 = 17

Divisibilidade por 4: para um número ser divisível por 4, ele tem que terminar em 00 ou os seus dois últimos números devem ser múltiplos de 4.

Exs.: 300 é divisível por 4.

532 é divisível por 4.

766 não é divisível por 4.

Divisibilidade por 5: para um número ser divisível por 5, ele deve terminar em 0 ou em 5.

Exs.: 35 é divisível por 5.

370 é divisível por 5.

548 não é divisível por 5.

Divisibilidade por 6: para um número ser divisível por 6, ele deve ser divisível por 2 e por 3 ao mesmo tempo.

Exs.: 78 é divisível por 6.

576 é divisível por 6.

652 não é divisível por 6.

Divisibilidade por 9: para um número ser divisível por 9, a soma dos seus algarismos deve ser divisível por 9.

Exs.: 75 é não divisível por 9.

684 é divisível por 9.

Divisibilidade por 10: para um número ser divisível por 10, basta que ele termine em 0.

Exs.: 90 é divisível por 10.

364 não é divisível por 10.

1.11 Expressões Numéricas

Para resolver expressões numéricas, deve-se sempre seguir a ordem:

> Resolva os (parênteses), depois os [colchetes], depois as {chaves}, nessa ordem;

> Dentre as operações resolva primeiro as potenciações e raízes (o que vier primeiro), depois as multiplicações e divisões (o que vier primeiro) e por último as somas e subtrações (o que vier primeiro).

Calcule o valor da expressão:

Ex.: $8 - \{5 - [10 - (7 - 3 . 2)] \div 3\}$

Resolução:

$8 - \{5 - [10 - (7 - 6)] \div 3\}$

$8 - \{5 - [10 - (1)] \div 3\}$

$8 - \{5 - [9] \div 3\}$

$8 - \{5 - 3\}$

$8 - \{2\}$

6

Questões

01. (MB) Considere x = 10 e y = 20. Calcule o valor de $(x + y)^2 - 2xy$.

a) 900
b) 600
c) 500
d) 300
e) 200

02. O conjunto A = {-4, -3, -2, -1, 0, 1} pode ser representado por:

a) $\{x \in Z \mid -4 < x < 1\}$
b) $\{x \in Z \mid -4 < x \leq 1\}$
c) $\{x \in Z \mid -4 \leq x \leq 1\}$
d) $\{x \in Z \mid -4 \leq x < 1\}$
e) $\{x \in Z \mid +4 < x < 1\}$

03. (FCC) O valor da expressão $\frac{A^2 - B^3}{A^B + B^A}$, para A = 2 e B = -1 é um número compreendido entre:

a) -2 e 1.
b) 1 e 4.
c) 4 e 7.
d) 7 e 9.
e) 9 e 10.

04. (TJ-PR) Um historiador comentou em sala de aula: "Meu tataravô nasceu no século 18. O ano em que nasceu era um cubo perfeito. O ano em que morreu era um quadrado perfeito. O quanto viveu, também era um quadrado perfeito." Quantos anos viveu o tataravô do historiador?

a) 36
b) 30
c) 32
d) 34
e) 40

05. (Cefet) Os restos das divisões de 247 e 315 por x são 7 e 3, respectivamente. Os restos das divisões de 167 e 213 por y são 5 e 3, respectivamente. O maior valor possível para a soma x + y é:

a) 36
b) 34
c) 30
d) 25

06. (FCC) Sejam x e y números naturais, e △ e □ símbolos com os seguintes significados:

– x △ y é igual ao maior número dentre x e y, com $x \neq y$;
– x □ y é igual ao menor número dentre x e y, com $x \neq y$;
– se x = y, então x △ y = x □ y = x = y.

De acordo com essas regras, o valor da expressão [64 □ (78 △ 64) □ {92 △[(43 □21) △21]} é:

a) 92.
b) 78.
c) 64.
d) 43.
e) 21.

07. (PUC-MG) O valor exato de

$$\frac{0{,}2929\ldots - 0{,}222\ldots}{0{,}555\ldots + 0{,}333\ldots} \text{ é:}$$

a) 3/25
b) 3/28
c) 4/34
d) 6/58
e) 7/88

08. Sejam x e y números reais dados por suas representações decimais:

$$\begin{cases} x = 0{,}111111\ldots \\ y = 0{,}999999\ldots \end{cases}$$

Pode-se afirmar que:

a) x + y = 1
b) x - y = 8 / 9
c) xy = 0,9
d) 1 / (x + y) = 0,9
e) xy = 1

09. (ESPP) Sejam as afirmações:

I. A soma entre dois números irracionais é sempre um número irracional.
II. Toda dízima periódica pode ser escrita com uma fração de denominador e numerador inteiros.
III. **$7\varpi/4 > 11/2$**

Pode-se dizer que:

a) São corretas somente I e II.
b) Todas são corretas.
c) Somente uma delas é correta.
d) São corretas somente II e III.

10. (FGV) Analise as afirmativas a seguir:

I. $\sqrt{6}$ é maior que $\frac{5}{2}$.
II. 0,555... é um número racional.
III. Todo número inteiro tem antecessor.

Assinale:

a) Se somente as afirmativas I e III estiverem corretas.
b) Se somente a afirmativa II estiver correta.
c) Se somente as afirmativas I e II estiverem corretas.
d) Se somente a afirmativa I estiver correta.
e) Se somente as afirmativas II e III estiverem corretas.

Gabaritos

01	C	06	C
02	C	07	E
03	B	08	D
04	A	09	C
05	C	10	E

2. SISTEMA LEGAL DE MEDIDAS

2.1 Medidas de Tempo

A unidade padrão do tempo é o segundo (s), mas devemos saber as seguintes relações:

1 min = 60 s

1h = 60 min = 3600 s

1 dia = 24 h = 1440 min = 86400 s

30 dias = 1 mês

2 meses = 1 bimestre

6 meses = 1 semestre

12 meses = 1ano

10 anos = 1 década

100 anos = 1 século

Exs.: 5h47min18seg + 11h39min59s = 26h86min77s = 26h87min17s = 27h27min17s= 1dia3h27mim17s;

8h23min – 3h49min51seg = 7h83min – 3h49min51seg = 7h82min60seg – 3h49min51seg = 4h33min9seg.

Cuidado com as transformações de tempo, pois elas não seguem o mesmo padrão das outras medidas.

2.2 Sistema Métrico Decimal

Serve para medir comprimentos, distâncias, áreas e volumes. Tem como unidade padrão o metro (m). Veremos agora seus múltiplos, variações e algumas transformações.

Metro (m):

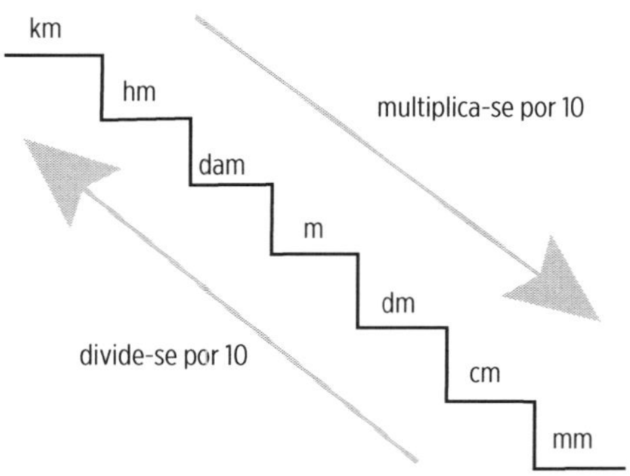

Para cada degrau descido da escada, multiplica-se por 10, e para cada degrau subido, divide-se por 10.

Exs.: Transformar 2,98km em cm = 2,98 · 100.000 = 298.000cm (na multiplicação por 10 ou suas potências, basta deslocar a "vírgula" para a direita);

Transformar 74m em km = 74 ÷ 1000 = 0,074km (na divisão por 10 ou suas potências, basta deslocar a "vírgula" para a esquerda).

> O grama (g) e o litro (l) seguem o mesmo padrão do metro (m).

Metro quadrado (m^2):

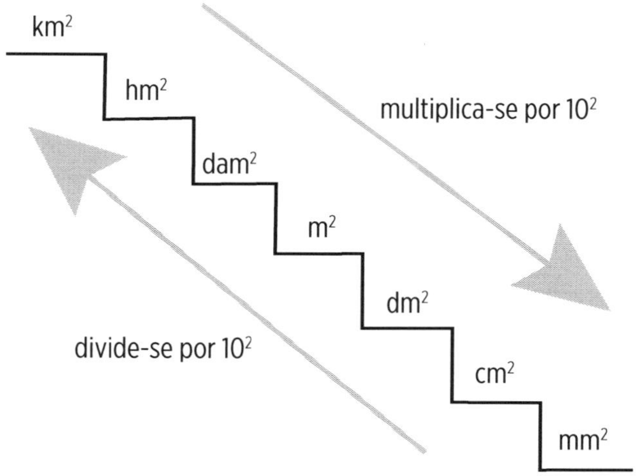

Para cada degrau descido da escada multiplica por 10^2 ou 100, e para cada degrau subido divide por 10^2 ou 100.

Exs.: Transformar 79,11m^2 em cm^2 = 79,11 · 10.000 = 791.100cm^2;

Transformar 135m^2 em km^2 = 135 ÷ 1.000.000 = 0,000135km^2.

Metro cúbico (m^3):

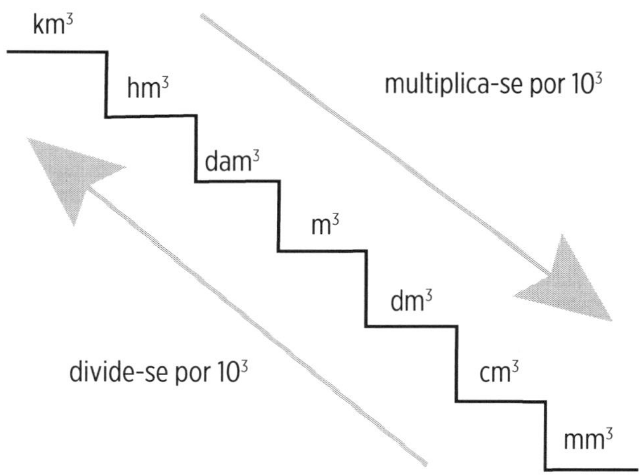

Para cada degrau descido da escada, multiplica-se por 10^3 ou 1000, e para cada degrau subido, divide-se por 10^3 ou 1000.

Exs.: Transformar 269dm^3 em cm^3 = 269 · 1.000 = 269.000cm^3

Transformar 4.831cm^3 em m^3 = 4.831 ÷ 1.000.000 = 0,004831m^3

O metro cúbico, por ser uma medida de volume, tem relação com o litro (l), e essa relação é:

1m^3 = 1000 litros

1dm^3 = 1 litro

1cm^3 = 1 mililitro

Questões

01. (Cesgranrio) José é funcionário de uma imobiliária e gosta muito de Matemática. Para fazer uma brincadeira com um colega, resolveu escrever as áreas de cinco apartamentos que estão à venda em unidades de medida diferentes, como mostra a tabela abaixo.

Apartamento	Área
I	0,000162 km^2
II	180 m^2
III	12.800 dm^2
IV	950.000 cm^2
V	100.000.000 mm^2

Em seguida, pediu ao colega que organizasse as áreas dos cinco apartamentos em ordem crescente.

O colega de José respondeu corretamente ao desafio proposto apresentando a ordem:

a) I < II < III < IV < V
b) II < I < IV < V < III
c) IV < V < III < I < II
d) V < II < I < III < IV
e) V < IV < III < II < I

02. (Cesgranrio) No modelo abaixo, os pontos A, B, C e D pertencem à mesma reta. O ponto A dista 65,8 mm do ponto D; o ponto B dista 41,9 mm do ponto D, e o ponto C está a 48,7 mm do ponto A.

Qual é, em milímetros, a distância entre os pontos B e C?

a) 17,1
b) 23,1
c) 23,5
d) 23,9
e) 24,8

03. (CEPERJ) Uma pessoa levou 1 hora, 40 minutos e 20 segundos para realizar determinada tarefa. O tempo total de trabalho dessa pessoa, em segundos, vale:

a) 120
b) 1420
c) 3660
d) 4120
e) 6020

04. (FCC) Sabe-se que, num dado instante, a velocidade de um veículo era v = 0,0125 km/s. Assim sendo, é correto afirmar que, em metros por hora, v seria igual a:

a) 45 000.
b) 25 000.
c) 7 500.
d) 4 500.
e) 2 500.

05. (FCC) Considere que:

> 1 milissegundo (ms) = 10^{-3} segundo
> 1 microssegundo (μs) = 10^{-6} segundo
> 1 nanossegundo (ns) = 10^{-9} segundo
> 1 picossegundo (ps) = 10^{-12} segundo

Nessas condições, a soma 1 ms + 10 μs + 100 ns + 1 000 ps NÃO é igual a:

a) 1,010101 ms.
b) 0,001010101 s.
c) 1.010.101.000 ps.
d) 1.010.101 ns.
e) 10.101,01 μs.

06. (CPCAR) Três alunos A, B e C participam de uma gincana e uma das tarefas é uma corrida em pista circular. Eles gastam para esta corrida, respectivamente, 1,2 minutos, 1,5 minutos e 2 minutos para completarem uma volta na pista. Eles partem do mesmo local e no mesmo instante. Após algum tempo, os três alunos se encontram pela primeira vez no local de partida. Considerando os dados acima, assinale a alternativa correta.

a) Na terceira vez que os três se encontrarem, o aluno menos veloz terá completado 12 voltas.
b) O tempo que o aluno B gastou até que os três se encontraram pela primeira vez foi de 4 minutos.
c) No momento em que os três alunos se encontraram pela segunda vez, o aluno mais veloz gastou 15 minutos.
d) A soma do número de voltas que os três alunos completaram quando se encontraram pela segunda vez foi 24.

07. (Cesgranrio) Aos domingos, é possível fazer um passeio de 7 km pela antiga Estrada de Ferro Madeira-Mamoré, indo de Porto Velho até Cachoeira de Santo Antônio. Esse passeio acontece em quatro horários: 9h, 10h30min, 15h e 16h30min. Um turista pretendia fazer o passeio no segundo horário da manhã, mas chegou atrasado à estação e, assim, teve que esperar 3 horas e 35 minutos até o horário seguinte. A que horas esse turista chegou à estação?

a) 10h 55min.
b) 11h 15min.
c) 11h 25min.
d) 11h 45min.
e) 11h 55min.

08. (FCC) A velocidade de 120 km/h equivale, aproximadamente, à velocidade de:

a) 33,33 m/s
b) 35 m/s
c) 42,5 m/s
d) 54,44 m/s
e) 60 m/s

09. (Cesgranrio) Certo nadador levou 150 segundos para completar uma prova de natação. Esse tempo corresponde a:

a) Um minuto e meio.
b) Dois minutos.
c) Dois minutos e meio.
d) Três minutos.
e) Três minutos e meio.

10. (Cesgranrio) Considere que 1 litro de óleo de soja pesa aproximadamente 960 gramas. Uma empresa exporta 6 contêineres contendo 32 toneladas de óleo de soja cada. Quantos metros cúbicos de óleo foram exportados por essa empresa?

a) 100
b) 200
c) 300
d) 400
e) 600

Gabaritos

01	C	06	D
02	E	07	C
03	E	08	A
04	A	09	C
05	E	10	B

3. PORCENTAGEM E JUROS

O presente capítulo trata de uma pequena parte da matemática financeira, e também do uso das porcentagens, assuntos presentes no dia a dia de todos.

3.1 Porcentagem

É a aplicação da taxa percentual a determinado valor.

Taxa percentual: é o valor que vem acompanhado do símbolo %.

Para fins de cálculo, usa-se a taxa percentual em forma de fração ou em números decimais.

Ex.: 3% = 3/100 = 0,03

15% = 15/100 = 0,15

34% de 1200 = 34/100 . 1200 = 40800/100 = 408

65% de 140 = 0,65 . 140 = 91

3.2 Lucro e Prejuízo

Lucro e prejuízo são resultados de movimentações financeiras.

Custo (C): "Gasto".

Venda (V): "Ganho".

Lucro (L): quando se ganha mais do que se gasta.

$$L = V - C$$

Prejuízo (P): quando se gasta mais do que se ganha.

$$P = C - V$$

Basta substituir no lucro ou no prejuízo o valor da porcentagem, no custo ou na venda.

Ex.: Um computador foi comprado por R$ 3.000,00 e revendido com lucro de 25% sobre a venda. Qual o preço de venda?

Como o lucro foi na venda, então L = 0,25V:

L = V – C

0,25V = V – 3.000

0,25V – V = -3.000

-0.75V = -3.000 (-1)

0,75V = 3.000

$$V = \frac{3000}{0,75} = \frac{300000}{75} = 4.000$$

Logo, a venda se deu por R$ 4.000,00.

3.3 Juros Simples

Juros: atributos (ganhos) de uma operação financeira.

Juros simples: os valores são somados ao capital apenas no final da aplicação. Somente o capital rende juros.

Para o cálculo de juros simples, usa-se a seguinte fórmula:

$$J = C \cdot i \cdot t$$

Nas questões de juros, as taxas de juros e os tempos devem estar expressos pela mesma unidade.

> J = juros;
> C = capital;
> i = taxa de juros;
> t = tempo da aplicação.

Ex.: Um capital de R$ 2.500,00 foi aplicado a juros de 2% ao trimestre durante um ano. Quais os juros produzidos?

Em 1 ano há exatamente 4 trimestres, como a taxa está em trimestre, agora é só calcular:

J = C . i . t

J = 2.500 . 0,02 . 4

J = 200

3.4 Juros Compostos

Os valores são somados ao capital no final de cada período de aplicação, formando um novo capital, para incidência dos juros novamente. É o famoso caso de juros sobre juros.

Para o cálculo de juros compostos, usa-se a seguinte fórmula:

$$M = C \cdot (1 + I)^t$$

> M = montante;
> C = capital;
> i = taxa de juros;
> t = tempo da aplicação.

Um investidor aplicou a quantia de R$ 10.000,00 à taxa de juros de 2% a.m. durante 4 meses. Qual o montante desse investimento?

Aplicando a fórmula, já que a taxa e o tempo estão na mesma unidade:

Ex.: M = C · (1 + i)t

M = 10.000 · (1 + 0,02)4

M = 10.000 · (1,02)4

M = 10.000 · 1,08243216

M = 10.824,32

3.5 Capitalização

Capitalização: acúmulo de capitais (capital + juros).

Nos juros simples, calcula-se por: M = C + J.

Nos juros compostos, calcula-se por: J = M – C.

Em algumas questões terão que ser calculados os montantes do juro simples ou os juros do juro composto.

Questões

01. (EsSa) Um par de coturnos custa na loja "Só Fardas" R$ 21,00 mais barato que na loja "Selva Brasil". O gerente da loja "Selva Brasil", observando essa diferença, oferece um desconto de 15% para que o seu preço se iguale ao de seu concorrente. O preço do par de coturnos, em reais, na loja "Só Fardas" é um número cuja soma dos algarismos é:

a) 9.
b) 11.
c) 10.
d) 13.
e) 12.

02. (EB) Um agricultor colheu dez mil sacas de soja durante uma safra. Naquele momento a soja era vendida a R$ 40,00 a saca. Como a expectativa do mercado era do aumento de preços, ele decidiu guardar a produção e tomar um empréstimo no mesmo valor que obteria se vendesse toda a sua produção, a juros compostos de 10% ao ano. Dois anos depois, ele vendeu a soja a R$ 50,00 a saca e quitou a dívida. Com essa operação ele obteve:

a) Prejuízo de R$ 20.000,00.
b) Lucro de R$ 20.000,00.
c) Prejuízo de R$ 16.000,00.
d) Lucro de R$ 16.000,00.
e) Lucro de R$ 60.000,00.

03. (EB) Um capital de R$ 1.000,00 foi aplicado a juros compostos a uma taxa de 44% a.a.. Se o prazo de capitalização foi de 180 dias, o montante gerado será de:

a) R$ 1.440,00.
b) R$ 1.240,00.
c) R$ 1.680,00.
d) R$ 1.200,00.
e) R$ 1.480,00.

04. (EsSA) O capital de R$ 360,00 foi dividido em duas partes, A e B. A quantia A rendeu em 6 meses o mesmo que a quantia B rendeu em 3 meses, ambos aplicados à mesma taxa no regime de juros simples. Nessas condições, pode-se afirmar que:

a) A = B
b) A = 2B
c) B = 2A
d) A = 3B
e) B = 3A

05. (EsSA) Uma loja de eletrodomésticos paga, pela aquisição de certo produto, o correspondente ao preço x (em reais) de fabricação, mais 5 % de imposto e 3 % de frete, ambos os percentuais calculados sobre o preço x. Vende esse produto ao consumidor por R$ 54,00, com lucro de 25 %. Então, o valor de x é:

a) R$ 36,00
b) R$ 38,00
c) R$ 40,00
d) R$ 41,80
e) R$ 42,40

06. (MB) Em um grupo de 20 pessoas, 40% são homens e 75% das mulheres são solteiras. O número de mulheres casadas é:

a) 3
b) 6
c) 7
d) 8
e) 9

07. (MB) Uma liga é composta por 70% de cobre, 20% de alumínio e 10% de zinco. Qual a quantidade, respectivamente, de cobre, alumínio e zinco em 800 g dessa liga?

a) 100 g, 250 g, 450 g
b) 400 g, 260 g, 140 g
c) 450 g, 250 g, 100 g
d) 560 g, 160 g, 80 g
e) 650 g, 100 g, 50 g

08. (MB) Qual das afirmativas é verdadeira?

a) Dois descontos sucessivos de 10% correspondem a um desconto de 20%.
b) Dois aumentos sucessivos de 15% correspondem a um aumento de 30%.
c) Um desconto de 10% e depois um aumento de 20% correspondem a um aumento de 8%.
d) Um aumento de 20% e depois um desconto de 10% correspondem a um aumento de 10%.
e) Um aumento de 15% e depois um desconto de 25% correspondem a um desconto de 5%.

09. (EPCAR) Lucas e Mateus ganharam de presente de aniversário as quantias x e y reais, respectivamente, e aplicaram, a juros simples, todo o dinheiro que ganharam, da seguinte forma:

Mateus aplicou a quantia y durante um tempo que foi metade do que esteve aplicado a quantia x de Lucas.

Mateus aplicou seu dinheiro a uma taxa igual ao triplo da taxa da quantia aplicada por Lucas.

No resgate de cada quantia aplicada, Lucas e Mateus receberam o mesmo valor de juros.

Se juntos os dois ganharam de presente 516 reais, então x – y é igual a:

a) R$ 103,20
b) R$106,40
c) R$108,30
d) R$109,60

10. (EPCAR) Um terreno que possui 2,5ha de área é totalmente aproveitado para o plantio de arroz. Cada m2 produz 5 litros de arroz que será vendido por 75 reais o saco de 50 kg. Sabe-se que o agricultor teve um total de despesas de 60000 reais, que houve uma perda de 10% na colheita e que vendeu todo o arroz colhido. Se cada litro de arroz corresponde a 800 g de arroz, é correto afirmar que 20% do lucro, em milhares de reais, é um número compreendido entre:

a) 1 e 10
b) 10 e 16
c) 16 e 22
d) 22 e 30

Gabaritos

01	B	06	A
02	D	07	D
03	D	08	C
04	C	09	A
05	C	10	B

4. RAZÕES E PROPORÇÕES

Neste capítulo, estão presentes alguns assuntos muito incidentes em provas: razões e proporções. É preciso que haja atenção no estudo desse conteúdo.

4.1 Grandeza

É tudo aquilo que pode ser contado, medido ou enumerado.

Ex.: Comprimento (distância), tempo, quantidade de pessoas e/ou coisas, etc.

Grandezas Diretamente Proporcionais: são aquelas em que o aumento de uma implica o aumento da outra.

Ex.: Quantidade e preço.

Grandezas Inversamente Proporcionais: são aquelas em que o aumento de uma implica a diminuição da outra.

Ex.: Velocidade e tempo.

4.2 Razão

É a comparação de duas grandezas. Essas grandezas podem ser de mesma espécie (com a mesma unidade) ou de espécies diferentes (unidades diferentes). Nada mais é do que uma fração do tipo $\frac{a}{b}$, com $b \neq 0$.

Nas razões, os numeradores são também chamados de antecedentes e os denominadores de consequentes.

Exs.:

Escala: comprimento no desenho comparado ao tamanho real.

Velocidade: distância comparada ao tempo.

4.3 Proporção

Pode ser definida como a igualdade de razões.

$$\frac{a}{b} = \frac{c}{d}$$

Dessa igualdade, tiramos a propriedade fundamental das proporções: "o produto dos meios igual ao produto dos extremos" (a chamada "multiplicação cruzada").

$$b \cdot c = a \cdot d$$

É basicamente essa propriedade que ajuda resolver a maioria das questões desse assunto.

Dados três números racionais a, b e c, não nulos, denomina-se quarta proporcional desses números um número x tal que:

$$\frac{a}{b} = \frac{c}{x}$$

Proporção contínua é toda proporção que apresenta os meios iguais.

De um modo geral, uma proporção contínua pode ser representada por:

$$\frac{a}{b} = \frac{b}{c}$$

As outras propriedades das proporções são:

Numa proporção, a soma dos dois primeiros termos está para o 2º (ou 1º) termo, assim como a soma dos dois últimos está para o 4º (ou 3º).

$$\frac{a+b}{b} = \frac{c+d}{d} \text{ ou } \frac{a+b}{a} = \frac{c+d}{c}$$

Numa proporção, a diferença dos dois primeiros termos está para o 2º (ou 1º) termo, assim como a diferença dos dois últimos está para o 4º (ou 3º).

$$\frac{a-b}{b} = \frac{c-d}{d} \text{ ou } \frac{a-b}{a} = \frac{c-d}{c}$$

Numa proporção, a soma dos antecedentes está para a soma dos consequentes, assim como cada antecedente está para o seu consequente.

$$\frac{a+c}{b+d} = \frac{c}{d} = \frac{a}{b}$$

Numa proporção, a diferença dos antecedentes está para a diferença dos consequentes, assim como cada antecedente está para o seu consequente.

$$\frac{a-c}{b-d} = \frac{c}{d} = \frac{a}{b}$$

Numa proporção, o produto dos antecedentes está para o produto dos consequentes, assim como o quadrado de cada antecedente está para quadrado do seu consequente.

$$\frac{a \cdot c}{b \cdot d} = \frac{a^2}{b^2} = \frac{c^2}{d^2}$$

A última propriedade pode ser estendida para qualquer número de razões.

$$\frac{a \cdot c \cdot e}{b \cdot d \cdot f} = \frac{a^3}{b^3} = \frac{c^3}{d^3} = \frac{e^3}{f^3}$$

4.4 Divisão em Partes Proporcionais

Para dividir um número em partes direta ou inversamente proporcionais, basta seguir algumas regras:

Divisão em partes diretamente proporcionais

Divida o número 50 em partes diretamente proporcionais a 4 e a 6.

$4x + 6x = 50$

$10x = 50$

$x = \frac{50}{10}$

$x = 5$

x = constante proporcional

Então, $4x = 4 \cdot 5 = 20$ e $6x = 6 \cdot 5 = 30$

Logo, a parte proporcional a 4 é o 20 e a parte proporcional ao 6 é o 30.

Divisão em partes inversamente proporcionais

Divida o número 60 em partes inversamente proporcionais a 2 e a 3.

$$\frac{x}{2}+\frac{x}{3}=60$$

$$\frac{3x}{6}+\frac{2x}{6}=$$

$$60$$

$$5x=60\cdot 6$$

$$5x=360$$

$$x=\frac{360}{5}$$

$$x=72$$

x = constante proporcional

Então, $\frac{x}{2}=\frac{72}{2}=36$ e $\frac{x}{3}=\frac{72}{3}=24$

Logo, a parte proporcional a 2 é o 36 e a parte proporcional ao 3 é o 24.

Perceba que, na divisão diretamente proporcional, quem tiver a maior parte ficará com o maior valor. Já na divisão inversamente proporcional, quem tiver a maior parte ficará com o menor valor.

4.5 Regra das Torneiras

Sempre que uma questão envolver uma "situação" que pode ser feita de um jeito em determinado tempo (ou por uma pessoa) e, em outro tempo, de outro jeito (ou por outra pessoa), e quiser saber em quanto tempo seria se fosse feito tudo ao mesmo tempo, usa-se a regra da torneira, que consiste na aplicação da seguinte fórmula:

$$t_T=\frac{t_1\cdot t_2}{t_1+t_2}$$

Em que "t" é o tempo.

Quando houver mais de duas "situações", é melhor usar a fórmula:

$$\frac{1}{t_T}=\frac{1}{t_1}+\frac{1}{t_2}+\ldots+\frac{1}{t_n}$$

Em que "n" é a quantidade de situações.

Uma torneira enche um tanque em 6h. Uma segunda torneira enche o mesmo tanque em 8h. Se as duas torneiras forem abertas juntas quanto tempo vão levar para encher o mesmo tanque?

$$t_T=\frac{t_1\cdot t_2}{t_1+t_2}$$

$$t_T=\frac{6\cdot 8}{6+8}=\frac{48}{14}=3h\ 25min\ e\ \ 43s$$

4.6 Regra de Três

Mecanismo prático e/ou método utilizado para resolver questões que envolvem razão e proporção (grandezas).

Regra de três simples

Aquela que só envolve duas grandezas.

Ex.: Durante uma viagem um carro consome 20 litros de combustível para percorrer 240km, quantos litros são necessários para percorrer 450km?

Primeiro, verifique se as grandezas envolvidas na questão são direta ou inversamente proporcionais, e monte uma estrutura para visualizar melhor a questão.

Distância	Litro
240	20
450	x

Ao aumentar a distância, a quantidade de litros de combustível necessária para percorrer essa distância também vai aumentar, então, as grandezas são diretamente proporcionais.

$$\frac{20}{x}=\frac{240}{450}$$

Aplicando a propriedade fundamental das proporções:

240x = 9000

$$x=\frac{9000}{240}=37{,}5\ litros$$

Regra de três composta

Aquela que envolve mais de duas grandezas.

Ex.: Dois pedreiros levam nove dias para construir um muro com 2m de altura. Trabalhando três pedreiros e aumentando a altura para 4m, qual será o tempo necessário para completar esse muro?

Neste caso, deve-se comparar uma grandeza de cada vez com a variável.

Dias	Pedreiros	Altura
9	2	2
x	3	4

Note que, ao aumentar a quantidade de pedreiros, o número de dias necessários para construir um muro diminui, então as grandezas pedreiros e dias são inversamente proporcionais. No entanto, se aumentar a altura do muro, será necessário mais dias para construí-lo. Dessa forma as grandezas muro e dias são diretamente proporcionais. Para finalizar, basta montar a proporção e resolver, lembrando que quando uma grandeza for inversamente proporcional à variável sua fração será invertida.

$$\frac{9}{x}=\frac{3}{2}\cdot\frac{2}{4}$$

$$\frac{9}{x}=\frac{6}{8}$$

Ex.: Aplicando a propriedade fundamental das proporções:

$$6x=72$$

$$X=\frac{72}{6}=12\ dias$$

Questões

01. (FCC) Uma torneira enche um tanque, sozinha, em 2 horas enquanto outra torneira demora 4 horas. Em quanto tempo as duas torneiras juntas encherão esse mesmo tanque?

a) 1h10min
b) 1h20min
c) 1h30min
d) 1h50min
e) 2h

02. (EPCAR) Um reservatório possui 4 torneiras. A primeira torneira gasta 15 horas para encher todo o reservatório; a segunda, 20 horas; a terceira, 30 horas e a quarta, 60 horas. Abrem-se as 4 torneiras, simultaneamente, e elas ficam abertas despejando água por 5 horas. Após esse período fecham-se, ao mesmo tempo, a primeira e a segunda torneiras. Considerando que o fluxo de cada torneira permaneceu constante enquanto esteve aberta, é correto afirmar que o tempo gasto pelas demais torneiras, em minutos, para completarem com água o reservatório, é um número cuja soma dos algarismos é:

a) Par maior que 4 e menor que 10
b) Par menor ou igual a 4
c) Ímpar maior que 4 e menor que 12
d) Ímpar menor que 5

03. (Esaf) A taxa cobrada por uma empresa de logística para entregar uma encomenda até determinado lugar é proporcional à raiz quadrada do peso da encomenda. Ana, que utiliza, em muito, os serviços dessa empresa, pagou para enviar uma encomenda de 25kg uma taxa de R$ 54,00. Desse modo, se Ana enviar a mesma encomenda de 25kg dividida em dois pacotes de 16kg e 9kg, ela pagará o valor total de:

a) 54,32.
b) 54,86.
c) 76,40.
d) 54.
e) 75,60.

04. (Esaf) Dois trabalhadores, fazendo a jornada de 8 horas por dia cada um, colhem juntos 60 sacos de arroz. Três outros trabalhadores, fazendo a jornada de 10 horas por dia cada um, colhem juntos 75 sacos de arroz em 10 dias. Quanto tempo um trabalhador do primeiro grupo é mais ou menos produtivo que um trabalhador do segundo grupo?

a) O trabalhador do primeiro grupo é 10% menos produtivo.
b) O trabalhador do primeiro grupo é 10% mais produtivo.
c) O trabalhador do primeiro grupo é 25% mais produtivo.
d) As produtividades dos trabalhadores dos dois grupos é a mesma.
e) O trabalhador do primeiro grupo é 25% menos produtivo.

05. (FCC) Uma pesquisa realizada pelo Diretório Acadêmico de uma faculdade mostrou que 65% dos alunos são a favor da construção de uma nova quadra poliesportiva. Dentre os alunos homens, 11 em cada 16 manifestaram-se a favor da nova quadra e, dentre as mulheres, 3 em cada 5. Nessa faculdade, a razão entre o número de alunos homens e mulheres, nessa ordem, é igual a:

a) 4/3
b) 6/5
c) 7/4
d) 7/5
e) 9/7

06. (Cesgrario) Uma herança no valor de R$ 168.000,00 foi dividida entre quatro irmãos em partes diretamente proporcionais às suas respectivas idades. Se as idades, em número de anos, são 32, 30, 27 e 23, a parte que coube ao mais novo dos irmãos é, em reais, igual a:

a) 23.000
b) 27.600
c) 28.750
d) 32.200
e) 34.500

07. (FCC) Ao serem contabilizados os dias de certo mês, em que três Técnicos Judiciários de uma Unidade do Tribunal Regional do Trabalho prestaram atendimento ao público, constatou-se o seguinte:

> a razão entre os números de pessoas atendidas por Jasão e Moisés, nesta ordem, era 3/5;
> o número de pessoas atendidas por Tadeu era 120% do número das atendidas por Jasão;
> o total de pessoas atendidas pelos três era 348.

Nessas condições, é correto afirmar que, nesse mês:

a) Tadeu atendeu a menor quantidade de pessoas.
b) Moisés atendeu 50 pessoas a mais que Jasão.
c) Jasão atendeu 8 pessoas a mais que Tadeu.
d) Moisés atendeu 40 pessoas a menos que Tadeu.
e) Tadeu atendeu menos que 110 pessoas.

08. (FCC) Suponha que certo medicamento seja obtido adicionando-se uma substância "A" a uma mistura homogênea Ω, composta de apenas duas substâncias X e Y. Sabe-se que:

> O teor de X em Ω é de 60%;
> Se pode obter tal medicamento retirando-se 15 de 50 litros de Ω e substituindo-os por 5 litros de A e 10 litros de Y, resultando em nova mistura homogênea.

Nessas condições, o teor de Y no medicamento assim obtido é de:

a) 52%.
b) 48%.
c) 45%
d) 44%.
e) 42%.

09. (FCC) Do total de pessoas que visitaram uma Unidade do Tribunal Regional do Trabalho de segunda a sexta-feira de certa semana, sabe-se que: 1/5 o fizeram na terça-feira e 1/6 na sexta-feira. Considerando que o número de visitantes da segunda-feira correspondia a 3/4 do de terça-feira e que a quarta-feira e a quinta-feira receberam, cada uma, 58 pessoas, então o total de visitantes recebidos nessa Unidade ao longo de tal semana é um número:

a) menor que 150.
b) múltiplo de 7.
c) quadrado perfeito.
d) divisível por 48.
e) maior que 250.

10. (AOCP) Se dois números na razão 5:3 são representados por 5x e 3x, assinale a alternativa que apresenta o item que expressa o seguinte: "duas vezes o maior somado ao triplo do menor é 57".

a) 10x = 9x + 57; x = 57; números: 285 e 171
b) 10x - 57 = 9x; x = 3; números: 15 e 6
c) 57 - 9x = 10x; x = 5; números: 15 e 9
d) 5x + 3x = 57; x = 7,125; números: 35,62 e 21,375
e) 10x + 9x = 57; x = 3; números: 15 e 9

Gabaritos

01	B	06	E
02	B	07	E
03	E	08	B
04	D	09	D
05	A	10	E

5. FUNÇÕES, FUNÇÃO AFIM E FUNÇÃO QUADRÁTICA

Neste capítulo será abordado um assunto de grande importância para a matemática: as funções.

5.1 Definições, Domínio, Contradomínio e Imagem

A função é uma relação estabelecida entre dois conjuntos A e B, em que exista uma associação entre cada elemento de A com um único de B por meio de uma lei de formação.

Matematicamente, podemos dizer que função é uma relação de dois valores, por exemplo: $f(x) = y$, sendo que x e y são valores, nos quais x é o domínio da função (a função está dependendo dele) e y é um valor que depende do valor de x, sendo a imagem da função.

As funções possuem um conjunto chamado domínio e outro chamado de imagem da função, além do contradomínio. No plano cartesiano, que o eixo x representa o domínio da função, enquanto no eixo y apresentam-se os valores obtidos em função de x, constituindo a imagem da função (o eixo y seria o contradomínio da função).

Demonstração:

Com os conjuntos A = {1, 4, 7} e B = {1, 4, 6, 7, 8, 9, 12} cria-se a função f: A ⊠ B definida por $f(x) = x + 5$, que também pode ser representada por $y = x + 5$. A representação, utilizando conjuntos, desta função é:

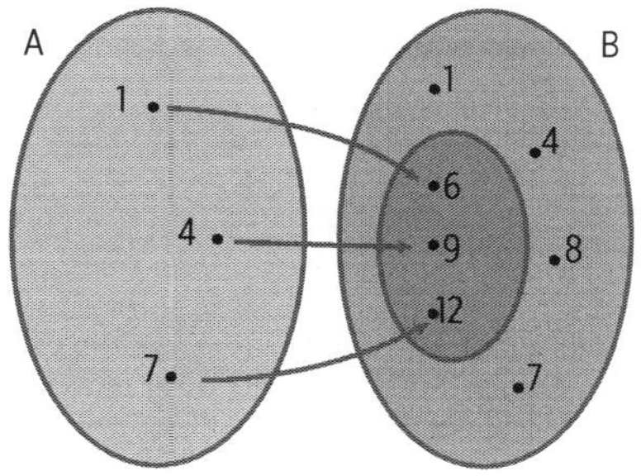

O conjunto A é o conjunto de saída e o B é o conjunto de chegada.

Domínio é um sinônimo para conjunto de saída, ou seja, para esta função o domínio é o próprio conjunto A = {1, 4, 7}.

Como, em uma função, o conjunto de saída (domínio) deve ter todos os seus elementos relacionados, não precisa ter subdivisões para o domínio.

O domínio de uma função também é chamado de campo de definição ou campo de existência da função, e é representado pela letra "D".

O conjunto de chegada "B", também possui um sinônimo, é chamado de contradomínio, representado por "CD".

Note que se pode fazer uma subdivisão dentro do contradomínio. Podemos ter elementos do contradomínio que não são relacionados com algum elemento do Domínio e outros que são. Por isso, deve-se levar em consideração esta subdivisão.

Este subconjunto é chamado de conjunto imagem, e é composto por todos os elementos em que as flechas de relacionamento chegam.

O conjunto Imagem é representado por "Im", e cada ponto que a flecha chega é chamado de imagem.

5.2 Plano Cartesiano

Criado por René Descartes, o plano cartesiano consiste em dois eixos perpendiculares, sendo o horizontal chamado de eixo das abscissas e o vertical de eixo das ordenadas. O plano cartesiano foi desenvolvido por Descartes no intuito de localizar pontos num determinado espaço.

As disposições dos eixos no plano formam quatro quadrantes, mostrados na figura a seguir:

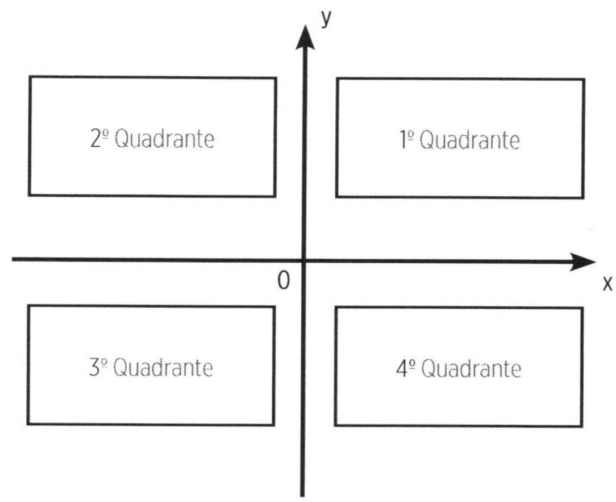

O encontro dos eixos é chamado de origem. Cada ponto do plano cartesiano é formado por um par ordenado (x, y), em que x: abscissa e y: ordenada.

Raízes

Em matemática, uma raiz ou "zero" da função consiste em determinar os pontos de interseção da função com o eixo das abscissas no plano cartesiano. A função f é um elemento no domínio de f tal que $f(x) = 0$.

Ex.: Considere a função:

$f(x) = x^2 - 6x + 9$

3 é uma raiz de f, porque:

$f(3) = 3^2 - 6 \cdot 3 + 9 = 0$

5.3 Funções Injetoras, Sobrejetoras e Bijetoras

Função injetora

É toda a função em que cada x encontra um único y, ou seja, os elementos distintos têm imagens distintas.

Função sobrejetora

Toda a função em que o conjunto imagem é exatamente igual ao contradomínio (y).

Função bijetora

Toda a função que for Injetora e Sobrejetora ao mesmo tempo.

5.4 Funções Crescentes, Decrescentes e Constantes

Função crescente

À medida que x "aumenta", as imagens vão "aumentando".

Com $x_1 > x_2$ a função é crescente para $f(x_1) > f(x_2)$, isto é, aumentando valor de x, aumenta o valor de y.

Função decrescente

À medida que x "aumenta", as imagens vão "diminuindo" (decrescendo).

Com $x_1 > x_2$ a função é crescente para $f(x_1) < f(x_2)$, isto é, aumentando x, diminui o valor de y.

Função constante

Em uma função constante qualquer que seja o elemento do domínio, eles sempre terão a mesma imagem, ao variar x encontra-se sempre o mesmo valor y.

5.5 Funções Inversas e Compostas

Função inversa

Dada uma função f: A $\longrightarrow$ B, se f é bijetora, se define a função inversa f^{-1} como sendo a função de B em A, tal que $f^{-1}(y) = x$.

Ex.: Determine a **inversa** da função definida por:

$y = 2x + 3$

Trocando as variáveis x e y:

$x = 2y + 3$

Colocando y em função de x:

$2y = x - 3$

$y = \dfrac{x-3}{2}$, que define a função inversa da função dada.

Função composta

Chama-se função composta (ou função de função) a função obtida substituindo-se a variável independente x por uma função.

Simbolicamente fica:

$f o g(x) = f(g(x))$ ou $g o f(x) = g(f(x))$

Ex.: Dadas as funções $f(x) = 2x + 3$ e $g(x) = 5x$, determine $g_o f(x)$ e $f_o g(x)$.

$g_o f(x) = g[f(x)] = g(2x + 3) = 5(2x + 3) = 10x + 15$

$f_o g(x) = f[g(x)] = f(5x) = 2(5x) + 3 = 10x + 3$

5.6 Função Afim

Chama-se função polinomial do 1º grau, ou função afim, a qualquer função f dada por uma lei da forma $f(x) = ax + b$, cujo a e b são números reais dados e $a \neq 0$.

Na função $f(x) = ax + b$, o número a é chamado de coeficiente de x e o número b é chamado termo constante.

Gráfico

O gráfico de uma função polinomial do 1º grau, $y = ax + b$, com a $\neq 0$, é uma reta oblíqua aos eixos x e y.

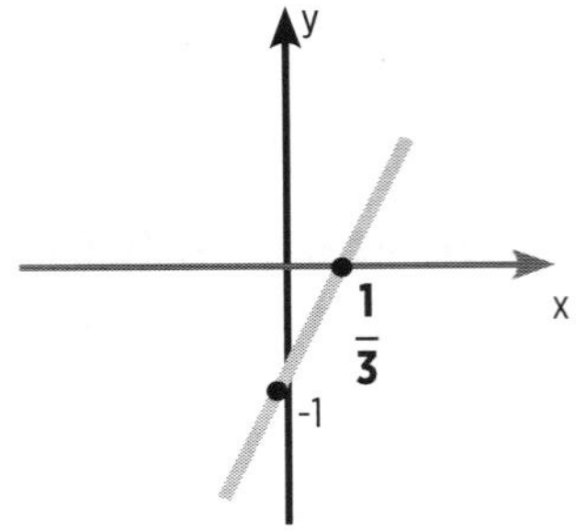

Zero e equação do 1º grau

Chama-se zero ou raiz da função polinomial do 1º grau $f(x) = ax + b$, $a \neq 0$, o número real x tal que $f(x) = 0$.

Assim: $f(x) = 0 \Rightarrow ax + b = 0 \Rightarrow x = \dfrac{-b}{a}$

Crescimento e decrescimento

A função do 1º grau $f(x) = ax + b$ é crescente quando o coeficiente de x é positivo ($a > 0$).

A função do 1º grau $f(x) = ax + b$ é decrescente quando o coeficiente de x é negativo ($a < 0$).

Sinal

Estudar o sinal de qualquer $y = f(x)$ é determinar os valor de x para os quais y é positivo, os valores de x para os quais y é zero e os valores de x para os quais y é negativo.

Considere uma função afim $y = f(x) = ax + b$, essa função se anula para a raiz $x = \dfrac{-b}{a}$.

Há então, dois casos possíveis:

a > 0 (a função é crescente)

$$y > 0 \Rightarrow ax + b > 0 \Longrightarrow x > \frac{-b}{a}$$

$$Y < 0 \Rightarrow ax + b < 0 \Longrightarrow x < \frac{-b}{a}$$

Logo, y é positivo para valores de x maiores que a raiz; y é negativo para valores de x menores que a raiz.

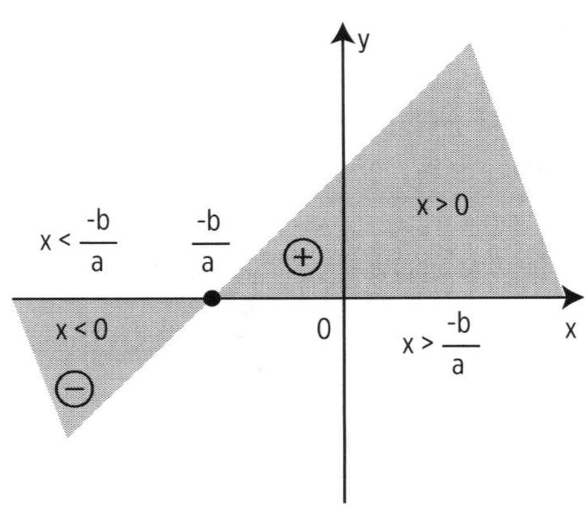

a < 0 (a função é decrescente)

$$y > 0 \Rightarrow ax + b > 0 \Longrightarrow x < \frac{-b}{a}$$

$$y > 0 \Rightarrow ax + b > 0 \Longrightarrow x < \frac{-b}{a}$$

Portanto, y é positivo para valores de x menores que a raiz; y é negativo para valores de x maiores que a raiz.

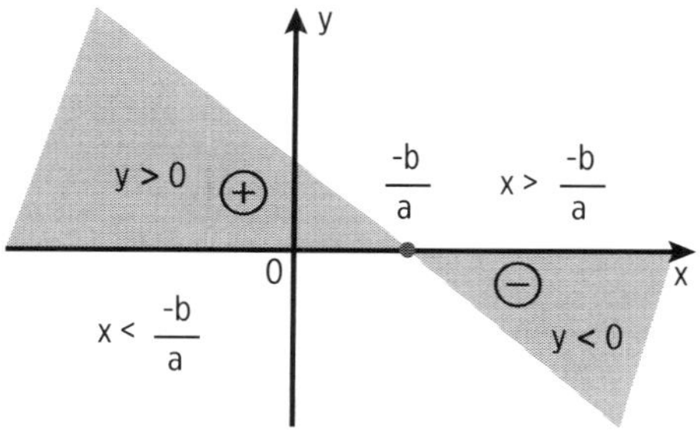

Equações e inequações do 1º grau

Equação

Uma equação do 1º grau na incógnita x é qualquer expressão do 1º grau que pode ser escrita numa das seguintes formas:

$ax + b = 0$

Para resolver uma equação, basta achar o valor de "x".

Sistema de equação

Um sistema de equação de 1º grau com duas incógnitas é formado por: duas equações de 1º grau com duas incógnitas diferentes em cada equação.

Ex.:

$$\begin{cases} x + y = 20 \\ 3x + 4y = 72 \end{cases}$$

Para encontramos o par ordenado solução desse sistema, é preciso utilizar dois métodos para a sua solução. Esses dois métodos são: Substituição e Adição.

Método da Substituição

Esse método consiste em escolher uma das duas equações, isolar uma das incógnitas e substituir na outra equação.

Dado o sistema $\begin{cases} x + y = 20 \\ 3x + 4y = 72 \end{cases}$ enumeramos as equações.

$$\begin{cases} x + y = 20 & \text{(1)} \\ 3x + 4y = 72 & \text{(2)} \end{cases}$$

Escolhemos a equação 1 e isolamos o x:

$x + y = 20$

$x = 20 - y$

Equação 2 substituímos o valor de $x = 20 - y$.

$3x + 4y = 72$

$3(20 - y) + 4y = 72$

$60 - 3y + 4y = 72$

$-3y + 4y = 72 - 60$

$y = 12$

Para descobrir o valor de x, basta substituir y por 12 na equação:

$x = 20 - y.$

$x = 20 - y$

$x = 20 - 12$

$x = 8$

Portanto, a solução do sistema é S = (8, 12)

Método da Adição

Este método consiste em adicionar as duas equações de tal forma que a soma de uma das incógnitas seja zero. Para que isso aconteça, será preciso que multipliquemos algumas vezes as duas equações ou apenas uma equação por números inteiros para que a soma de uma das incógnitas seja zero.

Dado o sistema:

$$\begin{cases} x + y = 20 \\ 3x + 4y = 72 \end{cases}$$

Para adicionarmos as duas equações e a soma de uma das incógnitas de zero, teremos que multiplicar a primeira equação por - 3.

$$\begin{cases} x + y = 20 \ (-3) \\ 3x + 4y = 72 \end{cases}$$

Agora, o sistema fica assim:

$$\begin{cases} -3x - 3y = -60 \\ 3x + 4y = 72 \end{cases}$$

Adicionando as duas equações:

$-3x - 3y = -60$

$+3x + 4y = 72$

$y = 12$

Para descobrir o valor de x, basta escolher uma das duas equações e substituir o valor de y encontrado:

$x + y = 20$

$x + 12 = 20$

$x = 20 - 12$

$x = 8$

Portanto, a solução desse sistema é: S = (8, 12)

Inequação

Uma inequação do 1º grau na incógnita x é qualquer expressão do 1º grau que pode ser escrita numa das seguintes formas:

$ax + b > 0$

$ax + b < 0$

$ax + b \geq 0$

$ax + b \leq 0$

Cujo a, b são números reais com $a \neq 0$.

Ex.: $-2x + 7 > 0$

$x - 10 \leq 0$

$2x + 5 \leq 0$

$12 - x < 0$

Resolvendo uma inequação de 1º grau

Uma maneira simples de resolver uma equação do 1º grau é isolarmos a incógnita x em um dos membros da igualdade. Observe dois exemplos:

Ex.: Resolva a inequação $-2x + 7 > 0$:

$-2x > -7 \cdot (-1)$

$2x < 7$

$x < 7/2$

Logo, a solução da inequação é $x < 7/2$

Resolva a inequação $2x - 6 < 0$

$2x < 6$

$x < 6/2$

$x < 3$

Portanto, a solução da inequação é $x < 3$.

Pode-se resolver qualquer inequação do 1º grau por meio do estudo do sinal de uma função do 1º grau, com o seguinte procedimento:

Iguala-se a expressão ax + b a zero;

Localiza-se a raiz no eixo x;

Estuda-se o sinal conforme o caso.

Ex.: $-2x + 7 > 0$

$-2x + 7 = 0$

$x = 7/2$

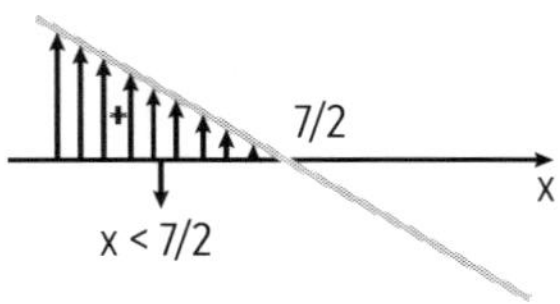

Ex.: $2x - 6 < 0$

$2x - 6 = 0$

$x = 3$

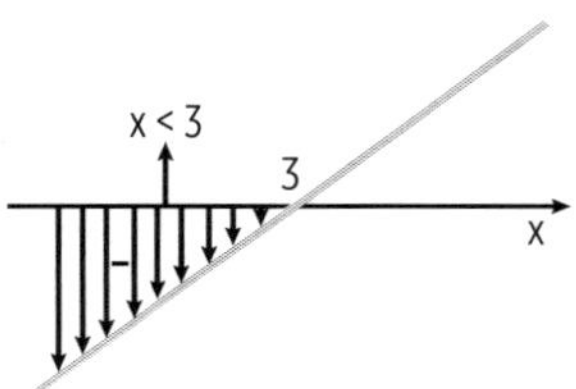

Questões

01. Dada a função $f: N \rightarrow R$, onde N é o conjunto de números naturais e R é o conjunto de números reais, definida por $f(x) = 2x^2 - 7x + 5$, calcule o valor de x para $f(x) = 0$ e marque a opção correta.

a) 0
b) 1
c) 5/2
d) 5
e) 11

02. Se f é uma função real definida por $f(x) = 2x - 3$ e g é a inversa de f, o valor de g(1) é:

a) 0
b) 1
c) 2
d) 3

03. (Copese) A medição do consumo de energia elétrica é feita em Quilowatt-hora (kWh). Em uma determinada cidade, o valor da conta da energia elétrica é composto por três valores, a saber: o de kWh consumidos, o dos impostos sobre o valor dos kWh consumidos e o da taxa fixa de iluminação pública. Os valores dos kWh consumidos e dos impostos são obtidos, respectivamente, pelas funções E = 0,54 k e I = 0,17 E onde E é o valor consumo em Reais (R$), k a quantidade kWh consumidos no período e I o valor dos impostos. Sabendo-se que o valor da taxa fixa de iluminação pública é de R$ 2,50 , então a função que calcula o valor da conta da energia elétrica C nesta cidade pode ser representada por:

a) C = 0,54k - 0,17E + 2,50
b) C = 0,54k + 0,17 + 2,50
c) C = (0,54) . (0,17E) + 2,50
d) C = 0,0918k + 2,50
e) C = 0,6318k + 2,50

04. (CEPERJ) Se $f(x) = \dfrac{2}{x - 1}$ a raiz da equação $f \circ f = 10$ é:

a) 1/3
b) 4/3
c) 5/3
d) 7/3
e) 8/3

05. (Consulplan) Sejam $f(x) = 2x + 5$ e $g(x) = -x + 2$. Qual é o valor de x para que $f^{-1}(x) = g^{-1}(x)$?

a) 3
b) 5
c) 4
d) 2
e) 1

06. (Cesgranrio) A função geradora do gráfico abaixo é do tipo $y = mx + n$:

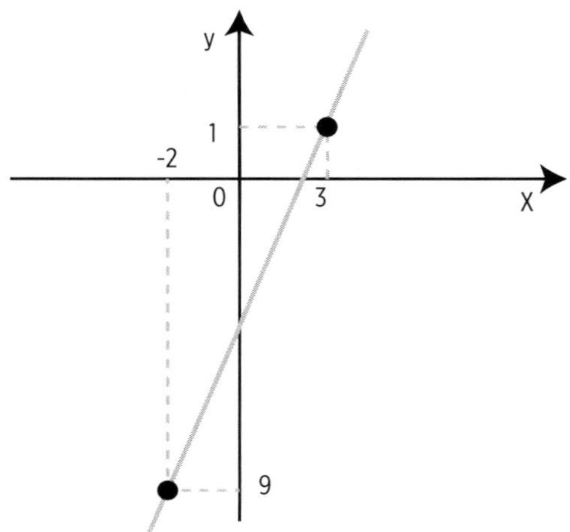

Então, o valor de $m^3 + n$ é:

a) 2
b) 3
c) 5
d) 8
e) 13

07. (FCC) Sendo x e y números reais, admita que o símbolo ♠ indique a seguinte operação entre x e y:

$$X \spadesuit Y = \frac{\frac{X}{Y} + \frac{Y}{X}}{X \cdot Y}$$

De acordo com a definição dada, $\sqrt{2} \spadesuit 2$ é igual a:

a) 0,9
b) 0,75
c) 0,6
d) 0,45
e) 0,3

08. (Esaf) Se $\frac{x^2 + 2x - 200}{y - 200} = 0$, então é necessariamente verdade que:

a) $x^2 + 2x \neq 200$ e $y = 200$
b) $x^2 + 2x = 200$ e $y = 200$
c) $x^2 + 2x = 200$ e $y \neq 200$
d) $x = 0$ e $y \neq 0$
e) $x \neq 0$ e $y = 200$

09. (Consulplan) Sejam $f(x) = 2x + 5$ e $g(x) = - x + 2$. Qual é o valor de x para que $f^{-1}(x) = g^{-1}(x)$?

a) 3
b) 5
c) 4
d) 2
e) 1

10. (Cesgranrio) Uma loja de eletrodomésticos possui 1.600 unidades de liquidificadores em estoque. Uma recente pesquisa de mercado apontou que seriam vendidas 800 unidades a um preço de R$ 300,00, e que cada diminuição de R$ 5,00, no valor do produto, resultaria em 20 novas vendas. Qual valor de venda, em reais, permite que a receita seja máxima?

a) 230,00
b) 240,00
c) 250,00
d) 270,00
e) 280,00

Gabaritos

01	B	06	B
02	C	07	B
03	E	08	C
04	E	09	A
05	A	10	C

6. GEOMETRIA PLANA

Conceitos importantes:

Ceviana: as cevianas são segmentos de reta que partem do vértice do triângulo para o lado oposto. Alguns

Mediana: é o **segmento de reta** que liga um vértice deste triângulo ao **ponto médio** do lado oposto a este vértice. As medianas se encontram em um ponto chamado de **baricentro**.

Altura: altura de um triângulo é um segmento de reta perpendicular a um lado do triângulo ou ao seu prolongamento, traçado pelo vértice oposto. As alturas se encontram em um ponto chamado ortocentro.

Bissetriz: é o lugar geométrico dos pontos que equidistam de duas retas concorrentes e, por consequência, divide um **ângulo** em dois ângulos congruentes. As bissetrizes se encontram em um ponto chamado **incentro**.

Mediatrizes: são retas perpendiculares a cada um dos lados de um triângulo. As mediatrizes se encontram em um ponto chamado circuncentro.

6.1 Semelhanças de Figuras

Duas figuras (formas geométricas) são semelhantes quando satisfazem a duas condições: os seus ângulos têm o mesmo tamanho e os lados correspondentes são proporcionais.

Nos triângulos existem alguns casos de semelhanças bem conhecidos;

1º caso: LAL (lado, ângulo, lado): dois lados congruentes e o ângulo entre esses lados também congruentes.

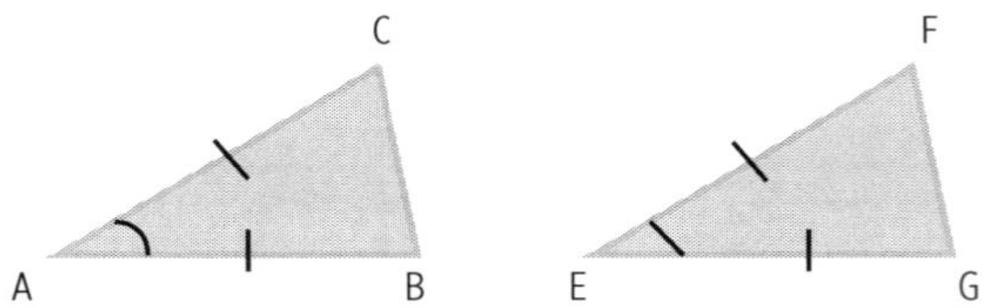

2º caso: LLL (lado, lado, lado): os três lados congruentes.

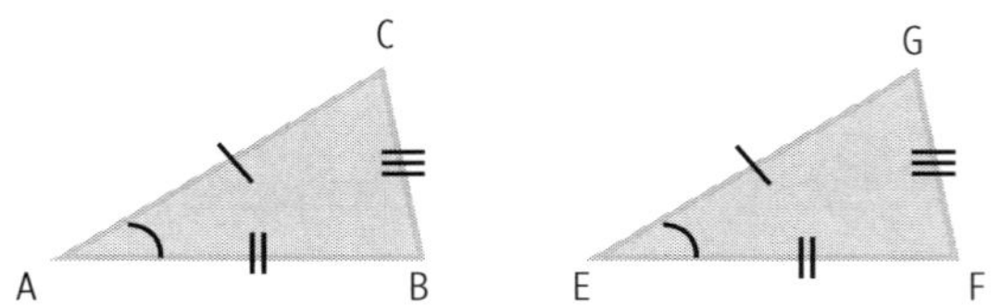

3º caso: ALA (ângulo, lado, ângulo): dois ângulos congruentes e o lado entre esses ângulos também congruente.

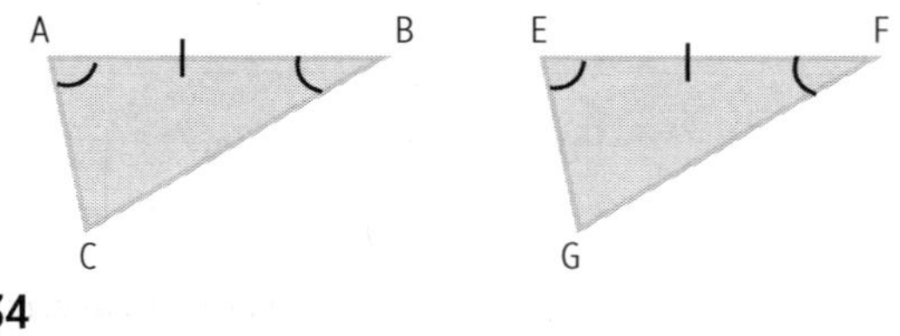

4º caso: LAA_0 (lado, ângulo, ângulo oposto): congruência do ângulo adjacente ao lado, e congruência do ângulo oposto ao lado.

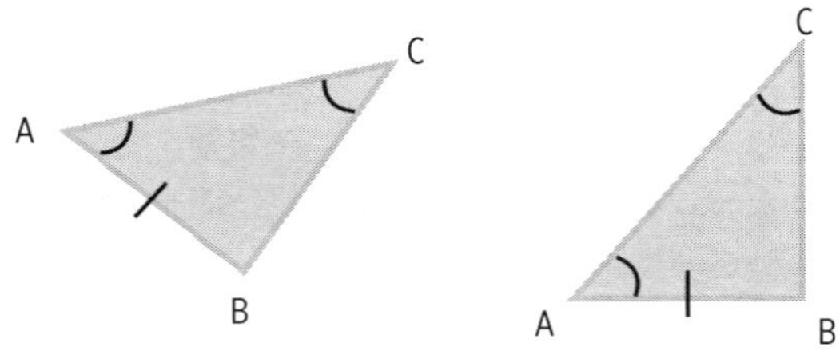

6.2 Relações Métricas nos Triângulos

O triângulo retângulo e suas relações métricas

Denomina-se triângulo retângulo o triângulo que tem um de seus ângulos retos, ou seja, um de seus ângulos mede 90°. O triângulo retângulo é formado por uma hipotenusa e dois catetos, a hipotenusa é o lado maior, o lado aposto ao ângulo de 90°, e os outros dois lados são os catetos.

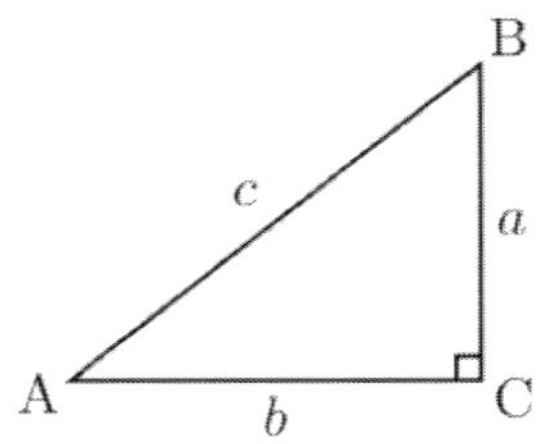

Na figura, podemos observar o triângulo retângulo de vértices A,B e C, e lados a,b e c. Como o ângulo de 90° está no vértice C, então a hipotenusa do triângulo é o lado c, e os catetos são os lados a e b.

Assim, podemos separar um triângulo em dois triângulos semelhantes:

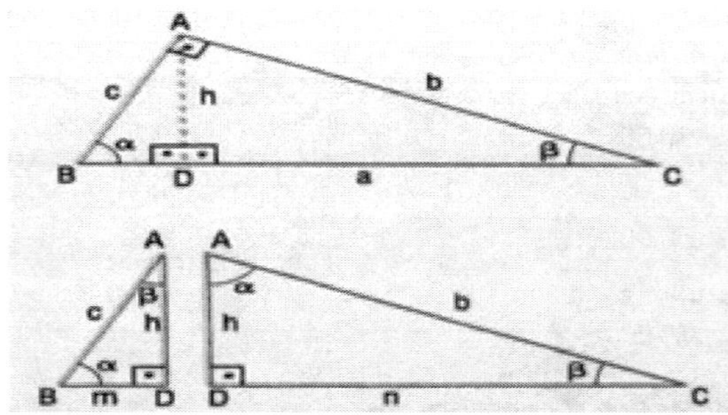

Neste segundo triângulo, podemos observar uma perpendicular à hipotenusa até o vértice A; essa é a altura h do triângulo, separando assim a hipotenusa em dois segmentos, o segmento m e o segmento n, separando esses dois triângulos obtemos dois triângulos retângulos, o triângulo ΔABD e ΔADC. Como os ângulos dos três triângulos são congruentes, então podemos dizer que os triângulos são semelhantes.

Com essa semelhança, ganhamos algumas relações métricas entre os triângulos:

$$\frac{c}{a} = \frac{m}{c} \Longrightarrow c^2 = am$$

$$\frac{c}{a} = \frac{h}{b} \Longrightarrow cb = ah$$

$$\frac{b}{a} = \frac{n}{b} \Longrightarrow b^2 = an$$

$$\frac{h}{m} = \frac{n}{h} \Longrightarrow h^2 = mn$$

Da primeira e da terceira equação, obtemos:

$c^2 + b^2 = am + an = a(m + n)$.

Como vimos na figura que m+n=a, então temos:

$c^2 + b^2 = aa = a^2$,

ou seja, trata-se do Teorema de Pitágoras.

Lei dos cossenos

Para um triângulo qualquer demonstra-se que:

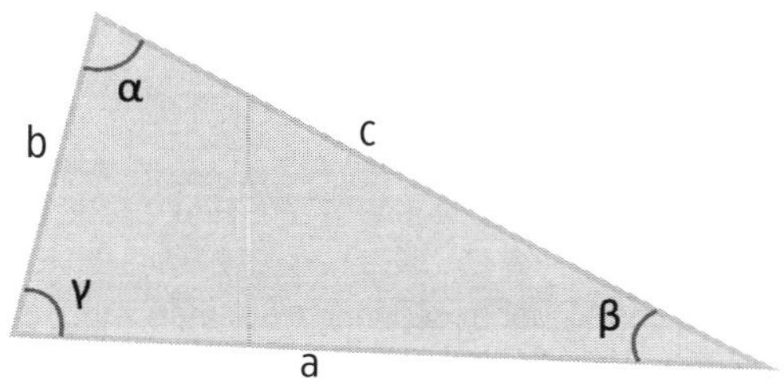

$$a^2 = b^2 + c^2 - 2 \cdot b \cdot c \cdot \cos\alpha$$

Note que o lado "a" do triângulo é oposto ao cosseno do ângulo α.

Lei dos senos

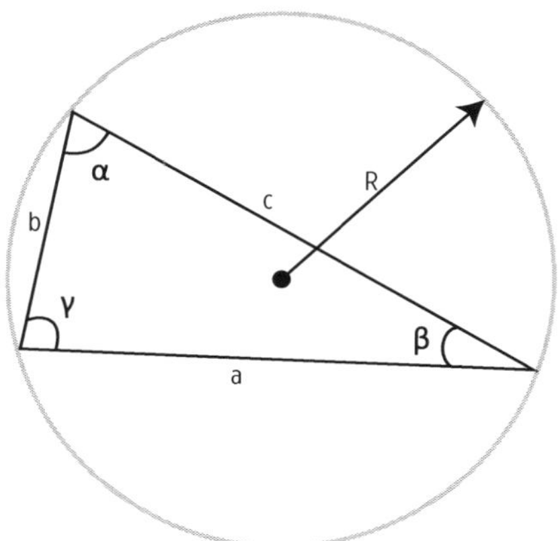

R é o raio da circunferência circunscrita a esse triângulo.

Neste caso, valem as seguintes relações, conforme a lei dos senos:

$$\frac{a}{sen\alpha} = \frac{b}{sen\beta} = \frac{c}{sen\gamma} = 2R$$

6.3 Quadriláteros

Quadrilátero é um polígono de quatro lados. Eles possuem os seguintes elementos:

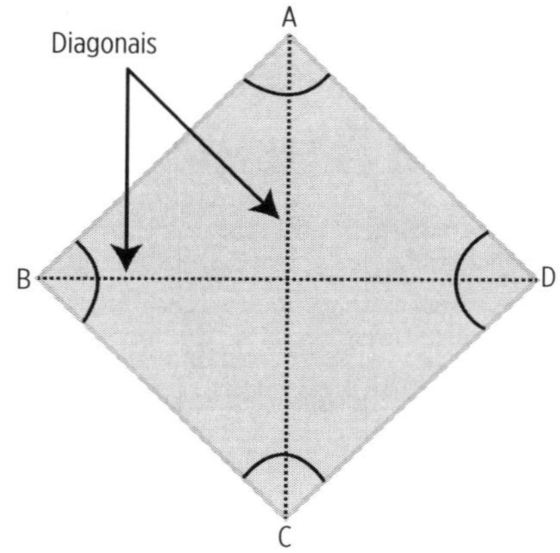

Vértices: A, B, C, e D.

Lados: AB, BC, CD, DA.

Diagonais: AC e BD.

Ângulos internos ou ângulos do quadrilátero ABCD: $\hat{A}$, $\hat{B}$, $\hat{C}$ e $\hat{D}$.

Todo quadrilátero tem duas diagonais.

O perímetro de um quadrilátero ABCD é a soma das medidas de seus lados, ou seja: AB + BC + CD + DA.

Quadriláteros importantes

Paralelogramo

Paralelogramo é o quadrilátero que tem os lados opostos paralelos.

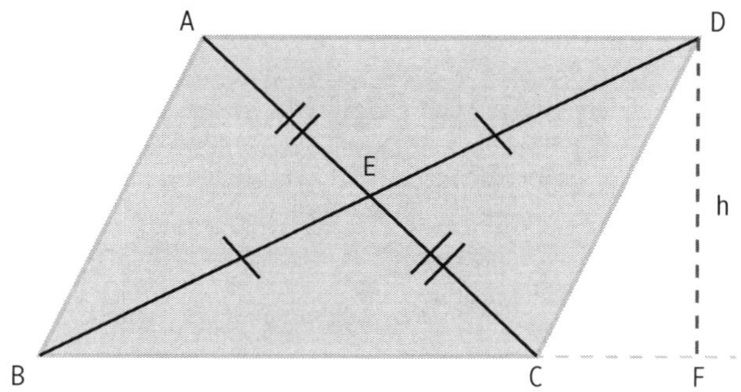

h é a altura do paralelogramo.

Num paralelogramo:

Os lados opostos são congruentes;

Cada diagonal o divide em dois triângulos congruentes;

Os ângulos opostos são congruentes;

As diagonais interceptam-se em seu ponto médio.

Retângulo

Retângulo é o paralelogramo em que os quatro ângulos são congruentes (retos).

Losango

Losango é o paralelogramo em que os quatro lados são congruentes.

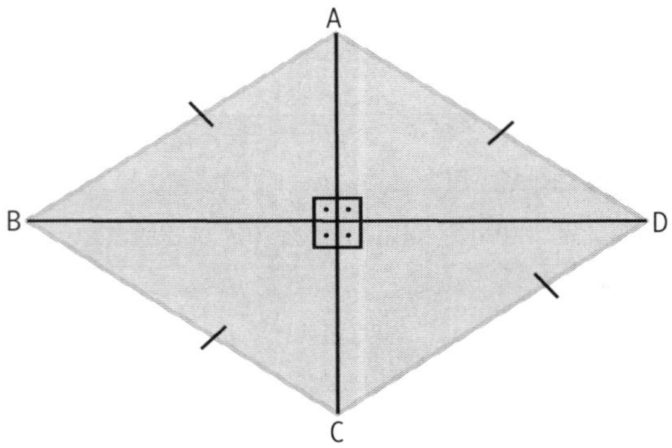

Quadrado

Quadrado é o paralelogramo em que os quatro lados e os quatro ângulos são congruentes.

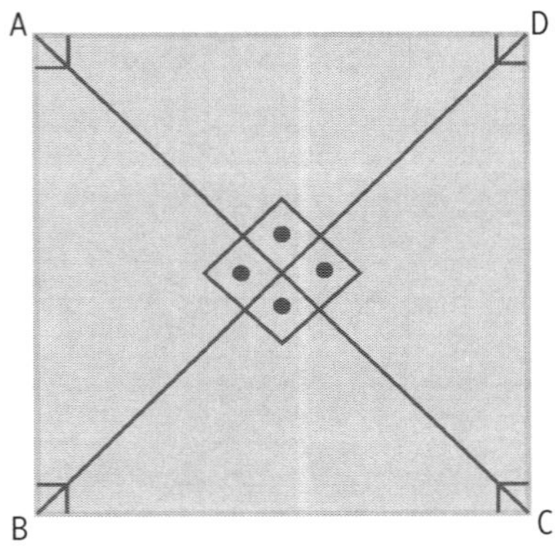

Trapézios

É o quadrilátero que apresenta somente dois lados paralelos chamados bases.

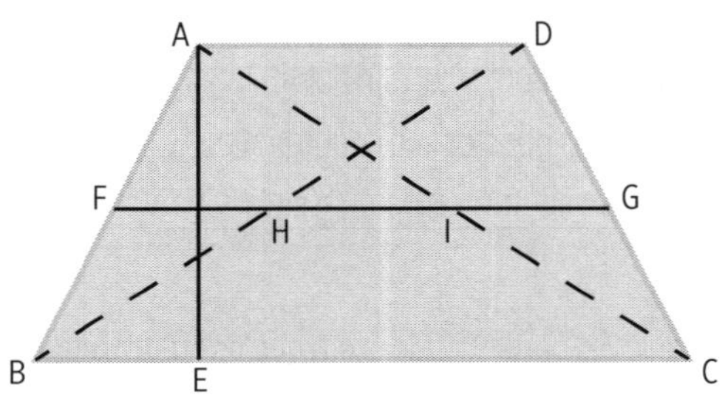

Trapézio retângulo

É aquele que apresenta dois ângulos retos.

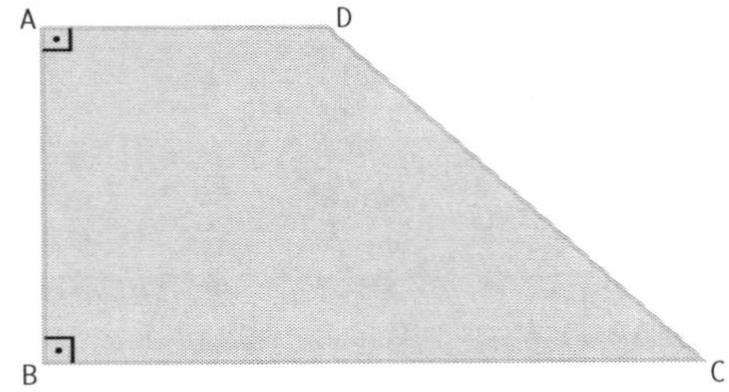

Trapézio isósceles

É aquele em que os lados não paralelos são congruentes.

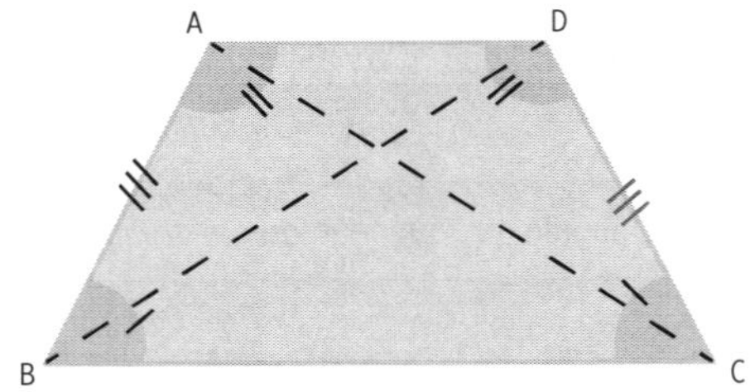

6.4 Polígonos Regulares

Um polígono é regular se todos os seus lados e todos os seus ângulos forem congruentes.

Os nomes dos polígonos dependem do critério que se utiliza para classificá-los. Usando **o número de ângulos** ou o **número de lados**, tem-se a seguinte nomenclatura:

Número de lados (ou ângulos)	Nome do Polígono	
	Em função do número de ângulos	Em função do número de lados
3	triângulo	trilátero
4	quadrângulo	quadrilátero
5	pentágono	pentalátero
6	hexágono	hexalátero
7	heptágono	heptalátero
8	octógono	octolátero
9	eneágono	enealátero
10	decágono	decalátero
11	undecágono	undecalátero
12	dodecágono	dodecalátero
15	pentadecágono	pentadecalátero
20	icoságono	icosalátero

Nos polígonos regulares cada ângulo externo é dado por:

$$e = \frac{360^\circ}{n}$$

A soma dos ângulos internos é dada por:

$$S_i = 180 \cdot (n - 2)$$

E cada ângulo interno é dado por:

$$i = \frac{180(n-2)}{n}$$

Diagonais de um polígono

O segmento que liga dois vértices não consecutivos de polígono é chamado de diagonal.

O número de diagonais de um polígono é dado pela fórmula:

$$d = \frac{n \cdot (n-3)}{2}$$

6.5 Círculos e Circunferências

Círculo

É a área interna a uma circunferência.

Circunferência

É o contorno do círculo. Por definição, é o lugar geométrico dos pontos equidistantes ao centro.

A distância entre o centro e o lado é o raio.

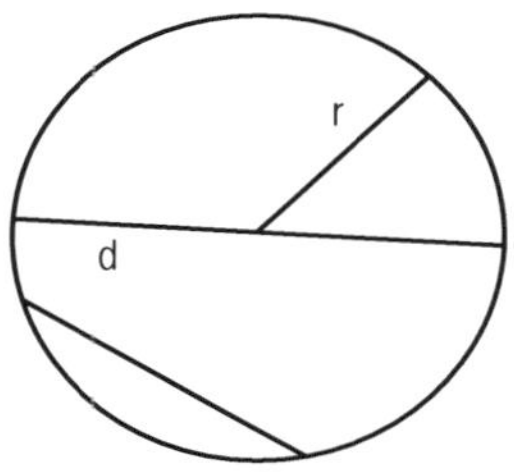

Corda

É o seguimento que liga dois pontos da circunferência.

A maior corda, ou corda maior de uma circunferência, é o diâmetro. Também dizemos que a corda que passa pelo centro é o diâmetro.

Posição relativa entre reta e circunferência

Secante

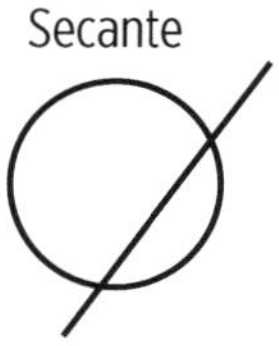

Tangente

Exterior

Uma reta é:

> **Secante**: distância entre a reta e o centro da circunferência é menor que o raio.

> **Tangente**: a distância entre a reta e o centro da circunferência é igual ao raio.

> **Externa**: a distância entre a reta e o centro da circunferência é maior que o raio.

Posição relativa entre circunferência

As posições relativas entre circunferência são basicamente 5.

Circunferência Secante

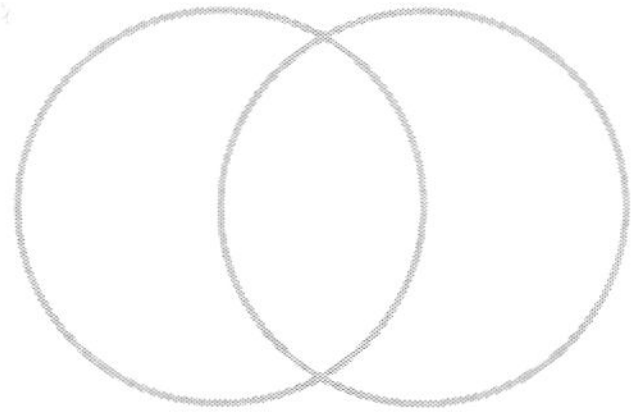

Característica: a distância entre os centros é menor que a soma dos raios das duas, porém, é maior que o raio de cada uma.

Externo

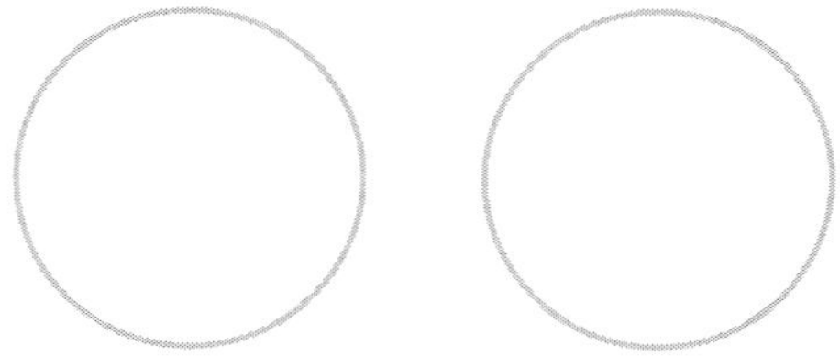

Característica: a distância entre os centros é maior que a soma do raio.

Tangente

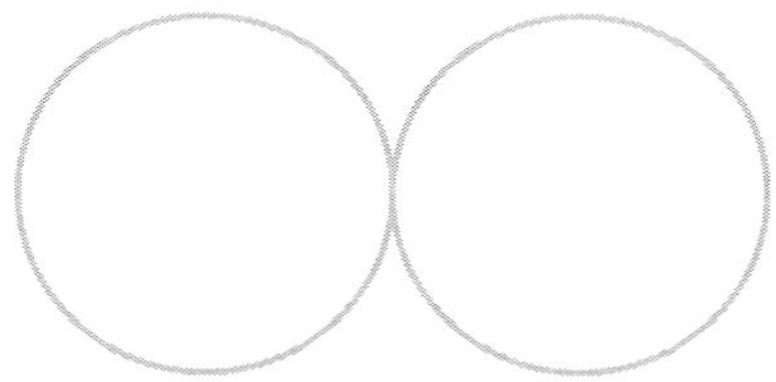

Característica: distância entre centro é igual à soma dos raios.

Interna

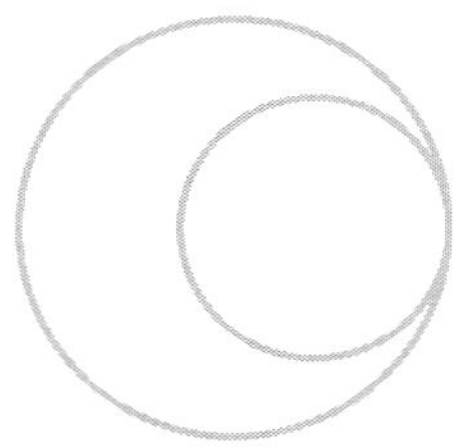

Característica: distância entre os centros mais o raio da menor é igual ao raio da maior.

Interior

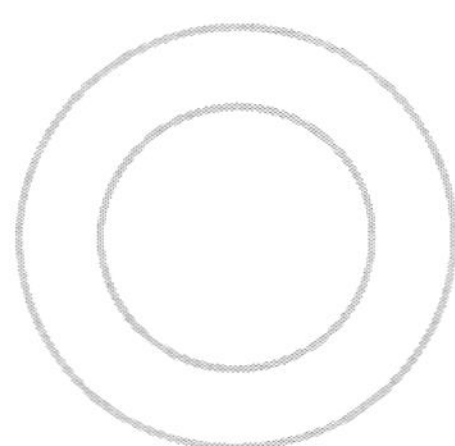

Característica: distância entre os centros menos o raio da menor é menor que o raio da maior.

Ângulo central e ângulo inscrito

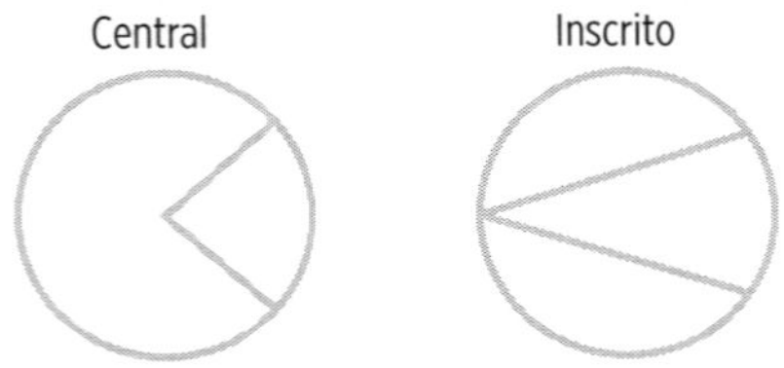

Um ângulo central sempre é o dobro do ângulo inscrito de um mesmo arco.

As áreas de círculos e partes do círculo são:

$$\text{Área do círculo} = \pi \cdot r^2 = \frac{1}{4} \cdot \pi \cdot D^2$$

$$\text{Área do setor circular} = \pi \cdot r^2 \cdot \frac{\alpha}{360^\circ} = \frac{1}{2} \cdot \alpha \cdot r^2$$

Área da coroa = área do círculo maior – área do círculo menor

> Os ângulos podem ser expressos em graus (360° = 1 volta) ou em radianos (2π = 1 volta)

6.6 Polígonos Regulares Inscritos e Circunscritos

As principais relações entre a circunferência e os polígonos são:

- Qualquer polígono regular é inscritível em uma circunferência.
- Qualquer polígono regular e circunscritível a uma circunferência.

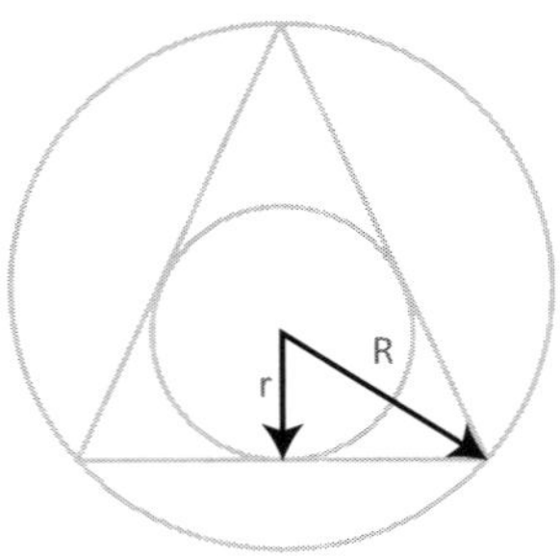

Polígono circunscrito a uma circunferência é o que possui seus lados tangentes à circunferência. Ao mesmo tempo, dizemos que esta circunferência está inscrita no polígono.

Já um polígono é inscrito em uma circunferência se cada vértice do polígono for um ponto da circunferência, e neste caso dizemos que a circunferência é circunscrita ao polígono.

Da inscrição e circunscrição dos polígonos nas circunferências podem-se ter as seguintes relações:

Apótema de um polígono regular é a distância do centro a qualquer lado. Ele é sempre perpendicular ao lado.

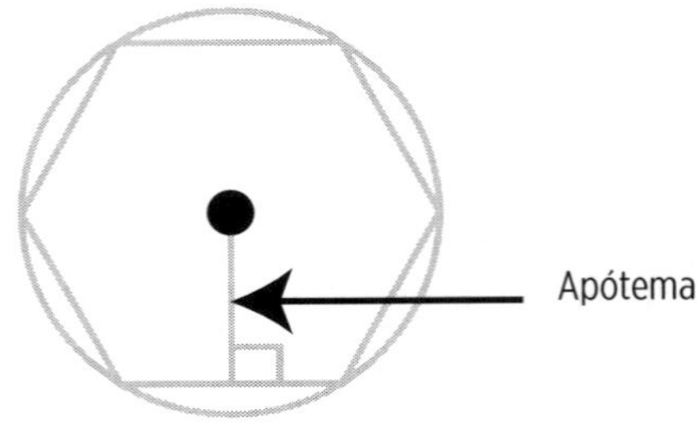

Nos polígonos inscritos:

No quadrado

Cálculo da medida do lado (L):

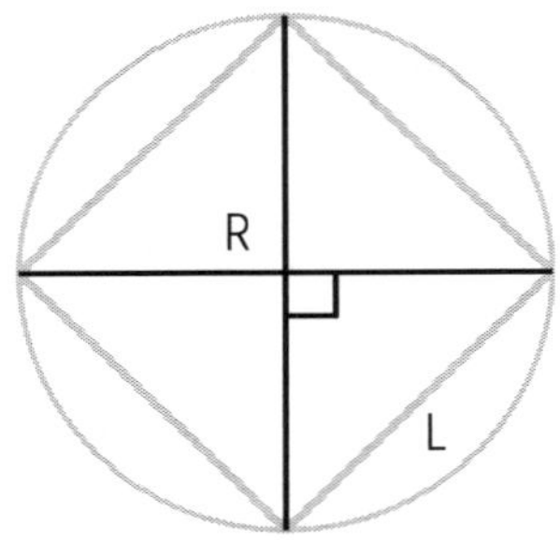

$$\mathbf{L = R\sqrt{2}}$$

Cálculo da medida do apótema (a):

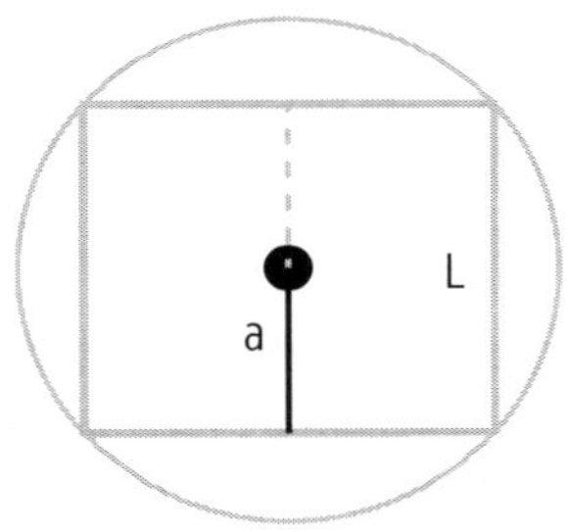

$$\mathbf{a = \frac{R\sqrt{2}}{2}}$$

No hexágono

Cálculo da medida do lado (L):

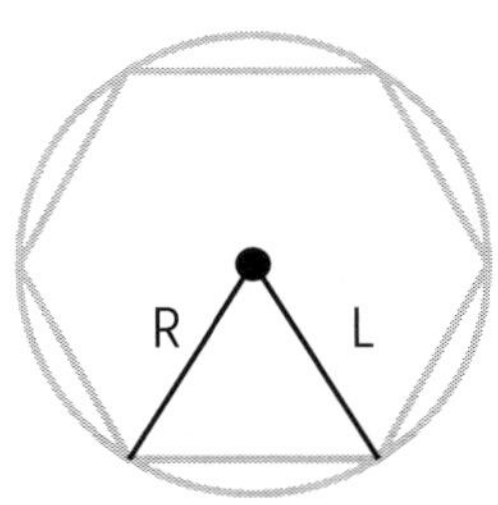

$$L = R$$

Cálculo da medida do apótema (a):

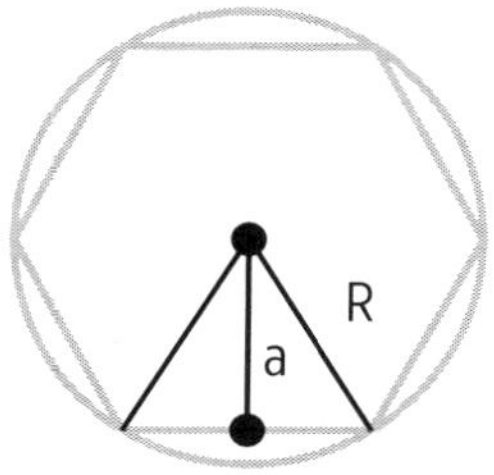

$$a = \frac{R\sqrt{3}}{2}$$

No triângulo equilátero

Cálculo da medida do lado (L):

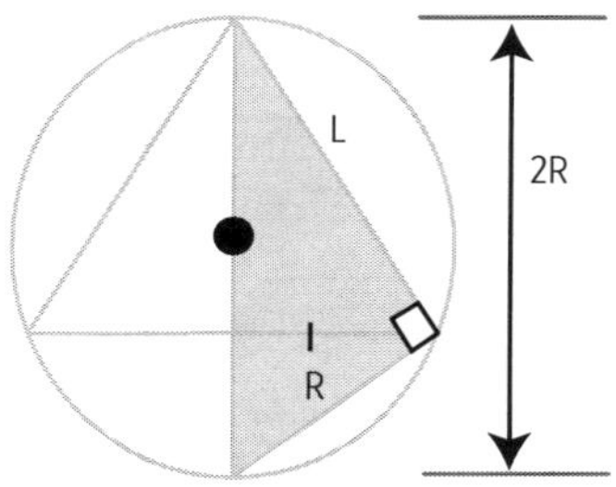

$$L = R\sqrt{3}$$

Cálculo da medida do apótema (a):

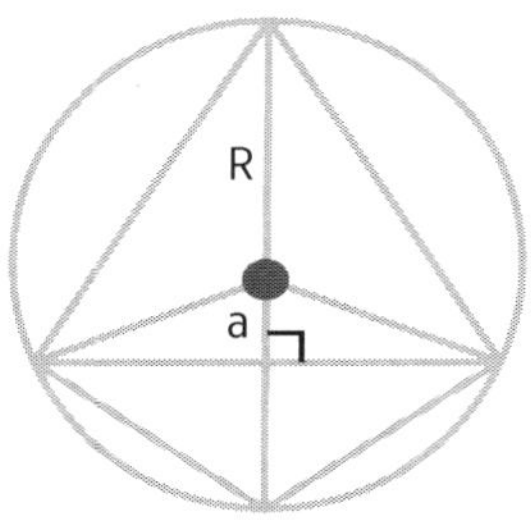

$$a = \frac{R}{2}$$

Nos polígonos circunscritos:

No quadrado

Cálculo da medida do lado (L):

$$L = 2R$$

Cálculo da medida do apótema (a):

$$a = R$$

No hexágono

Cálculo da medida do lado (L):

$$L = \frac{2R\sqrt{3}}{3}$$

Cálculo da medida do apótema (a):

$$a = R$$

No triângulo equilátero

Cálculo da medida do lado (L):

$$L = 2R\sqrt{3}$$

Cálculo da medida do apótema (a):

$$a = R$$

6.7 Perímetros e Áreas dos Polígonos e Círculos

Perímetro

Perímetro: É o contorno da figura ou seja, a soma dos lados da figura.

Para calcular o perímetro do círculo utilize: $P = 2\pi \cdot r$

Área

É o espaço interno, ou seja, a extensão que ela ocupa dentro do perímetro.

As principais áreas (S) de polígonos são:

Retângulo

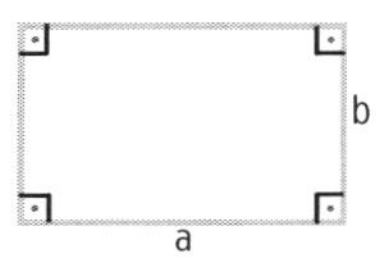

$S = a \cdot b$

Quadrado

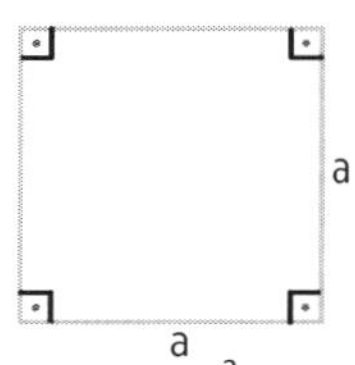

$S = a^2$

Paralelogramo

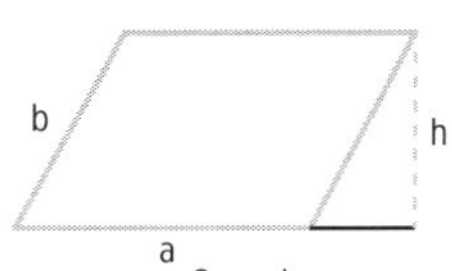

$S = a \cdot h$

Losango

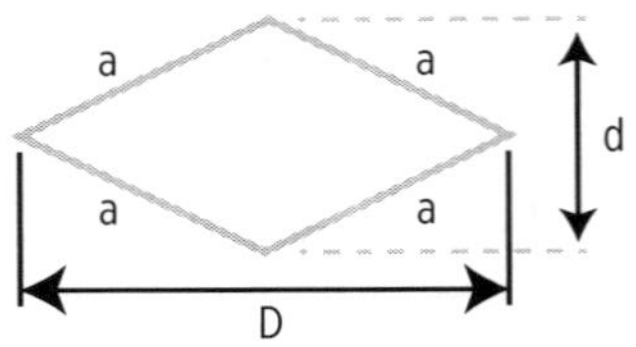

$$S = \frac{D \cdot d}{2}$$

Trapézio

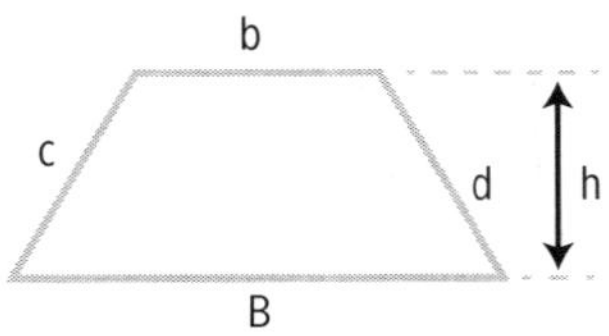

$$S = \frac{(B + b) \cdot h}{2}$$

Triângulo

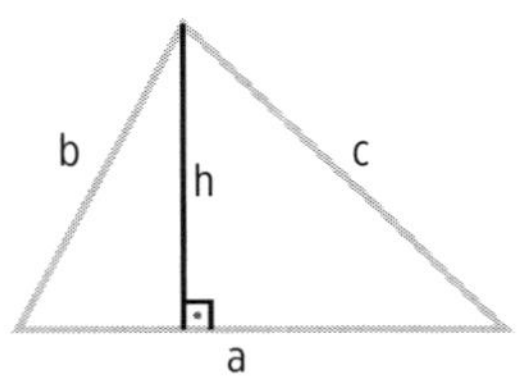

$$S = \frac{a \cdot h}{2}$$

Triângulo equilátero

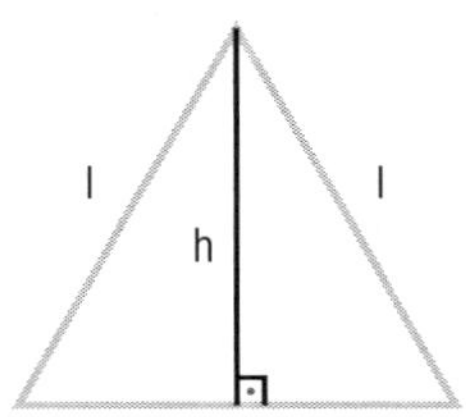

$$S = \frac{l^2\sqrt{3}}{4}$$

Círculo

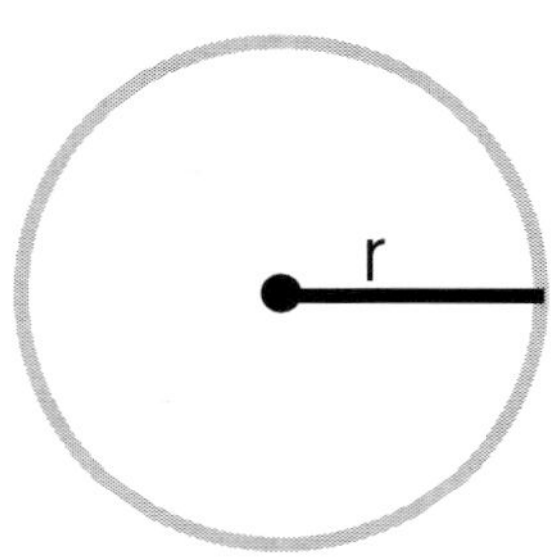

$$S = \pi \cdot r^2$$

Questões

01. (EsSA)Um terreno de forma triangular tem frentes de 20 metros e 40 metros, em ruas que formam, entre si, um ângulo de 60°. Admitindo--se, a medida do perímetro do terreno, em metros, é:

a) 94
b) 93
c) 92
d) 91
e) 90

02. Um quadrado e um retângulo têm a mesma área. Os lados do retângulo são expressos por números naturais consecutivos, enquanto que o quadrado tem $2\sqrt{5}$ centímetros de lado. Assim, o perímetro, em centímetros, do retângulo é:

a) 12
b) 16
c) 18
d) 20
e) 24

03. (EsSA) As diagonais de um losango medem 48cm e 33cm. Se a medida da diagonal maior diminuir 4cm, então, para que a área permaneça a mesma, deve-se aumentar a medida da diagonal menor de:

a) 3cm
b) 5cm
c) 6cm
d) 8cm
e) 9cm

04. Qual o perímetro do polígono abaixo?

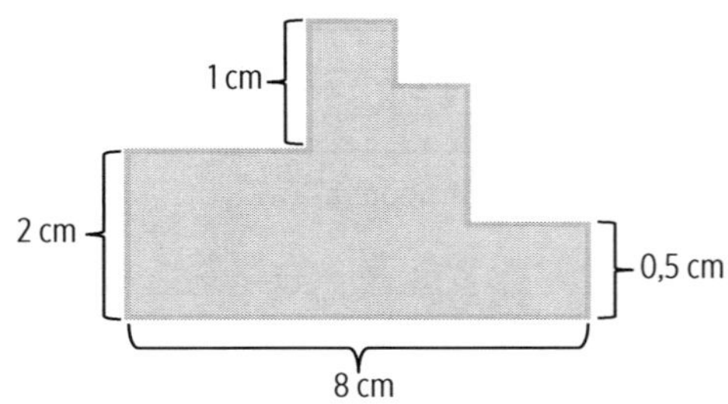

a) 15 cm
b) 18 cm
c) 20 cm
d) 22 cm
e) 23 cm

05. (Vunesp) Na figura, cujas dimensões estão em metros, a linha pontilhada representa uma grade que foi colocada em dois lados de um canteiro. A extensão total dessa grade é:

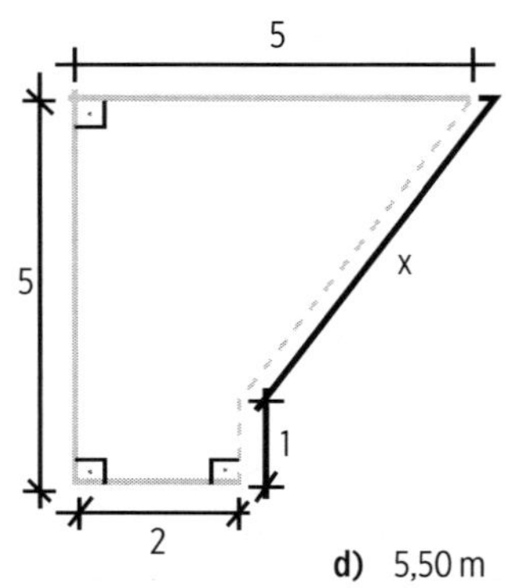

a) 6,00 m
b) 5,80 m
c) 5,75 m
d) 5,50 m
e) 5,00 m

06. (Cesgranrio) Abaixo, temos a planta de um terreno retangular, de 810 m^2 de área cercado por um muro. Note que o terreno tem 36 m de comprimento, e que há um único portão de acesso com 2,5 m de largura.

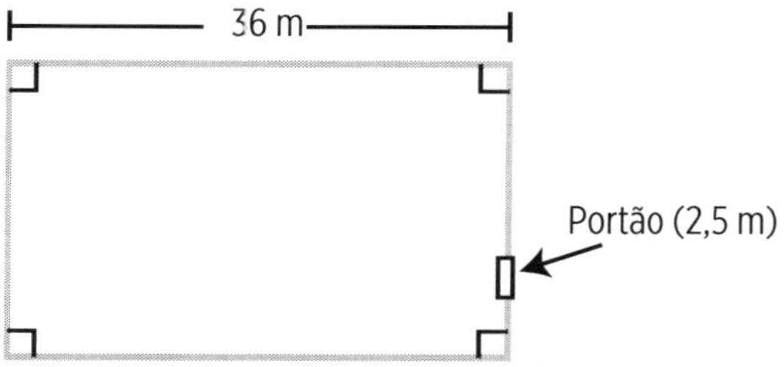

Qual é, em metros, o comprimento do muro que cerca esse terreno?

a) 113,0
b) 113,5
c) 114,5
d) 116,0
e) 117,0

07. (CEPERJ) Observe atentamente o retângulo abaixo, no interior do qual se encontra um polígono ABCD:

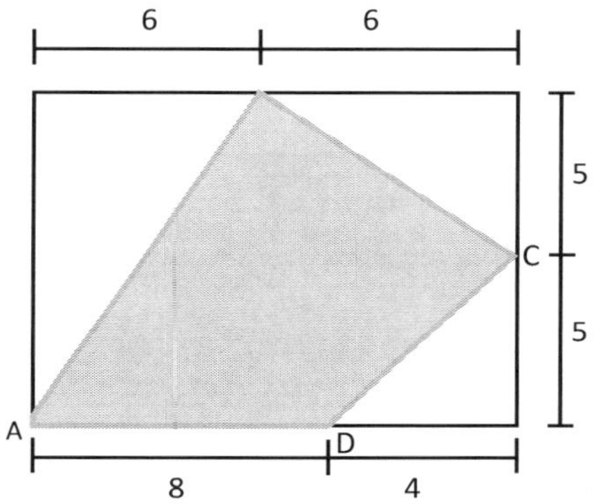

A área hachurada vale:

a) 55
b) 65
c) 90
d) 120
e) 150

08. (Funcab) A área de um triângulo isósceles cujos lados iguais medem 4, e dois de seus ângulos medem 45°, corresponde a:

a) 4 u.a.
b) 8 u.a.
c) 12 u.a.
d) 16 u.a.
e) 20 u.a.

09. (Funiversa) A figura ilustra a planta, a vista superior, de um edifício. O quadrado CGHI corresponde ao corpo da edificação. O quadrado ABCD é uma área coberta cujo lado mede 8 m. A parte cinza da figura é um espelho d'água. DEFG é um quadrado tal que $EF^4 - GH^4 = 640\ m^4$.

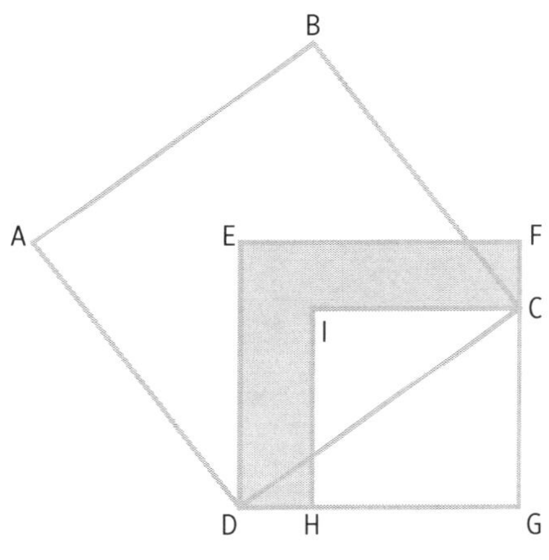

Qual é a medida da superfície do espelho d'água?

a) 80 m^2
b) 64 m^2
c) 18 m^2
d) 10 m^2
e) 8 m^2

10. (FCC) Ultimamente tem havido muito interesse no aproveitamento da energia solar para suprir outras fontes de energia. Isso fez com que, após uma reforma, parte do teto de um salão de uma empresa fosse substituída por uma superfície retangular totalmente revestida por células solares, todas feitas de um mesmo material. Considere que células solares podem converter a energia solar em energia elétrica e que para cada centímetro quadrado de célula solar que recebe diretamente a luz do sol é gerada 0,01 Watt de potência elétrica;

A superfície revestida pelas células solares tem 3,5 m de largura por 8,4 m de comprimento.

Assim sendo, se a luz do sol incidir diretamente sobre tais células, a potência elétrica que elas serão capazes de gerar em conjunto, em Watts, é:

a) 294.000
b) 38.200
c) 29.400
d) 3.820
e) 2.940

Gabaritos

01	A	06	C
02	C	07	B
03	A	08	B
04	D	09	D
05	A	10	E

7. GEOMETRIA ESPACIAL

Neste capítulo, serão abordados os principais conceitos de geometria espacial e suas aplicações.

7.1 Retas e Planos

Veja alguns conceitos:

A reta é infinita, ou seja, contém infinitos pontos.

Por um ponto, podem ser traçadas infinitas retas.

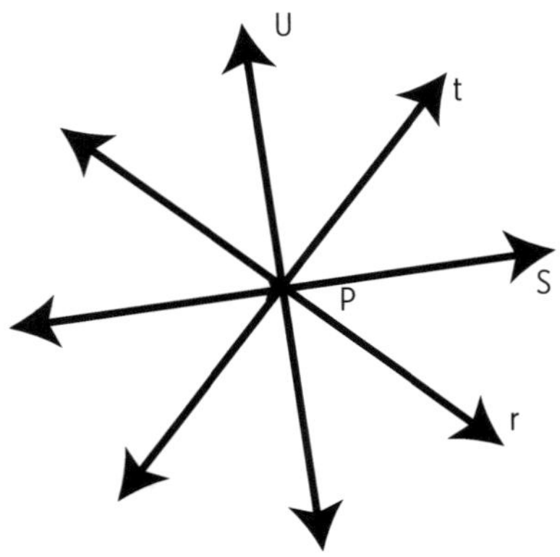

Por dois pontos distintos, passa uma única reta.

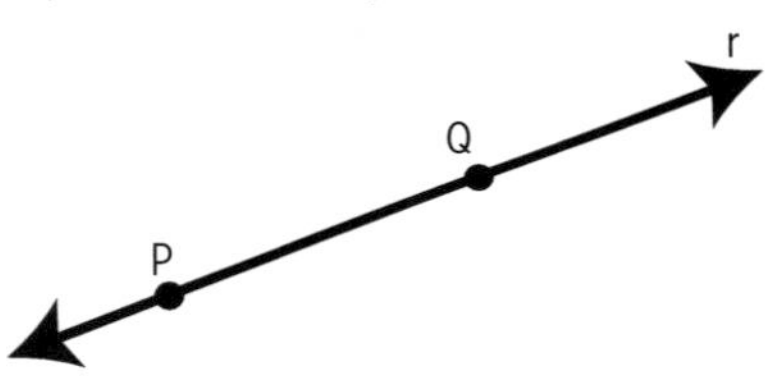

Um ponto qualquer de uma reta divide-a em duas semirretas.

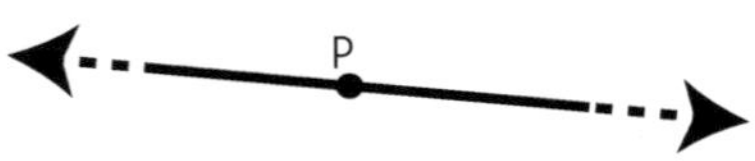

Por três pontos não colineares, passa um único plano.

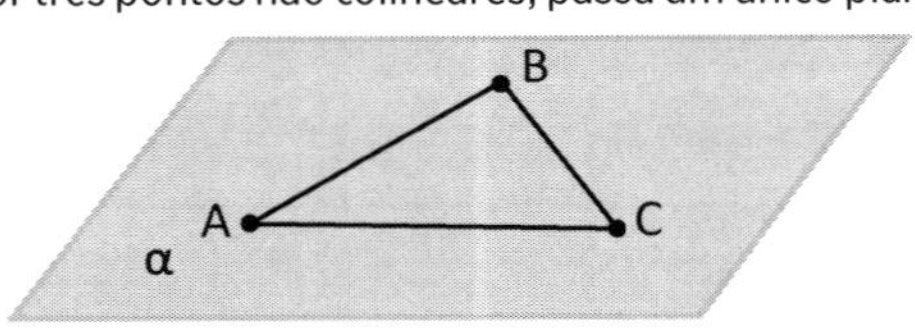

Por uma reta, pode ser traçada uma infinidade de planos.

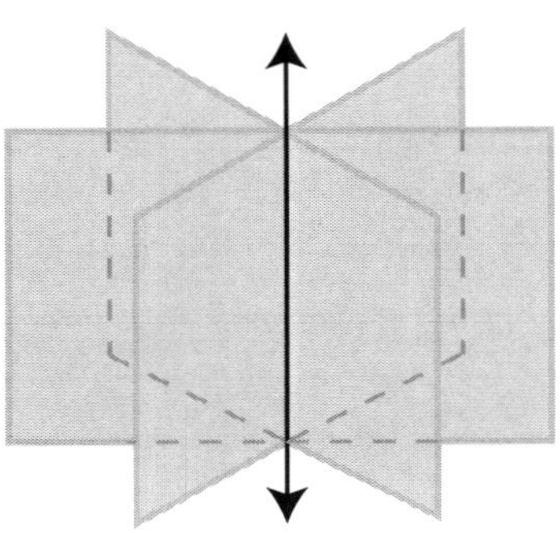

Posições relativas de duas retas

No espaço, duas retas distintas podem ser concorrentes, paralelas ou reversas:

Concorrentes

$r \cap s = \{P\}$

$r \subset \alpha$

$s \subset \alpha$

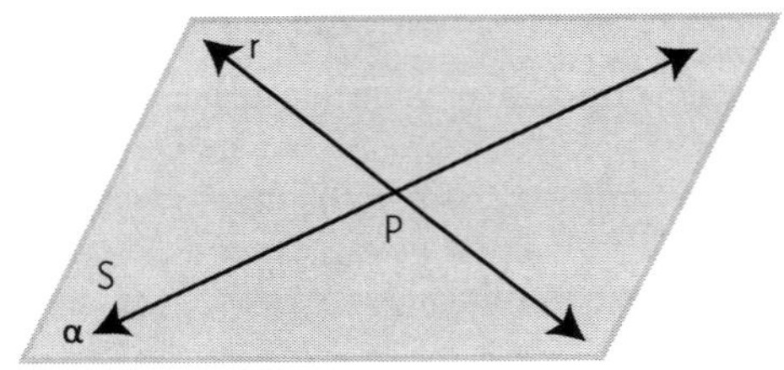

Paralelas

$r \cap s = \{\ \}$

$r \subset \alpha$

$s \subset \alpha$

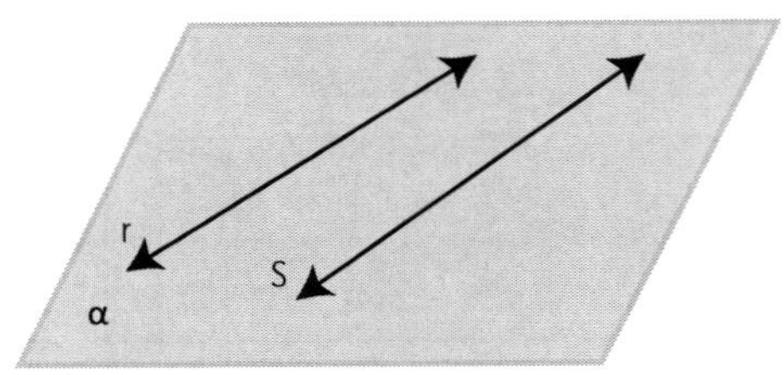

Concorrentes

$r \cap s = \{\ \}$

Não existe plano que contenha

r e s simultaneamente

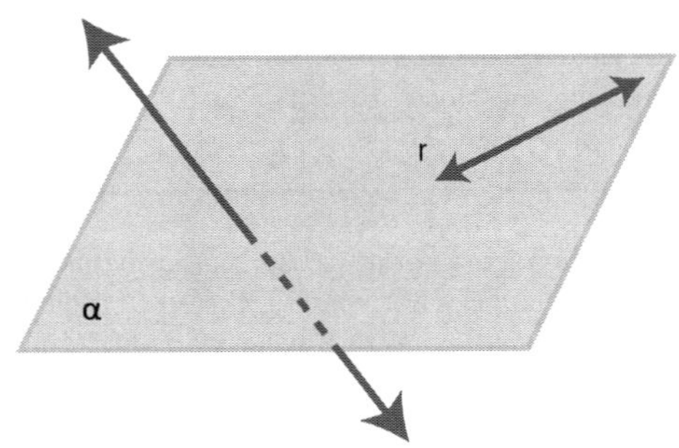

Em particular nas retas concorrentes, há aquelas que são perpendiculares.

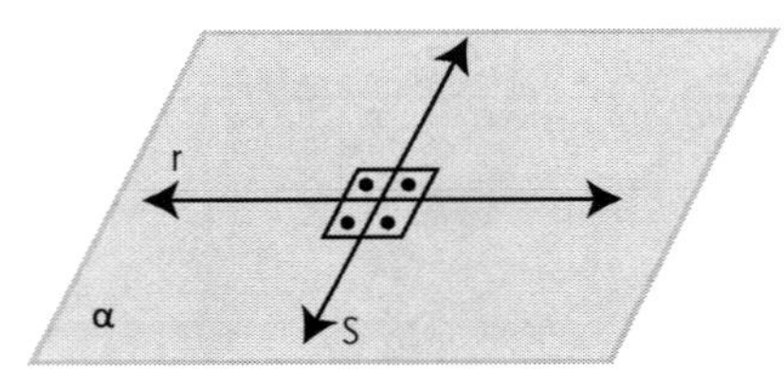

$r \perp s$

Posições relativas entre reta e plano

Reta contida no plano

Se uma reta r tem dois pontos distintos num plano α, então, r está contida nesse plano:

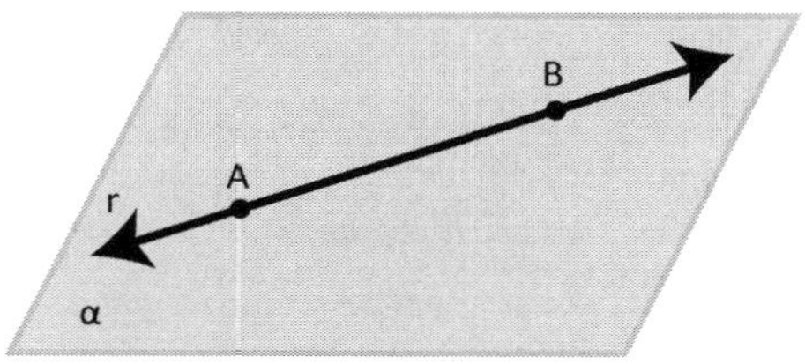

$$\begin{matrix} A\in\alpha \text{ e } B\in\alpha \\ A\in r \text{ e } B\in r \end{matrix} \Rightarrow r\subset\alpha$$

Reta concorrente ou incidente ao plano

Dizemos que a reta r "fura" o plano α ou que r e α são concorrentes em P quando $r \cap \alpha = \{P\}$.

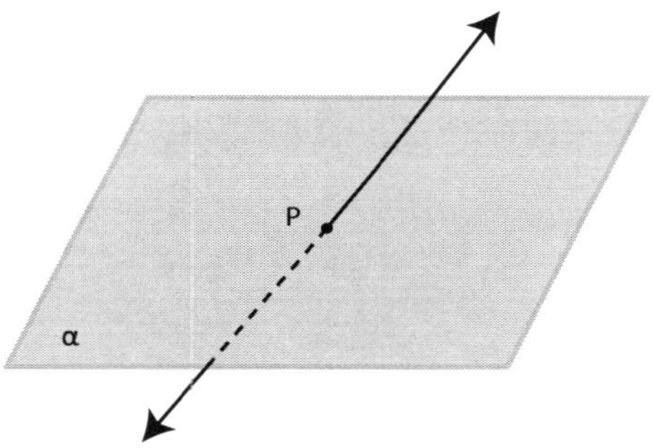

Reta paralela ao plano

Se uma reta r e um plano α não tem ponto em comum, então, a reta r é paralela a uma reta t contida no plano α; portanto,

$r \parallel \alpha, r \parallel t \text{ e } t \subset \alpha \Rightarrow r \parallel \alpha$

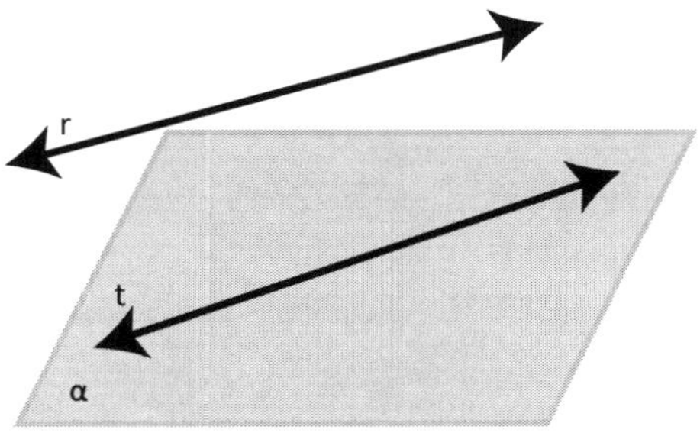

Se dois planos distintos têm um ponto em comum, então, a sua interseção é dada por uma única reta que passa por esse ponto.

Perpendicularismo entre reta e plano

Uma reta r é perpendicular a um plano α se, e somente se, r for perpendicular a todas as retas de α que passam pelo ponto de interseção de r e α.

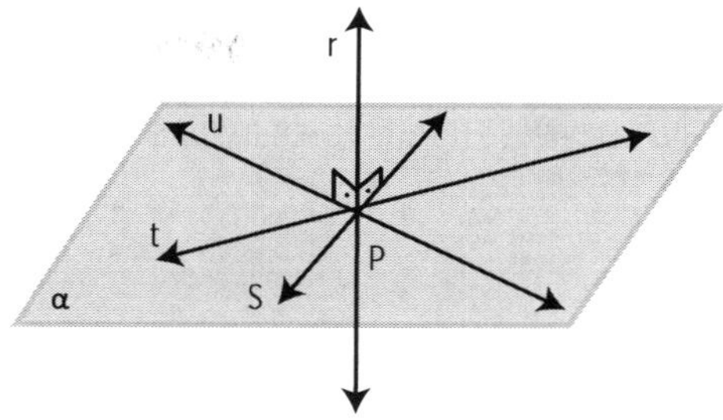

Posições relativas de dois planos

Planos coincidentes ou iguais

Planos concorrentes ou secantes

Dois planos, α e β, são concorrentes quando sua interseção é uma única reta:

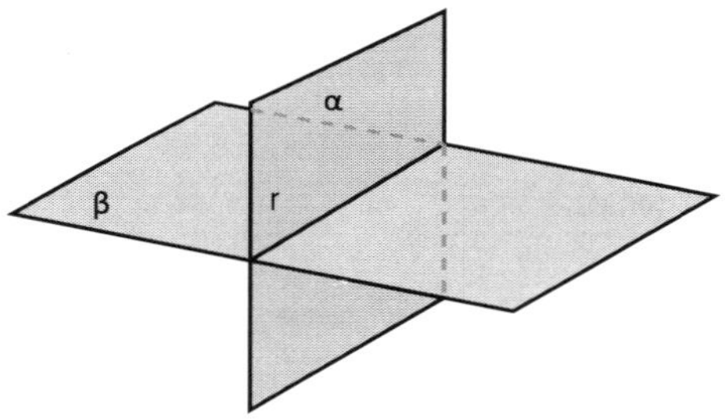

Planos paralelos

Dois planos, α e β, são paralelos quando sua interseção é vazia:

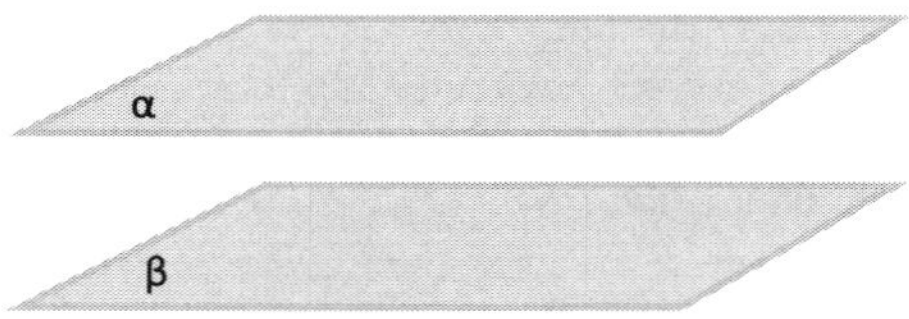

Perpendicularismo entre planos

Dois planos, α e β, são perpendiculares se, e somente se, exista uma reta de um deles que seja perpendicular ao outro:

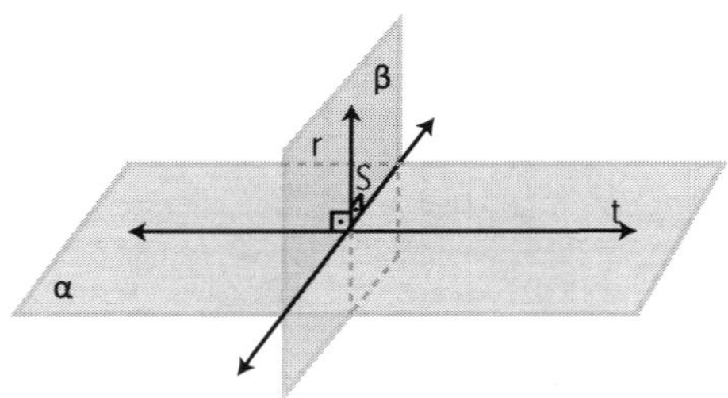

7.2 Prismas

Na figura abaixo, temos dois planos paralelos e distintos, α e β, um polígono convexo R contido em a e uma reta r que intercepta a e β, mas não R:

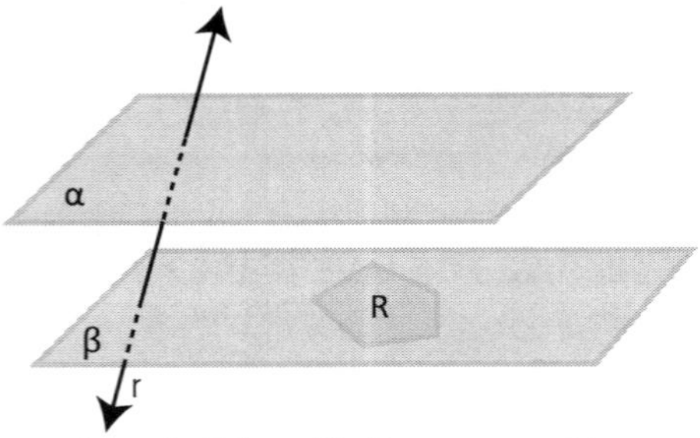

Para cada ponto P da região R, vamos considerar o segmento $\overline{PP}$, paralelo à reta r (P linha, pertence a Beta.)

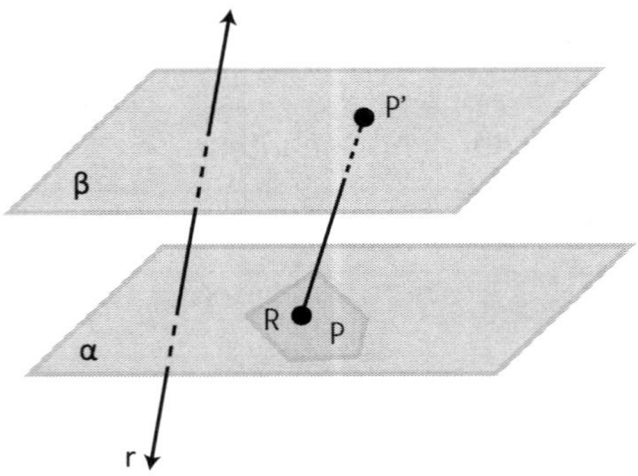

Assim, temos:

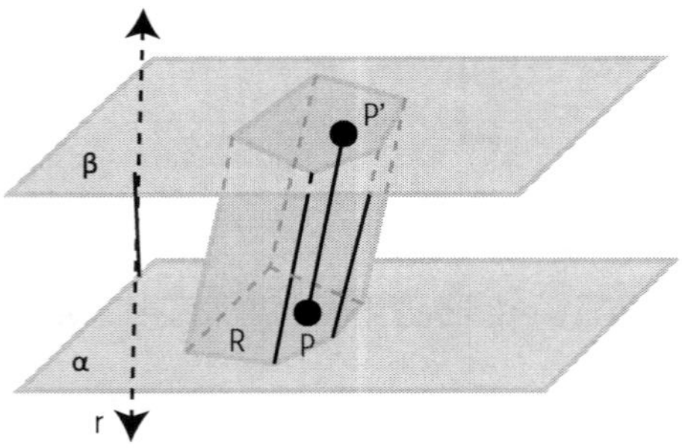

Chama-se de prisma ou prisma limitado o conjunto de todos os segmentos congruentes $\overline{PP}$ paralelos a r.

Elementos do prisma

Dado o prisma a seguir, considere os seguintes elementos:

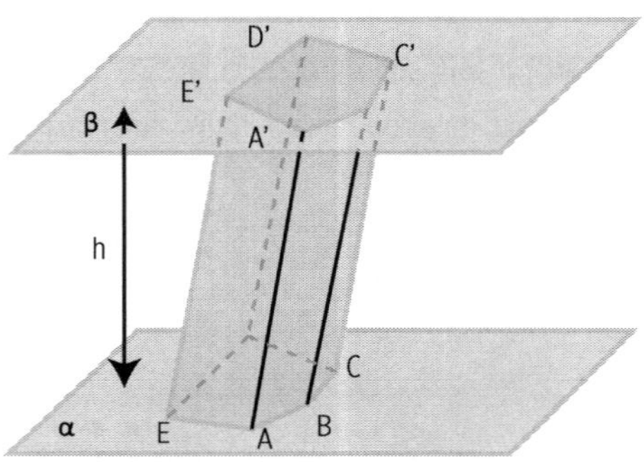

Bases: as regiões poligonais R e S

Altura: a distância h entre os planos α e β

Arestas das bases:

Lados AB, BC, CD, DE, EA, A'B', B'C', D'E', E'A' (dos polígonos)

Arestas laterais:

Os segmentos AA', BB', CC', DD', EE'

Faces laterais: os paralelogramos AA'BB', BB'C'C, CC'D'D, DD'E'E, EE'A'A

Classificação

Um prisma pode ser:

Reto: quando as arestas laterais são perpendiculares aos planos das bases;

Oblíquo: quando as arestas laterais são oblíquas aos planos das bases.

Prisma reto

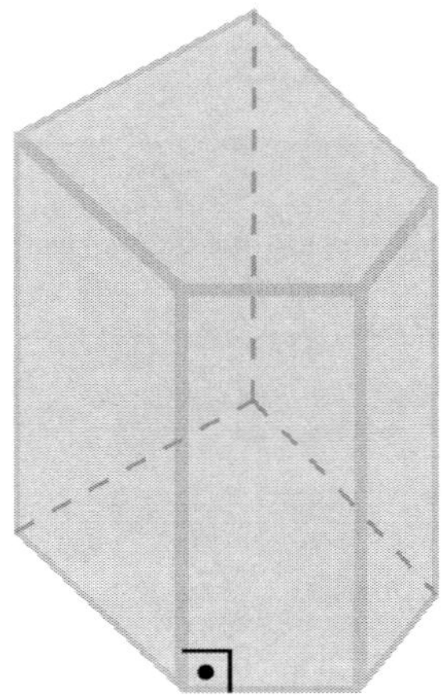

Prisma oblíquo

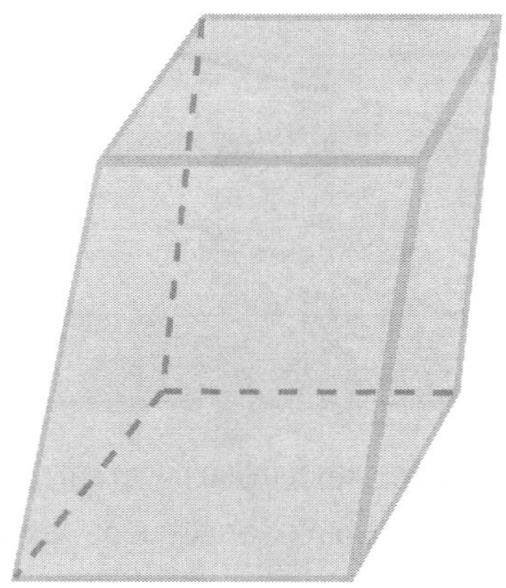

Prisma regular triangular

Chama-se de prisma regular todo prisma reto cujas bases são polígonos regulares:

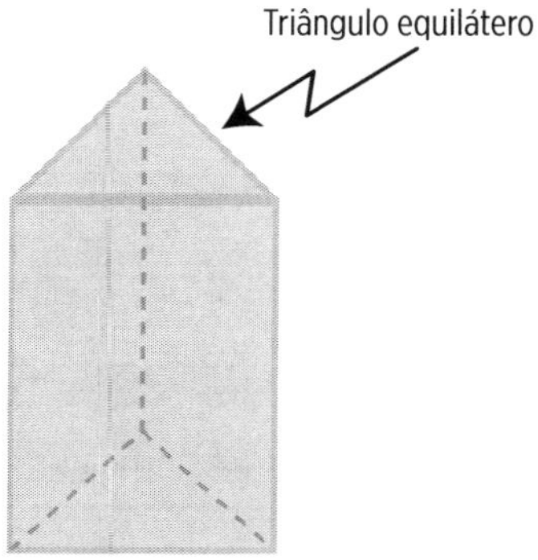

Prisma regular hexagonal

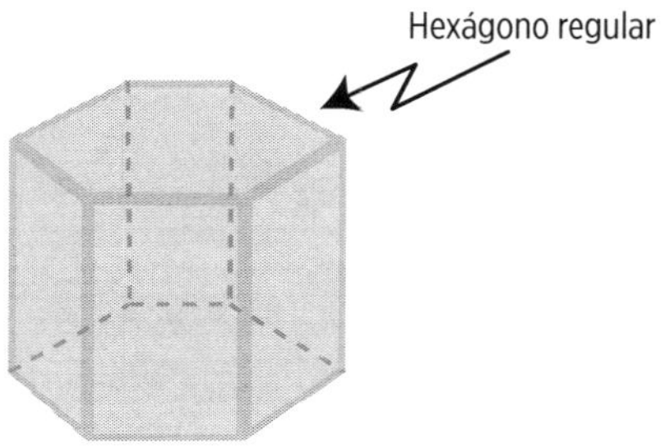

> As faces de um prisma regular são retângulos congruentes.

Áreas

Num prisma, distinguimos dois tipos de superfície: as faces e as bases. Assim, temos de considerar as seguintes áreas:

No prisma regular, temos:

AL = n . AF (n = número de lados do polígono da base).

Área de uma face (A_F): área de um dos paralelogramos que constituem as faces.

Área lateral (A_L): soma das áreas dos paralelogramos que formam as faces do prisma.

Área da base (A_B): área de um dos polígonos das bases.

Área total (A_T): soma da área lateral com a área das bases:

$$A_T = A_L + 2A_B$$

Paralelepípedo

Todo prisma cujas bases são paralelogramos recebe o nome de paralelepípedo. Assim, podemos ter:

Paralelepípedo oblíquo

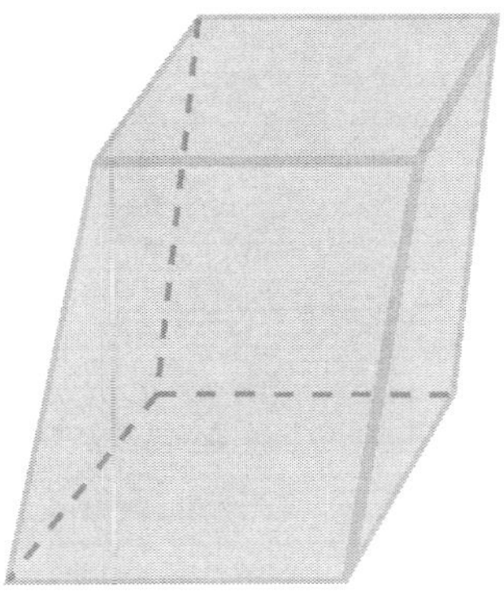

Paralelepípedo reto

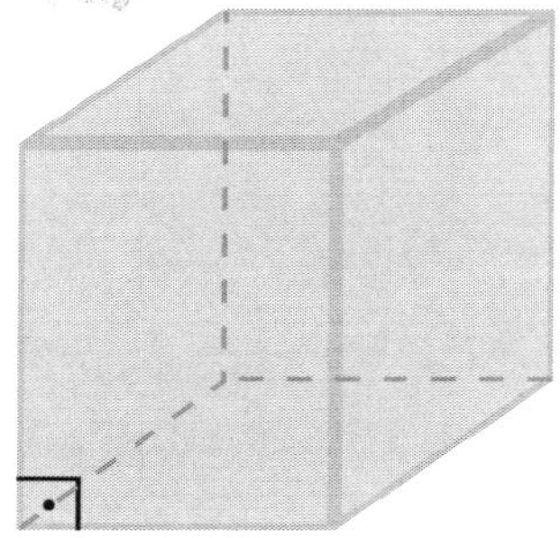

Se o paralelepípedo reto tem bases retangulares, ele é chamado de paralelepípedo reto-retângulo, ortoedro ou paralelepípedo retângulo.

Paralelepípedo retângulo

Diagonais da base e do paralelepípedo:

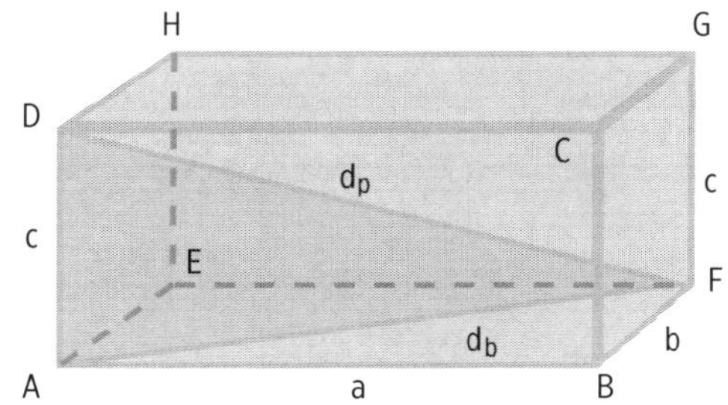

d_b = diagonal da base

d_p = diagonal do paralelepípedo

Na base, ABFE, tem-se:

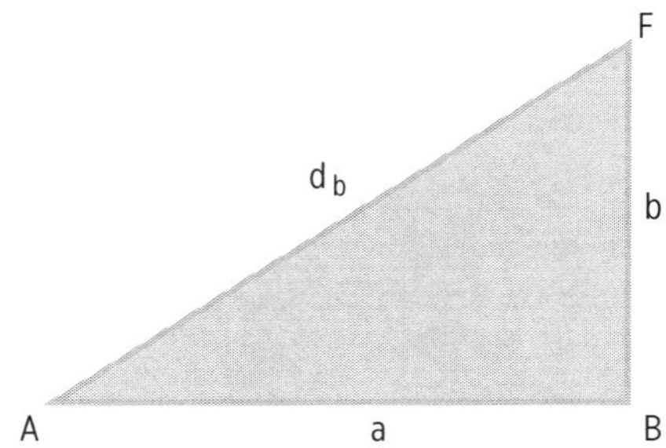

$$d_b^2 = a^2 + b^2 \Longrightarrow d_b = \sqrt{a^2 + b^2}$$

No triângulo AFD, tem-se:

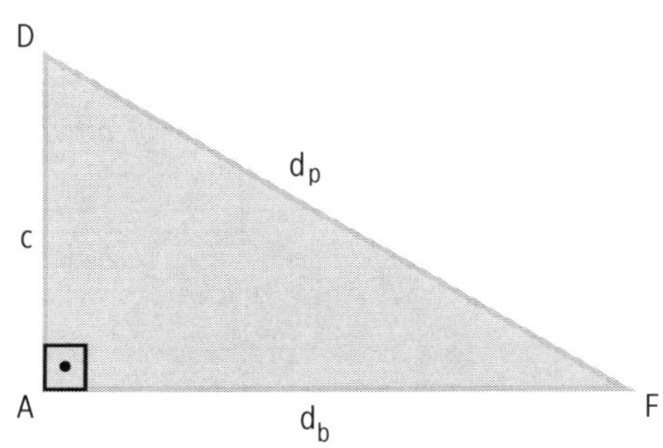

$$d_p^2 = d_b^2 + c^2 = a^2 + b^2 + c^2 \Rightarrow d_p = \sqrt{a^2 + b^2 + c^2}$$

Área lateral

Sendo A_L a área lateral de um paralelepípedo retângulo, tem-se:

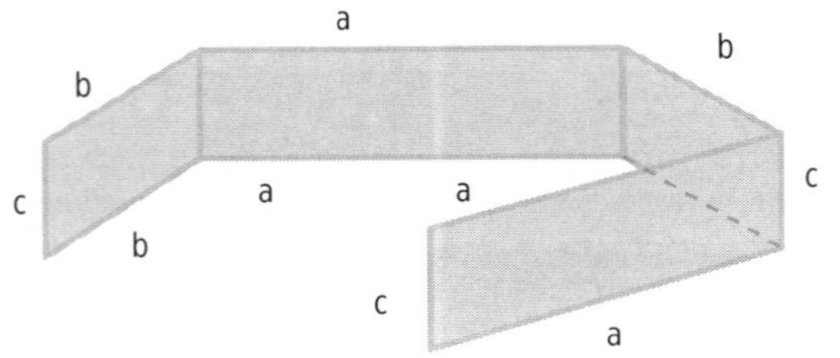

$$A_L = ac + bc + ac + bc = 2ac + 2bc = A_L = 2(ac + bc)$$

Área total

Planificando o paralelepípedo, verificamos que a área total é a soma das áreas de cada par de faces opostas:

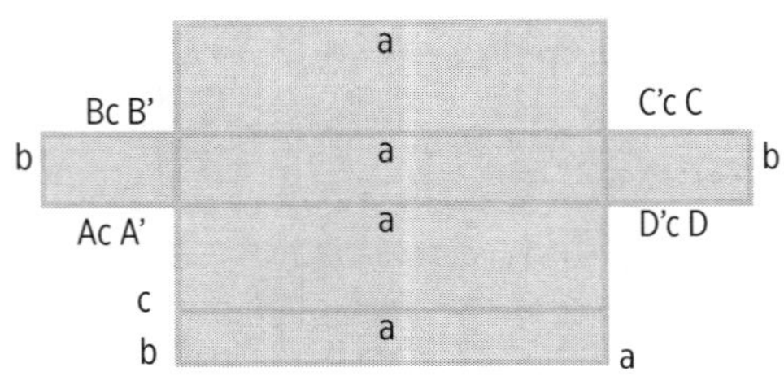

$$A_T = 2(ab + ac + bc)$$

Volume

O volume de um paralelepípedo retângulo de dimensões a, b e c é dado por:

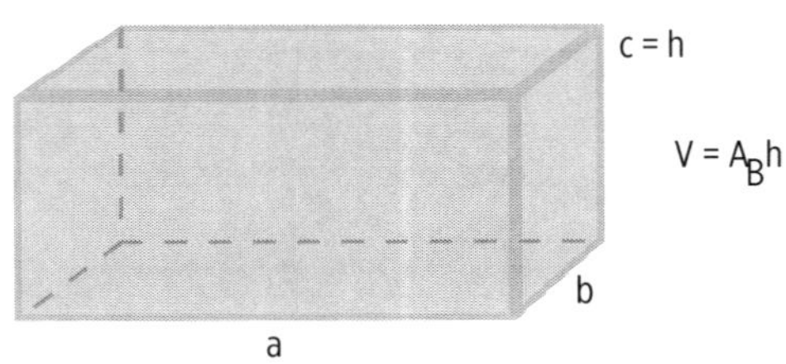

$$V = a.b.c$$

Cubo

Um paralelepípedo retângulo com todas as arestas congruentes (a = b = c) recebe o nome de cubo. Dessa forma, cada face é um quadrado.

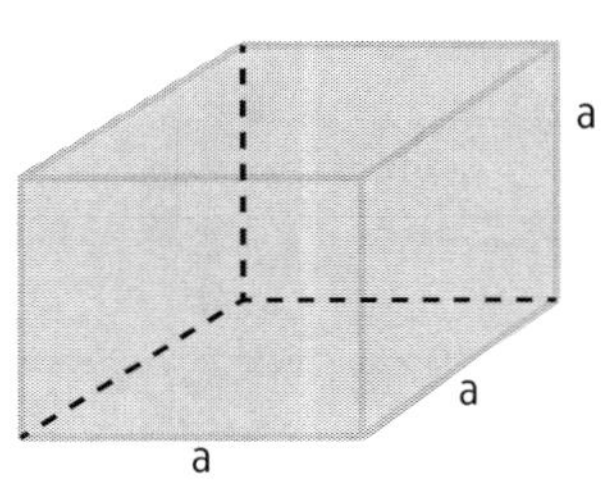

Diagonais da base e do cubo

Considere a figura a seguir:

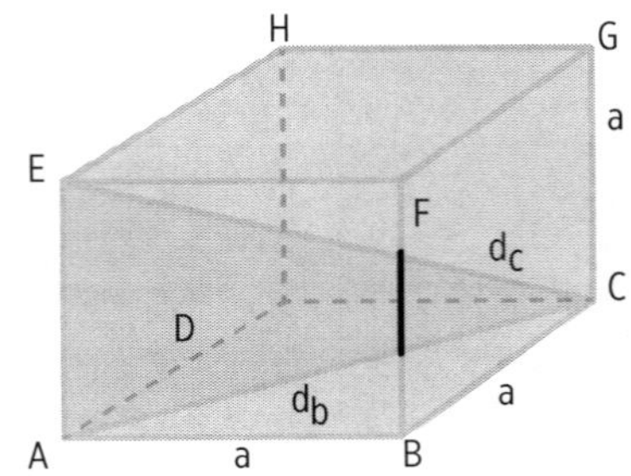

d_c = diagonal do cubo

d_b = diagonal da base

Na base ABCD, tem-se:

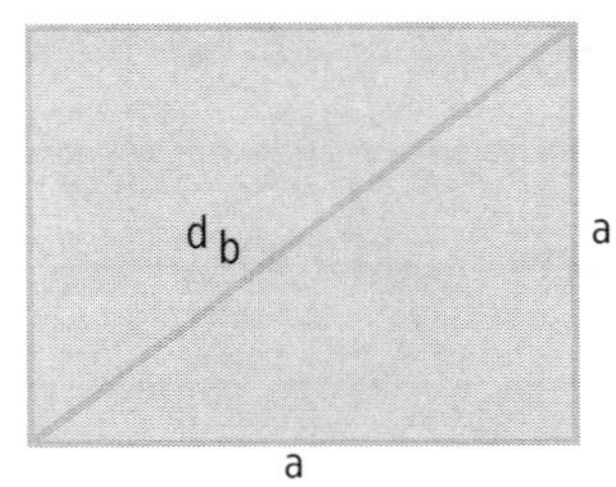

$$d_c^2 = a^2 + a^2 = 2a^2 \Longrightarrow d_b = a\sqrt{2}$$

No triângulo ACE, tem-se:

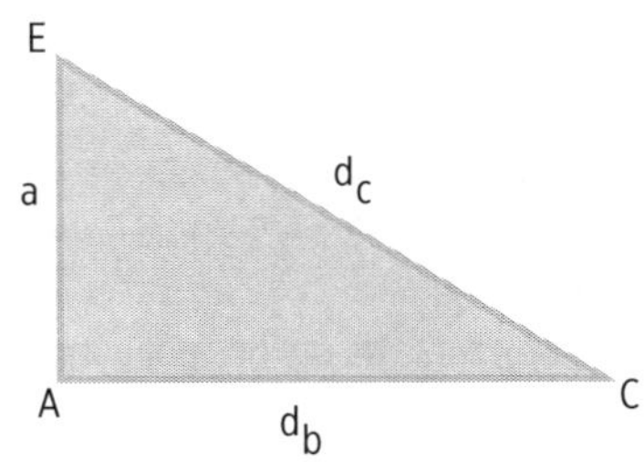

$$d_c^2 = a^2 + d_b^2 = a^2 + 2a^2 = 3a^2 \Longrightarrow d_c = a\sqrt{3}$$

Área lateral

A área lateral A_L é dada pela área dos quadrados de lado a:

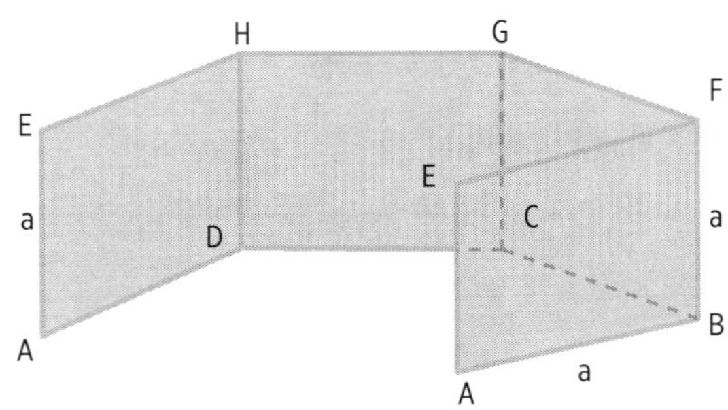

$$A_L = 4a^2$$

Área total

A área total A_T é dada pela área dos seis quadrados de lado a:

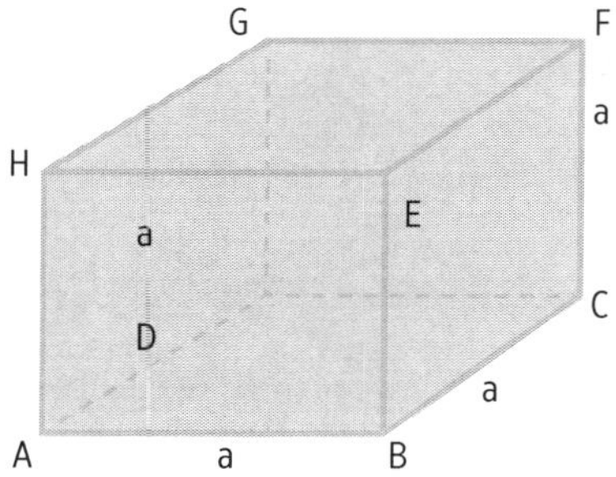

$$A_T = 6a^2$$

Volume

De forma semelhante ao paralelepípedo retângulo, o volume de um cubo de aresta a é dado por:

$$V = a \cdot a \cdot a = a^3$$

Generalização do volume de um prisma:

$V_{prisma} = A_B \cdot h$

7.3 Cilindro

Elementos do cilindro

Dado o cilindro a seguir, considere os seguintes elementos:

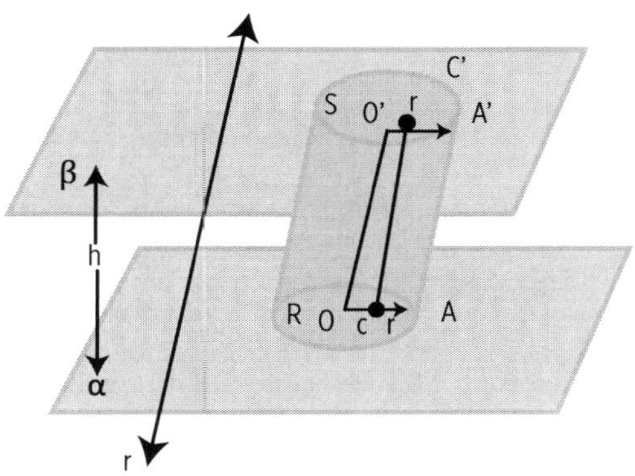

Bases: os círculos de centro O e O' e raios r.

Altura: a distância h entre os planos α e β.

Geratriz: qualquer segmento de extremidades nos pontos das circunferências das bases (por exemplo, $\overline{AA'}$) e paralelo à reta r.

Classificação do cilindro

Um cilindro pode ser:

> **Circular oblíquo:** quando as geratrizes são oblíquas às bases;

> **Circular reto:** quando as geratrizes são perpendiculares às bases.

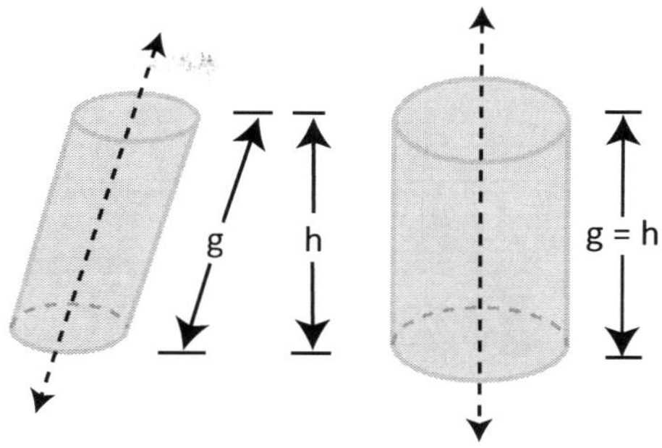

O cilindro circular reto é também chamado de cilindro de revolução, por ser gerado pela rotação completa de um retângulo por um de seus lados. Assim, a rotação do retângulo ABCD pelo lado $\overline{BC}$ gera o cilindro a seguir:

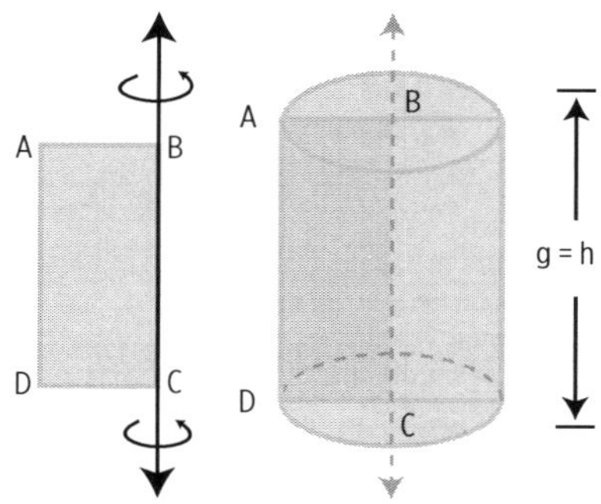

A reta $\overline{BC}$ contém os centros das bases e é o eixo do cilindro.

Seção

Seção transversal é a região determinada pela interseção do cilindro com um plano paralelo às bases. Todas as seções transversais são congruentes.

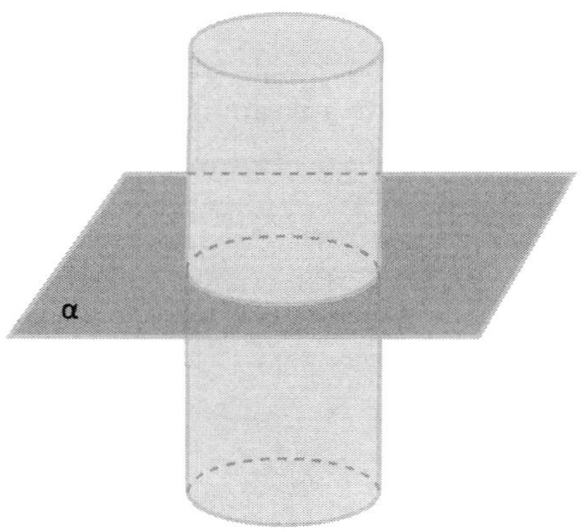

Seção meridiana é a região determinada pela interseção do cilindro com um plano que contém o eixo.

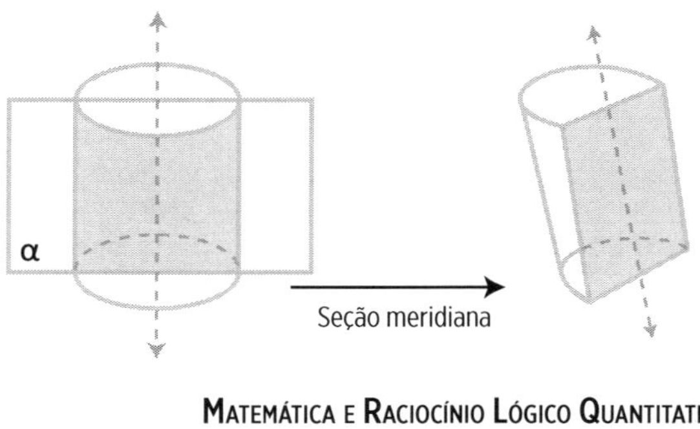

Áreas

Num cilindro, consideramos as seguintes áreas:

Área Lateral (A_L)

Pode-se observar a área lateral de um cilindro fazendo a sua planificação:

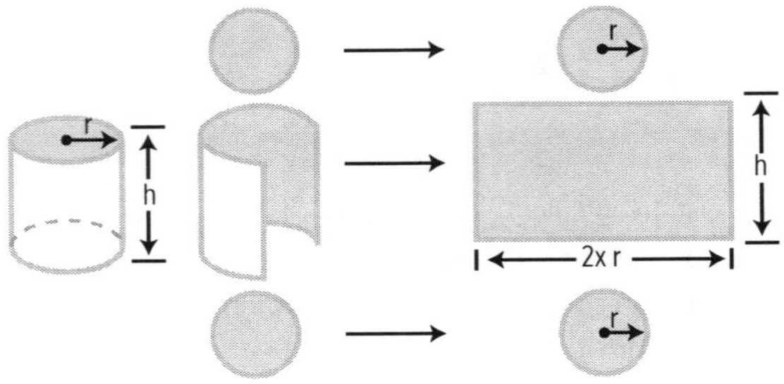

Assim, a área lateral do cilindro reto cuja altura é h e cujos raios dos círculos das bases são r é um retângulo de dimensões 2 π r e h:

$$A_L = 2\pi r h$$

Área da base (A_B): área do círculo de raio r

$$A_B = 2\pi r^2$$

Área total (A_T): soma da área lateral com as áreas das bases

$$A_T = A_L + 2_{AB} = 2\pi r h + 2\pi r^2 = 2\pi r (h + r)$$

Volume

O volume de todo paralelepípedo retângulo e de todo cilindro é o produto da área da base pela medida de sua altura:

$$V_{cilindro} = A_B \cdot h$$

No caso do cilindro circular reto, a área da base é a área do círculo de raio r, $A_B = \varpi r^1 h$; portanto, seu volume é:

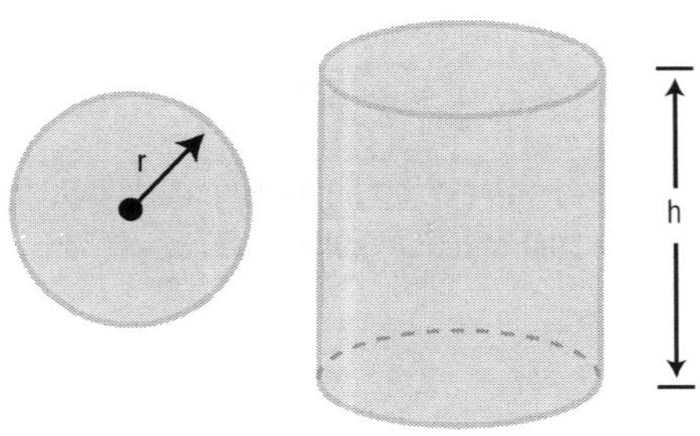

$$V = r^2 h$$

Cilindro equilátero

Todo cilindro cuja seção meridiana é um quadrado (altura igual ao diâmetro da base) é chamado cilindro equilátero.

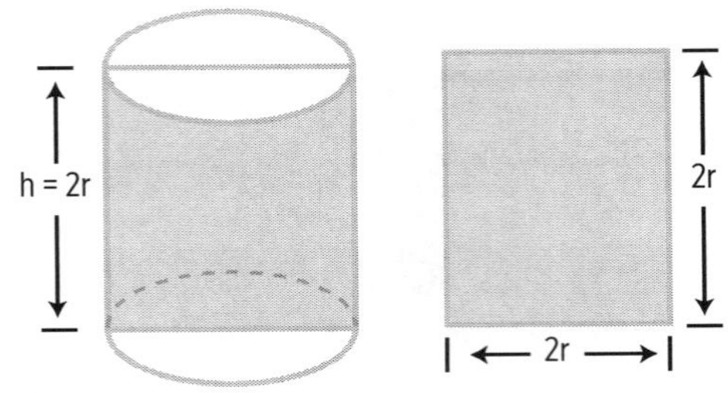

$$A_L = 2r \cdot 2\pi r = 4\pi r^2$$

$$A_T = A_L + A_B = 4\pi r^2 + 2\pi r^2 = 6\pi r^2$$

7.4 Cone Circular

Dado um círculo C, contido num plano α, e um ponto V (vértice) fora de α, chamamos de cone circular o conjunto de todos os segmentos $\overline{VP}$, $P \in C$.

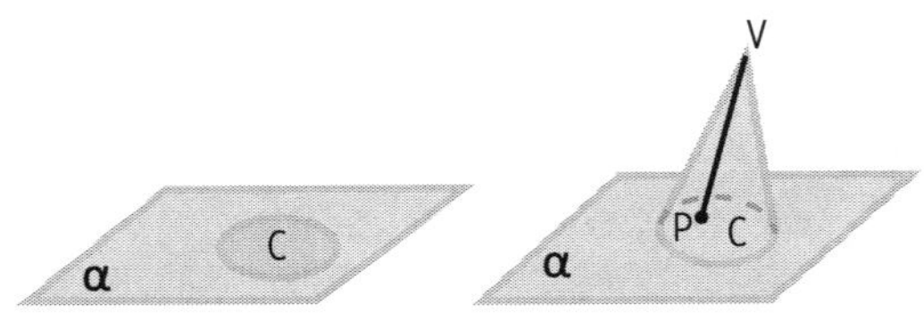

Elementos do cone circular

Dado o cone a seguir, consideramos os seguintes elementos:

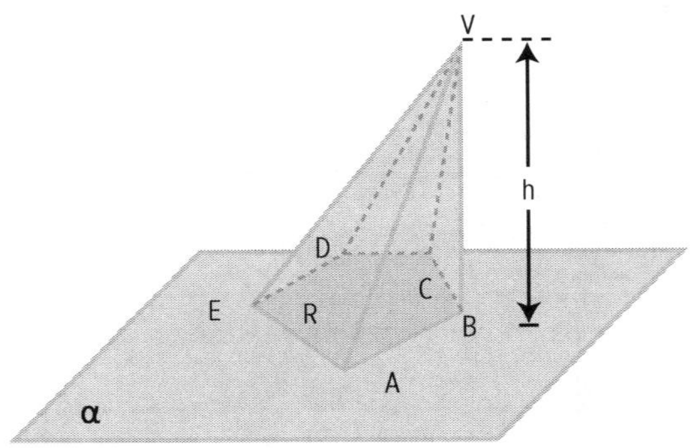

Altura: distância h do vértice V ao plano α.

Geratriz (g): segmento com uma extremidade no ponto V e outra num ponto da circunferência.

Raio da base: raio R do círculo.

Eixo de rotação: reta $\overline{VO}$ determinada pelo centro do círculo e pelo vértice do cone.

Cone reto

Todo cone cujo eixo de rotação é perpendicular à base é chamado cone reto, também denominado cone de revolução. Ele pode ser gerado pela rotação completa de um triângulo retângulo em torno de um de seus catetos.

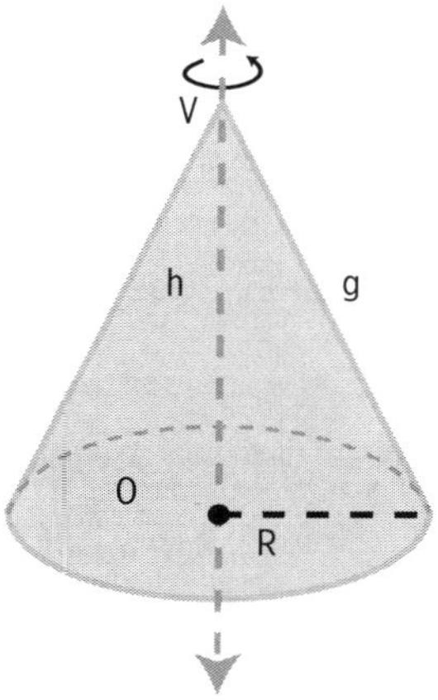

Da figura, e pelo Teorema de Pitágoras, temos a seguinte relação:

$$g^2 = h^2 + R^2$$

Seção meridiana

A seção determinada, num cone de revolução, por um plano que contém o eixo de rotação é chamada seção meridiana.

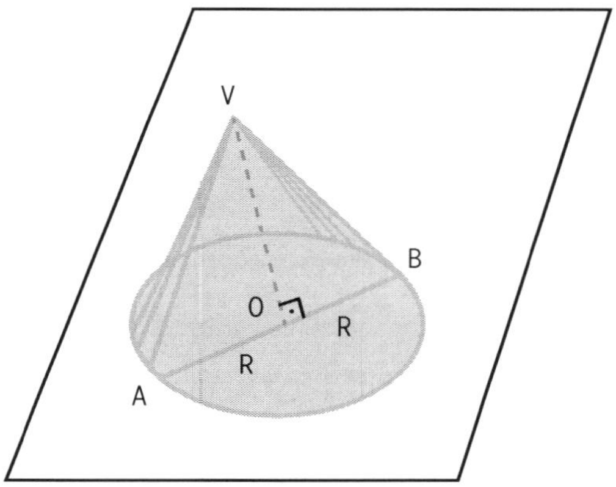

Se o triângulo AVB for equilátero, o cone também será equilátero:

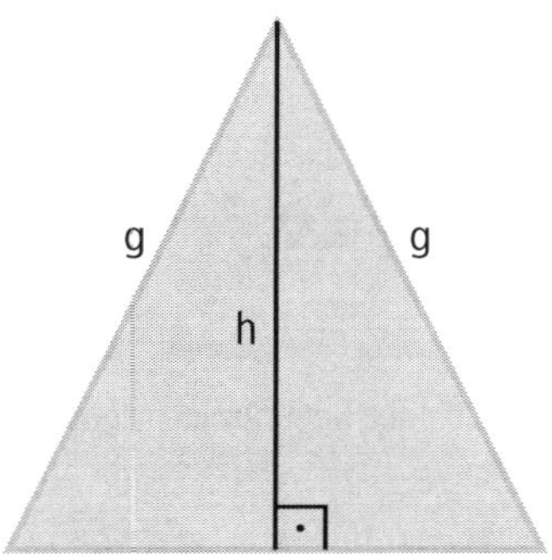

$$g = 2R$$
$$h = R\sqrt{3}$$

Áreas

Desenvolvendo a superfície lateral de um cone circular reto, obtemos um setor circular de raio g e comprimento $L = 2\pi R$

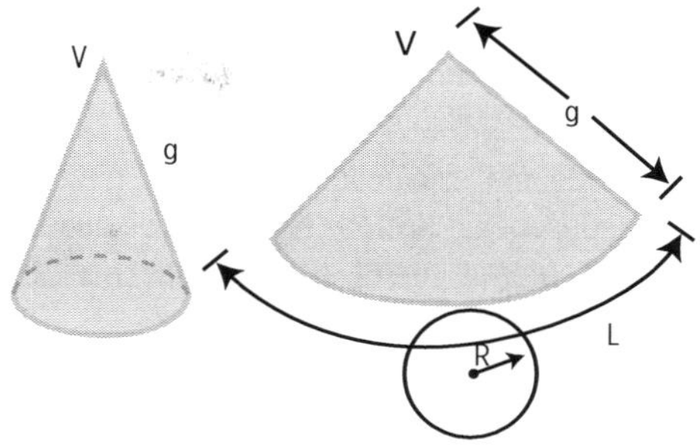

Assim, há de se considerar as seguintes áreas:

Área lateral (AL): área do setor circular

$$A_L = \frac{gl}{2} = \frac{g \cdot 2\pi R}{2} \Longrightarrow A_L = \pi Rg$$

Área da base (AB): área do círculo do raio R

$$A_B = \pi R^2$$

Área total (AT): soma da área lateral com a área da base

$$A_T = A_L + A_B = \pi Rg + \pi R^2 \rightarrow A_T \pi R\,(g+R)$$

Volume

$$V_{cone} = 2\pi dS = 2\pi \cdot \frac{r}{3} \cdot \frac{rh}{2} \Longrightarrow V_{cone} = \frac{1}{3} \cdot \pi r^2 h$$

7.5 Pirâmides

Dado um polígono convexo R, contido em um plano α, e um ponto V (vértice) fora de α, chamamos de pirâmide o conjunto de todos os segmentos $\overline{VP}$, $P \in R$.

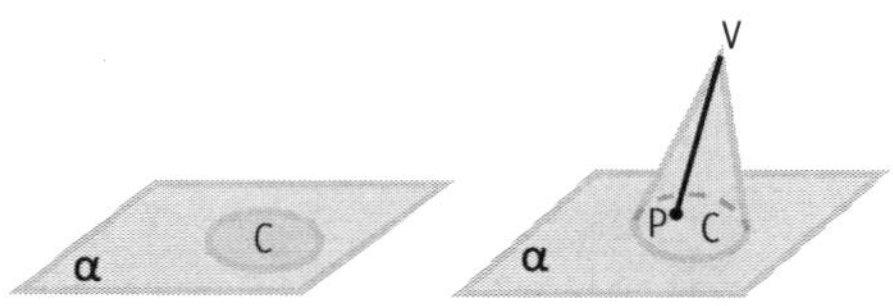

Elementos da pirâmide

Dada a pirâmide a seguir, tem-se os seguintes elementos:

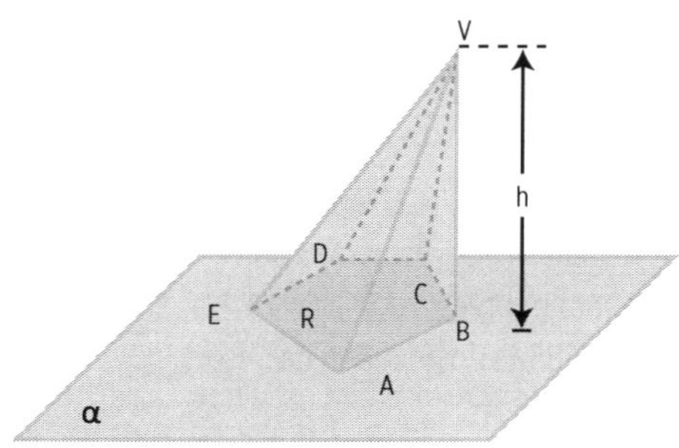

Base: o polígono convexo R.

Arestas da base: os lados AB, BC, CD, DE, EA do polígono.

Arestas laterais: os segmentos VA, VB, VC, VD, VE. .

Faces laterais: os triângulos VAB, VBC, VCD, VDE, VEA.

Altura: distância h do ponto V ao plano.

Classificação

Uma pirâmide é reta quando a projeção ortogonal do vértice coincide com o centro do polígono da base.

Toda pirâmide reta, cujo polígono da base é regular, recebe o nome de pirâmide regular. Ela pode ser triangular, quadrangular, pentagonal, etc., conforme sua base, seja, respectivamente, um triângulo, um quadrilátero, um pentágono, etc.

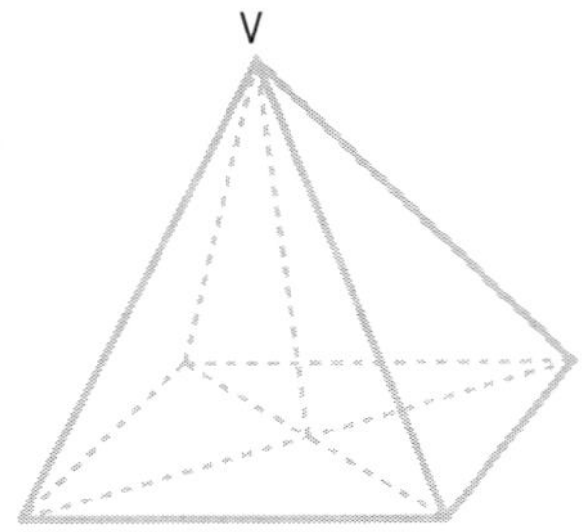

Pirâmide regular quadrangular

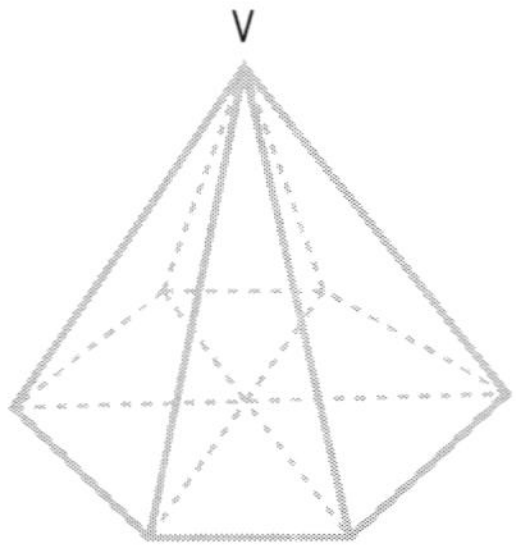

Pirâmide regular hexagonal

Áreas

Numa pirâmide, temos as seguintes áreas:

Área lateral (A_L): reunião das áreas das faces laterais.

Área da base (A_B): área do polígono convexo (base da pirâmide).

Área total (A_T): união da área lateral com a área da base.

$$A_T = A_L + A_B$$

Para uma pirâmide regular, temos:

$$A_L = n \cdot \frac{bg}{2} \qquad A_B = pa$$

Em que:

b é a aresta;

g é o apótema;

n é o número de arestas laterais;

p é o semiperímetro da base;

a é o apótema do polígono da base.

Volume

$$V_{cone} = \frac{1}{3} \cdot \underbrace{\pi \cdot R^2}_{\text{Área da base}} h \rightarrow \boxed{V_{pirâmide} = \frac{1}{3} \cdot ABh}$$

Troncos

Se um plano interceptar todas as arestas de uma pirâmide ou de um cone, paralelamente às suas bases, o plano dividirá cada um desses sólidos em dois outros: uma nova pirâmide e um tronco de pirâmide; e um novo cone e um tronco de cone.

Tronco da pirâmide

Dado o tronco de pirâmide regular a seguir, tem-se:

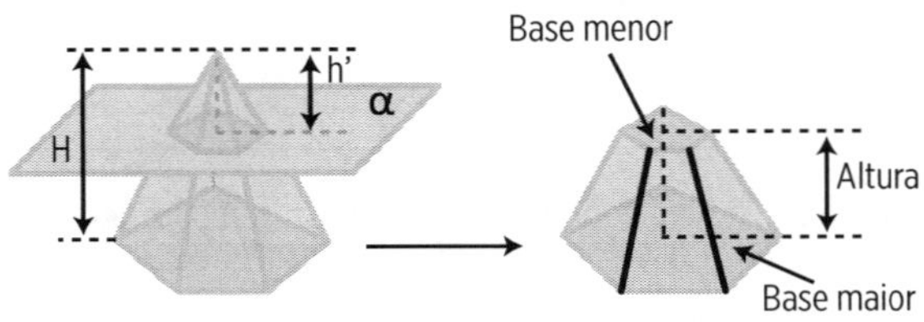

Pirâmide — Tronco da pirâmide

As bases são polígonos regulares paralelos e semelhantes;

As faces laterais são trapézios isósceles congruentes.

Áreas

Área lateral (A_L): soma das áreas dos trapézios isósceles congruentes que formam as faces laterais.

Área total (A_T): soma da área lateral com a soma das áreas da base menor (A_b) e maior (A_B).

$$A_T = A_L + A_B + A_b$$

Volume

O volume de um tronco de pirâmide regular é dado por:

$$V_r = \frac{h}{3}\left(A_B + A_b + \sqrt{A_B A_b}\right)$$

Sendo V o volume da pirâmide e V' o volume da pirâmide obtido pela seção, é válida a relação:

$$\frac{V'}{V} = \left(\frac{h'}{H}\right)^3$$

Tronco do cone

Sendo o tronco do cone circular regular a seguir, tem-se:

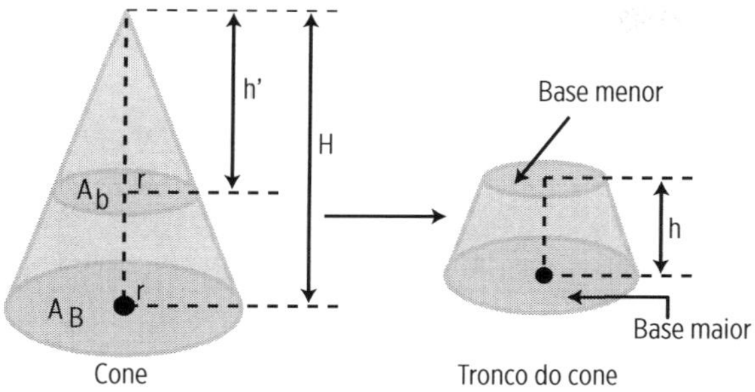

As bases maior e menor são paralelas;

A altura do tronco é dada pela distância entre os planos que contém as bases.

Áreas

Tem-se: área lateral

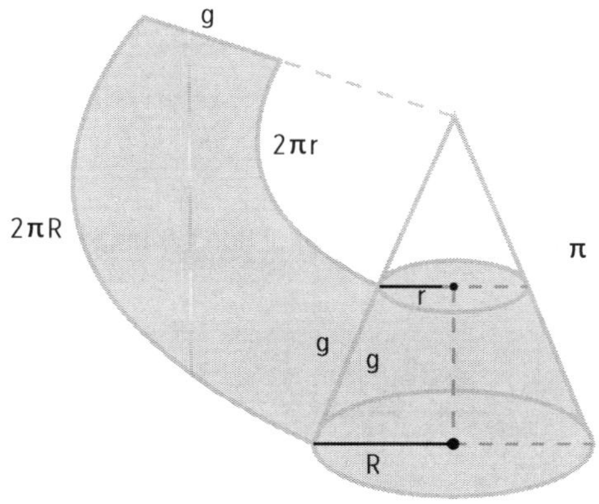

$$A_L = \pi(R + r)g$$

Área total

$$A_T = A_L + A_B + A_b = \pi(R + r)g + \pi R^2 + \pi r^2$$

$$\Downarrow$$

$$A_T = \pi[(R + r)g + R^2 + r^2]$$

Volume

$$V = \frac{h}{3}\left(A_B + A_b + \sqrt{A_B A_b}\right) = \frac{h}{3}\left(\pi R^2 + \pi r^2 + \sqrt{\pi R^2 \cdot \pi r^2}\right)$$

$$\Downarrow$$

$$V = \frac{\pi h}{3}(R^2 + r^2 + Rr)$$

Sendo V o volume do cone e V' o volume do cone obtido pela seção, são válidas as relações:

$$\frac{r}{r'} = \frac{H}{h'}$$

$$\frac{A_B}{A_b} = \left(\frac{H}{h'}\right)^2$$

$$\frac{V}{V'} = \left(\frac{H}{h'}\right)^3$$

7.6 Esfera

Chama-se de esfera de centro O e raio R o conjunto de pontos do espaço cuja distância ao centro é menor ou igual ao raio R.

Considerando a rotação completa de um semicírculo em torno de um eixo e, a esfera é o sólido gerado por essa rotação. Assim, ela é limitada por uma superfície esférica e formada por todos os pontos pertencentes a essa superfície e ao seu interior.

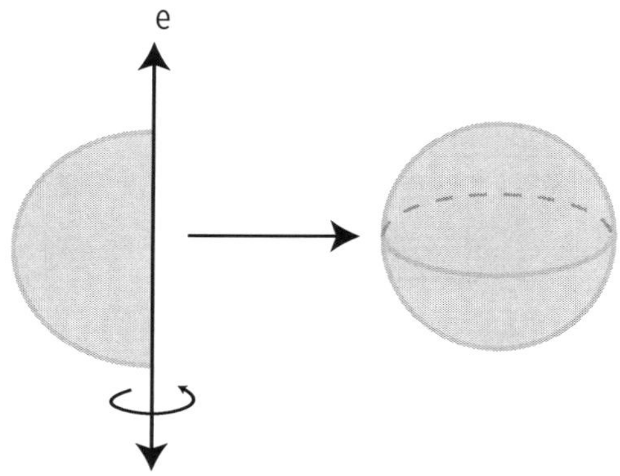

Volume

O volume da esfera de raio R é dado por:

$$V_e = \frac{4}{3} \cdot \pi R^3$$

Partes da esfera

Superfície esférica

A superfície esférica de centro O e raio R é o conjunto de pontos do espaço cuja distância ao ponto O é igual ao raio R.

Se considerar a rotação completa de uma semicircunferência em torno de seu diâmetro, a superfície esférica é o resultado dessa rotação.

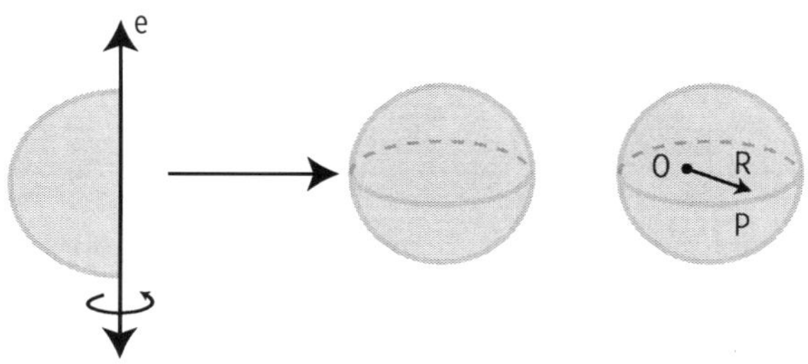

A área da superfície esférica é dada por:

$$A_s = 4\pi R^2$$

Zona esférica

É a parte da esfera gerada do seguinte modo:

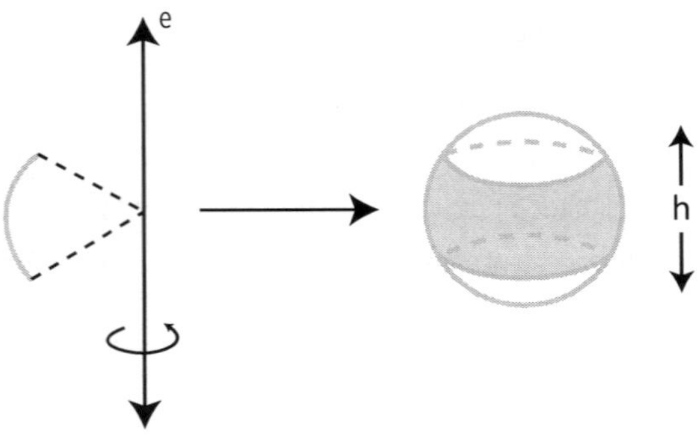

A área da zona esférica é dada por:

$$S = 2\pi Rh$$

Calota esférica

É a parte da esfera gerada do seguinte modo:

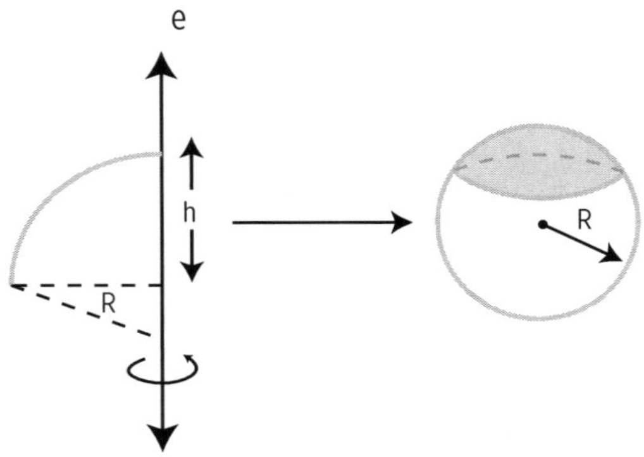

A área da calota esférica é dada por:

$$S = 2\pi Rh$$

Fuso esférico

O fuso esférico é uma parte da superfície esférica que se obtém ao girar uma semicircunferência de um ângulo $\alpha(0< \alpha<2\pi)$ em torno de seu eixo:

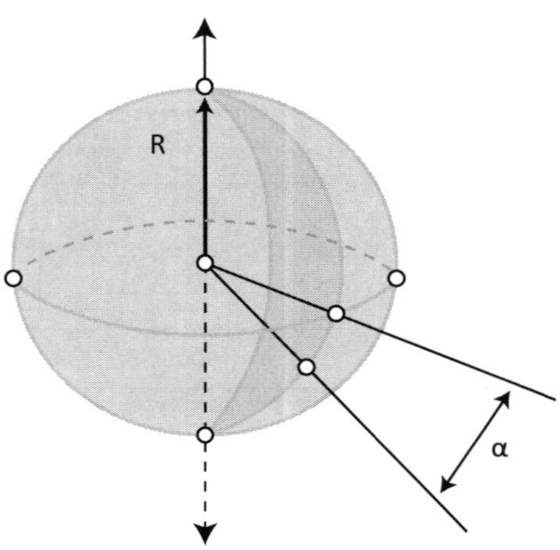

A área do fuso esférico pode ser obtida por uma regra de três simples:

$$A_S - 2\pi \quad A_F = \frac{4\pi R^2\alpha}{2\pi} \Rightarrow A_F = 2R^2\alpha \text{ (}\alpha\text{ em radianos)}$$
$$A_F - \alpha$$

$$A_S = 360^o \quad A_F = \frac{4\pi R^2\alpha}{360^o} \Rightarrow A_F = \frac{\pi R^2\alpha}{90^o} \text{ (}\alpha\text{ em graus)}$$
$$A_F - \alpha$$

Cunha esférica

Parte da esfera que se obtém ao girar um semicírculo em torno de seu eixo de um ângulo $\alpha(0< \alpha< 2\pi)$:

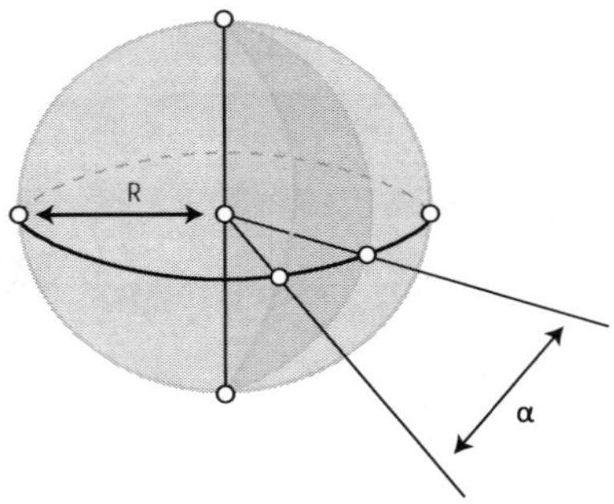

O volume da cunha pode ser obtido por uma regra de três simples:

$$\left.\begin{matrix} V_e - 2\pi \\ V_c - \alpha \end{matrix}\right\} \Rightarrow V_c = \frac{\frac{4}{3}\pi R^3\alpha}{2\pi} \Rightarrow V_c = \frac{2}{3} \cdot R^3\alpha \text{ (}\alpha\text{ em radianos)}$$

$$\left.\begin{matrix} V_e - 360^o \\ V_c - \alpha \end{matrix}\right\} \Rightarrow V_c = \frac{\frac{4}{3}\pi R^3\alpha}{360^o} \Rightarrow V_c = \frac{\pi R^3\alpha}{270^o} \text{ (}\alpha\text{ em graus)}$$

Questões

01. (Vunesp) Flávio ingeriu uma certa quantidade do suco contido em um recipiente no formato de um prisma reto, mostrado na figura, e o nível do suco no recipiente baixou 5 cm. A quantidade de suco ingerida por Flávio foi, em mL, igual a:

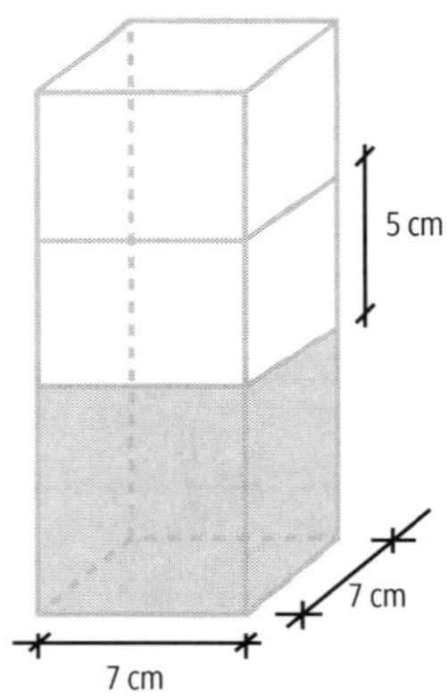

a) 185
b) 200
c) 210
d) 225
e) 245

02. (FIP) Ao aumentarmos a altura de um paralelepípedo retângulo em 2 unidades, em quanto aumenta a área total do paralelepípedo obtido?

a) Quatro vezes a soma das dimensões da base.

b) Três vezes a diferença das dimensões das arestas laterais.

c) Dobro das arestas.

d) Metade da soma das dimensões da base.

e) Um quinto da soma das arestas e das dimensões da base.

03. (FCC) Considere que a peça mostrada na figura abaixo foi obtida secionando-se obliquamente um prisma reto de base quadrada, feito de aço maciço.

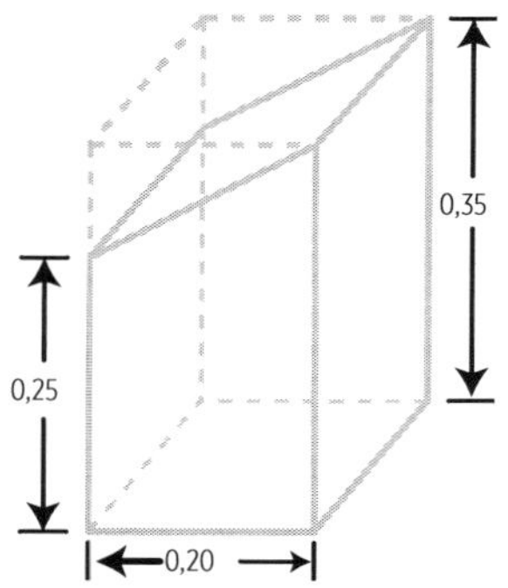

Se a unidade das medidas indicadas na figura é o metro e sabendo que a densidade do aço é 7,9 g/cm³, então, a massa da peça obtida, em quilogramas, é:

a) 8,76

b) 9,48

c) 87,6

d) 94,8

e) 125,6

04. (EsPCEx) A figura abaixo representa a planificação de um tronco de cone reto com a indicação das medidas dos raios das circunferências das bases e da geratriz. A medida da altura desse tronco de cone é:

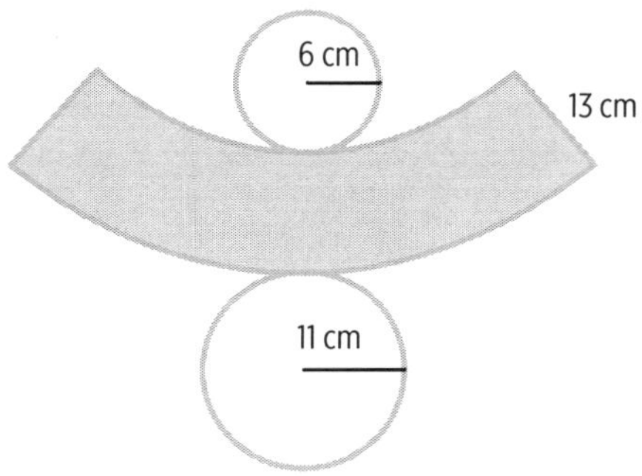

a) 13 cm

b) 12 cm

c) 11 cm

d) 10 cm

e) 9 cm

05. (EJA) A pirâmide de Quéops, em Gizé, no Egito, tem aproximadamente $90\sqrt{2}$ metros de altura, possui uma base quadrada e suas faces laterais são triângulos equiláteros. Nessas condições, pode-se afirmar que, em metros, cada uma de suas arestas mede:

a) 90

b) 120

c) 160

d) 180

e) 200

06. (EsSA) Um tanque subterrâneo tem a forma de um cone invertido. Esse tanque está completamente cheio com $8dm^3$ de água e $56dm^3$ de petróleo. Petróleo e água não se misturam, ficando o petróleo na parte superior do tanque e a água na parte inferior. Sabendo que o tanque tem 12m de profundidade, a altura da camada de petróleo é:

a) 10m

b) 9m

c) 8m

d) 7m

e) 6m

07. (Comperve) Um recipiente cônico foi projetado de acordo com o desenho ao lado, no qual o tronco do cone foi obtido de um cone de altura igual a 18 cm.

O volume desse recipiente, em cm3, é igual a:

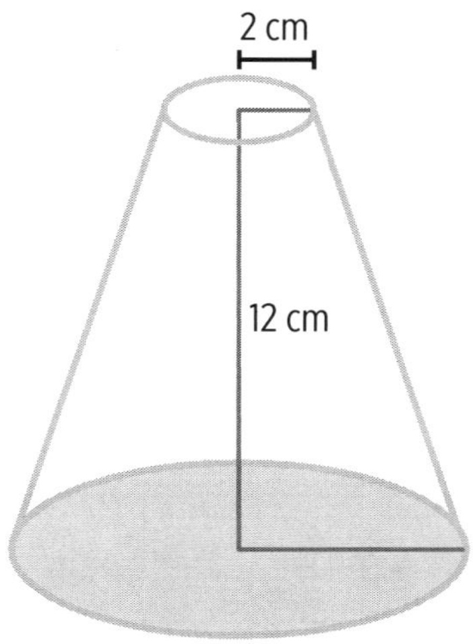

a) 216π

b) 208π

c) 224π

d) 200π

08. (FCC) A figura mostra os retângulos A e B, que representam, respectivamente, as planificações das superfícies laterais dos cilindros circulares retos A e B, ambos de mesma altura.

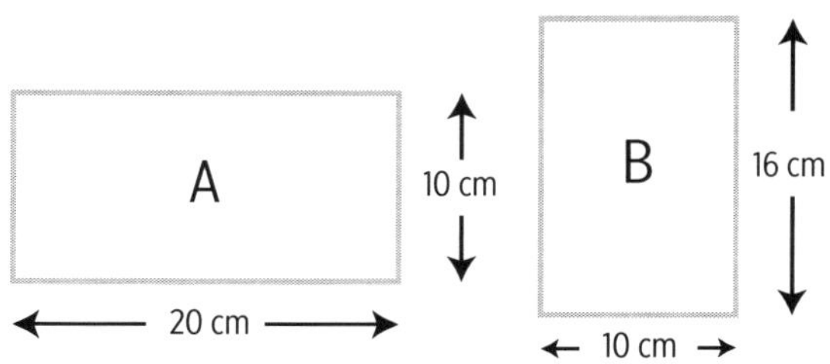

Em relação aos volumes dos dois cilindros, é correto afirmar que o volume do cilindro:

a) B supera em $\frac{390}{\pi}$ cm³ o volume do cilindro A.

b) B supera em $\frac{156}{\pi}$ cm³ o volume do cilindro A.

c) A supera em $\frac{144}{\pi}$ cm³ o volume do cilindro B.

d) A supera em $\frac{250}{\pi}$ cm³ o volume do cilindro B.

e) A supera em $\frac{360}{\pi}$ cm³ o volume do cilindro B.

09. (AlfaCon) Em um cubo de aresta a, a distância entre um vértice e o centro da face oposta é igual a:

a) $\frac{a\sqrt{6}}{2}$

b) $\frac{a\sqrt{6}}{2}$

c) $\frac{a\sqrt{6}}{3}$

d) $\frac{a\sqrt{6}}{3}$

e) $\frac{a\sqrt{2}}{2}$

10. (FIP) O volume de uma pirâmide regular de base quadrada é igual a 8 cm3 e a aresta da base é igual a 2 cm. Aumentando a altura em 3 cm, qual é o valor da aresta lateral da pirâmide regular de base quadrada obtida?

a) $\sqrt{35}$ cm.
b) $\sqrt{51}$ cm.
c) $\sqrt{83}$ cm.
d) $\sqrt{91}$ cm.
e) $\sqrt{107}$ cm.

Gabaritos

01	E	06	E
02	A	07	B
03	D	08	E
04	B	09	A
05	D	10	C

8. PROPOSIÇÕES

O estudo da Lógica é o estudo dos métodos e dos princípios utilizados para distinguir o raciocínio correto do incorreto. Isso não significa que só é possível argumentar corretamente com uma pessoa que estudou Lógica. No entanto, um indivíduo que tem conhecimento de Lógica tem mais possibilidade de raciocinar corretamente do que aquele que não estudou esse assunto. Nem sempre é muito claro para o concurseiro o quanto esse assunto é relevante para o aprendizado das outras disciplinas e o quanto ele pode oferecer. O objetivo fundamental do estudo da Lógica é a elaboração de critérios que permitam analisar argumentos para mostrar ou não sua validade.

8.1 Definições

Proposição é uma **declaração** (sentença declarativa, com sujeito "definido", verbo e sentido completo) que pode ser **classificada** em valores como verdadeiro e falso.

São exemplos de proposições:

p: Daniel é enfermeiro.

Q: Leo foi à Argentina.

a: Luiza adora brincar.

B: Rosário comprou um carro.

Essas letras "p", "Q", "a", "B", servem para representar (simbolizar) as proposições.

Valores lógicos das proposições

Uma proposição só pode ser classificada em dois valores lógicos, que são o **Verdadeiro (V)** ou o **Falso (F)**, não admitindo outro valor.

As proposições têm três princípios básicos, sendo um deles o princípio fundamental que é:

Princípio da não contradição: diz que uma proposição não pode ser verdadeira e falsa ao mesmo tempo.

Os outros dois são:

Princípio da identidade: diz que uma proposição verdadeira sempre será verdadeira e uma falsa sempre será falsa.

Princípio do terceiro excluído: diz que uma proposição só pode ter dois valores lógicos, ou o de verdadeiro ou o de falso, **não existindo** um terceiro valor.

Interrogações, exclamações e ordens não são proposições.

Exs.:

Que dia é hoje?

Que maravilha!

Estudem muito.

Sentenças abertas e quantificadores lógicos

Existem algumas "sentenças abertas" que aparecem com incógnitas (termo desconhecido), como por exemplo: "x + 2 = 5", não sendo consideradas proposições, já que não se pode classificá-las sem saber o valor de "x", porém, com o uso dos **quantificadores lógicos**, elas tornam-se proposições, uma vez que esses quantificadores passam a dar valor ao "x".

Os quantificadores lógicos são:

$\forall$: para todo; qualquer que seja; todo;

$\exists$: existe; existe pelo menos um; algum;

$\nexists$: não existe; nenhum.

Ex.:

$x + 2 = 5$ (sentença aberta - não é proposição)

p: $\exists x, x + 2 = 5$ (lê-se: existe x tal que, $x + 2 = 5$). Agora é proposição, uma vez que agora é possível classificar a proposição como verdadeira, já que sabemos que tem um valor de "x" que somado a dois é igual a cinco.

Negação de proposição (modificador lógico)

Negar uma proposição significa modificar o seu valor lógico, ou seja, se uma proposição é verdadeira, a sua negação será falsa, e se uma proposição for falsa, a sua negação será verdadeira.

Os símbolos da negação são (~) ou ($\neg$) antes da letra que representa a proposição.

Ex.: p: 3 é ímpar;

~p: 3 **não** é ímpar;

$\neg$p: 3 é **par** (outra forma de negar a proposição).

Lei da dupla negação:

~(~p) = p, negar uma proposição duas vezes significa voltar para própria proposição:

q: 2 é par;

~q: 2 não é par;

~(~q): 2 **não** é **ímpar**; portanto;

q: 2 é par.

Tipos de proposição

Simples ou atômica: são representadas por letras minúsculas (p, q, r...). Ao separar a proposição em sujeito lógico e predicado lógico, não é possível encontrar um valor lógico para estes.

Ex.: Na proposição "João é professor" tem-se como sujeito lógico "João", e predicado lógico "é professor". Verifica-se que, quanto ao sujeito, não é possível dizer se é verdadeiro ou falso, e o mesmo ocorre com o predicado.

Composta ou molecular: são representadas por letras maiúsculas (P, Q, R...). Ao separar a proposição, encontram-se outras proposições, chamadas de componente ou subproposição.

Ex.: "Pedro é advogado e João é professor". É possível separar em duas proposições simples: "Pedro é advogado" e "João é professor".

Simples (atômicas)	Compostas (moleculares)
Não têm conectivo lógico	Têm conectivo lógico
Não podem ser divididas	Podem ser divididas
1 verbo	+ de 1 verbo

Conectivo lógico

Serve para unir as proposições simples, formando proposições compostas. São eles:

e: conjunção ($\wedge$)

ou: disjunção ($\vee$)

ou..., ou: disjunção exclusiva ($\veebar$)

se..., então: condicional ($\rightarrow$)

se..., e somente se: bicondicional ($\leftrightarrow$)

Alguns autores consideram a negação (~) como um conectivo, porém aqui não faremos isso, pois os conectivos servem para formar proposição composta, e a negação faz apenas a mudança do valor das proposições.

O "e" possui alguns sinônimos, que são: "mas", "porém", "nem" (nem = e não) e a própria vírgula. O condicional também tem alguns sinônimos que são: "portanto", "quando", "como" e "pois" (pois = condicional invertido. Ex.: A, pois B = B $\rightarrow$ A).

Ex.:

a: Danilo foi à praia (simples).

b: Giovanna está brincando (simples).

p: Danilo foi a praia **se, e somente se** Giovanna estava brincando (composta).

q: se 2 é par, **então** 3 é ímpar (composta).

8.2 Tabela Verdade e Conectivos Lógicos

A tabela verdade nada mais é do que um mecanismo usado para dar valor às proposições compostas (que também serão ou verdadeiras ou falsas), por meio de seus respectivos conectivos.

A primeira coisa que precisamos saber numa tabela verdade é o seu número de linhas, e que esse depende do número de proposições simples que compõem a proposição composta.

Número de linhas = 2^n, em que "**n**" é o número de proposições simples que compõem a proposição composta. Portanto se houver 3 proposições simples formando a proposição composta então a tabela dessa proposição terá 8 linhas ($2^3 = 8$). Esse número de linhas da tabela serve para que tenhamos todas as relações possíveis entre "V" e "F" das proposições simples. Veja:

P	Q	R
V	V	V
V	V	F
V	F	V
V	F	F
F	V	V
F	V	F
F	F	V
F	F	F

Observe que temos todas as relações entre os valores lógicos das proposições, que sejam: as 3 verdadeiras (1ª linha), as 3 falsas (última linha), duas verdadeiras e uma falsa (2ª, 3ª e 5ª linhas), e duas falsas e uma verdadeira (4ª, 6ª e 7ª linhas). Nessa demonstração, temos uma forma prática de como se pode organizar a tabela, sem se preocupar se foram feitas todas relações entres as proposições.

Para o correto preenchimento da tabela, devemos seguir algumas regras:

> Comece sempre pelas proposições simples e suas negações, se houver;

> Resolva os parênteses, colchetes e chaves, respectivamente (igual à expressão numérica), se houver;

> Faça primeiro as conjunções e disjunções, depois os condicionais e por último os bicondicionais;

> A última coluna da tabela deverá ser sempre a da proposição toda, conforme as demonstrações adiante.

O valor lógico de uma proposição composta depende dos valores lógicos das proposições simples que a compõem assim como do conectivo utilizado, e é o que veremos a partir de agora.

Valor lógico de uma proposição composta por conjunção (e) = tabela verdade da conjunção ($\wedge$).

Conjunção "e": Sejam p e q proposições, a conjunção das proposições p e q, denotada por p $\wedge$ q, que é uma nova proposição que assume o valor lógico verdadeiro somente quando p e q forem verdadeiras simultaneamente.

Ex.: P $\wedge$ Q

P	Q	P$\wedge$Q
V	V	V
V	F	F
F	V	F
F	F	F

Representando por meio de conjuntos, temos: P $\wedge$ Q

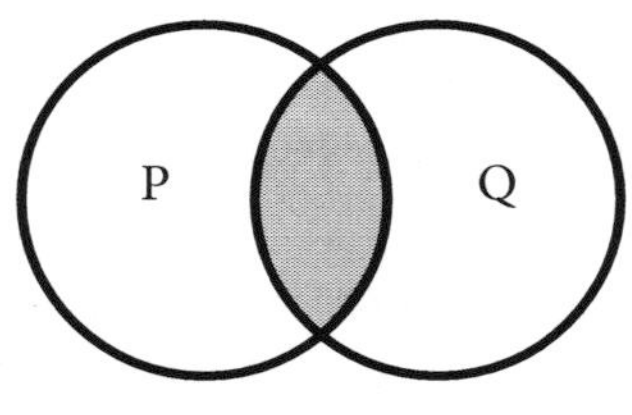

Valor lógico de uma proposição composta por disjunção (ou) = tabela verdade da disjunção ($\vee$).

Disjunção "ou": Sejam p e q proposições, a disjunção das proposições p e q denotada por p $\vee$ q, é uma nova proposição que assume o valor lógico verdadeiro quando p ou q forem verdadeiras (não necessariamente simultâneas), ou ainda, será falsa somente quando ambas as proposições forem falsas.

Ex.: P $\vee$ Q

P	Q	P$\vee$Q
V	V	V
V	F	V
F	V	V
F	F	F

Representando por meio de conjuntos, temos: $P \vee Q$

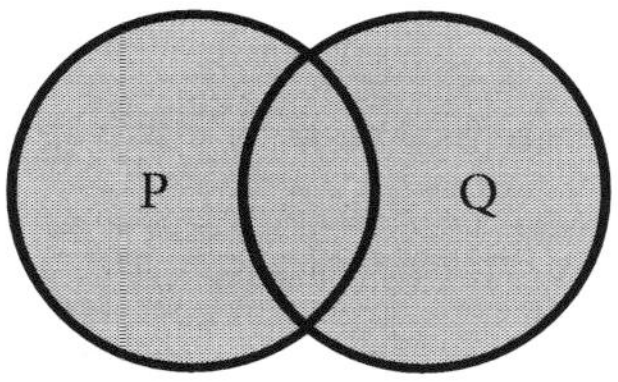

Valor lógico de uma proposição composta por disjunção exclusiva (ou, ou) = tabela verdade da disjunção exclusiva ($\underline{\vee}$).

Disjunção Exclusiva "ou ..., ou ...": Sejam p e q proposições, a disjunção exclusivas das proposições p e q denotada por $p \underline{\vee} q$, é uma nova proposição que assume o valor lógico verdadeiro quando ou p for verdadeira e q falsa, ou quando p for falsa e q for verdadeira, ou seja, valores lógicos contrários. Caso contrário, quando elas tiverem mesmo valor lógico, a disjunção exclusiva será falsa.

Ex.: $P \underline{\vee} Q$

P	Q	$P \underline{\vee} Q$
V	V	F
V	F	V
F	V	V
F	F	F

Representando por meio de conjuntos, temos: $P \underline{\vee} Q$

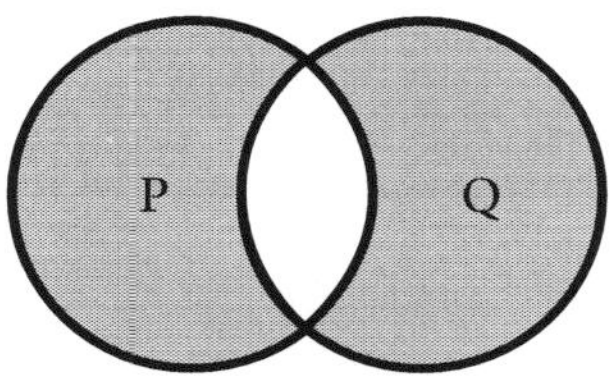

Valor lógico de uma proposição composta por condicional (se, então) = tabela verdade do condicional ($\rightarrow$).

Condicional "Se p,então q": Sejam p e q proposições, a condicional de p e q, denotada por $p \rightarrow q$ onde se lê "p condiciona q" ou "se p, então q", é a proposição que assume o valor falso somente quando p for verdadeira e q for falsa. A tabela para a condicional de p e q é a seguinte:

Atente-se bem para esse tipo de proposição, pois é um dos mais cobrados em concursos.

Dicas:

P é antecedente e Q é consequente = $P \rightarrow Q$

P é consequente e Q é antecedente = $Q \rightarrow P$

P é suficiente e Q é necessário = $P \rightarrow Q$

P é necessário e Q é suficiente = $Q \rightarrow P$

Ex.: $P \rightarrow Q$

P	Q	$P \rightarrow Q$
V	V	V
V	F	F
F	V	V
F	F	V

Representando por meio de conjuntos, temos: $P \rightarrow Q$

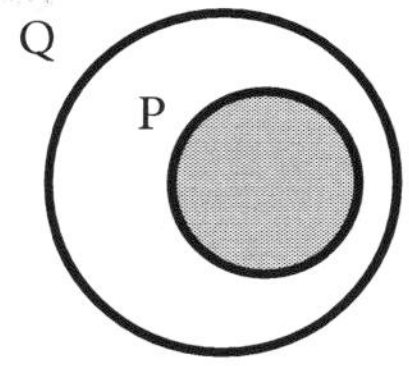

Valor lógico de uma proposição composta por bicondicional (se e somente se) = tabela verdade do bicondicional ($\leftrightarrow$).

Bicondicional "se, e somente se": Sejam p e q proposições, a bicondicional de p e q, denotada por $p \leftrightarrow q$, onde se lê "p bicondiciona q", é a proposição que assume o valor lógico verdadeiro somente quando p e q forem verdadeiras ou p e q forem falsas.

No bicondicional, "P" e "Q" são ambos suficientes e necessários ao mesmo tempo.

Ex.: $P \leftrightarrow Q$

P	Q	$P \leftrightarrow Q$
V	V	V
V	F	F
F	V	F
F	F	V

Representando por meio de conjuntos, temos: $P \leftrightarrow Q$

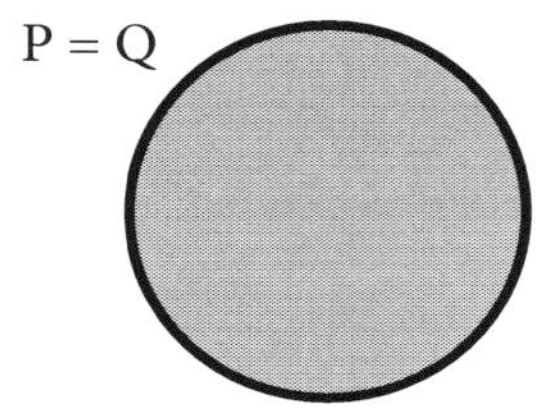

Proposição composta	Verdadeira quando...	Falsa quando...
$P \wedge Q$	P e Q são verdadeiras	Pelo menos uma falsa
$P \vee Q$	Pelo menos uma verdadeira	P e Q são falsas
$P \underline{\vee} Q$	P e Q têm valores diferentes	P e Q têm valores iguais
$P \rightarrow Q$	P = verdadeiro, q = verdadeiro ou P = falso	P = verdadeiro e Q = falso
$P \leftrightarrow Q$	P e Q têm valores iguais	P e Q têm valores diferentes

8.3 Equivalências Lógicas

Duas ou mais proposições compostas são ditas equivalentes quando são formadas pelas mesmas proposições simples e suas tabelas verdades (resultado) são iguais.

Atente-se para o princípio da equivalência. A tabela verdade está aí só para demonstrar a igualdade.

Seguem algumas demonstrações das mais importantes:

$P \wedge Q = Q \wedge P$: basta trocar as proposições simples de lugar – também chamada de **recíproca**.

P	Q	$P \wedge Q$	$Q \wedge P$
V	V	V	V
V	F	F	F
F	V	F	F
F	F	F	F

$P \vee Q = Q \vee P$: basta trocar as proposições simples de lugar – também chamada de **recíproca**.

P	Q	$P \vee Q$	$Q \vee P$
V	V	V	V
V	F	V	V
F	V	V	V
F	F	F	F

$P \underline{\vee} Q = Q \underline{\vee} P$: basta trocar as proposições simples de lugar - também chamada de **recíproca**.

$P \underline{\vee} Q = \sim P \underline{\vee} \sim Q$: basta negar as proposições simples – também chamada de **contrária**.

$P \underline{\vee} Q = \sim Q \underline{\vee} \sim P$: troca as proposições simples de lugar e negam-se – também chamada de **contra-positiva**.

$P \underline{\vee} Q = (P \wedge \sim Q) \vee (\sim P \wedge Q)$: observe aqui a exclusividade dessa disjunção.

P	Q	$\sim P$	$\sim Q$	$P \wedge \sim Q$	$\sim P \wedge Q$	$P \underline{\vee} Q$	$Q \underline{\vee} P$	$\sim P \underline{\vee} \sim Q$	$\sim Q \underline{\vee} \sim P$	$(P \wedge \sim Q) \vee (\sim P \wedge Q)$
V	V	F	F	F	F	F	F	F	F	F
V	F	F	V	V	F	V	V	V	V	V
F	V	V	F	F	V	V	V	V	V	V
F	F	V	V	F	F	F	F	F	F	F

$P \leftrightarrow Q = Q \leftrightarrow P$: basta trocar as proposições simples de lugar - também chamada de recíproca.

$P \leftrightarrow Q = \sim P \leftrightarrow \sim Q$: basta negar as proposições simples – também chamada de contrária.

$P \leftrightarrow Q = \sim Q \leftrightarrow \sim P$: troca as proposições simples de lugar e negam-se – também chamada de contra- positiva.

$P \leftrightarrow Q = (P \rightarrow Q) \wedge (Q \rightarrow P)$: observe que é condicional para os dois lados, por isso bicondicional.

P	Q	$\sim P$	$\sim Q$	$P \rightarrow Q$	$Q \rightarrow P$	$P \leftrightarrow Q$	$Q \leftrightarrow P$	$\sim P \leftrightarrow \sim Q$	$\sim Q \leftrightarrow \sim P$	$(P \rightarrow Q) \wedge (Q \rightarrow P)$
V	V	F	F	V	V	V	V	V	V	V
V	F	F	V	F	V	F	F	F	F	F
F	V	V	F	V	F	F	F	F	F	F
F	F	V	V	V	V	V	V	V	V	V

$P \rightarrow Q = \sim Q \rightarrow \sim P$: troca as proposições simples de lugar e nega-se – também chamada de **contra-positiva**.

A disjunção exclusiva e o bicondicional são as proposições com o maior número de equivalências.

$P \rightarrow Q = \sim P \vee Q$: negam-se o antecedente ou mantém o consequente.

P	Q	$\sim P$	$\sim Q$	$P \rightarrow Q$	$\sim Q \rightarrow \sim P$	$\sim P \vee Q$
V	V	F	F	V	V	V
V	F	F	V	F	F	F
F	V	V	F	V	V	V
F	F	V	V	V	V	V

Equivalências mais importantes e mais cobradas em concursos.

Negação de proposição composta

São também equivalências lógicas; vejamos algumas delas:

$\sim(P \wedge Q) = \sim P \vee \sim Q$ (Leis De Morgan)

Para negar a conjunção, troca-se o conectivo e ($\wedge$) por ou ($\vee$) e negam-se as proposições simples que a compõem.

P	Q	$\sim P$	$\sim Q$	$P \wedge Q$	$\sim(P \wedge Q)$	$\sim P \vee \sim Q$
V	V	F	F	V	F	F
V	F	F	V	F	V	V
F	V	V	F	F	V	V
F	F	V	V	F	V	V

$\sim(P \vee Q) = \sim P \wedge \sim Q$ (Leis De Morgan)

Para negar a disjunção, troca-se o conectivo **ou ($\vee$)** por **e ($\wedge$)** e negam-se as proposições simples que a compõem.

P	Q	$\sim P$	$\sim Q$	$P \vee Q$	$\sim(P \underline{\vee} Q)$	$\sim P \wedge \sim Q$
V	V	F	F	V	F	F
V	F	F	V	V	F	F
F	V	V	F	V	F	F
F	F	V	V	F	V	V

$\sim(P \rightarrow Q) = P \wedge \sim Q$ (Leis De Morgan)

Para negar o condicional, mantém-se o antecedente e nega-se o consequente.

P	Q	$\sim P$	$\sim Q$	$P \vee Q$	$\sim(P \vee Q)$	$\sim P \wedge \sim Q$
V	V	F	F	V	F	F
V	F	F	V	V	F	F
F	V	V	F	V	F	F
F	F	V	V	F	V	V

$\sim(P \underline{\vee} Q) = P \leftrightarrow Q$

Para negar a disjunção exclusiva, faz-se o bicondicional.

P	Q	$P \underline{\vee} Q$	$\sim(P \underline{\vee} Q)$	$P \leftrightarrow Q$
V	V	F	V	V
V	F	V	F	F
F	V	V	F	F
F	F	F	V	V

~(P ↔ Q) = (P ⊻ Q).

Para negar a bicondicional, faz-se a disjunção exclusiva.

P	Q	P↔Q	~(P↔Q)	P⊻Q
V	V	V	F	F
V	F	F	V	V
F	V	F	V	V
F	F	V	F	F

8.4 Tautologias, Contradições e Contingências

Tautologia: proposição composta que é sempre verdadeira independente dos valores lógicos das proposições simples que a compõem.

(P ∧ Q) → (P ∨ Q)

P	Q	P∧Q	PvQ	(P∧Q)→(P∨Q)
V	V	V	V	V
V	F	F	V	V
F	V	F	V	V
F	F	F	F	V

Contradição: proposição composta que é sempre falsa, independente dos valores lógicos das proposições simples que a compõem.

~(P ∨ Q) ∧ P

P	Q	P∨Q	~(P∨Q)	~(P∨Q)∧P
V	V	V	F	F
V	F	V	F	F
F	V	V	F	F
F	F	F	V	F

Contingência: ocorre quando não é tautologia nem contradição. **~(P ∨ Q) ↔ P**

P	Q	P∨Q	~(P∨Q)	~(P∨Q)↔P
V	V	F	V	V
V	F	V	F	F
F	V	V	F	V
F	F	F	V	F

8.5 Relação entre Todo, Algum e Nenhum

Também conhecidos como quantificadores universais (**quantificadores lógicos**), eles têm entre si algumas relações que devemos saber, são elas:

"Todo A é B" equivale a **"nenhum A não é B"**, e vice-versa.

"todo amigo é bom = nenhum amigo não é bom."

"Nenhum A é B" equivale a **"todo A não é B"**, e vice-versa.

"nenhum aluno é burro = todo aluno não é burro."

> Essas são as duas relações de equivalência mais comuns, porém há uma em que utilizamos o ALGUM.
> "Todo A é B" equivale a "algum B é A".
> "todo professor é aluno = algum aluno é professor."

"Todo A é B" tem como negação **"algum A não é B"** e vice-versa.

Ex.: ~(todo estudante tem insônia) = algum estudante não tem insônia.

"Algum A é B" tem como negação **"nenhum A é B"** e vice-versa.

Ex.: ~(algum sonho é impossível) = nenhum sonho é impossível.

Temos também a representação em forma de conjuntos, que é:

TODO A é B:

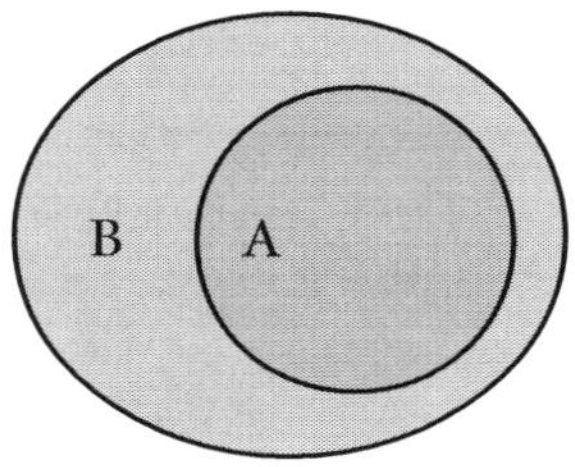

ALGUM A é B:

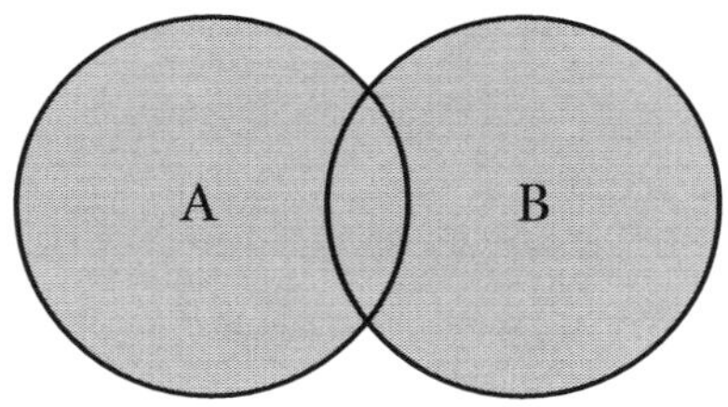

NENHUM A é B:

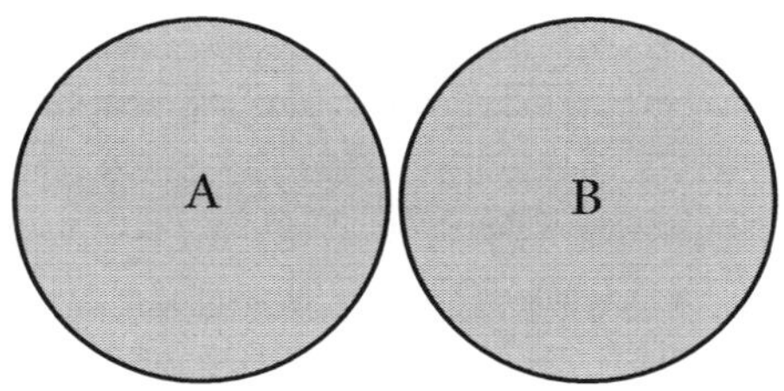

Relação de Equivalência:	Relação de Negação:
> Todo A é B = Nenhum A não é B. Ex.: Todo diretor é bom ator. = Nenhum diretor é mau ator.	> Todo A é B = Algum A não é B. Ex.: Todo policial é honesto. = Algum policial não é honesto.
> Nenhum A é B = Todo A não é B. Ex.: Nenhuma mulher é legal. = Toda mulher não é legal.	> Algum A é B = Nenhum A é B. Ex.: Alguma ave é mamífera. = Nenhuma ave é mamífera.

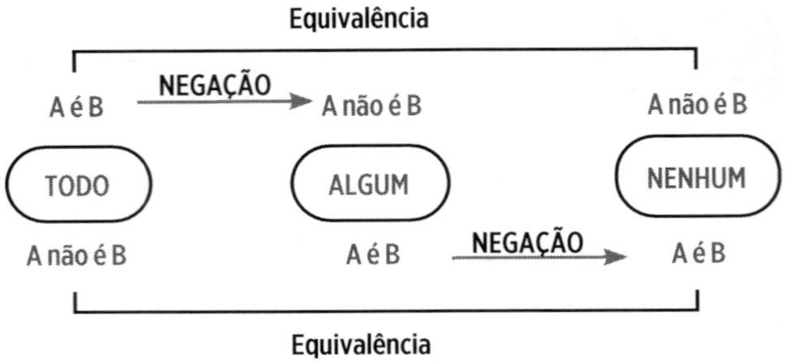

Questões

01. (Consulplan) Qual das proposições abaixo é verdadeira?

a) O ar é necessário à vida e a água do mar é doce.
b) O avião é um meio de transporte ou o aço é mole.
c) 6 é ímpar ou $2 + 3 \neq 5$.
d) O Brasil é um país e Sergipe é uma cidade.
e) O papagaio fala e o porco voa.

02. (Cesgranrio) Analise as afirmativas abaixo.

I. A parte sempre cabe no todo;
II. O inimigo do meu inimigo é meu amigo;
III. Um professor de matemática afirma que todos os professores de matemática são mentirosos.

Do ponto de vista da lógica, é(são) sempre verdadeira(s) somente a(s) afirmativa(s):

a) I.
b) I e II.
c) I e III.
d) II.
e) III.

03. (Esaf) Assinale a opção verdadeira.

a) $3 = 4$ ou $3 + 4 = 9$
b) Se $3 = 3$, então $3 + 4 = 9$
c) $3 = 4$ e $3 + 4 = 9$
d) Se $3 = 4$, então $3 + 4 = 9$
e) $3 = 3$ se e somente se $3 + 4 = 9$

04. (Fepese) A afirmação condicional equivalente a "Todos os cangurus usam bolsa" é:

a) Se algo usa bolsa, então é um canguru.
b) Se algo não usa bolsa então não é um canguru.
c) Se algo é uma bolsa, então é usada por um canguru.
d) Se algo não é um canguru, então não usa bolsa.
e) Se algo não é um canguru, também não é uma bolsa.

05. (FGV) A negação da sentença "Se tenho dinheiro, então sou feliz" é:

a) Se não tenho dinheiro, então não sou feliz.
b) Se não sou feliz, então não tenho dinheiro.
c) Não tenho dinheiro e sou feliz.
d) Não tenho dinheiro ou sou feliz.
e) Tenho dinheiro, e não sou feliz.

Gabaritos

01	B	04	B
02	A	05	E
03	D		

9. ARGUMENTOS

Os argumentos são uma extensão das proposições, mas com algumas características e regras próprias. Vejamos isso a partir de agora.

9.1 Definições

Argumento é um conjunto de proposições, divididas em premissas (proposições iniciais - hipóteses) e conclusões (proposições finais - teses).

Ex.:

p_1: Toda mulher é bonita.

p_2: Toda bonita é charmosa.

p_3: Maria é bonita.

c: Portanto, Maria é charmosa.

p_1: Se é homem, então gosta de futebol.

p_2: Mano gosta de futebol.

c: Logo, Mano é homem.

p_1, p_2, p_3, p_n, correspondem às premissas, e "c" à conclusão.

Representação dos argumentos

Os argumentos podem ser representados das seguintes formas:

$$\begin{array}{c} P_1 \\ P_2 \\ P_3 \\ \cdots \\ \underline{P_n} \\ C \end{array}$$

ou

$$P_1 \wedge P_2 \wedge P_3 \wedge \cdots \wedge P_n \rightarrow C$$

ou

$$P_1, P_2, P_3, \cdots, Pn \vdash C$$

Tipos de argumentos

Existem vários tipos de argumento. Vejamos alguns:

Dedução

O argumento dedutivo parte de situações gerais para chegar a conclusões particulares. Esta forma de argumento é válida quando suas premissas, sendo verdadeiras, fornecem uma conclusão também verdadeira.

Ex.:

p_1: Todo professor é aluno.

p_2: Daniel é professor.

c: Logo, Daniel é aluno.

Indução

O argumento indutivo é o contrário do argumento dedutivo, pois parte de informações particulares para chegar a uma conclusão geral. Quanto mais informações nas premissas, maiores as chances da conclusão estar correta.

Ex.:

p_1: Cerveja embriaga.

p_2: Uísque embriaga.

p_3: Vodca embriaga.

c: Portanto, toda bebida alcoólica embriaga.

Analogia

As analogias são comparações (nem sempre verdadeiras). Neste caso, partindo de uma situação já conhecida verificamos outras desconhecidas, mas semelhantes. Nas analogias, não temos certeza.

Ex.:

p_1: No Piauí faz calor.

p_2: No Ceará faz calor.

p_3: No Paraná faz calor.

c: Sendo assim, no Brasil faz calor.

Falácia

As falácias são falsos argumentos, logicamente inconsistentes, inválidos ou que não provam o que dizem.

Ex.:

p_1: Eu passei num concurso público.

p_2: Você passou num concurso público.

c: Logo, todos vão passar num concurso público.

Silogismos

Tipo de argumento formado por três proposições, sendo duas premissas e uma conclusão. São em sua maioria dedutivos.

Ex.:

p_1: Todo estudioso passará no concurso.

p_2: Beatriz é estudiosa.

c: Portanto, Beatriz passará no concurso.

Classificação dos argumentos

Os argumentos só podem ser classificados em, ou válidos, ou inválidos:

Válidos ou bem construídos

Os argumentos são válidos sempre que as premissas garantirem a conclusão, ou seja, sempre que a conclusão for uma consequência obrigatória do seu conjunto de premissas.

Ex.:

p_1: Toda mulher é bonita.

p_2: Toda bonita é charmosa.

p_3: Maria é mulher.

c: Portanto, Maria é bonita e charmosa.

Veja que, se Maria é mulher, e toda mulher é bonita, e toda bonita é charmosa, então Maria só pode ser bonita e charmosa.

Inválidos ou mal construídos

Os argumentos são inválidos sempre que as premissas **não** garantirem a conclusão, ou seja, sempre que a conclusão **não** for uma consequência obrigatória do seu conjunto de premissas.

Ex.:

p_1: Todo professor é aluno.
p_2: Daniel é aluno.
c: Logo, Daniel é professor.

Note que, se Daniel é aluno, nada garante que ele seja professor, pois o que sabemos é que todo professor é aluno, não o contrário.

Alguns argumentos serão classificados apenas por meio desse conceito. Fique atento para não perder tempo.

9.2 Métodos para Classificar os Argumentos

Os argumentos nem sempre podem ser classificados da mesma forma, por isso existem os métodos para sua classificação, uma vez que dependendo do argumento, um método ou outro, sempre será mais fácil e principalmente mais rápido.

Falaremos dos métodos por ordem de facilidade:

1º método: diagramas lógicos (ou método dos conjuntos).

Utilizado sempre que no argumento houver as expressões: **todo**, **algum** ou **nenhum**, e seus respectivos sinônimos.

Representaremos o que for dito em forma de conjuntos e verificaremos se está correto ou não.

Esse método é muito utilizado por diversas bancas de concursos e tende a confundir o concurseiro, principalmente nas questões em que temos mais de uma opção de diagrama para o mesmo enunciado. Lembrando que quando isso ocorrer (mais de um diagrama para o mesmo argumento), a questão só estará certa se todos os diagramas corresponderem à mesma condição.

As representações genéricas são:

TODO A é B:

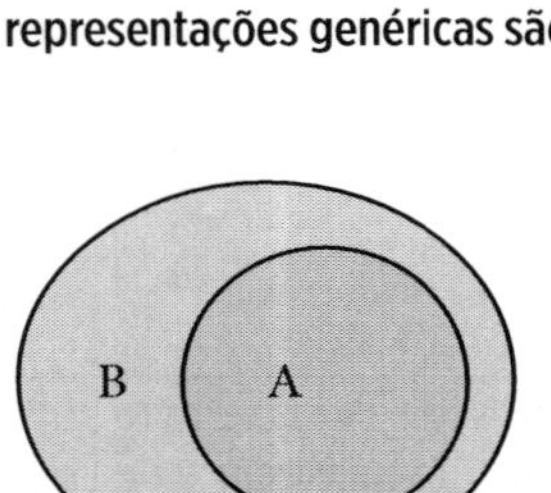

ALGUM A é B:

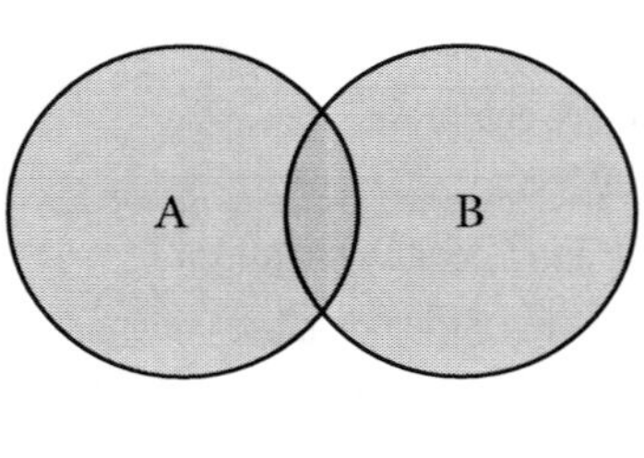

NENHUM A é B:

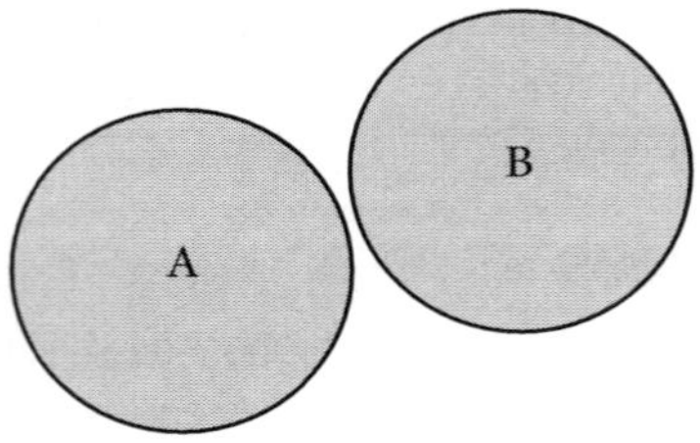

2º método: premissas verdadeiras (proposição simples ou conjunção).

Utilizado sempre que não for possível os diagramas lógicos e quando nas premissas houver uma proposição simples ou uma conjunção.

A proposição simples ou a conjunção serão os pontos de partida da resolução, já que teremos que considerar todas as premissas verdadeiras e elas – proposição simples ou conjunção – só admitem um jeito de serem verdadeiras.

O método consiste em, considerar todas as premissas como verdadeiras, dar valores às proposições simples que a compõem e no final avaliar a conclusão; se a conclusão também for verdadeira o argumento é válido, porém se a conclusão for falsa o argumento é inválido.

Premissas verdadeiras e conclusão verdadeiras = argumento válido.

Premissas verdadeiras e conclusão falsa = argumento inválido.

Esses dois métodos (1º e 2º) são os mais utilizados para a resolução das questões de argumento. Cerca de 70% a 80% das questões serão resolvidas por um desses dois métodos.

3º método: conclusão falsa (proposição simples, disjunção ou condicional).

Utilizado sempre que não for possível um dos "dois" métodos citados anteriormente e quando na conclusão houver uma proposição simples, uma disjunção ou um condicional.

Pelo mesmo motivo do método anterior, a proposição simples, a disjunção ou o condicional serão os pontos de partida da resolução, já que teremos que considerar a conclusão como sendo falsa e elas – proposição simples, disjunção e condicional – só admitem um jeito de serem falsas.

O método consiste em: considerar a conclusão como falsa, dar valores às proposições simples, que a compõem, e supor as premissas como verdadeiras, a partir dos valores das proposições simples da conclusão. No final, se assim ficar – a conclusão falsa e as premissas verdadeiras – o argumento será inválido; porém se uma das premissas mudar de valor, então o argumento passa a ser válido.

Conclusão falsa e premissas verdadeiras = argumento inválido.

Conclusão falsa e pelo menos 1 (uma) premissa falsa = argumento válido.

Para esses dois métodos (2º método e 3º método), podemos definir a validade dos argumentos da seguinte forma:

PREMISSAS	CONCLUSÃO	ARGUMENTO
Verdadeiras	Verdadeira	Válido
Verdadeiras	Falsa	Inválido
Pelo menos 1 (uma) falsa	Falsa	Válido

4º método: tabela verdade.

Método utilizado em último caso, quando não for possível usar qualquer um dos anteriores.

Dependendo da quantidade de proposições simples que tiver o argumento, esse método fica inviável, pois temos que desenhar a tabela verdade. No entanto, esse método é um dos mais garantidos nas resoluções das questões de argumentos.

Consiste em desenhar a tabela verdade do argumento em questão e avaliar se as linhas em que as premissas forem todas verdadeiras – ao mesmo tempo – a conclusão também será toda verdadeira. Caso isso ocorra, o argumento será válido, porém se em uma das linhas em que as premissas forem todas verdadeiras e a conclusão for falsa, o argumento será inválido.

Linhas da tabela: verdade em que as premissas são todas verdadeiras e conclusão, nessas linhas, também todas verdadeiras = argumento válido.

Linhas da tabela: verdade em que as premissas são todas verdadeiras e pelo menos uma conclusão falsa, nessas linhas = argumento inválido.

Algumas questões de argumento não poderão ser feitas por nenhum desses métodos apresentados anteriormente, porém a questão não ficará sem resposta uma vez que conhecemos os princípios das proposições. Atribuiremos valor para as proposições simples contidas nas premissas (considerando todas as premissas como verdadeiras).

Questões

01. (FCC) Um argumento é composto pelas seguintes premissas:

> Se as metas de inflação não são reais, então a crise econômica não demorará a ser superada.
>
> Se as metas de inflação são reais, então os superávits primários não serão fantasiosos.
>
> Os superavits serão fantasiosos.

Para que o argumento seja válido, a conclusão deve ser:

a) A crise econômica não demorará a ser superada.
b) As metas de inflação são irreais ou os superavits são fantasiosos.
c) As metas de inflação são irreais e os superavits são fantasiosos.
d) Os superávits econômicos serão fantasiosos.
e) As metas de inflação não são irreais e a crise econômica não demorará a ser superada.

02. (FCC) No Japão, muitas empresas dispõem de lugares para que seus funcionários se exercitem durante os intervalos de sua jornada de trabalho. No Brasil, poucas empresas têm esse tipo de programa. Estudos têm revelado que os trabalhadores japoneses são mais produtivos que os brasileiros. Logo, deve-se concluir que a produtividade dos empregados brasileiros será menor que a dos japoneses enquanto as empresas brasileiras não aderirem a programas que obriguem seus funcionários à prática de exercícios. A conclusão dos argumentos é válida se assumirmos que:

a) A produtividade de todos os trabalhadores pode ser aumentada com exercícios.
b) A prática de exercícios é um fator essencial na maior produtividade dos trabalhadores japoneses.
c) As empresas brasileiras não dispõem de recursos para a construção de ginásios de esporte para seus funcionários.
d) Ainda que os programas de exercícios não aumentem a produtividade dos trabalhadores brasileiros, estes programas melhorarão a saúde deles.
e) Os trabalhadores brasileiros têm uma jornada de trabalho maior que a dos japoneses.

03. (FCC) Certo dia, cinco Agentes de um mesmo setor do Tribunal de Contas do Estado de São Paulo - Amarilis, Benivaldo, Corifeu, Divino e Esmeralda - foram convocados para uma reunião em que se discutiria a implantação de um novo serviço de telefonia. Após a realização dessa reunião, alguns funcionários do setor fizeram os seguintes comentários:

> "Se Divino participou da reunião, então Esmeralda também participou";
>
> "Se Divino não participou da reunião, então Corifeu participou";
>
> "Se Benivaldo ou Corifeu participaram, então Amarilis não participou";
>
> "Esmeralda não participou da reunião".

Considerando que as afirmações contidas nos quatro comentários eram verdadeiras, pode-se concluir com certeza que, além de Esmeralda, não participaram de tal reunião.

a) Amarilis e Benivaldo.
b) Amarilis e Divino.
c) Benivaldo e Corifeu.
d) Benivaldo e Divino.
e) Corifeu e Divino.

04. (Cesgranrio) Considere verdadeiras as proposições a seguir.

> Se Roberto casar, seu irmão Humberto será convidado.
>
> Humberto não fala com seu primo Gilberto. Por isso, se Gilberto for convidado para o casamento de Roberto, Humberto não irá.
>
> Gilberto é orgulhoso e, por isso, só comparece em casamentos quando é convidado.

Sabendo que Humberto compareceu ao casamento de Roberto, conclui-se que:

a) Gilberto foi convidado para o casamento. Por isso, compareceu.
b) Gilberto não foi convidado para o casamento. Por isso, não compareceu.
c) Gilberto não foi convidado para o casamento, mas, mesmo assim, compareceu.
d) Gilberto não compareceu, ainda que tenha sido convidado.
e) Humberto não foi convidado, ainda que tenha comparecido.

05. (Iades) Considere os argumentos a seguir.

I. Se nevar então vai congelar. Não está nevando. Logo, não vai congelar.
II. Se nevar então vai congelar. Não está congelando. Logo, não vai nevar.

Assim, é correto concluir que:

a) Ambos são falácias.
b) Ambos são tautologias .
c) O Argumento I é uma falácia e o Argumento II é uma tautologia.
d) O Argumento I é uma tautologia e o Argumento II é uma falácia.

06. (Fepese) Assinale a conclusão que torna válido o argumento: Todos os cronópios são ferozes. Todos os coelhos são cronópios. Logo.

a) Todos os coelhos são ferozes.
b) Todos os cronópios são coelhos.
c) Todos os animais ferozes são coelhos.
d) Existe um coelho que não é cronópio.
e) Nenhum cronópio é coelho e feroz.

07. (Esaf) Há três suspeitos para um crime e pelo menos um deles é culpado. Se o primeiro é culpado, então o segundo é inocente. Se o terceiro é inocente, então o segundo é culpado. Se o terceiro é inocente, então ele não é o único a sê-lo. Se o segundo é culpado, então ele não é o único a sê-lo. Assim, uma situação possível é:

a) Os três são culpados.
b) Apenas o primeiro e o segundo são culpados.
c) Apenas o primeiro e o terceiro são culpados.
d) Apenas o segundo é culpado.
e) Apenas o primeiro é culpado.

Gabaritos

01	A	05	C
02	B	06	A
03	B	07	C
04	B		

10. PSICOTÉCNICOS

Questões psicotécnicas são todas as questões em que não precisamos de conhecimento adicional para resolvê-las. As questões podem ser de associações lógicas, verdades e mentiras, sequências lógicas, problemas com datas – calendários, sudoku, entre outras.

Neste capítulo, abordaremos inicialmente as questões mais simples do raciocínio lógico para uma melhor familiarização com a matéria.

Não existe teoria, somente prática e é com ela que vamos trabalhar e aprender.

01. (FCC) Considere que os dois primeiros pares de palavras foram escritos segundo determinado critério.

Temperamento → totem

Traficante → tetra

Massificar → ?

De acordo com esse mesmo critério, uma palavra que substituiria o ponto de interrogação é:

a) ramas.
b) maras.
c) armas.
d) samar.
e) asmar.

RESPOSTA: C.

Analisando os dois primeiros pares de palavras, vemos que a segunda palavra de cada par é formada pela última sílaba + a primeira sílaba da primeira palavra do par, logo, seguindo esse raciocínio, teremos AR + MAS = armas.

02. (FCC) Observe atentamente a disposição das cartas em cada linha do esquema seguinte. A carta que está oculta é:

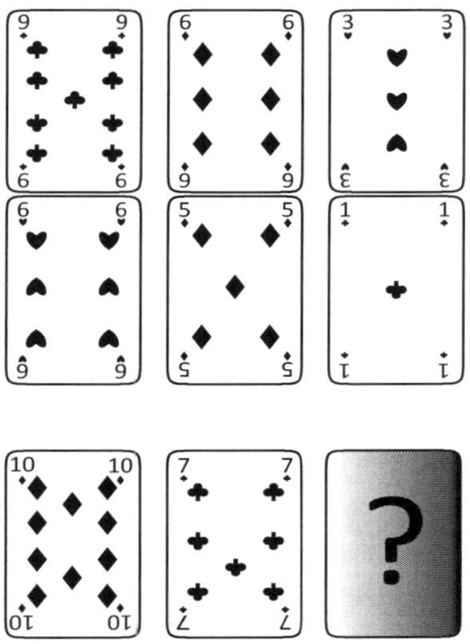

a) 

b) 

c) 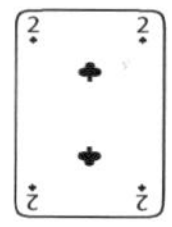

d) 

e) 

RESPOSTA: A.

Observando cada linha (horizontal), temos nas duas primeiras os três mesmos naipes (copas, paus e ouros, só mudando a ordem) e a terceira carta é o resultado da subtração da primeira pela segunda; portanto, a carta que está oculta tem que ser o "3 de copas", pois 10 – 7 = 3 e o naipe que não apareceu na terceira linha foi o de copas.

03. (FCC) Considere a sequência de figuras abaixo. A figura que substitui corretamente a interrogação é:

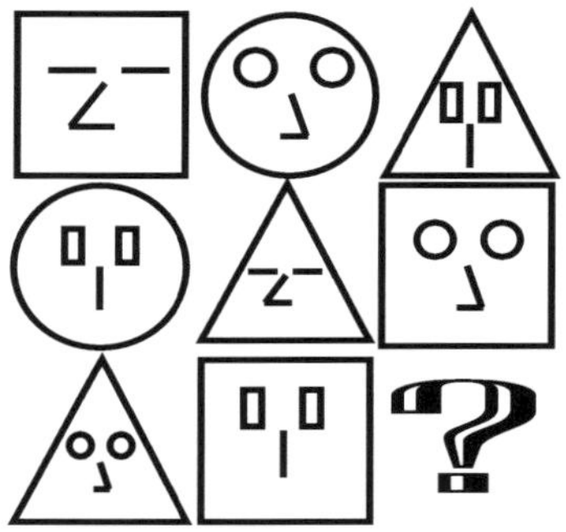

a) 

b) 

c) 

d) 

e) 

RESPOSTA: A.

Veja que em cada fila (linha ou coluna) temos sempre um círculo, um triângulo e um quadrado fazendo o contorno da careta; os olhos são círculos, quadrados ou tiras; o nariz é reto, para direita ou para esquerda; sendo assim, no ponto de interrogação o que está faltando é a careta redonda com o olhos em tiras e o nariz para a esquerda.

04. (Esaf - Adaptada) Mauro, José e Lauro são três irmãos. Cada um deles nasceu em um estado diferente: um é mineiro, outro é carioca, e outro é paulista (não necessariamente nessa ordem). Os três têm, também, profissões diferentes: um é engenheiro, outro é veterinário, e outro é psicólogo (não necessariamente nessa ordem). Sabendo que José é mineiro, que o engenheiro é paulista, e que Lauro é veterinário, conclui-se corretamente que:

a) Lauro é paulista e José é psicólogo.

b) Mauro é carioca e José é psicólogo.

c) Lauro é carioca e Mauro é psicólogo.

d) Mauro é paulista e José é psicólogo.

e) Lauro é carioca e Mauro não é engenheiro.

RESPOSTA: D.

É a única resposta possível após o preenchimento da tabela e análise das alternativas.

Vamos construir uma tabela para facilitar a resolução da questão:

Nome	Estado	Profissão
José	Mineiro	Psicólogo
Mauro	Paulista	Engenheiro
Lauro	Carioca	Veterinário

De acordo com as informações:

José é mineiro;

O engenheiro é paulista;

Lauro é veterinário, note que Lauro não pode ser paulista, pois o paulista é engenheiro.

05. (FGV) Certo dia, três amigos fizeram, cada um deles, uma afirmação:

Aluísio: Hoje não é terça-feira.

Benedito: Ontem foi domingo.

Camilo: Amanhã será quarta-feira.

Sabe-se que um deles mentiu e que os outros dois falaram a verdade. Assinale a alternativa que indique corretamente o dia em que eles fizeram essas afirmações.

a) Sábado.

b) Domingo.

c) Segunda-feira.

d) Terça-feira.

e) Quarta-feira.

RESPOSTA: C.

Baseado no que foi dito na questão, Benedito e Camilo não podem, os dois, estarem falando a verdade, pois teríamos dois dias diferentes. Então, conclui-se que Aluísio falou a verdade; com isso, o que Camilo esta dizendo é mentira e, portanto Benedito também está falando a verdade. Logo, o dia em que foi feita a afirmação é uma segunda-feira.

06. (Fumarc) Heloísa, Bernardo e Antônio são três crianças. Uma delas tem 12 anos a outra tem 10 anos e a outra 8 anos. Sabe-se que apenas uma das seguintes afirmações é verdadeira:

Bernardo tem 10 anos.

Heloísa não tem 10 anos.

Antônio não tem 12 anos.

Considerando estas informações é correto afirmar que:

a) Heloísa tem 12 anos, Bernardo tem 10 anos e Antônio tem 8 anos.

b) Heloísa tem 12 anos, Bernardo tem 8 anos e Antônio tem 10 anos.

c) Heloísa tem 10 anos, Bernardo tem 8 anos e Antônio tem 12 anos.

d) Heloísa tem 10 anos, Bernardo tem 12 anos e Antônio tem 8 anos.

RESPOSTA: D.

Como a questão informa que só uma afirmação é verdadeira, vejamos qual pode ser esta afirmação: se "I" for a verdadeira, teremos Bernardo e Heloísa, os dois, com 10 anos, o que pelo enunciado da questão não é possível; se "II" for a verdadeira, teremos, mais uma vez, Bernardo e Heloísa, agora ambos com 8 anos, o que também não é possível; se "III" for a verdadeira, teremos Heloísa com 10 anos, Bernardo com 12 anos e Antônio com 8 anos.

07. (FCC) Na sentença seguinte falta a última palavra. Você deve escolher a alternativa que apresenta a palavra que MELHOR completa a sentença.

Devemos saber empregar nosso tempo vago; podemos, assim, desenvolver hábitos agradáveis e evitar os perigos da;

a) Desdita.

b) Pobreza.

c) Ociosidade.

d) Bebida.

e) Doença.

RESPOSTA: C.

Qual dessas alternativas tem a palavra que mais se relaciona com tempo vago? Agora ficou claro! Assim a palavra é OCIOSIDADE.

08. (Esaf) Três meninos, Zezé, Zozó e Zuzu, todos vizinhos, moram na mesma rua em três casas contíguas. Todos os três meninos possuem animais de estimação de raças diferentes e de cores também diferentes. Sabe-se que o cão mora em uma casa contígua à casa de Zozó; a calopsita é amarela; Zezé tem um animal de duas cores - branco e laranja; a cobra vive na casa do meio. Assim, os animais de estimação de Zezé, Zozó e Zuzu são respectivamente:

a) Cão, cobra, calopsita.

b) Cão, calopsita, cobra.

c) Calopsita, cão, cobra.

d) Calopsita, cobra, cão.

e) Cobra, cão, calopsita.

RESPOSTA: A.

De acordo com as informações:

A cobra vive na casa do meio;

O cão mora em uma casa contígua à casa de Zozó; contígua quer dizer vizinha, e para isso Zozó só pode morar na casa do meio;

A calopsita é amarela e Zezé tem um animal de duas cores - branco e laranja; com isso o cão só pode ser de Zezé;

Vamos construir uma tabela para ficar melhor a resolução da questão:

	Casa	Casa	Casa
Nome	Zezé	Zozó	Zuzu
Animal	Cão	Cobra	Calopsita

No livro Alice no País dos Enigmas, o professor de matemática e lógica Raymond Smullyan apresenta vários desafios ao raciocínio lógico que têm como objetivo distinguir-se entre verdadeiro e falso. Considere o seguinte desafio inspirado nos enigmas de Smullyan.

Duas pessoas carregam fichas nas cores branca e preta. Quando a primeira pessoa carrega a ficha branca, ela fala somente a verdade, mas, quando carrega a ficha preta, ela fala somente mentiras. Por outro lado, quando a segunda pessoa carrega a ficha branca, ela fala somente mentira, mas, quando carrega a ficha preta, fala somente verdades.

Com base no texto acima, julgue o item a seguir.

09. (Cespe) Se a primeira pessoa diz "Nossas fichas não são da mesma cor" e a segunda pessoa diz "Nossas fichas são da mesma cor", então, pode-se concluir que a segunda pessoa está dizendo a verdade.

RESPOSTA: CERTO.

Analisando linha por linha da tabela, encontramos contradições nas três primeiras linhas, ficando somente a quarta linha como certa, o que garante que a segunda pessoa está falando a verdade.

1ª pessoa: "Nossas fichas não são da mesma cor"	2ª pessoa: "Nossas fichas são da mesma cor"
Ficha branca (verdade)	Ficha branca (mentira)
Ficha branca (verdade)	Ficha preta (verdade)
Ficha preta (mentira)	Ficha branca (mentira)
Ficha preta (mentira)	Ficha preta (verdade)

10. (Cespe) O quadro abaixo pode ser completamente preenchido com algarismos de 1 a 6, de modo que cada linha e cada coluna tenham sempre algarismos diferentes.

1				3	2
		5	6		1
	1	6		5	
5	4			2	
	3	2	4		
4			2		3

RESPOSTA: CERTO.

Vamos preencher o quadro, de acordo com o que foi pedido:

1	6	4	5	3	2
3	2	5	6	4	1
2	1	6	3	5	4
5	4	3	1	2	6
6	3	2	4	1	5
4	5	1	2	6	3

Questões

01. (FCC) Certo mês, três Técnicos Judiciários - Ivanildo, Lindolfo e Otimar fizeram 10 viagens transportando equipamentos destinados a diferentes unidades do Tribunal Regional do Trabalho. Sabe-se que:

> Os três fizeram quantidades diferentes de viagens e cada um deles fez pelo menos duas;

> Ivanildo fez o maior número de viagens e Lindolfo o menor.

Sobre o número de viagens que Otimar fez a serviço do Tribunal nesse mês,

a) Nada se pode concluir.
b) Foram 4.
c) Foram 3.
d) Excedeu em 2 unidades a quantidade de viagens feitas por Lindolfo.
e) Era igual a 30% da quantidade de viagens feitas por Ivanildo.

02. (FGV) Em cada uma de cinco portas A, B, C, D e E, está escrita uma sentença, conforme a seguir:

Porta A: "Eu sou a porta de saída."

Porta B: "A porta de saída é a porta C."

Porta C: "A sentença escrita na porta A é verdadeira."

Porta D: "Se eu sou a porta de saída, então a porta de saída não é a porta E."

Porta E: "Eu não sou a porta de saída."

Sabe-se que dessas cinco sentenças há uma única verdadeira e que há somente uma porta de saída. A porta de saída é a porta:

a) D
b) A
c) B
d) C
e) E

03. (FCC) A seguinte sequência de palavras foi escrita obedecendo a um padrão lógico:

PATA - REALIDADE - TUCUPI - VOTO - ?

Considerando que o alfabeto é o oficial, a palavra que, de acordo com o padrão estabelecido, poderia substituir o ponto de interrogação é

a) QUALIDADE
b) SADIA
c) WAFFLE
d) XAMPU
e) YESTERDAY

04. (Funiversa) Quatro músicos, ao término de uma apresentação, sentaram- se ao redor de uma mesa de bar. Alexandre é pianista. Os instrumentos que os outros três tocam são: flauta, violino e violoncelo. Breno está sentado à direita de Alexandre. Viana sentou-se à direita do flautista. Por sua vez, Hugo, que não é violinista, encontra-se à frente de Breno. Sabe-se que cada um desses músicos toca um único desses instrumentos. Assim, pode-se concluir corretamente que:

a) Breno é flautista, e Hugo é violoncelista.

b) Viana é violoncelista, e Hugo é flautista.

c) Viana é violinista, e Hugo é flautista.

d) Breno é violoncelista, e Hugo é flautista.

e) Breno é violinista, e Hugo é violoncelista.

05. (Esaf) Ana, Bia, Clô, Déa e Ema estão sentadas, nessa ordem e em sentido horário, em torno de uma mesa redonda. Elas estão reunidas para eleger aquela que, entre elas, passará a ser a representante do grupo. Feita a votação, verificou-se que nenhuma fora eleita, pois cada uma delas havia recebido exatamente um voto. Após conversarem sobre tão inusitado resultado, concluíram que cada uma havia votado naquela que votou na sua vizinha da esquerda (isto é, Ana votou naquela que votou na vizinha da esquerda de Ana, Bia votou naquela que votou na vizinha da esquerda de Bia, e assim por diante). Os votos de Ana, Bia, Clô, Déa e Ema foram, respectivamente, para:

a) Ema, Ana, Bia, Clô, Déa.

b) Déa, Ema, Ana, Bia, Clô.

c) Clô, Bia, Ana, Ema, Déa.

d) Déa, Ana, Bia, Ema, Clô.

e) Clô, Déa, Ema, Ana, Bia.

Para as questões 6 a 10

Na última corrida do campeonato anual de motocicleta, participaram 8 pilotos, numerados de 1 a 8. As cores dos capacetes dos pilotos são todas diferentes. De acordo com a acumulação de pontos nas corridas anteriores, se o piloto 8 terminasse essa corrida em pelo menos duas posições à frente do piloto 3, o piloto 8 seria o campeão do ano. Encerrada a corrida, observou-se que:

I. O piloto 1 chegou imediatamente depois do piloto de capacete prata e a seguir chegou o de capacete vermelho;

II. O piloto 4 venceu a corrida;

III. O piloto 3 terminou a corrida duas posições atrás do piloto 1 e uma posição à frente do piloto de capacete azul;

IV. O piloto de capacete prata cruzou a linha de chegada imediatamente após o piloto 2;

V. O piloto de capacete preto terminou a corrida em segundo lugar;

VI. O piloto de capacete verde, penúltimo colocado na corrida, chegou imediatamente após o piloto 6;

VII. O piloto de capacete amarelo chegou imediatamente depois do piloto de capacete preto;

VIII. O último piloto a terminar a corrida foi o de número 5;

IX. O piloto 2 terminou a corrida duas posições à frente do piloto de capacete branco e duas depois do piloto de capacete laranja;

X. O piloto 7 terminou a corrida duas posições atrás do piloto 8.

Com base nessas informações é correto afirmar que:

06. (Cespe) O piloto 1 ficou em sétimo lugar nessa corrida.
Certo ( ) Errado ( )

07. (Cespe) O piloto de capacete laranja venceu a corrida.
Certo ( ) Errado ( )

08. (Cespe) O último colocado nessa corrida foi o piloto de capacete azul.
Certo ( ) Errado ( )

09. (Cespe) O piloto 7 é o de capacete preto.
Certo ( ) Errado ( )

10. (Cespe) O piloto 8 venceu o campeonato.
Certo ( ) Errado ( )

Gabaritos

01	C	06	ERRADO
02	E	07	CERTO
03	D	08	CERTO
04	A	09	ERRADO
05	B	10	CERTO

11. TEORIA DOS CONJUNTOS

Frequentemente, usa-se a noção de conjunto. O principal exemplo de conjunto são os conjuntos numéricos, que, advindos da necessidade de contar ou quantificar as coisas ou objetos, foram adquirindo características próprias que os diferem. Os componentes de um conjunto são chamados de elementos. Costuma-se representar um conjunto nomeando os elementos um a um, colocando-os entre chaves e separando-os por vírgula; é o que chamamos de representação por extensão. Para nomear um conjunto, usa-se geralmente uma letra maiúscula. Exemplos:

A = {1,2,3,4,5} → **conjunto finito**

B = {1,2,3,4,5,...} → **conjunto infinito**

11.1 Definições

Ex.: Se quisermos montar o conjunto das vogais do alfabeto, os ***elementos*** serão a, e, i, o, u.

A nomenclatura dos conjuntos é formada pelas letras maiúsculas do alfabeto.

Ex.: Conjunto dos estados da região Sul do Brasil: A = {Paraná, Santa Catarina, Rio Grande do Sul}.

Representação dos conjuntos

Os conjuntos podem ser representados tanto em **chaves** como em **diagramas**.

ATENÇÃO! Quando é dada uma propriedade característica dos elementos de um conjunto, diz-se que ele está representado por compreensão. Vejamos:

A = {x |x é um múltiplo de dois maior que zero}

Representação em chaves

Conjuntos dos estados brasileiros que fazem fronteira com o Paraguai:

B = {Paraná, Mato Grosso do Sul}.

Representação em diagramas

Ex.: Conjuntos das cores da bandeira do Brasil:

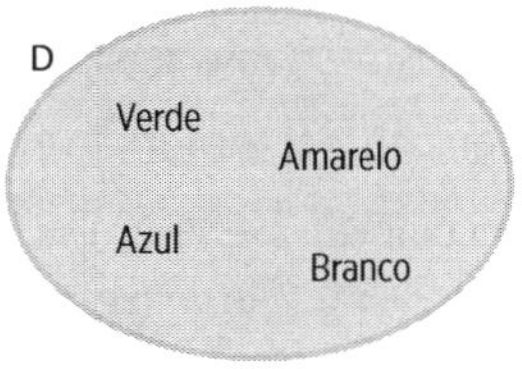

Elementos e relação de pertinência

Quando um elemento está em um conjunto, dizemos que ele pertence a esse conjunto. A relação de pertinência é representada pelo símbolo ∈ (pertence).

Ex.: Conjunto dos algarismos pares: **G** = {2, 4, 6, 8, 0}.

Observe que:

4 ∈ G   7 ∉ G

Conjunto unitário, conjunto vazio e conjunto universo

Conjunto unitário: possui um só elemento.

Ex.: Conjunto da capital do Brasil: K = {Brasília}

Conjunto vazio: simbolizado por Ø ou {}, é o conjunto que não possui elemento.

Ex.: Conjunto dos estados brasileiros que fazem fronteira com o Chile: M = Ø.

Conjunto universo: Em inúmeras situações é importante estabelecer o conjunto U ao qual pertencem os elementos de todos os conjuntos considerados. Esse conjunto é chamado de conjunto universo. Assim:

> Quando se estuda a geometria plana, o conjunto universo é formado por todos os pontos de um dado plano.

> Quando se estuda a população humana, o conjunto universo é constituído de todos os seres humanos.

Para descrever um conjunto A por meio de uma propriedade característica p de seus elementos, deve-se mencionar, de modo explícito ou não, o conjunto universo U no qual se está trabalhando:

Ex.: A = {x ∈ R | x>2}, onde U = R → forma explícita

A = {x | x > 2} → forma implícita.

11.2 Subconjuntos

Diz-se que B é um subconjunto de A se, e somente se, todos os elementos de B pertencem a A.

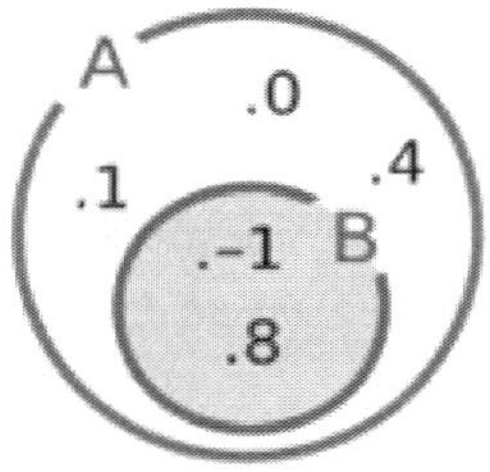

Deve-se notar que A = {-1,0,1,4,8} e B = {-1,8}, ou seja, todos os elementos de B também são elementos do conjunto A.

Nesse caso, diz-se que B está contido em A ou B é subconjunto de A. (B ⊂ A). Pode-se dizer também que A contém B. (A ⊃ B).

OBSERVAÇÕES:

> Se A ⊂ B e B ⊂ A, então A = B.

> Os símbolos ⊂ (contido), ⊃ (contém), ⊄ (não está contido) e ⊅ (não contém) são utilizados para relacionar conjuntos.

> Para todo conjunto A, tem-se A ⊂ A.

> Para todo conjunto A, tem-se Ø ⊂ A, onde Ø representa o conjunto vazio.

> Todo conjunto é subconjunto de si próprio (D ⊂ D);

> O conjunto vazio é subconjunto de qualquer conjunto (Ø ⊂ D);

> Se um conjunto A possui "p" elementos, então ele possui 2p subconjuntos;

> O conjunto formado por todos os subconjuntos de um conjunto A, é denominado conjunto das partes de A. Assim, se A = {4, 7}, o conjunto das partes de A, é dado por {∅, {4}, {7}, {4, 7}}.

11.3 Operações com Conjuntos

União de conjuntos: a união de dois conjuntos quaisquer será representada por "A ∪ B" e terá os elementos que pertencem a A "ou" a B, ou seja, todos os elementos.

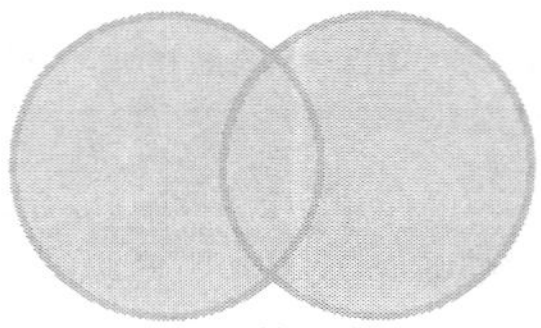

A ∪ B

Interseção de conjuntos: a interseção de dois conjuntos quaisquer será representada por "A ∩ B". Os elementos que fazem parte do conjunto interseção são os elementos comuns aos dois conjuntos.

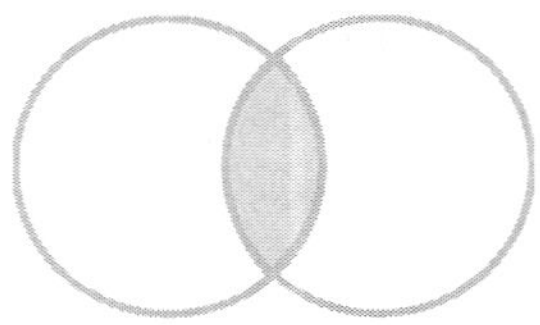

A ∩ B

Conjuntos disjuntos: Se dois conjuntos não possuem elementos em comum, diz-se que eles são disjuntos. Simbolicamente, escreve-se A ∩ B = ∅. Nesse caso, a união dos conjuntos A e B é denominada união disjunta. O número de elementos A ∩ B nesse caso é igual a zero.

n (A ∩ B) = 0.

Ex.:

Seja A = {1, 2, 3, 4, 5}, B = {1, 5, 6, 3}, C = {2, 4, 7, 8, 9} e D = {10, 20}. Tem-se:

A ∪ B = {1,2,3,4,5,6}

B ∪ A = {1,2,3,4,5,6}

A ∩ B = {1,3,5}

B ∩ A = {1,3,5}

A ∪ B ∪ C = {1,2,3,4,5,6,7,8,9} e

A ∩ D = ∅.

É possível notar que A, B e C são todos disjuntos com D, mas A, B e C não são dois a dois disjuntos.

Diferença de conjuntos: a diferença de dois conjuntos quaisquer será representada por "A – B" e terá os elementos que pertencem somente a A, mas não pertencem a B, ou seja, que são exclusivos de A.

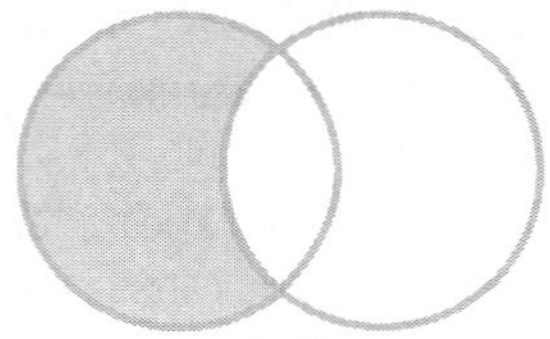

A - B

Complementar de um conjunto: se A está contido no conjunto universo U, o complementar de A é a diferença entre o conjunto universo e o conjunto A, será representado por "$C_U^{(A)}$ =U - A" e terá todos os elementos que pertencem ao conjunto universo, menos os que pertencem ao conjunto A.

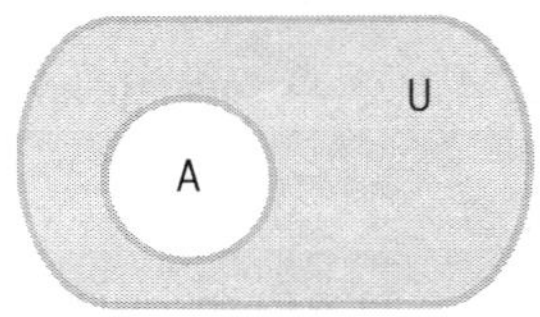

$C_p(A)$

Questões

01. Dados os conjuntos A = {1, 2, 3, 4, 6}, B = {1, 2, 3, 5, 7} e C = {3, 4, 5, 8, 9}, determine o conjunto X sabendo que X ⊂ C e C – X = B ∩ C.

a) X = {3, 5}
b) X = {1, 2, 7}
c) X = {2, 3, 4}
d) X = {3, 4, 7}
e) X = {4, 8, 9}

02. (Epcar) Para uma turma de 80 alunos do CPCAR, foi aplicada uma prova de Matemática valendo 9,0 pontos distribuídos igualmente em 3 questões sobre:

1ª FUNÇÃO

2ª GEOMETRIA

3ª POLINÔMIOS

Sabe-se que:

Apesar de 70% dos alunos terem acertado a questão sobre **função**, apenas 1/10 da turma conseguiu nota 9,0;

20 alunos acertaram as questões sobre **função** e **geometria**;

22 acertaram as questões sobre **geometria** e **Polinômios**;

18 acertaram as questões sobre **função** e **polinômios**.

A turma estava completa nessa avaliação, ninguém tirou nota zero, no critério de correção não houve questões com acertos parciais e o número de acertos apenas em **geometria** é o mesmo que o número de acertos apenas em **polinômios**.

Nessas condições, é correto afirmar que:

a) O número de alunos que só acertaram a 2ª questão é o dobro do número de alunos que acertaram todas as questões.
b) Metade da turma só acertou uma questão.
c) Mais de 50% da turma errou a terceira questão.
d) Apenas 3/4 da turma atingiu a média maior ou igual a 5,0.

03. (Upenet) Se A, B e C são conjuntos não vazios, sendo N(X) = número de elementos do conjunto X, é CORRETO afirmar que das afirmativas abaixo:

I. $A \cap (B \cup C) = (A \cap B) \cup (A \cap C)$;

II. $N(A \cap B) = N(A \cup B) - N(A) + N(B)$;

III. Se $A \cap B = \emptyset$, então, obrigatoriamente, $A = B = \emptyset$.

a) I é verdadeira.
b) I e II são verdadeiras.
c) III é verdadeira.
d) I, II e III são verdadeiras.
e) II e III são verdadeiras.

04. (Cesgranrio) 1000 pessoas responderam a uma pesquisa sobre a frequência do uso de automóvel. 810 pessoas disseram utilizar automóvel em dias de semana, 880 afirmaram que utilizam automóvel nos finais de semana e 90 disseram que não utilizam automóveis. Do total de entrevistados, quantas pessoas afirmaram que utilizam automóvel durante a semana e, também, nos fins de semana?

a) 580
b) 610
c) 690
d) 710
e) 780

05. (FCC) Dos 36 funcionários de uma agência bancária, sabe-se que: apenas 7 são fumantes, 22 são do sexo masculino e 11 são mulheres que não fumam. Com base nessas afirmações, é correto afirmar que o:

a) Número de homens que não fumam é 18.
b) Número de homens fumantes é 5.
c) Número de mulheres fumantes é 4.
d) Total de funcionários do sexo feminino é 15.
e) Total de funcionários não fumantes é 28.

06. (Cesgranrio) Considere os conjuntos A, B e C, seus respectivos complementares AC, BC e CC e as seguintes declarações:

I. $A \cup (B \cap C) = (A \cap B) \cup (A \cap C)$;

II. $A \cap (B \cup C) = (A \cup B) \cap (A \cup C)$;

III. $(B \cap C)C = BC \cap CC$.

Para esses conjuntos e seus respectivos complementares, está(ão) correta(s) a(s) declaração(ões):

a) II, somente.
b) III, somente.
c) I e II, somente.
d) I e III, somente.
e) I, II e III.

07. (Fumarc) Em minha turma da Escola, tenho colegas que falam, além do Português, duas línguas estrangeiras: Inglês e Espanhol. Tenho, também, colegas que só falam Português. Assim:

4 colegas só falam Português;

25 colegas, além do Português, só falam Inglês;

6 colegas, além do Português, só falam Espanhol;

10 colegas, além do Português, falam Inglês e Espanhol.

Diante desse quadro, quantos alunos há na minha turma?

a) 46
b) 45
c) 44
d) 43
e) 42

08. (Cesgranrio) Em um grupo de 48 pessoas, 9 não têm filhos. Dentre as pessoas que têm filhos, 32 têm menos de 4 filhos e 12, mais de 2 filhos. Nesse grupo, quantas pessoas têm 3 filhos?

a) 4
b) 5
c) 6
d) 7
e) 8

09. (Cesgranrio) Se A e B são conjuntos quaisquer e $C(A, B) = A - (A \cap B)$ então $C(A, B)$ é igual ao conjunto:

a) $\emptyset$
b) B
c) B - A
d) A - B
e) (A U B) - A

10. (CEPERJ) Dois conjuntos B e C são subconjuntos de um conjunto A, porém A também é subconjunto de B e contém os elementos de C. Desse modo, pode-se afirmar que:

a) $A = B$ e $C \subset B$
b) $A \supset B$ e $C \supset B$
c) $A \in B$ e $C \supset B$
d) $A \in B$ e $C = B$
e) $A = B$ e $B = C$

Gabaritos

01	E	06	B
02	C	07	A
03	A	08	B
04	E	09	D
05	A	10	A

12. SEQUÊNCIAS NUMÉRICAS

Neste capítulo, será possível verificar a formação de uma sequência e também do que trata a P.A. (Progressão Aritmética) e a P.G. (Progressão Geométrica).

12.1 Conceitos

Sequências: conjuntos de elementos organizados de acordo com certo padrão, ou seguindo determinada regra. O conhecimento das sequências é fundamental para a compreensão das progressões.

Progressões: as progressões são sequências numéricas com algumas características exclusivas.

Cada elemento das sequências e/ou progressões são denominados termos.

Sequência dos números quadrados perfeitos:
(1, 4, 9, 16, 25, 36, 49, 64, 81, 100...);

Sequência dos números primos: (2, 3, 5, 7, 11, 13, 17, 19, 23, 29, 31, 37, 41, 43, 47, 53...).

Veja que na sequência dos números quadrados perfeitos a lei que determina sua formação é: $a_n = n^2$.

12.2 Lei de Formação de uma Sequência

Para determinarmos uma sequência numérica, precisamos de uma lei de formação. A lei que define a sequência pode ser a mais variada possível.

Ex.: A sequência definida pela lei $a_n = n^2 + 1$, com "n" $\in$ N, cujo a_n é o termo que ocupa a n-ésima posição na sequência é: 0, 2, 5, 10, 17, 26... Por esse motivo, a_n é chamado de termo geral da sequência.

12.3 Progressão Aritmética (P.A.)

Progressão aritmética é uma sequência numérica em que cada termo, a partir do segundo, é igual ao anterior adicionado a um número fixo, chamado razão da progressão (r).

Quando r > 0, a progressão aritmética é crescente; quando r < 0, decrescente e quando r = 0, constante ou estacionária.

> (2, 5, 8, 11, ...), temos r = 3. Logo, a P.A. é crescente.
> (20, 18, 16, 14, ...), temos r = -2. Logo, a P.A. é decrescente.
> (5, 5, 5, 5, ...), temos r = 0. Logo, a P.A. é constante.

A representação matemática de uma progressão aritmética é:

$(a_1, a_2, a_3, ..., a_n, a_{n+1}, ...)$ na qual: $\begin{cases} a_2 = a_1 + r \\ a_3 = a_2 + r \\ a_4 = a_3 + r \\ \vdots \end{cases}$

Se a razão de uma PA é a quantidade que acrescentamos a cada termo para obter o seguinte, podemos dizer que ela é igual à diferença entre qualquer termo, a partir do segundo, e o anterior. Assim, de modo geral, temos:

$$r = a_2 - a_1 = a_3 - a_2 = \cdots = a_{n+1} - a_n$$

Para encontrar um termo específico, a quantidade de termos ou até mesmo a razão de uma P.A., dispomos de uma relação chamada termo geral de uma P.A.: an = a1 + (n-1) r, onde:

> a_n é o termo geral;
> a_1 é o primeiro termo;
> n é o número de termos;
> r é a razão da P.A.

Propriedades:

P_1. Em toda P.A. finita, a soma de dois termos equidistantes dos extremos é igual à soma dos extremos.

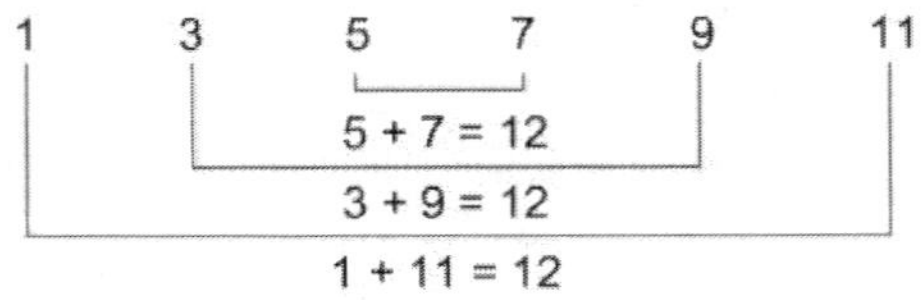

P_2. Uma sequência de três termos é P.A. se, e somente se, o termo médio é igual à média aritmética entre os outros dois, isto é: (a,b,c) é P.A. $\Leftrightarrow b = \frac{(a+c)}{2}$

Ex.: seja a P.A. (2, 4, 6), então, $4 = \frac{2+6}{2}$

P_3. Em uma P.A. com número ímpar de termos, o termo médio é a média aritmética entre os extremos.

Ex.: (3, 6, 9, 12, 15, 18, 21, 24, 27, 30, 33, 36, 39), $21 = \frac{3+39}{2}$

P_4. A soma S_n dos n primeiros termos da PA $(a_1, a_2, a_3, ...an)$ é dada por:

Ex.: $S_n = \frac{(a_1 + a_n)}{2} \cdot n$

Dois termos são equidistantes quando a distância entre um deles para o primeiro termo da P.A. é igual a distância do outro para o último termo da P.A.

Interpolação aritmética

Interpolar significa inserir termos, ou seja, interpolação aritmética é a colocação de termos entre os extremos de uma P.A. Consiste basicamente em descobrir o valor da razão da P.A. e, com, isso inserir esses termos.

Utiliza-se a fórmula do termo geral para a resolução das questões, em que "**n**" será igual a "**k + 2**", cujo "**k**" é a quantidade de termos que se quer interpolar.

Ex.: Insira 5 termos em uma P.A. que começa com 3 e termina com 15.

Resolução:

$a_1 = 3$; $a_n = 15$; k = 5 e n = 5 + 2 = 7
$a_n = a_1 + (n - 1) \cdot r$
$15 = 3 + (7 - 1) \cdot r$
$15 = 3 + 6r$
$6r = 15 - 3$
$6r = 12$
$r = \frac{12}{6}$
$r = 2$

Então, P.A. (3, 5, 7, 9, 11, 13, 15)

Calcule a soma dos temos da P.A. (1, 4, 7, 10, 13, 16, 19, 22, 25).

Resolução:

$a_1 = 1$; $a_n = 25$; $n = 9$

$$S_n = \frac{(a_1 + a^n) \cdot n}{2}$$

$$S_n = \frac{(1 + 25) \cdot 9}{2}$$

$$S_n = \frac{(26) \cdot 9}{2}$$

$$S_n = \frac{234}{2}$$

$$S_n = 117$$

12.4 Progressão Geométrica (P.G.)

Progressão geométrica é uma sequência de números não nulos em que cada termo, a partir do segundo, é igual ao anterior multiplicado por um número fixo, chamado razão da progressão (q).

A representação matemática de uma progressão geométrica é $(a_1, a_2, a_3, ..., a_{n-1}, an)$, na qual $a_2 = a_1 . q$, $a_3 = a_2 . q$,... etc. De modo geral, escrevemos: $a_{n+1} = a_n . q$, $\forall\, n \in N^*$ e $q \in \mathbb{R}$.

Em uma P.G., a razão q é igual ao quociente entre qualquer termo, a partir do segundo, e o anterior. Exemplo:

→ (4, 8, 16, 32, 64)

$$q = \frac{8}{4} = \frac{16}{8} = \frac{32}{16} = \frac{64}{32} = 2$$

→ (6,-18,54,-162)

$$q = \frac{186}{6} = \frac{54}{-18} = \frac{-162}{54} = -3$$

Assim, podemos escrever:

$$\frac{a_2}{a_1} = \frac{a_3}{a_2} = \cdots = \frac{a_{n+1}}{a_n} = q, \text{ sendo q a razão da P.G.}$$

Podemos classificar uma P.G. como:

→ Crescente:

> Quando $a_1 > 0$ e $q > 1$

(2,6,18,54,...) é uma P.G. crescente com $a_1 = 2$ e $q = 3$

> Quando $a_1 < 0$ e $0 < q < 1$

(-40, -20, -10,...) é uma P.G. crescente com $a_1 = -40$ e $q = 1/2$

→ Decrescente:

> Quando $a_1 > 0$ e $0 < q < 1$

(256, 64, 16,...) é uma P.G. decrescente,com $a_1 = 256$ e $q = 1/4$

> Quando $a_1 < 0$ e $q > 1$

(-2, -10, -50,...) é uma P.G. decrescente,com $a_1 = -2$ e $q = 5$

→ Constante:

> Quando q=1

(3, 3, 3, 3, 3,...) é uma P.G. constante,com $a_1 = 3$ e $q = 1$

→ Alternada:

> Quando $q < 0$

(2,-6,18,-54) é uma P.G. alternada,com $a_1 = 2$ e $q = -3$

A fórmula do termo geral de uma PG nos permite encontrar qualquer termo da progressão.

$$a_n = a_1 . q^{n-1}$$

Propriedades:

P_1 Em toda P.G. finita, o produto de dois termos equidistantes dos extremos é igual ao produto dos extremos.

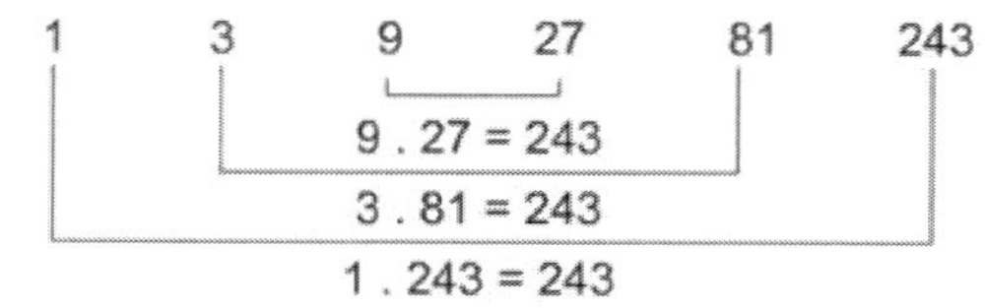

P_2 Uma sequência de três termos, em que o primeiro é diferente de zero, é uma P.G. se, e somente, sem o quadrado do termo médio é igual ao produto dos outros dois, isto é, sendo $a \neq 0$.

Ex.: (a, b, c) é P.G. $\Leftrightarrow b^2 = ac$

$(2, 4, 8) \Leftrightarrow 4^2 = 2 . 8 = 16$

P_3 Em uma P.G. com número ímpar de termos, o quadrado do termo médio é igual ao produto dos extremos.

Ex.: (2, 4, 8, 16, 32, 64, 128, 256, 512), temos que $32^2 = 2 \cdot 512 = 1024$.

P_4 Soma dos n primeiros termos de uma P.G. $S_n = \frac{a_1(q^n - 1)}{q - 1}$

P_5 Produto dos n primeiros termos de uma P.G. $P_n = (a_1)^n \cdot q^{\frac{(n-1) \cdot n}{2}}$

P_6 Soma dos infinitos termos de uma P.G.:

Ex.: $S_\infty = \frac{a_1}{1-q}$, se $-1 < q < 1$

$S_\infty = +\infty$, se $q > 1$ e $a_1 > 0$

$S_\infty = -\infty$, se $q > 1$ e $a_1 < 0$

Dois termos são equidistantes quando a distância de um deles para o primeiro termo P.G. é igual a distância do outro para o último termo da P.G.

Interpolação geométrica

Interpolar significa inserir termos, ou seja, interpolação geométrica é a colocação de termos entre os extremos de uma P.G. Consiste basicamente em descobrir o valor da razão da P.G. e, com isso, inserir esses termos.

Utiliza-se a fórmula do termo geral para a resolução das questões, em que "**n**" será igual a "**p + 2**", cujo "**p**" é a quantidade de termos que se quer interpolar.

Ex.: Insira 4 termos em uma P.G. que começa com 2 e termina com 2048.

Resolução:

$a_1 = 2$; $a_n = 2048$; $p = 4$ e $n = 4 + 2 = 6$

$$a_n = a_1 \cdot q^{(n-1)}$$
$$2048 = 2 \cdot q^{(6-1)}$$
$$2048 = 2 \cdot q^5$$
$$q^5 = \frac{2048}{2}$$
$$q^5 = 1024 \quad (1024 = 4^5)$$
$$q^5 = 4^5$$
$$q = 4$$

P.G. (2, **8**, **32**, **128**, **512**, 2048).

Produto dos termos de uma P.G.

Para o cálculo do produto dos termos de uma P.G., basta usar a seguinte fórmula:

$$\mathbf{P_n = \sqrt{(a_1 \cdot an)^n}}$$

Qual o produto dos termos da P.G. (5, 10, 20, 40, 80, 160).

Resolução:

$a_1 = 5$; $a_n = 160$; $n = 6$

$$P_n = \sqrt{(a_1 \cdot a_n)^n}$$
$$P_n = \sqrt{(5 \cdot 160)^6}$$
$$P_n = (5 \cdot 160)^3$$
$$P_n = (800)^3$$
$$P_n = 512000000$$

Questões

01. (ESPCEX) Um menino, de posse de uma porção de grãos de arroz, brincando com um tabuleiro de xadrez, colocou um grão na primeira casa, dois grãos na segunda casa,quatro grãos na terceira casa, oito grãos na quarta casa e continuou procedendo desta forma até que os grãos acabaram, em algum momento, enquanto ele preenchia a décima casa. A partir dessas informações, podemos afirmar que a quantidade mínima de grãos de arroz que o menino utilizou na brincadeira é:

a) 480
b) 511
c) 512
d) 1023
e) 1024

02. (Cesgranrio) Álvaro, Bento, Carlos e Danilo trabalham em uma mesma empresa, e os valores de seus salários mensais formam, nessa ordem, uma progressão aritmética. Danilo ganha mensalmente R$ 1.200,00 a mais que Álvaro, enquanto Bento e Carlos recebem, juntos, R$ 3.400,00 por mês. Qual é, em reais, o salário mensal de Carlos?

a) 1.500,00
b) 1.550,00
c) 1.700,00
d) 1.850,00
e) 1.900,00

03. (Cesgranrio) Seja a progressão geométrica:

$\sqrt{5}, \sqrt[3]{5}, \sqrt[6]{5}, \ldots$ O quarto termo dessa progressão é:

a) 0
b) $5^{-\frac{1}{6}}$
c) $5^{\frac{1}{9}}$
d) 1
e) 5

04. (CEPERJ) Em uma progressão geométrica, o segundo termo é 27^{-2}, o terceiro termo é 9^4, e o quarto termo é 3_n. O valor de n é:

a) 22
b) 20
c) 18
d) 16
e) 24

05. (Consulplan) Qual é a soma dos termos da sequência (x - 2, 3x - 10, 10 + x, 5x + 2), para que a mesma seja uma progressão geométrica crescente?

a) 52
b) 60
c) 40
d) 48
e) 64

06. (Vunesp) Os valores das parcelas mensais estabelecidas em contrato para pagamento do valor total de compra de um imóvel constituem uma P.A crescente de 5 termos. Sabendo que $a_1 + a_3 = 60$ mil reais, e que $a_1 + a_5 = 100$ mil reais, pode-se afirmar que o valor total de compra desse imóvel foi, em milhares de reais, igual a:

a) 200
b) 220
c) 230
d) 250
e) 280

07. (FGV) Considere a sequência numérica (1, 4, 5, 9, 14, 23, ...). O primeiro número dessa sequência a ter 3 algarismos é:

a) 157
b) 116
c) 135
d) 121
e) 149

08. (FCC) Considere que os números que compõem a sequência seguinte obedecem a uma lei de formação (120; 120; 113; 113; 105; 105; 96; 96; 86; 86; . . .). A soma do décimo quarto e décimo quinto termos dessa sequência é um número:

a) Múltiplo de 5
b) Ímpar
c) Menor do que 100
d) Divisível por 3
e) Maior do que 130

09. (FCC) Às 10 horas do dia 18 de maio de 2007, um tanque continha 9050 litros de água. Entretanto, um furo em sua base fez com que a água escoasse em vazão constante e, então, às 18 horas do mesmo dia restavam apenas 8.850 litros de água em seu interior. Considerando que o furo não foi consertado e não foi colocada água dentro do tanque, ele ficou totalmente vazio às:

a) 11 horas de 02/06/2007
b) 12 horas de 02/06/2007
c) 12 horas de 03/06/2007
d) 13 horas de 03/06/2007
e) 13 horas de 04/06/2007

10. (CEPERJ) Em uma progressão geométrica, o segundo termo é 27^{-2}, o terceiro termo é 4^{9}, e o quarto termo é 3_{n}. O valor de n é:

a) 22
b) 20
c) 18
d) 16
e) 24

Gabaritos

01	C	06	D
02	E	07	A
03	D	08	B
04	A	09	B
05	B	10	A

13. ORIENTAÇÃO, COORDENADAS GEOGRÁFICAS E NOÇÕES DE CARTOGRAFIA

13.1 Orientação

No sentido geográfico, orientação é o mesmo que rumo, direção. Portanto, orientar-se significa determinar a própria direção, ou a posição de um lugar em relação aos pontos cardeais.

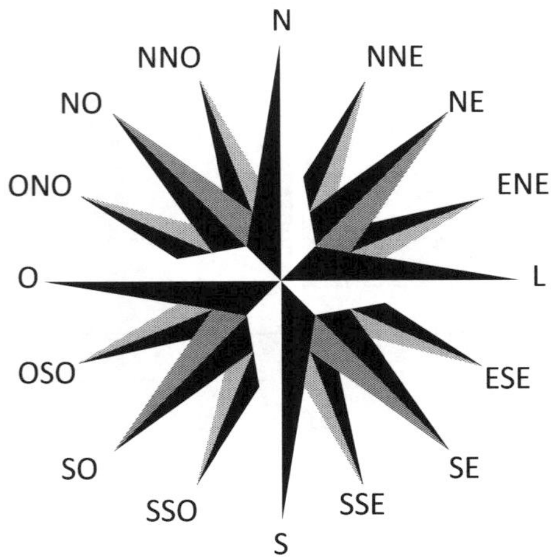

Os Pontos Cardeais foram convencionados com base no movimento de rotação da Terra.

→ Norte (N): extremidade superior do eixo terrestre.

→ Sul (S): extremidade inferior do eixo terrestre.

→ Leste (L ou E): local onde o Sol nasce.

→ Oeste (O ou W): local onde o Sol se põe.

Além dos quatro Pontos Cardeais, contamos com os Pontos Colaterais e Subcolaterais, formando um total de dezesseis direções, que formam a Rosa-dos-Ventos. Para a orientação, podem-se utilizar desde os meios mais antigos e simples como os astros (Sol, Lua, Cruzeiro do Sul e Estrela Polar) , até os instrumentos como Bússola e GPS (*Global Positioning System*).

13.2 Coordenadas Geográficas

É um sistema de referência e de posicionamento, em que um paralelo (latitude) e um meridiano (longitude) se encontram, formando uma coordenada.

→ **Latitude**: distância referente à Linha do Equador. A maior latitude equivale a 90 graus ao Norte ou ao Sul, e a menor é de 0 graus na Linha do Equador.

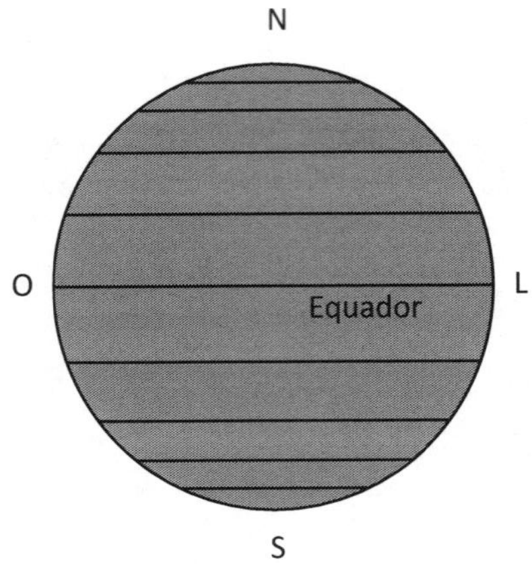

As regiões intertropicais podem ser denominadas de baixas latitudes; as regiões temperadas, de médias latitudes; e as polares, regiões de altas latitudes.

→ **Longitude**: distância referente ao Meridiano de Greenwich. A maior longitude é de 180 graus para Leste (representado no mapa pela letra E) ou para Oeste (representado pela letra W).

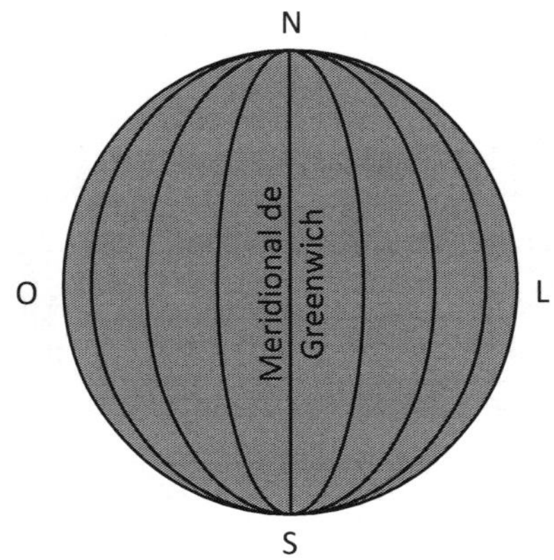

Convencionou-se dividir a Terra em dois hemisférios, a partir da Linha do Equador: Norte ou Setentrional e Sul ou Meridional. Como o Hemisfério Sul apresenta meia superfície oceânica, pode ser também denominado de *Hemisférios das Águas*. Também convencionou-se dividir a Terra em dois hemisférios, a partir do Meridiano de Greenwich : Hemisfério Leste ou Oriental e Hemisfério Oeste ou Ocidental.

13.3 Cartografia

É a ciência e a arte de compor mapas, ou cartas geográficas que se destinam-se à representação total ou parcial da Terra. A Cartografia utiliza-se das projeções cartográficas, transformando o globo terrestre em superfícies planas, denominadas de mapas.

13.4 Mapas

Mapas gerais: correspondem a um mapa de orientação ou informações bastante generalizadas. Um bom exemplo é o mapa-múndi, que serve, muitas vezes, como mera ilustração para facilitar a identificação de determinados lugares da superfície terrestre.

Mapas especiais: são produzidos para uma utilização específica.

Mapas temáticos: representam temas específicos da Geografia. Podem ser mapas demográficos, topográficos, geológicos, climáticos, meteorológicos etc.

13.5 Projeção Cartográficas

Projeção Cilíndrica

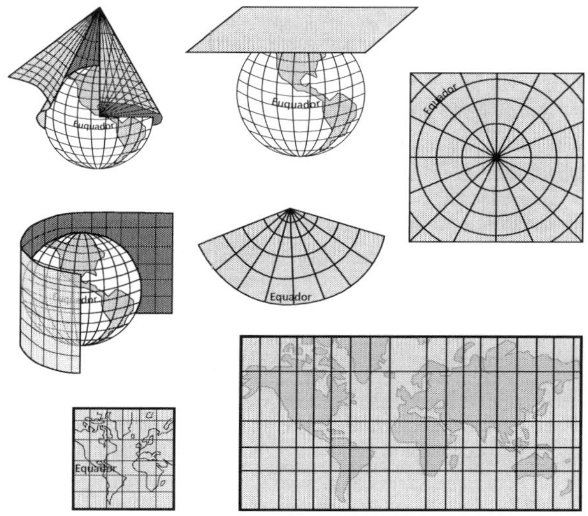

Esta representação é obtida com a projeção da superfície terrestre, com os paralelos e os meridianos, sobre um cilindro em que o mapa será desenhado. Ao ser desenrolado, apresentará sobre uma superfície plana todas as informações que para ele foram transferidas. Esta projeção é muita utilizada para a representação do mapa-múndi, além de ser usada para mapas marítimos e de regiões de baixas latitudes, onde as deformações são mínimas.

Projeção Cônica

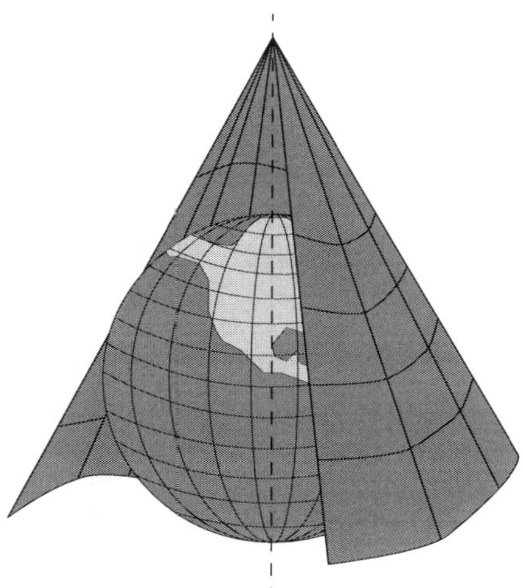

Um cone imaginário em contato com a esfera é a base para a elaboração do mapa. Os meridianos formam uma rede de linhas retas e os paralelos são curvos. Utilizada para representar regiões de médias latitudes.

Projeção Plana ou Azimutal

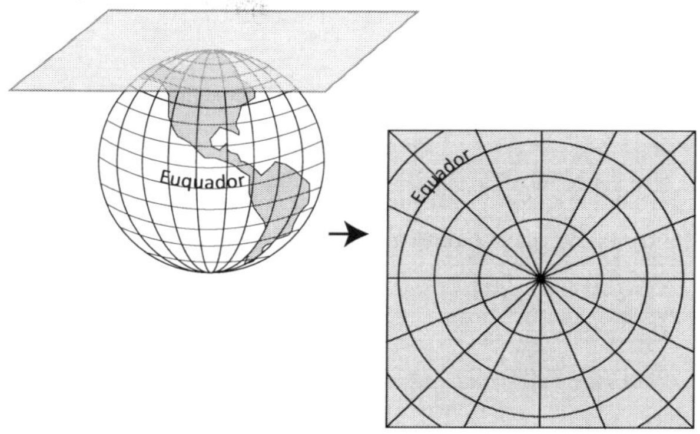

A projeção azimutal é usada, em geral, para representar as regiões polares. Os paralelos são círculos concêntricos e os meridianos são retos, convergindo para os polos.

13.6 Escala Cartográfica

É a relação matemática entre as dimensões dos elementos no desenho e no terreno.

13.7 Escala Gráfica

É a representação gráfica da escala numérica sob a forma de uma linha graduada, na qual a relação entre as distâncias reais e as representadas nos mapas, cartas ou outros documentos cartográficos é dada por um segmento de reta, em que uma unidade medida na reta corresponde a uma determinada medida real.

13.8 Escala Numérica

É a escala de um documento cartográfico (mapa, carta ou planta) expressa por uma fração ou proporção, a qual correlaciona a unidade de distância do documento à distância medida na mesma unidade no terreno.

> Ex: 1:100.000 – Lê-se 1 por 100.000.

Significa que 1cm no documento equivale a 100.000 cm no terreno, ou seja, 1000m ou 1Km.

Quando se conhece a escala numérica, pode-se calcular as distâncias reais, utilizando-se as expressões:

D = d x N - N = D / d - d = D / N

D=Distância real

d =Distância no documento

E = Escala

→ Aplicação

Um elemento de 15cm no documento cartográfico, elaborado na escala 1:50.000, terá que dimensão no terreno?

E = 1/ 50.000

d = 15

D = d x N

D = 15 x 50000 = 7,50000 = 7,5Km

Um elemento de 7,5Km no terreno será representado num documento cartográfico na escala de 1:50000 com que dimensão?

E= 1 / N

D = 7,5 Km = 7 500 m = 750000cm

d = D / N = 750 000 / 50 000 = 15 cm

Qual a escala de um documento cartográfico na qual um elemento com 7,5 Km no terreno é representado por 15 cm?

D = 7,5 Km = 750.000cm

d = 15 cm

N= D/d = 750 000 / 15 = 50 000

13.9 Curvas de Nível

São linhas que unem pontos de igual altitude num mapa.

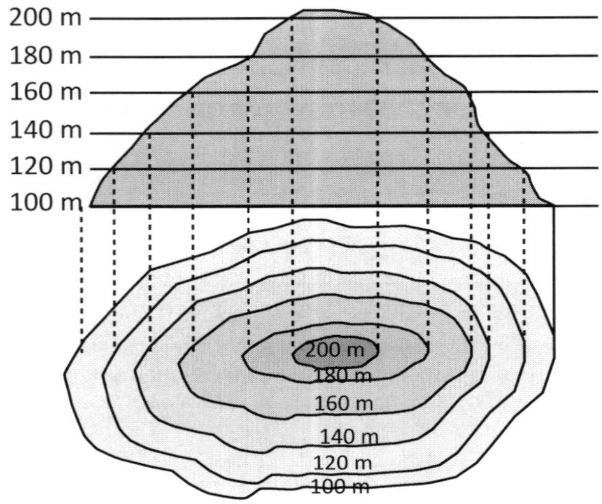

Questões

01. Identifique as coordenadas geográficas correspondentes, respectivamente, aos pontos B e A:

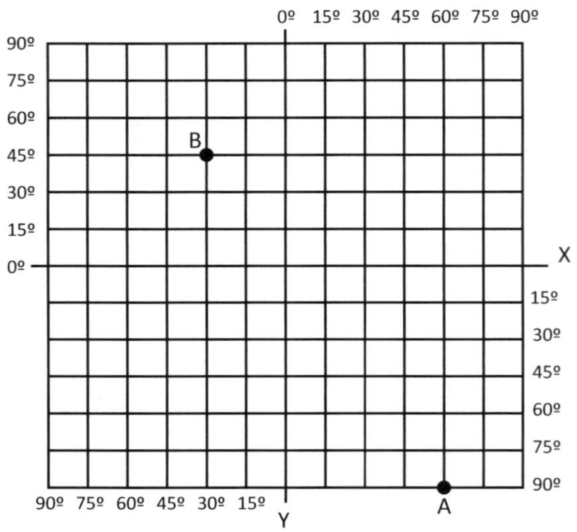

a) 30º de Lat. Sul e 45º de Long. Leste; 90º de Lat. Sul e 60º de Long. Leste.

b) 45º de Lat. Norte e 30º de Long. Oeste; 90º de Lat. Sul e 60º de Long. Leste.

c) 30º de Lat Norte e 45º de Long. Oeste; 60º de Lat. Sul e 90º de Long. Leste.

d) 30º de Lat. Sul e 45º de Long. Leste; 60º de Lat. Norte e 90º de Long. Leste.

02. O globo terrestre é uma forma de representação da Terra. Nele, podemos observar as linhas imaginárias, importantes para o estabelecimento das coordenadas geográficas, que são medidas estabelecidas para localizar um ponto na superfície do planeta.

Considerando as coordenadas geográficas, associe os termos listados na Coluna A aos conceitos apresentados na Coluna B.

01. Latitude	( ) Linhas imaginárias verticais que convergem para os polos.
02. Longitude	( ) Linhas imaginárias cujo plano é perpendicular ao eixo de rotação da Terra.
03. Paralelos	( ) Distância, expressa em graus, cujo ponto inicial é Greenwich.
04. Meridianos	( ) Medida, em graus, que estabelece as coordenadas ao Norte e ao Sul.

Assinale a alternativa que preenche corretamente os parênteses da Coluna II, de cima para baixo.

a) 1, 2, 3, 4

b) 1, 2, 4, 3

c) 4, 3, 2, 1

d) 3, 1, 2, 4

e) 3, 2, 1, 4

03. Rochas, relevo e solos são temas respectivos dos seguintes mapas:

a) Pedológico, geomorfológico e geológico.

b) Litológico, pedológico e geomorfológico.

c) Geomorfológico,topográfico e fitoecológico.

d) Geológico, geomorfológico e pedológico.

04. Um professor do Curso de Licenciatura em Geografia do Instituto Federal de Pernambuco (IFPE) entregou aos seus alunos um mapa feito na escala 1:1.000.000 cuja distância em linha reta entre duas cidades é de 5 cm. O professor pergunta: qual a distância real, em km, entre as cidades?

a) 10

b) 20

c) 50

d) 500

e) 5.000

05. (FAFIPA) Os mapas são fontes de informação valiosas sobre o espaço, apresentando-se de forma simplificada e em uma escala. Eles fornecem uma visão ortográfica, ou seja, como um sobrevoo pela área. Sobre a interpretação de mapas, assinale a alternativa correta:

a) Para ser considerado como tal, um mapa deve conter curvas de nível que representem a variação de altitude no terreno.

b) Um mapa apresentado sem uma escala é inútil, pois não há meios de determinar qual foi a redução utilizada na construção.

c) Uma representação pequena, como uma quadra ou um prédio, não pode ser chamada de mapa, mas de planta.

d) Todo mapa contém um sistema de projeção, que serve para representar a curvatura da Terra numa folha bidimensional.

e) Qualquer meio analógico não é capaz de mostrar uma representação cartográfica; isso só é possível na forma digital.

06. (UFPR) Num mapa, dentre outros elementos, são representadas a escala gráfica e a escala numérica. Isso é feito porque a escala gráfica:

I. acompanha as modificações ocorridas pela dilatação ou retração do papel;

II. e a escala numérica se complementam;

III. ilustra a escala numérica;

IV. permite que se façam medições sem qualquer instrumento de medida.

Assinale a alternativa correta:

a) Somente as afirmativas I e II são verdadeiras.

b) Somente as afirmativas I e III são verdadeiras.

c) Somente as afirmativas I e IV são verdadeiras.

d) Somente as afirmativas II e III são verdadeiras.

e) Somente as afirmativas III e IV são verdadeiras.

07. (UFPR) A Cartografia temática tem como objetivo gerar a representação das informações geográficas referentes a um ou vários fenômenos (físicos ou sociais) de todo o planeta ou de uma parte dele. Como exemplo de mapas temáticos, podemos citar os geológicos, os de vegetação e os climáticos, entre outros (adaptado de IBGE, 2007). A respeito do assunto e levando em consideração a grande diversidade de mapas temáticos existentes, assinale a alternativa correta:

a) Os mapas batimétricos representam, através de polígonos, as diferenças de pressão atmosférica em uma dada região.

b) Os mapas hipsométricos representam as classes de altura da superfície terrestre, utilizando, em geral, os tons de verde para as áreas mais baixas e tons de marrom para as mais elevadas.

c) Os cartodiagramas são mapas formados a partir de um conjunto de isolinhas de temperatura e/ou pluviosidade.

d) Os mapas coropléticos indicam através linhas coloridas a quantidade e o direcionamento dos mais variados fluxos em uma região.

e) As anamorfoses deformam voluntariamente as superfícies reais para torná-las proporcionais à variável considerada.

08. (UFPR) Em um mapa, a distância no papel entre duas cidades é de 5 centímetros. A partir da escala, constata-se que essa medida equivale a 1.250 quilômetros na superfície terrestre. Com base nessas informações, assinale a alternativa que indica a escala desse mapa.

a) 1:250.000.

b) 1:62.500.000.

c) 1:250.000.000.

d) 1:25.000.000.

e) 1:625.000.

09. (FAFIPA) Para os cartógrafos, os mapas são veículos de transmissão do conhecimento. Eles são representações gráficas de determinado espaço geográfico, concebidos para transmitir a visão subjetiva ou o conhecimento de alguém ou de poucos para muitos. Esse conhecimento pode ser o mais amplo e variado possível ou o mais restrito e objetivo possível. Então, cada mapa tem um autor, uma questão e um tema.

(RUTH E. NOGUEIRA LOCH, Cartografia-Representação, Comunicação e Visualização de Dados Espaciais, p. 33).

Sobre estudos voltados a cartografia, ciência ligada diretamente à Geografia, analise as assertivas e assinale as alternativas com sequência correta:

I. Quanto maior o denominador de uma escala, maior será a riqueza de detalhes e maior será a escala do mapa.

II. Quanto maior for o espaçamento entre as curvas de nível em uma carta topográfica, menor será a declividade representada do terreno.

III. Dentro da semiologia gráfica, utilizada na elaboração de legendas de mapas, as cores só podem representar quantidade.

IV. As coordenadas geográficas podem ser definidas como um ponto gerado a partir do cruzamento entre um paralelo com um meridiano.

a) Apenas I e II.

b) Apenas II e III.

c) Apenas III e IV.

d) Apenas II e IV.

e) Apenas I, II e IV.

10. (UFPR) A respeito das projeções e coordenadas geográficas, assinale a alternativa correta.

a) A coordenada geográfica de um determinado ponto da superfície terrestre é obtida pela interseção de um meridiano e um paralelo, linhas imaginárias que indicam, respectivamente, a latitude e a longitude.

b) Enquanto os valores de latitude variam de 0° (Linha do Equador) a 180° (polos), os de longitude têm variação de 0° (Greenwich) a 90° a leste e a oeste de Greenwich. Em ambos os casos, indica-se o hemisfério de localização.

c) As projeções podem ser classificadas quanto às propriedades ou à superfície de projeção. Em relação ao primeiro tipo de classificação, as projeções podem ser planas, cônicas ou cilíndricas.

d) Todas as projeções cartográficas apresentam deformações; assim, enquanto a projeção de Mercator reduz as áreas mais próximas aos polos, a de Peters as amplia demasiadamente.

e) As projeções cartográficas foram desenvolvidas para permitir a representação da esfericidade terrestre em um plano, cada uma priorizando determinado aspecto da representação (dimensão, forma etc.).

Gabaritos

01	B	06	C
02	C	07	E
03	D	08	D
04	C	09	D
05	D	10	E

14. SIMULADO DE MATEMÁTICA E RACIOCÍNIO LÓGICO QUANTITATIVO

01. Um empregado recebe três aumentos salariais de aumento. O primeiro de 30%, o segundo de 20%, e o terceiro de 10%. É correto afirmar que o aumento total recebido pelo funcionário foi de

a) 60%.
b) 63%.
c) 80%.
d) 71,6%.
e) 82,70%.

02. Uma loja de roupas recebeu uma remessa com 440 camisas e 160 calças. Das peças recebidas, 5% das camisas estavam sem um dos botões e 1,25% das calças tinham problemas com o zíper. O total das peças com defeitos representa, em relação ao total de peças recebidas, uma porcentagem de

a) 3,6%.
b) 4%.
c) 4,3%.
d) 6,25%.
e) 6,5%.

03. Uma pedra é lançada, e sua trajetória é determinada pelo gráfico da função $f(x) = - x2 + 8x -12$, onde x é medido em metros. É CORRETO afirmar que a altura máxima alcançada pela pedra é de

a) 12m.
b) 10m.
c) 8m.
d) 6.m
e) 4m.

04. Seja a função bijetora $f: R \rightarrow R$ e f^{-1} a sua função inversa, determine o valor de $f(f^{-1}(10)) + f^{-1}(f(-4))$.

a) 14
b) 12
c) 10
d) 8
e) 6

05. Em uma mercearia, a razão entre o número de latas de cerveja escura e o número de latas de cerveja clara, nessa ordem, é 2/9. Se um cliente comprar 3 latas de cada tipo, a razão entre o número de latas de cerveja escura e o número de latas de cerveja clara que restaram passará a ser de 1/5 . O número total de latas de cerveja que ficaram na mercearia após a compra desse cliente foi:

a) 124.
b) 126.
c) 128.
d) 130.
e) 132.

06. Uma escola tem duas salas para os 90 alunos de 6º ano. A razão entre a quantidade de alunos da sala 1 e da sala 2 é de 4/5, nessa ordem. Então a quantidade de alunos a mais na sala 2 é de

a) 10
b) 11
c) 12
d) 13
e) 14

07. Certa empresa vai apresentar a seus funcionários um vídeo, ao mesmo tempo em 3 auditórios, A, B e C, que têm capacidades para 50, 70 e 100 pessoas na plateia, respectivamente. Conforme chegavam, os funcionários eram distribuídos de forma a ocupar proporcionalmente os auditórios. Ao começar a apresentação, havia uma audiência total de 176 pessoas nas plateias dos 3 auditórios, sendo que cada auditório apresentava a mesma razão entre lugares ocupados na plateia e sua capacidade, nessa ordem. Portanto, a plateia do auditório C estava com um número de lugares ocupados igual a

a) 56.
b) 70.
c) 80.
d) 92.
e) 96.

08. Um jovem comprou uma torta para jantar. Durante o jantar comeu 1/3 do total da torta. No almoço do dia seguinte comeu 3/5 do que ainda restava e o restante jogou fora. A fração que representa corretamente a quantidade de torta que ele jogou fora, após o almoço, é

a) 11/15
b) 5/17
c) 2/17
d) 3/14
e) 4/15

09. A sequência (10; 17; 31; 59; 115; ...) foi criada seguindo um padrão pré-determinado. O maior número da sequência que é menor do que 1000 é:

a) 698.
b) 713.
c) 899.
d) 902.
e) 999.

10. Três aumentos mensais sucessivos de 50%, correspondem a um único aumento trimestral de:

a) 0,125%
b) 3,375%
c) 150%
d) 37,5%
e) 237,5%

SUMÁRIO

Sumário

1. TEORIAS ADMINISTRATIVAS

1.1 Conceito de Administração

A Administração (do latim: administratione) é o conjunto de atividades voltadas à direção de uma organização. Tais atividades devem fazer uso de técnicas de gestão para que seus objetivos sejam alcançados de forma eficaz e eficiente, com responsabilidade social e ambiental.

Lacombe (2003, p.4) afirma que a essência do trabalho do administrador é obter resultados por meio das pessoas que ele coordena. A partir desse raciocínio de Lacombe, temos o papel do "Gestor Administrativo" que, com sua capacidade de gestão com as pessoas, consegue obter os resultados esperados.

Drucker (1998, p. 2) conceitua que administrar é manter as organizações coesas, fazendo-as funcionar.

Administrar como processo significa **planejar, organizar, dirigir (coordenar e liderar)**, e controlar organizações e/ou tarefas, tendo como objetivo maior produtividade e/ou lucratividade. Para se chegar a isso, o administrador avalia os objetivos organizacionais e desenvolve as estratégias necessárias para alcançá-los. Este profissional, no entanto, não tem apenas função teórica, ele é responsável pela implantação de tudo que planejou e, portanto, vai ser aquele que define os programas e métodos de trabalho, avaliando os resultados e corrigindo os setores e procedimentos que estiverem com problemas. Como é função do administrador que a produtividade e/ou lucros sejam altos, ele também terá a função de fiscalizar a produção e, para isso, é necessário que fiscalize cada etapa do processo, controlando inclusive os equipamentos e materiais (recursos) envolvidos na produção, para evitar desperdícios e prejuízos para a organização.

A Administração é uma ciência como qualquer outra e, como ocorre com todas as ciências, foi necessário o desenvolvimento de teorias que explicassem e orientassem as organizações. De vez em quando essa evolução é abordada em concursos, e quando isso acontece, o conteúdo está especificado como Teorias Administrativas ou Teoria Científica, Clássica, Burocrática, Relações Humanas, Estruturalista, Sistêmica e Contingencial.

1.2 Teorias Administrativas - Principais Escolas - Características Básicas e Contribuições

1.2.1 A Administração Científica (Taylorismo)

Para compreender esta teoria, precisamos nos localizar no tempo. Com a Revolução Industrial, as relações de trabalho e as condições em que a produção ocorria se transformaram tremendamente. A máquina a vapor proporcionou uma melhoria nos transportes (principalmente no que tange aos navios a vapor e trens). Isso permitiu que uma empresa "entregasse" seus produtos para um público cada vez maior e mais distante. Além disso, este novo maquinário levou a um novo tipo de processo produtivo: a produção em massa.

A produtividade e a velocidade de produção foram ampliadas enormemente. A pequena oficina aos poucos deu espaço a grandes indústrias, em que o ambiente de trabalho era insalubre e perigoso, com jornadas de trabalho de mais de doze horas diárias.

E quem eram os operários? A indústria na época contratava, em grande parte, os moradores do campo, que eram atraídos por melhores salários. Assim, estes trabalhadores chegavam às indústrias sem qualificação específica e efetuavam um trabalho basicamente manual (ou "braçal").

Então, procuremos imaginar a situação: a empresa precisava de produtividade, mas os funcionários não tinham a capacitação necessária; era um caos total.

Com isso, existia um ambiente de grande desperdício e baixa eficiência nas indústrias. O primeiro teórico a buscar mudar esta realidade foi Frederick Taylor, por isso que a Teoria Científica pode ser chamada também de Taylorismo.

Nas fábricas, os funcionários faziam seu trabalho de forma empírica, ou seja, na base da tentativa e do erro. Os gerentes não estudavam as melhores formas de se trabalhar. Os funcionários não se comprometiam com os objetivos (de acordo com Taylor, ficavam "vadiando") e cada um fazia o trabalho como "achava melhor" – não existia, assim, uma padronização dos processos de trabalho. Os funcionários utilizavam técnicas diferentes para realizar o mesmo trabalho e eram propensos a "pegar leve".

Taylor acreditava que o trabalho poderia ser feito de modo muito mais produtivo. A Administração Científica buscou, então, a melhoria da eficiência e da produtividade.

Foco da Teoria Científica → EFICIÊNCIA E PRODUTIVIDADE

Frederick Taylor era engenheiro mecânico e constantemente se irritava com a ineficiência e incompetência dos funcionários.

Texto retirado e adaptado de: (CHIAVENATO, História da Administração: entendendo a Administração e sua poderosa influência no mundo moderno, 2009)

(Andrade &Amboni, 2011)

(CHIAVENATO, Introdução à teoria geral da Administração, 2011)

Taylorismo: *é sinônimo de Administração Científica. Muitos autores se referem a esta teoria fazendo alusão ao nome de seu principal autor: Frederick Taylor.*

Ele passou a estudar então a "melhor maneira" de se fazerem as tarefas. Este trabalho foi chamado de **estudo de tempos e movimentos**. O trabalho do operário era analisado e cronometrado, de modo que os gerentes pudessem determinar a maneira mais eficiente – "The One Best Way" ou a maneira certa de se fazer uma tarefa. Após a definição do modo mais rápido e fácil de executar uma tarefa (por exemplo, a montagem de uma roda), os funcionários eram treinados para executá-las desta forma – criando, assim, uma **padronização** do trabalho.

Esta padronização evitaria a execução de tarefas desnecessárias por parte dos empregados. Tudo isso ajudaria na economia de esforços e evitaria uma rápida **fadiga humana**. Para Taylor, a Administração Científica deveria analisar os movimentos efetuados pelos trabalhadores para conseguir desenhar um processo com um mínimo de esforço em cada tarefa.

Contexto da Administração Científica

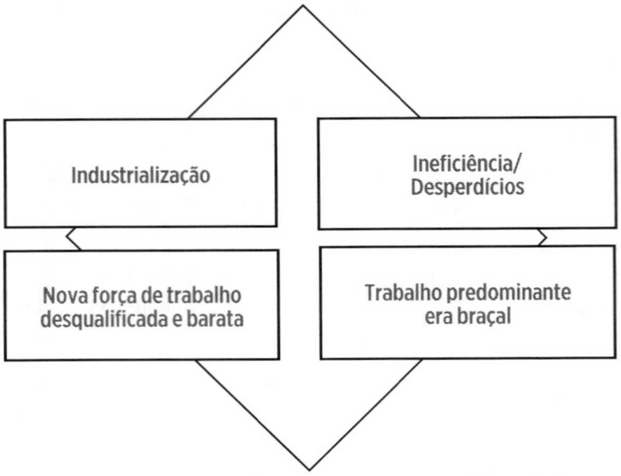

Outro aspecto importante foi a **divisão do trabalho**. De acordo com os teóricos da Administração Científica, seria muito mais fácil treinar e capacitar um funcionário a executar uma tarefa específica (parafusar um assento, por exemplo) do que fazer todo o trabalho sozinho (montar uma bicicleta inteira, por exemplo).

Texto retirado de: (Certo & Certo, 2006), (Sobral &Peci, 2008), (Daft, 2005).

Este conceito foi a base da linha de montagem – processo produtivo em que a peça a ser feita vai passando de funcionário a funcionário, até que todos tenham montado "sua parte".

Chamamos isso de especialização. O empregado ficava restrito a uma pequena parte do processo produtivo, de modo que seu treinamento e adaptação à "melhor maneira" (o modo padronizado de se trabalhar) fosse facilitada.

Taylor também buscou aumentar o incentivo ao funcionário. Ele acreditava que a remuneração por hora não trazia nenhum incentivo ao funcionário. Assim, ele indicou o pagamento por produtividade (pagamento por peça, por exemplo) como essencial para que este funcionário buscasse um maior esforço.

Portanto, Taylor acreditava que o incentivo material levava a uma maior motivação para o trabalho. Isso foi a base do conceito do "Homo Economicus". Ou seja, a ideia de que a principal motivação de uma pessoa no trabalho seria a remuneração (ou benefícios materiais). Acreditava-se que pagando mais o funcionário seria mais produtivo.

A especialização surge em decorrência da divisão de trabalho. Preparar alunos para concursos, por exemplo, é uma atividade complexa. Por isso, ocorre a divisão: um professor ministra apenas a disciplina de Administração, outro leciona apenas Direito Constitucional, e assim por diante. Desse modo, quando um indivíduo executa apenas uma atividade, ele acaba se tornando especialista no assunto e executa a sua função de uma maneira mais adequada.

Entretanto, a Administração Científica pecou por não analisar a organização em todo o seu contexto. Ou seja, apenas analisava seu ambiente interno e seus problemas e as demandas de produção (ou seja, os problemas do "chão de fábrica"). Assim, não captava toda a complexidade em que a Administração estava envolvida. Analisar só a tarefa ou o trabalho em si não permite que a empresa toda seja gerenciada com sucesso. O foco era muito limitado.

A Teoria Científica, por ignorar (não considerar) o meio onde ela estava inserida (por exemplo, concorrentes, fornecedores, economia, governo, influências e inter-relações entre as demais organizações), é considerada uma teoria de sistema fechado. Seria como analisar uma empresa "no vácuo", sem imaginar a resposta dos seus consumidores ao aumento do preço de um produto, por exemplo.

No campo prático, a contribuição mais famosa para a Administração Científica foi a de Henry Ford (1863-1947), que deu origem ao fenômeno conhecido como Fordismo. Ford era um empresário da indústria automobilística americana. Basicamente, aplicando princípios de racionalização da produção. Ele acreditava que, com a produção em massa e padronizada, conseguiria transformar o sonho americano. O automóvel, que era um bem de luxo, passaria a ser mais barato, acessível a mais pessoas.

Ele "*acreditava também que o trabalho deveria ser altamente especializado, realizando cada operário uma única tarefa. Além disso, propunha boa remuneração e jornada de trabalho menor para aumentar a produtividade dos operários*". O Fordismo é, portanto, identificado com uma experiência prática de produção em massa ou em larga escala que aplicou princípios da Administração Científica e do Taylorismo.

Taylor procurou implementar uma mudança entre os trabalhadores e a Administração, estabelecendo diretrizes claras para melhorar a eficiência da produção. São elas:

- Análise do trabalho e estudo dos tempos e movimentos: o trabalho deveria ser feito de uma maneira simples, evitando movimentos desnecessários e com tempo médio estabelecido.
- Divisão do trabalho e especialização.
- Desenho de cargos e tarefas: estabelecer o conjunto de funções, responsabilidades e tarefas que o indivíduo deve executar e as relações com os demais cargos existentes.
- Padronização: obter a uniformidade dos processos e reduzir custos.
- Estudo da fadiga humana: a fadiga diminui a produtividade, aumenta os acidentes de trabalho e a rotatividade de pessoal, devem ser adotados métodos de trabalho para reduzi-la.
- Supervisão funcional: a supervisão seria feita por especialistas e não mais por um único chefe centralizador.
- Homem econômico: a motivação do indivíduo está vinculada diretamente com as recompensas salariais e materiais.

Características da Administração Científica

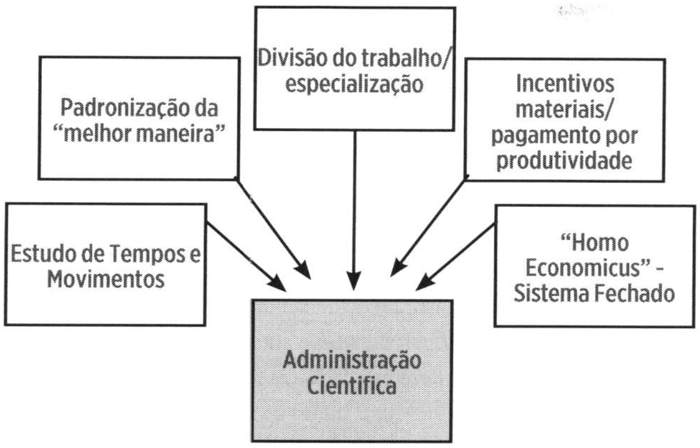

A Administração Científica, como qualquer teoria, recebeu críticas. Apresentamos algumas delas:

> O mecanicismo - a ideia de que a organização funcionaria como uma "máquina" e seus funcionários seriam "engrenagens" que deveriam funcionar no máximo da eficiência.

> A superespecialização do trabalhador – se as tarefas mais simples eram mais fáceis de serem treinadas e padronizadas, também tornavam o trabalho extremamente "chato"! Em pouco tempo o trabalhador já não tinha mais desafios e sua motivação diminuía.

> Visão microscópica do homem – a Administração Científica focava principalmente no trabalho manual (não se preocupando com sua criatividade) e se baseava na ideia de que o homem se motivava principalmente por influência dos incentivos materiais (sem atentar para outros fatores, como um ambiente desafiador, por exemplo).

> A Abordagem de sistema fechado – Taylor não se preocupou com o ambiente externo – o mercado de trabalho, os concorrentes, os fornecedores etc. Sua visão é voltada para dentro da empresa somente.

> A exploração dos empregados – apesar de Taylor propor um relacionamento "ganha-ganha" entre patrões e empregados, na prática a aplicação dos preceitos da Administração Científica levou a uma maior exploração dos empregados.

> Recompensas limitadas – para Taylor, o ser humano era motivado apenas por incentivos materiais. Atualmente, sabemos que existem diversos outros fatores que servem de motivadores para as pessoas.

1.2.2 A Teoria Clássica

Foco da Teoria Clássica
→ ESTRUTURAS ORGANIZACIONAIS

Em um contexto semelhante ao da Administração Científica (pois foram criadas na mesma época), a Teoria Clássica da Administração, desenvolvida por Henri Fayol, buscou a melhoria da eficiência por meio do **foco nas estruturas organizacionais**.

Dessa forma, o foco com Fayol saiu das tarefas para a estrutura. Ele tinha uma visão de "cima para baixo" das empresas. Por meio dos estudos da departamentalização, via os departamentos como partes da estrutura da organização. A estrutura mostra como a empresa está organizada de uma maneira geral.

Foi, portanto, um dos pioneiros no que se chamou de teóricos **fisiologistas** da Administração. Assim, o escopo do trabalho do administrador foi bastante ampliado dentro da visão de Fayol.

Fayol é considerado o "pai da teoria administrativa", pois buscou instituir princípios gerais do trabalho de um administrador. Seu trabalho ainda é (após um século) considerado como relevante para que possamos entender o trabalho de um gestor atual. Ele foi capaz de definir funções empresariais, as quais, na sua grande maioria, ainda são utilizadas.

Fayol estabeleceu as Funções Básicas da Empresa, conforme os itens a seguir:

> Técnica - aquilo para que a empresa existe, o que ela faz, o que ela sabe fazer.

> Comercial - compra, venda e troca de mercadorias e serviços.

> Financeira - aplicação dos recursos com o objetivo de aumentar a riqueza da empresa.

> Contábil - fiscalizar e controlar os atos da empresa (balanços, relatórios, inventários, etc.).

> Segurança - manutenção e segurança dos operários e do patrimônio da empresa.

> Administrativa - responsável pelo controle e operacionalização das demais.

Essa última seria a responsável pela coordenação das outras funções.

Além disso, Fayol definiu o trabalho de um administrador dentro do que ele chamou de **processo administrativo** – as funções do administrador. De acordo com Fayol, elas são:

> Prever: visualizar o futuro e traçar o programa de ação em médio e longo prazos.

> Organizar: constituir a estrutura material e humana para realizar o empreendimento da empresa.

> Comandar: dirigir e orientar o pessoal para mantê-lo ativo na empresa.

> Coordenar: ligar e harmonizar todos os atos e todos os esforços coletivos.

> Controlar: cuidar para que tudo se realize de acordo com os planos da empresa.

Estes seriam elementos que estariam presentes no trabalho de cada administrador, independentemente de seu nível hierárquico. Assim, tanto o presidente da empresa quanto um mero supervisor deveriam desempenhar estas funções em seu dia a dia. Atualmente fala-se em:

> planejar;

> organizar;

> dirigir (coordenar e liderar);

> controlar.

Observando-se detalhadamente tais considerações, percebe-se a importância de Fayol nas teorias administrativas contemporâneas.

A Teoria Clássica também se baseava na mesma premissa do Taylorismo: a de que o homem seria motivado por incentivos financeiros e materiais, ou seja, o conceito de "*Homo Economicus*".

Além disso, também se preocupava mais com os aspectos internos das organizações, sem analisar as inter-relações e trocas entre a organização e o seu ambiente externo. Assim, *também era uma teoria de sistema fechado.*

Fayol estabeleceu quatorze princípios gerais da Administração, que orientariam a gestão das organizações para buscar maior eficiência e produtividade:

- Divisão do trabalho: consiste na especialização das tarefas e das pessoas para aumentar a eficiência.
- Autoridade e responsabilidade: autoridade é o direito de dar ordens e o poder de esperar obediência. A responsabilidade é uma consequência natural da autoridade e significa executar corretamente o trabalho de acordo com a confiança depositada.
- Disciplina: depende de obediência, aplicação, energia, comportamento e respeito aos acordos, regras e normas estabelecidas.
- Unidade de comando: cada empregado deve receber ordens de apenas um superior, evita a ambiguidade.
- Unidade de direção: uma cabeça e um plano para cada conjunto de atividades que tenham o mesmo objetivo, a empresa tem que seguir um rumo, uma direção.
- Subordinação dos interesses individuais aos gerais: os interesses pessoais devem estar em segundo plano e os organizacionais em primeiro.
- Remuneração do pessoal: deve haver justa e garantida satisfação para os empregados e para a organização em termos de retribuição, pagamento de acordo com a produtividade.
- Centralização: refere-se à concentração da autoridade no topo da hierarquia da organização ou nas mãos de poucos.
- Cadeia escalar: linha de autoridade que vai do escalão mais alto ao mais baixo da hierarquia; é necessário respeitar a ordem hierárquica das chefias.
- Ordem: um lugar para cada coisa e cada coisa em seu lugar.
- Equidade: amabilidade e justiça para alcançar a lealdade dos empregados.
- Estabilidade do pessoal: a rotatividade do pessoal é prejudicial para a eficiência da organização, pois o primeiro impacto é o aumento de custos.
- Iniciativa: a capacidade de visualizar um plano e assegurar pessoalmente seu sucesso.
- Espírito de equipe: a harmonia e a união entre as pessoas são grandes forças para a organização.

> Não se deve confundir Teoria Clássica com Abordagem Clássica, a Teoria Clássica é a de Fayol; a Abordagem Clássica envolve a Teoria Científica, a Teoria Clássica e a Burocrática.

Como problemas da Teoria Clássica, podemos citar a falta de preocupação com a organização informal das organizações (apenas focava na organização formal – linhas de autoridade, descrição de cargos, hierarquia etc.), além de uma ênfase exagerada na centralização, como o princípio da unidade de comando exemplifica. A ideia de uma organização flexível ainda não estava sendo tomada em consideração.

Fayol ignorava as relações interpessoais de amizade e inimizade, conflitos e sentimentos dos funcionários (desconsiderava a organização informal).

A Teoria Clássica também não se preocupou muito com os aspectos ligados às pessoas. Temas como: comunicação, motivação, negociação e liderança ainda eram pouco relevantes nestes estudos.

1.2.2.1 Taylor X Fayol

Tanto Fayol quanto Taylor fazem parte da abordagem clássica. As teorias deles, porém, são diferentes, e temos que ter isso em mente, porque esse assunto é muito abordado em concursos.

A principal diferença está na ênfase: Taylor tinha como ênfase a tarefa, enquanto Fayol tinha como ênfase a estrutura. Assim, enquanto a Administração Científica partia do específico (tarefa) para o geral, a Teoria Clássica analisava do geral para o específico, ou seja, das funções, princípios e hierarquia para o particular.

Outra diferença refere-se às relações de comando. Enquanto Fayol era forte defensor do princípio da unidade de comando, segundo o qual cada trabalhador deve receber ordens de apenas um chefe, Taylor defendia o princípio da supervisão funcional, o que permitia que cada trabalhador fosse supervisionado por múltiplos chefes, segundo as áreas de especialização de cada um.

Apesar disso, ambas as abordagens têm muitas coisas em comum. O próprio Fayol chegou a declarar que elas não deviam ser vistas como opostas, e sim como complementares. Ambas propuseram que a Administração deveria considerada uma ciência; ambas sugeriram um estudo sistemático do funcionamento da organização. Elas observaram a organização como um sistema fechado, desconsiderando a dimensão ambiente, e concentraram-se nos aspectos formais da organização.

A preocupação com a organização informal (relações interpessoais, amizades, inimizades, conflitos) e assuntos como motivação, liderança e frustrações só foi estudada pela Teoria das Relações Humanas. Mas antes de estudarmos essa teoria, veremos outra: a Burocracia.

1.2.3 Teoria Burocrática

Muitas vezes, o termo Burocracia é associado à ideia de lentidão, papelada, excesso de regras e normas, mas na verdade essas são as suas disfunções. Burocracia significa organização do trabalho. O termo é derivado do termo francês "bureau" (que significa escritório) e do termo grego "kratia", que se relaciona a poder ou regra. Dessa forma, a Burocracia seria um modelo em que o "escritório" ou os servidores públicos de carreira seriam os detentores do poder.

Com a industrialização e a introdução de regimes democráticos, no fim do século XIX, as sociedades ficaram cada vez mais complexas. A introdução da máquina a vapor acarretou uma evolução tremenda dos meios de transporte. Se antes eram necessários meses para realizar uma viagem do Brasil para a Europa, por exemplo, uma viagem por meio de navios a vapor passou a ser feita em poucos dias.

O trem a vapor fez a mesma revolução no transporte interno. Dessa forma, as notícias passaram a "correr" muito mais rápido e os produtos de cada região puderam passar a ser comercializados em cada vez mais mercados consumidores.

Estes fatores levaram a uma urbanização acelerada, pois as indústrias, agora com máquinas, necessitavam de cada vez mais "braços" para poder produzir em larga escala. Diante do aumento da demanda por trabalhadores no setor industrial, os salários na indústria ficaram melhores do que os do campo. Desta forma, o êxodo rural (massa de trabalhadores saindo do campo e se dirigindo para as cidades em busca de trabalho) foi marcante neste período.

Essas pessoas encontravam na cidade grande uma realidade totalmente diferente da qual estavam acostumadas, pois tinham necessidades que o Estado (que tinha uma filosofia liberal) ainda não estava capacitado para atender. Era o início do que iríamos denominar de "sociedade de massa".

As empresas e os governos necessitavam de uma administração mais racional e que maximizasse os recursos, além de ter uma maior estabilidade e previsibilidade em suas operações e processos de trabalho.

O Estado, por exemplo, que antes só se preocupava em manter a ordem interna e externa, passou a ter de se organizar cada vez mais para induzir o crescimento econômico, aumentar a infraestrutura do país e para prestar cada vez mais serviços à população.

O Patrimonialismo (modelo de gestão pública em que o patrimônio público se "mesclava" com o privado, e as relações se baseavam na confiança e não no mérito) não conseguia mais atender a este novo Estado, que concentrava cada vez mais atividades em sua máquina.

> *O modelo burocrático de Weber tinha como objetivo uma maior previsibilidade e padronização do desempenho dos seus funcionários, atingindo, assim, uma maior eficiência.*

A Burocracia também pode ser alcunhada de Moldes Weberianos, pois Max Weber foi o idealizador dessa teoria e, muitas vezes, o nome do teórico é dado à teoria. Pode ser chamada também de Caráter Racional-Legal.

O **modelo Burocrático,** inspirado por Max Weber, veio então suprir esta necessidade de impor uma administração adequada aos novos dEsafios do Estado moderno, com o objetivo de combater o nepotismo e a corrupção. Ou seja, uma administração mais racional e impessoal. No caso das grandes empresas, o modelo buscava o aumento consistente da produção, com maior eficiência.

Dessa forma, o modelo burocrático surgiu como uma necessidade histórica baseada em uma sociedade cada vez mais complexa, em que as demandas sociais cresceram, e havia um ambiente com empresas cada vez maiores, com uma população que buscava uma maior participação nos destinos dos governos. **Portanto, não se podia mais "depender" do arbítrio de um só indivíduo.**

Uma coisa que devemos ter em mente é que a Burocracia foi uma grande evolução do modelo patrimonialista. Weber concebeu a Burocracia como o modelo mais racional existente, o qual seria mais eficiente na busca dos seus objetivos.

Continuando, as características principais da Burocracia são:

Formalidade – a autoridade deriva de um conjunto de normas e leis, expressamente escritas e detalhadas. O poder do chefe é restrito aos objetivos propostos pela organização e somente é exercido no ambiente de trabalho - não na vida privada. As comunicações internas e externas também são todas padronizadas e formais.

Impessoalidade – os direitos e deveres são estabelecidos em normas. As regras são aplicadas de forma igual a todos, conforme seu cargo em função na organização. Segundo Weber, a Burocracia deve evitar lidar com elementos humanos, como a raiva, o ódio, o amor, ou seja, as emoções e as irracionalidades. As pessoas devem ser promovidas por mérito, e não por ligações afetivas. O poder é ligado não às pessoas, mas aos cargos – só se tem o poder em decorrência de estar ocupando um cargo.

Profissionalização – as organizações são comandadas por especialistas, remunerados em dinheiro e não em honrarias, títulos de nobreza, sinecuras (cargos rendosos), prebendas (de pouco trabalho), etc., contratados pelo seu mérito e seu conhecimento (e não por alguma relação afetiva ou emocional).

O modelo burocrático, que se caracterizou pela meritocracia na forma de ingresso nas carreiras públicas, mediante concursos públicos, buscou eliminar o hábito arraigado do modelo patrimonialista de ocupar espaço no aparelho do Estado por meio de trocas de cargos públicos por favores pessoais ao soberano.

Neste modelo, as pessoas seriam nomeadas por seus conhecimentos e habilidades, não por seus laços familiares ou de amizade. Prebendas e sinecuras, características do modelo patrimonialista, ou seja, aquelas situações em que pessoas ocupam funções no governo ganhando uma remuneração em troca de pouco ou nenhum trabalho, são substituídas pelo concurso público e pela noção de carreira.

Desta forma, o que se busca é a **profissionalização** do funcionário, sua especialização. De acordo com Weber, cada funcionário deve ser um especialista no seu cargo. Assim, deve ser contratado com base em sua competência técnica e ter um plano de carreira, sendo promovido devido à sua capacidade.

A impessoalidade no tratamento foi pensada de modo a evitar as emoções nos julgamentos e decisões. Seria, portanto, um modo de alcançar uma isonomia no tratamento das pessoas e uma maior racionalidade na tomada de decisões. Se mal conhecemos nossos funcionários, tenderemos a nos concentrar nos aspectos mais "concretos" dos problemas, não é mesmo?

A comunicação formal ajudaria nisso, pois os canais de transmissão de informações (como os ofícios e memorandos) não abrem espaço para um contato mais íntimo e pessoal. Boatos e "fofocas" não são usualmente escritos em cartas, não é verdade?

Além disso, outra característica importante da Burocracia é a noção de hierarquia. Toda a organização é feita de modo hierarquizado, com a autoridade sendo baseada nas normas e leis internas que determinam a competência de cada cargo. Assim, seu chefe tem o poder e a autoridade concedidos a ele por deter um cargo acima do seu. A obediência é ao cargo e não à pessoa.

Portanto, as organizações são estruturadas em vários níveis hierárquicos, em que o nível de cima controla o de baixo. É o que chamamos de estrutura verticalizada, na qual as decisões são tomadas na cúpula (topo da hierarquia ou nível estratégico).

Essa situação acaba gerando uma demora na tomada de decisões e no fluxo de informações dentro da organização.

Dentre as principais vantagens que a Burocracia trouxe, podemos citar: o predomínio de uma lógica científica sobre uma lógica da intuição, do "achismo"; a redução dos favoritismos e das práticas clientelistas; uma mentalidade mais democrática, que possibilitou igualdade de oportunidades e tratamento baseado em leis e regras aplicáveis a todos.

Atualmente, o termo "Burocracia" virou sinônimo de ineficiência e lentidão, pois conhecemos os defeitos do modelo (que chamamos de disfunções da Burocracia), mas ele foi um passo adiante na sua época. A Burocracia veio para modernizar o Estado e a sua gestão.

Na Burocracia, existe uma desconfiança extrema em relação às pessoas. Portanto, são desenvolvidos controles dos processos e dos procedimentos, de forma a evitar os desvios. Acreditava-se que, com o controle rigoroso, eliminar-se-iam a corrupção e o nepotismo, e a eficiência seria alcançada.

Ou seja, os funcionários tinham pouca discricionariedade, ou liberdade de escolha da melhor estratégia para resolver um problema ou atender seus clientes. Tudo era padronizado, manualizado. Com isso, os servidores passaram a se preocupar mais em seguir regulamentos do que em atingir bons resultados.

Devemos entender que **nenhum modelo existiu isoladamente**, mas que todos conviveram e convivem juntos. O modelo de gestão pública almejado no presente momento é o gerencial, mas ainda é muito forte a presença do modelo burocrático e, infelizmente, do próprio modelo patrimonialista na Administração Pública brasileira. Ou seja, **nunca aplicamos o modelo "puro" da Burocracia Weberiana**. Atenção: as bancas costumam cobrar muito isso.

A Burocracia foi implementada, mas nunca consolidada no Brasil. Atualmente, com o modelo Gerencial, busca-se a qualidade e a eficiência, mas isso já é outro assunto - é Administração Pública - e nós estamos focando na Administração Geral.

As principais disfunções da Burocracia são:

Dificuldade de resposta às mudanças no meio externo – visão voltada excessivamente para as questões internas (sistema fechado, ou seja, autorreferente, com a preocupação não nas necessidades dos clientes, mas nas necessidades internas da própria Burocracia).

Rigidez e apreço extremo às regras – o controle é sobre procedimentos e não sobre resultados, levando à falta de criatividade e ineficiências.

Perda da visão global da organização – a divisão de trabalho pode levar a que os funcionários não tenham mais a compreensão da importância de seu trabalho nem quais são as necessidades dos clientes.

Lentidão no processo decisório – hierarquia, formalidade e falta de confiança nos funcionários levam a uma demora na tomada de decisões importantes.

Excessiva formalização – em um ambiente de mudanças rápidas, não é possível padronizar e formalizar todos os procedimentos e tarefas, gerando uma dificuldade da organização de se adaptar a novas demandas. A formalização também dificulta o fluxo de informações dentro da empresa.

1.2.4 Teoria das Relações Humanas

O crescimento das ciências sociais, como a Psicologia, levou a diversos estudos dentro do contexto do homem no trabalho. Além disso, no início da década de 1930, a economia passou por uma grande depressão em todo o mundo. Com a crise, o desemprego cresceu muito. As más condições de trabalho predominavam na indústria, e os conflitos entre trabalhadores e patrões estavam aumentando. Nessa época ocorreram muitas greves e conflitos nas fábricas por todo o mundo.

A ideia de que o homem deveria ser uma engrenagem de uma "máquina" passou a não ser mais aceita. O Taylorismo começou a ser criticado por não se preocupar com o aspecto humano. Além disso, a produtividade prometida, muitas vezes, não se concretizou. Neste cenário, a Teoria das Relações Humanas começou a tomar forma.

Assim, a Teoria das Relações Humanas buscou o aumento da produtividade por meio de uma atenção especial às pessoas. De acordo com seus teóricos, se os gestores entendessem melhor seus funcionários e se "adaptassem" a eles, as suas organizações teriam um maior sucesso.

Dentre os estudos que impulsionaram esta teoria, destacou-se o trabalho de um pesquisador de Harvard: Elton Mayo.

> Foco da Teoria das Relações Humanas → PESSOAS

Este autor desenvolveu uma pesquisa dentro de uma indústria da empresa Western Electric, em **Hawthorne**. Seu intuito inicial foi o de entender o efeito da iluminação no desempenho humano.

Ele iniciou os estudos em um grupo de mulheres operárias de uma fábrica. Dividiu o grupo em duas partes: uma ele deixou da mesma forma de antes, serviria como grupo de controle; e o outro grupo seria cuidadosamente estudado e observado.

A Teoria de Relações Humanas utilizou métodos científicos de pesquisa.

A surpresa de Mayo foi descobrir que a mudança na iluminação - seja ela qual fosse – aumentava a motivação dos empregados. Ele ficou sem compreender, aperfeiçoou o estudo e percebeu que a motivação interferia na produtividade. As funcionárias que estavam sendo observadas se sentiram especiais, e isso foi, na verdade, o que as motivou, e não a iluminação em si.

Essas trabalhadoras passaram a se sentir importantes. Passaram a perceber que seu trabalho estava sendo observado e medido por pesquisadores. Com isso, esforçavam-se mais. A iluminação em si era um aspecto menor. Já o sentimento de orgulho por fazer um trabalho bem feito era fundamental para o aumento da produtividade.

Com essas descobertas, todo o enfoque da Administração foi alterado. O foco de um gestor não deveria ser voltado aos aspectos fisiológicos do trabalhador, mas aos aspectos emocionais e psicológicos. Com esse aparecimento da noção de que a produtividade está ligada ao relacionamento entre as pessoas e o funcionamento dos grupos dentro de uma empresa, nasceu essa nova teoria. O conceito que se firmou, então, foi o de **homem social**.

De acordo com Sobral, as conclusões da pesquisa de Hawthorne foram:

> A integração social afeta a produtividade – assim, não é capacidade individual de cada funcionário o que define sua produtividade, e sim a sua capacidade social, sua integração no grupo.

> O comportamento é determinado pelas regras do grupo – os funcionários não agem isoladamente ou "no vácuo", mas como membros de um grupo.

> As organizações são formadas por grupos informais e formais – volta-se o foco para os grupos que existem de modo informal na empresa e que não são relacionados aos cargos e funções.

> A supervisão mais cooperativa aumenta produtividade – o supervisor mais eficaz é aquele que tem habilidade e capacidade de motivar e liderar seus funcionários em torno dos objetivos da empresa.

> A autoridade do gerente deve se basear em competências sociais – o gerente deve ser capaz de interagir, motivar e comandar seus funcionários. Apenas o fato de ter conhecimento técnico dos métodos de produção não é mais visto como o bastante.

Desta maneira, a Teoria das Relações Humanas trouxe para o debate a necessidade de se criar um ambiente de trabalho mais dEsafiador e de se compreender a influência da motivação e dos aspectos de liderança na produtividade das organizações.

Além disso, as recompensas não poderiam ficar reduzidas aos aspectos materiais. O reconhecimento social é uma força motivadora, e um ambiente de trabalho saudável também influencia na produtividade.

Apesar disso, a Teoria das Relações Humanas recebeu muitas críticas. A primeira delas é a de que permaneceu a análise da organização como se ela existisse "no vácuo", sem se relacionar com o "mundo exterior". Ou seja, **a abordagem de sistema fechado se manteve**.

A segunda é a de que nem sempre funcionários "felizes" e satisfeitos são produtivos. Ou seja, apenas os aspectos psicológicos e sociais não explicam de todo o fator produtividade. Outra crítica é a de que existiu uma "negação" do conflito inerente entre os funcionários e a empresa. Os objetivos individuais são muitas vezes diferentes dos objetivos organizacionais. Este conflito deve ser administrado, e não "negado".

Assim, podemos dizer que a Teoria das Relações Humanas se "esqueceu" dos aspectos técnicos envolvidos na produtividade. O aspecto humano é importante, mas não é a única variável da produtividade e do sucesso de uma organização.

E observarmos com atenção, cada teoria tinha uma visão muito limitada de como conseguir a eficiência: a Teoria Científica focava a Tarefa; a Teoria Clássica, a estrutura; a Teoria Burocrática, as regras, normas e processos; e a Teoria das Relações Humanas, só as pessoas. As teorias atuais não tentam eliminar as teorias anteriores, e sim aproveitar os aspectos positivos de cada uma e ter uma visão mais abrangente da organização.

1.2.5 Abordagem Comportamental da Administração

A teoria Comportamental da Administração, também conhecida como Comportamentalista ou Behaviorismo (do inglês behavior, comportamento), trouxe uma nova concepção e um novo enfoque dentro da Teoria Administrativa: a abordagem da ciência do comportamento (Behavioral Sciences Approach), é um movimento de oposição às Teorias Clássica e de Administração Científica, que, respectivamente, focaram a estrutura e a produção (o processo). Essa abordagem é uma evolução da teoria das relações humanas, a qual se preocupa com o indivíduo e como ele funciona - como age e reage aos estímulos externos, o que deu início aos estudos sobre o comportamento organizacional.

Portanto, os comportamentalistas foram estudiosos preocupados com o indivíduo, sua importância e seu impacto nas organizações, tendo contribuição tanto da Teoria Clássica, como da Escola das Relações Humanas. Tal teoria surgiu nos Estados Unidos em 1947, com a contribuição principalmente de McGregor, Maslow e Herzberg, entre outros.

A Abordagem Comportamental enfatiza as Ciências do Comportamento na Teoria da Administrativa e a busca de saídas democráticas e flexíveis para os problemas organizacionais. É por meio dessa abordagem que a ansiedade com a estrutura se arrasta para a preocupação com os processos e com o comportamento das pessoas na organização. Além disso, predomina a ênfase nas pessoas, inaugurada com a Teoria das Relações Humanas, mas dentro de um contexto organizacional.

A ciência comportamental é, portanto, o produto da expansão das fronteiras da ciência para incluir o comportamento humano e a mentalidade, processo grupal, e todos os processos peculiares e intrincados de que a mente do homem é capaz.

1.2.5.1 Comportamento Organizacional

O Comportamento Organizacional é um campo de estudos que investiga o impacto que indivíduos, grupos e a estrutura têm sobre o comportamento dentro das organizações, com o propósito de utilizar este conhecimento para melhorar a eficácia organizacional. O Comportamento Organizacional se preocupa com o estudo do que as pessoas fazem nas organizações e de como esse comportamento afeta o desempenho das empresas.

Os componentes que constituem a área de estudos do Comportamento Organizacional incluem motivação, comportamento e poder de liderança, comunicação interpessoal, estrutura e processos de grupos, aprendizado, desenvolvimento de atitudes e percepção, processos de mudanças, conflitos, planejamento do trabalho, estresse no trabalho, entre outros que compõem os fatores que influenciam o comportamento das pessoas.

1.2.5.2 Principais Teorias sobre Motivação

Para explicar o comportamento organizacional, a teoria comportamental fundamenta-se no comportamento individual das pessoas. Para explicar como as pessoas se comportam, estuda-se a motivação humana. O administrador precisa conhecer as necessidades humanas para melhor compreender o comportamento humano e utilizar a motivação humana como poderoso meio para melhorar a qualidade de vida, dentro das organizações.

Motivação é o motivo que a pessoa tem para agir.

Motivo é tudo aquilo que impulsiona a pessoa a agir de determinada forma ou, pelo menos, que dá origem a um comportamento específico. Porém, os motivos variam de acordo com valores, expectativas e anseios de cada pessoa, pois estas realizam atividades, trabalhos por interesses distintos e possuem atitudes diferentes, e consequentemente, comportam-se de maneira específica. O impulso à ação pode ser provocado por um estímulo externo (extrínseco - provindo do ambiente) e pode também ser gerado internamente (intrínseco) nos processos mentais do indivíduo.

1.2.6 Abordagem Neoclássica da Administração

No início da década de 1950, na Teoria Administrativa, ocorreu um período de intensa remodelação. A Segunda Guerra Mundial havia terminado e o mundo passou a conhecer um extraordinário surto de desenvolvimento industrial e econômico sem antecedentes. Em outras palavras, o mundo das organizações introduziu-se em uma etapa de grandes mudanças e transformações. Criada por Peter Drucker, Harold Koontz e Cyril O'Donnell, a qualificação de Teoria Neoclássica é, na verdade, um tanto exagerada, já que seus criadores não desenvolvem exatamente uma escola, mas um movimento que apresenta mais de uma fase ou sistema.

A Teoria Neoclássica da Administração surgiu da necessidade de se utilizarem os conceitos válidos e relevantes da Teoria Clássica, expurgando-os dos exageros e distorções típicos do pioneirismo, e condensando-os com outros conceitos válidos e relevantes oferecidos por outras teorias administrativas mais recentes.

Ela é identificada por algumas características marcantes:

> Ênfase na prática da Administração, reafirmação relativa (e não absoluta) dos postulados clássicos.

> Ênfase nos princípios clássicos de Administração.

> Ênfase nos resultados e objetivos e, sobretudo, no ecletismo aberto e receptivo.

> Talvez a essencial implicação da Teoria Neoclássica refira-se aos tipos de organização formal, que envolvem a estrutura organizacional, filosofia, diretrizes, normas e regulamentos. Destacam-se algumas características básicas tais como: a divisão do trabalho, especialização, hierarquia, distribuição de autoridade e responsabilidade e racionalismo da organização formal.

Nesse sentido, considera a Administração como uma técnica social básica, a qual leva à necessidade de haver conhecimentos técnicos, bem como aspectos relacionados com a direção de pessoas dentro da organização.

Na teoria Neoclássica, enfatizam-se novamente as funções do administrador: planejamento, organização, direção e controle, sendo a primeira função aquela que determina antecipadamente os objetivos e o que deve ser feito para alcançá-los.

A função Organização consiste no agrupamento das atividades necessárias para realizar o que foi planejado.

A Direção orienta e guia o comportamento das pessoas na direção dos objetivos a serem alcançados e, por último, o Controle que visa a assegurar se o que foi planejado, organizado e dirigido realmente cumpriu os objetivos pretendidos.

1.2.6.1 Administração por Objetivos

A Teoria Neoclássica deslocou progressivamente a atenção antes colocada nas chamadas atividades-meio para os objetivos ou finalidades da organização. O enfoque baseado no processo e a preocupação maior com as atividades (meios) passaram a ser substituídos por enfoque nos resultados e objetivos alcançados (fins).

A preocupação de "como" administrar passou à preocupação de "por que" ou "para que" administrar. A ênfase em fazer corretamente o trabalho (The Best Way, de Taylor), para alcançar a eficiência, passou a dar ênfase em fazer o trabalho mais relevante aos objetivos da organização para alcançar a eficácia. O trabalho passou de um fim em si mesmo a um meio de obter resultados.

A APO (Administração por Objetivos), também conhecida por Administração por Resultados, constitui um modelo administrativo bastante difundido e plenamente identificado com o espírito pragmático e democrático da Teoria Neoclássica. Seu aparecimento deu-se em 1954.

Peter F. Drucker publicou um livro (Prática de Administração de Empresas), no qual caracterizava pela primeira vez a APO, sendo considerado seu criador.

1.2.6.1.1 Características da APO

A APO é uma técnica de direção de esforços por meio do planejamento e do controle administrativo, fundamentados no princípio de que, para atingir resultados, a organização precisa, antes, definir em que negócio está atuando e que objetivos pretende alcançar.

A Administração por Objetivos é um processo pelo qual os gerentes, superior e subordinado, de uma organização identificam objetivos comuns, definem as áreas de responsabilidade de cada um, em termos de resultados esperados, e usam esses objetivos como guias para a operação dos negócios. Obtêm-se objetivos comuns e firmes que eliminam qualquer hesitação do gerente, ao lado de uma coesão de esforços em direção aos objetivos principais da organização.

Na realidade, a APO é um sistema dinâmico que integra a necessidade da companhia de alcançar seus objetivos de lucro e crescimento, a par da necessidade do gerente de contribuir para o seu próprio desenvolvimento. É um estilo exigente e compensador de Administração.

Em suma, a APO apresenta as seguintes características principais:

Estabelecimento do conjunto de objetivos entre o executivo e o seu supervisor; tanto o executivo quanto o seu superior participam do processo de estabelecimento e fixação de objetivos.

Estabelecimento de objetivos para cada departamento ou posição basicamente; a APO está fundamentada no estabelecimento de objetivos por posições de gerência.

Interligação dos objetivos departamentais; sempre existe alguma forma de correlacionar os objetivos dos vários órgãos ou gerentes envolvidos, mesmo que nem todos os objetivos estejam apoiados nos mesmos princípios básicos. Elaboração de planos táticos e de planos operacionais, com ênfase na mensuração e no controle a partir dos objetivos departamentais traçados. O executivo e o seu superior (ou somente o executivo que, posteriormente, obtém a aprovação de seu superior) elaboram os Planos Táticos adequados para alcançá-los da melhor maneira. Assim, os planos táticos constituirão os meios capazes de alcançar aqueles objetivos departamentais. Na sequência, os planos táticos serão desdobrados e melhor detalhados em planos operacionais. Em todos esses planos, a APO enfatiza a quantificação, a mensuração e o controle. Torna-se necessário mensurar os resultados obtidos e compará-los com os resultados planejados. São exatamente a mensuração e o controle que causam as maiores dificuldades de implantação da APO, pois, se o resultado não pode ser medido, é melhor esquecer o assunto.

Contínua avaliação, revisão e reciclagem dos planos. Praticamente todos os sistemas de APO possuem alguma forma de avaliação e de revisão regular do processo efetuado, por meio dos objetivos já alcançados e dos objetivos a serem alcançados, permitindo que algumas providências sejam tomadas e que novos objetivos sejam fixados para o período seguinte.

Participação atuante da chefia; há grande participação do superior. A maior parte dos sistemas de APO envolve mais o superior do que o subordinado. Há casos em que o superior estabelece os objetivos, mensura-os e avalia o progresso. Esse progresso, frequentemente usado, é muito mais característico do controle por objetivos do que da Administração por Objetivos.

A APO, sem dúvida alguma, representa uma evolução na TGA, apresentando uma nova metodologia de trabalho, reconhecendo o potencial dos funcionários das empresas, ampliando o seu campo de atuação para outros tipos de organizações (e não somente indústrias), permitindo estilos mais democráticos de Administração.

Essa Teoria já existe há várias décadas e predomina ainda hoje em algumas organizações.

1.2.7 Teoria Estruturalista

A Teoria Estruturalista veio como uma crítica tanto às teorias clássicas quanto à Teoria das Relações Humanas. Um de seus mais importantes teóricos, **Amitai Etzione**, considerava a organização como "um complexo de grupos sociais cujos interesses podem ou não ser conflitantes". Dessa maneira, tal teoria buscou "complementar" ou sintetizar as teorias anteriores (clássicas e humanas), pois acreditava que estas focavam apenas em partes do todo. Assim, a ideia principal foi considerar a organização em todos os aspectos como uma só estrutura – integrando todas as "visões" anteriores.

Assim, um aspecto importante foi a busca de uma análise tanto da **organização formal** (abordada na teoria clássica) quanto da **informal** (abordada na teoria das relações humanas). Dessa maneira, deveria existir um equilíbrio destas duas visões.

Para os estruturalistas, a sociedade moderna seria uma sociedade de organizações. O homem dependeria dessas organizações para tudo, e nelas cumpriria uma série de "papéis" diferentes. Assim, apareceu o conceito de **homem organizacional**. Seria o homem que desempenha diversos papéis nas diversas organizações. Outro conceito foi trazido por Gouldner: as diferentes concepções das organizações. Para este autor, existiria o modelo racional e o modelo natural de organização.

O **modelo racional** seria baseado no controle e no planejamento. A ideia era a de um **sistema fechado**, com pouca incerteza e preocupação para com o "mundo externo" à organização.

O outro modelo era o **natural**. Nele, existiria a noção de que a realidade é incerta e de que a organização é um conjunto de órgãos inter-relacionados e que são interdependentes. Assim, é um modelo que se preocupa com as "trocas" com o ambiente externo, ou seja, trata-se de um **modelo de sistema aberto**.

1.2.8 Teoria dos Sistemas

A Teoria dos Sistemas na Administração - TGS foi derivada do trabalho do biólogo Ludwig Von Bertalanffy. Este teórico criou então a TGS, que buscou ser uma teoria que integrasse todas as áreas do conhecimento.

Um sistema, de acordo com Bertalanffy, é um conjunto de unidades reciprocamente relacionadas para alcançar um propósito ou objetivo. Assim, a Teoria dos Sistemas acolheu o conceito no qual as organizações são **sistemas abertos**, ou seja, que trocam continuamente energia (ou matéria-prima, informações etc.) com o meio ambiente. Portanto, não podemos entender uma organização sem saber o contexto em que ela opera. Do mesmo modo, uma organização é a soma de suas partes (gerência de marketing, gerência de finanças etc.), e uma área depende da outra – o conceito de interdependência. Ou seja, é inútil uma área da empresa se sair muito bem (área de vendas, por exemplo) se outra área está tendo dificuldades (produção, por exemplo).

No caso citado, a empresa perderia os clientes por não conseguir cumprir as vendas efetuadas. Dessa forma, o administrador deve ter uma visão do todo. De como as áreas da organização interagem e quais são as interdependências.

Atualmente, as organizações são vistas como sistemas abertos.

Os principais conceitos da Teoria dos Sistemas são:

- **Entrada** – relaciona-se com tudo o que o sistema recebe do ambiente externo para poder funcionar: recursos, insumos, dados, etc.
- **Saída** – é o que o sistema produz. Uma saída pode ser: uma informação, um produto, um serviço etc.
- **Feedback** – é o retorno sobre o que foi produzido, de modo que o sistema possa se corrigir ou se modificar.
- **Caixa preta** – se relaciona com um sistema em que o "interior" não é facilmente acessível (como o corpo humano, por exemplo). Assim, só temos acesso aos elementos de entrada e saída para sabermos como ele funciona.

Vejamos outros conceitos importantes a seguir, os quais são muito abordados em concursos públicos:

- Organizações são sistemas abertos, que influenciam o ambiente e são influenciados por ele.
- Organização é um sistema complexo, com partes inter-relacionadas e interdependentes.
- Organização está em constante interação com meio ambiente.
- **Feedback** – retroalimentação, controle dos resultados, retroinformação.
- **Sinergia** – o trabalho em sinergia mostra que o todo tem um resultado maior do que a soma das partes.
- **Holismo** – o sistema é um todo. Mudança em uma parte afeta as outras partes.
- **Homeostase** – o sistema busca o equilíbrio; é a capacidade de a organização fazer mudanças internas para se adaptar às mudanças externas.
- **Equifinalidade** – objetivos podem ser alcançados de várias maneiras; não existe um único modo; é possível partir de vários pontos e chegar ao mesmo objetivo.
- **Entropia** – tendência de qualquer sistema de se desintegrar, entrar em desordem, ficar obsoleto, entrar em desuso e morrer; é necessário evitar a entropia e buscar a entropia negativa.
- **Entropia Negativa** – recarga de "energia" e recursos no sistema, de maneira a evitar a desintegração, por meio de inovação, melhoria, crescimento, desenvolvimento e treinamento.

1.2.9 Teoria Contingencial

Antigamente, só existiam fábricas e indústrias e estabelecer regras e normas para um gerenciamento poderia trazer bons resultados. Mas atualmente existem organizações de diferentes tipos, inclusive virtuais, que oferecem produtos ou serviços. Ou seja, já não podemos afirmar que há uma única e correta maneira de administrar.

Para a Teoria da Contingência, que pode ser chamada de Situacional também, não existe uma "fórmula mágica" para se resolver os problemas das organizações. Cada situação pede uma resposta diferente. Assim, tudo é relativo. Tudo depende.

Ou seja, antes que um administrador possa determinar qual é o "caminho" correto para uma empresa, é necessária uma análise ambiental. Assim, dependendo da situação da empresa, sua estratégia ou a tecnologia envolvida, o "caminho" será de uma maneira ou de outra.

Estes fatores principais - como o tamanho da empresa e seu ambiente - são considerados contingências, que devem ser analisadas antes de se determinar um curso de ação. Portanto, não existe mais a "melhor maneira" de se administrar uma organização.

Do mesmo modo, esta teoria postula que existem várias maneiras de se alcançar um objetivo. O que um gestor deve buscar é um ajuste constante entre a organização e seu meio, suas contingências.

Dentre estas contingências importantes, Sobral cita: o ambiente interno e externo, a tecnologia, o tamanho e o tipo de tarefa.

Uma consequência prática destas ideias no mundo organizacional foi a tendência das organizações se tornarem mais flexíveis (para que possam reagir mais rápido às mudanças no ambiente).

Dentre os novos modelos adotados, temos as organizações em rede. Estas são muito mais flexíveis e dependem de uma nova visão. De acordo com Motta, o ambiente é uma rede formada por diversas organizações interligadas. Desta forma, o mercado automobilístico é formado por diversas montadoras, oficinas, seguradoras, fábricas de peças etc.

Além disso, a própria organização é composta por diversas redes sociais internas. Os diversos departamentos e áreas são dependentes uns dos outros. Como estas áreas ou grupos estão sempre em contato, seus membros recebem uma pressão ou influência que é derivada deste contato.

Nas organizações em rede, em vez da empresa "verticalizar" sua produção e "fazer tudo sozinha" - como comprar uma indústria e contratar funcionários - faz um contrato com um parceiro que passa a cumprir esta função.

Entretanto, apesar desta teoria acertar ao identificar a realidade e a complexidade da atuação das organizações atualmente, acaba "caindo" em um relativismo exagerado. Ou seja, para a Teoria da Contingência tudo depende. Desta maneira, não existem prescrições que possam ser generalizadas. Cada caso será sempre um caso específico e que deve ser analisado dentro de seu contexto.

Além disso, as contingências que influenciam a situação de uma organização são, muitas vezes, inúmeras. Ou seja, a definição do "caminho" a ser seguido por uma empresa pode ser um trabalho bastante complexo.

1.2.9.1 O Ambiente

Como na Teoria Contingencial é preciso levar em conta o ambiente, é necessário também entender o que é o "ambiente". Ele pode ser compreendido como o contexto que envolve externamente a organização. É a situação dentro da qual uma organização está inserida. Pode ser multivariado e complexo. Torna-se necessário dividi-lo para poder analisá-lo de acordo com o seu conteúdo. Sendo assim, é necessário entender o ambiente como o ambiente geral, e o ambiente de tarefa, conforme a exposição a seguir:

Ambiente Geral - é o macroambiente, ou seja, ambiente genérico e comum a todas as organizações. Tudo o que acontece no ambiente geral afeta direta ou indiretamente todas as organizações. O ambiente geral é constituído de um conjunto de condições comuns para todas as organizações. As principais condições são:

condições tecnológicas, legais, políticas, econômicas, demográficas, ecológicas e culturais.

Ambiente de Tarefa - é o ambiente mais próximo e imediato da organização. É o segmento do ambiente geral do qual uma determinada organização extrai as suas entradas e deposita as suas saídas. É o ambiente de operações de cada organização. O ambiente de tarefa é constituído por: fornecedores de entradas, clientes ou usuários, concorrentes e entidades reguladoras.

1.2.9.1.1 Classificação de Ambientes

Os ambientes podem ser classificados de acordo com a sua diferenciação (estrutura) e conforme a sua dinâmica:

→ **Quanto à sua diferenciação:**

Ambiente Homogêneo: quando é composto de fornecedores, clientes e concorrentes semelhantes. O ambiente é homogêneo quando há pouca segmentação ou diferenciação dos mercados.

Ambiente Heterogêneo: quando ocorre muita diferenciação entre fornecedores, clientes e concorrentes, provocando uma diversidade de problemas à organização. O ambiente é heterogêneo quando há muita diferenciação dos mercados.

→ **Quanto à sua dinâmica:**

Ambiente Estável: é o ambiente que se caracteriza por pouca ou nenhuma mudança. É o ambiente em que quase não ocorrem mudanças, ou que, se houver, são mudanças lentas e perfeitamente previsíveis. É um ambiente tranquilo e previsível.

Ambiente Instável: é o ambiente dinâmico, que se caracteriza por muitas mudanças. É o ambiente em que os agentes estão constantemente provocando mudanças e influências recíprocas, formando um campo dinâmico de forças. A instabilidade provocada pelas mudanças gera incerteza para a organização. Sendo assim, a análise ambiental é feita pela análise das variáveis do ambiente de tarefa e do ambiente geral e também pela identificação da dinâmica e da diferenciação ambiental.

De uma forma geral, a abordagem contingencial coloca a sua maior ênfase no ambiente, de onde se identificam ameaças e oportunidades que condicionam as estratégias de ação. Também existe forte ênfase na tecnologia, que constitui tanto uma variável interna da organização, como externa (ambiental). Ela também concilia as abordagens de sistemas abertos e fechados e cria novas tendências para as organizações.

Questões

01. (FGV) Com relação ao Modelo Contingencial de Administração, é correto afirmar que:

a) quanto mais estável o ambiente em que estiver inserida a organização, mais adequado é o uso de um modelo orgânico de estrutura.

b) a Escola Contingencial prevê a existência de uma forma única e correta de administrar.

c) quanto à gestão de pessoas, o Modelo Contingencial preconiza que a gestão descentralizada, participativa e flexível é sempre a que traz melhores resultados.

d) a tecnologia e o ambiente condicionam a forma de gerir a organização.

e) a Escola Contingencial previa a organização de estruturas rígidas com base na meritocracia.

02. (FCC) Em um sistema fechado, o estado inicial é determinado pelas condições iniciais. Se as condições iniciais ou o processo forem alterados, o estado final também o será. Isso não é o que acontece nos sistemas abertos. Nos sistemas abertos, o mesmo estado final pode ser alcançado partindo de diferentes condições iniciais e por diferentes maneiras. Essa característica denomina-se

a) entropia negativa.

b) equifinalidade.

c) homeostase.

d) uniformidade de práticas.

e) ciclo de eventos.

03. (Esaf) A Escola das Relações Humanas diferencia-se por ideias centrais das quais se originaram críticas implacáveis contra o Homo Economicus, modelo elaborado pela Escola Clássica. Analise as afirmações e selecione a opção que representa o resultado de sua análise.

( ) Na Escola das Relações Humanas, o homem é apresentado como um ser que não pode ser reduzido a esquemas simples e mecanicistas.

( ) Na Escola das Relações Humanas, o homem não é condicionado pelo sistema social, e sim pelas demandas biológicas.

( ) O modelo da Escola das Relações Humanas é o Homo Complexus, devido à complexidade das suas necessidades.

a) C, C, C

b) C, C, E

c) C, E, E

d) E, E, E

e) E, C, C

04. (FCC) O Princípio de Administração "Cada subordinado recebe ordens e presta contas somente a um superior" refere-se ao princípio:

a) cadeia escalar.

b) unidade de direção.

c) unidade de comando.

d) estabilidade do pessoal.

e) manter a disciplina.

05. (FCC) O formato organizacional que assegura maior flexibilidade é:

a) a estrutura em redes de equipes.

b) a estrutura funcional linear.

c) o sistema orgânico homeostático.

d) a estrutura matricial.

e) a estrutura burocrática.

06. (Esaf) A Teoria Clássica da Administração deu ênfase à organização formal, enquanto a Teoria de Relações Humanas introduziu o conceito de organização informal. Assinale a opção que caracteriza corretamente tanto a organização formal como a organização informal.

a) A organização formal caracteriza-se por uma divisão de trabalho definida por equipe, com pessoal multiespecializado, normas claras e hierarquia de autoridade bem definida. Já a organização informal acentua os elementos racionais e planejados do comportamento na organização, estuda as relações de amizade, o agrupamento social dos trabalhadores e a importância da liderança e da comunicação.

b) A organização formal caracteriza-se por uma divisão de trabalho claramente definida, com pessoal especializado, normas e pronunciada hierarquia de autoridade. Já a organização informal acentua os elementos emocionais, não planejados e irracionais do comportamento na organização, estuda as relações de amizade, o agrupamento social dos trabalhadores e a importância da liderança e da comunicação.

c) A organização formal caracteriza-se por uma divisão de trabalho claramente definida, com pessoal multiespecializado, normas e pronunciada hierarquia de autoridade. Já a organização informal acentua os elementos racionais e planejados do comportamento na organização, estuda as relações hierárquicas de autoridade, o agrupamento social dos trabalhadores e a importância da chefia e da comunicação vertical.

d) A organização formal caracteriza-se por uma divisão de trabalho claramente definida, com pessoal especializado, normas flexíveis e autoridade fluida. Já a organização informal acentua os elementos emocionais, não planejados e irracionais do comportamento na organização, estuda as relações hierárquicas, as unidades formais dos trabalhadores e a importância da chefia e da comunicação.

e) A organização formal caracteriza-se por uma divisão de trabalho em equipe, com pessoal especializado, normas claras e hierarquia de autoridade fluida. Já a organização informal acentua os elementos emocionais, não planejados e irracionais do comportamento na organização, estuda as relações de amizade, o agrupamento social dos trabalhadores e a importância da chefia e da comunicação de cima para baixo.

Gabaritos

01	D	04	C
02	B	05	A
03	C	06	B

2. ADMINISTRAÇÃO GERAL

2.1 Planejamento Estratégico

Dentre as funções do administrador, está prever os cenários prospectivos (futuros) e sobre esta base realizar o planejamento estratégico da organização. Este planejamento, que será a base para os passos da organização pública, é constituído de objetivos claramente definidos, que serão a base de atuação de todos os membros nos próximos aos.

Não é possível iniciar o planejamento estratégico sem a definição da visão e missão de uma organização pública. Para que possa ser feita a análise ambiental, é necessário estipular as importâncias da organização e seu posicionamento no mercado ou sua função social. Para isso, é fundamental a definição da missão e visão da organização.

> Missão – Representa a razão de ser da organização, o porquê de sua existência e qual sua função.
> Visão – Representa a forma de alcançar, concretizar, a razão de ser, ou seja, é a forma de concretizar a missão.

A ferramenta mencionada a seguir foi criada por Albert Humphrey, da Universidade de Stanford, na década de 70 e adotada majoritariamente na Administração Pública no Brasil.

Sua função é permitir a análise dos ambientes externo e interno, para balizar o planejamento estratégico da organização. O anagrama "SWOT" vem das palavras STRENGTHS, WEAKNESSES, OPPORTUNITIES e THREATS, que respectivamente são traduzidas em FORÇAS, FRAQUEZAS, OPORTUNIDADES e AMEAÇAS.

Para que uma organização possa ter todas as informações sobre o ambiente que o cerca, e com estas informações desenvolver o planejamento estratégico, é necessário realizar a análise dos ambientes.

> **Ambiente externo** – O ambiente externo não tem governabilidade por parte dos gestores públicos, pois está além de seu controle. Ao analisar o ambiente externo, verificam-se situações políticas, econômicas e sociais, que têm relação direta ou indireta no quadro em que a organização se enquadra.

Quando é feita esta análise, são identificadas as OPORTUNIDADES que podem existir no ambiente externo, fatores que podem ser um ponto de apoio para cumprimento de metas presentes no planejamento a ser construído. Também devem ser identificados os RISCOS existentes no ambiente externo, para que as ameaças que tais riscos apresentam sejam diminuídas e não superadas, pois não existe controle sobre tais riscos. Influenciar o ambiente externo, dentro das possibilidades do gestor, deve favorecer oportunidades e minimizar tais riscos.

> **Ambiente interno** – O ambiente interno deve ser alvo de uma análise sistêmica e metodológica, para que a organização tenha pleno conhecimento daquilo que tem governabilidade, pois, ao contrário do ambiente externo, o gestor público tem controle sobre o ambiente interno.

Os aspectos analisados no ambiente interno são os recursos humanos, materiais, orçamentários.

Esta análise interna tem o objetivo de identificar FORÇAS na organização, e identificando-as combiná-las para que haja sinergia entre as distintas forças de setores e departamentos da organização. A análise ambiental interna também procura identificar FRAQUEZAS, e quando estas existem, é necessário criar meios para superar tais fraquezas, ou com o ingresso de novos servidores, educação corporativa, reestruturação orçamentária e outros meios.

2.2 Matriz SWOT

	Pontos Positivos	Pontos Negativos
Externo	Oportun.	Ameaças
Interno	Forças	Fraquezas

2.2.1 Cenários de Situação

> Oportunidades + Forças – Desenvolvimento.
> Oportunidades + Fraquezas – Crescimento.
> Ameaças + Forças – Manutenção.
> Ameaças + Fraquezas – Sobrevivência.

As questões da Esaf para provas da receita federal geralmente abordam situações que apresentam pontos positivos ou negativos que levam os candidatos a indicarem a alternativa que leva aos quatro cenários situacionais.

2.2.2 Análise Ambiental

Para que uma organização possa ter todas as informações sobre o ambiente que o cerca, e com estas informações desenvolver o planejamento estratégico, é necessário realizar a análise dos ambientes.

Ambiente externo – O ambiente externo não tem governabilidade por parte dos gestores públicos, pois está além de seu controle. Ao analisar o ambiente externo, verificam-se situações políticas, econômicas e sociais, que têm relação direta ou indireta no quadro em que a organização está inserida. Quando é feita esta análise, são identificadas as OPORTUNIDADES que podem existir no ambiente externo, fatores que podem ser um ponto de apoio para cumprimento de metas presentes no planejamento a ser construído. Também devem ser identificados os RISCOS existentes no ambiente externo, para que as ameaças que tais riscos apresentam sejam diminuídas e não superados, pois não existe controle sobre tais riscos. Influenciar o ambiente externo, dentro das possibilidades do gestor, deve favorecer oportunidades e minimizar tais riscos.

Ambiente interno – O ambiente interno deve ser alvo de uma análise sistêmica e metodológica, para que a organização tenha pleno conhecimento daquilo que tem governabilidade, pois ao contrário do ambiente externo, o gestor público tem controle sobre o ambiente interno. Os aspectos analisados no ambiente interno são os recursos humanos, materiais, orçamentários e de cultura organizacional. Esta análise interna tem o objetivo de identificar FORÇAS na organização, e identificando-as combiná-las para que haja sinergia entre as distintas forças de setores e departamentos da organização. A análise ambiental interna também procura identificar FRAQUEZAS, e quando estas existem, é necessário criar meios para superar tais fraquezas, ou com o ingresso de novos servidores, educação corporativa, reestruturação orçamentária e outros meios.

2.2.3 Criação de Cenários Prospectivos

A análise ambiental tem por objetivo a criação de cenários prospectivos, e são estes cenários que servirão de base para o desenvolvimento do planejamento estratégico.

Cenário mais provável – O cenário mais provável é aquele que é baseado no desenvolvimento da situação mais próxima com os fatos. Não é possível prever o desenvolvimento da situação, porém é possível estudar seu desenvolvimento criando um cenário em que o desenvolvimento da situação leve a um quadro prospectivo. O cenário mais provável pode ser positivo ou negativo. Quando é baseado em oportunidades, é positivo, porém quando é baseado em riscos, é negativo.

Cenário ideal – O cenário ideal é aquele em que o desenvolvimento da situação conflui para a melhor situação no desenvolvimento do planejamento estratégico. É evidente que, se o cenário ideal é baseado na melhor situação, deve privilegiar as forças internas em detrimento das fraquezas no ambiente interno, assim como oportunidades em detrimento de ameaças no ambiente externo.

Cenário de tendência - O cenário de tendência é aquele em que as coisas permanecem estáticas, em que nada muda. Este cenário se mostra pouco factível, pois tanto o ambiente interno quanto externo são dinâmicos e apresentam mudanças constantes.

2.2.3.1 Planejamento Estratégico

A definição da missão e visão da organização, assim como a utilização da matriz swot para a análise ambiental e posterior criação de cenários, serão a base para o Planejamento Estratégico. Por esta razão podemos definir estas etapas e ferramentas como os primeiros passos do Planejamento ou pré-planejamento. Com a definição do planejamento estratégico, os departamentos desenvolvem o planejamento tático e para o desenvolvimento das funções técnico-administrativas, o planejamento operacional.

Responsáveis. Quem é, dentro de uma organização, responsável pelo planejamento estratégico; é nível diretivo; são os responsáveis pela organização.

Nível. É sistêmico, porque diz respeito a toda organização; e sinérgico, pois tem a função de juntar as diferentes forças existentes na organização para atingir os mesmos objetivos.

Prazo. Como o planejamento estratégico definido, ele tem uma abrangência de longo prazo (5 ou 6 anos).

2.2.3.2 Planejamento Tático

Como fruto de todo o planejamento realizado que se inicia pela definição de visão e missão da organização, e posterior análise do ambiente externo e interno com vistas a criação de cenários prospectivos (Matriz Swot), a organização tem definido seu Planejamento Estratégico. Este é de longo prazo e é sistêmico; além disso, diz respeito a toda organização. Também diz respeito à organização em todos os seus níveis e setores, seu desdobramento para os respectivos departamentos de uma organização. O Conceito da reengenharia na administração, também chamado de método da folha em branco, é literalmente começar do zero, recomeçar um projeto com a definição de novas metas, objetivos e métodos, não sendo apenas um refinamento ou correção de rumos frente ao projeto que era desenvolvido.

A Reengenharia é aplicada no planejamento operacional e o tático, nas metas e projetos desenvolvidos dentro de uma organização, mas não no planejamento estratégico. Como desdobramento do planejamento estratégico temos em cada setor ou departamento de uma organização o Planejamento Tático, que tem as seguintes características: Responsáveis. Quem é, dentro de uma organização, responsável pelo planejamento tático; é o membro da organização que ocupa níveis intermediários, como o Gerente, o Coordenador. Nível. É o desdobramento do planejamento estratégico dentro de cada departamento; sendo, assim, seu escopo (abrangência) são as atividades desenvolvidas dentro de cada área. Uma organização tem o planejamento dos departamentos desenvolvido para que se alcance de forma plena em concordância com os objetivos definidos na estratégia da organização.

Prazo. Como o planejamento tático é departamental, ele tem média duração, em geral de 1 ou 2 anos, pois deve, inclusive, estar adequado para momentos distintos do desenvolvimento do planejamento estratégico.

2.2.3.3 Planejamento Operacional

Dentro de uma organização, pública ou privada, existem as atividades que justificam a razão de ser desta organização; aquelas atividades que o cliente-cidadão recebe como produto final e que estabelece a relação com a organização. A atividade-fim de uma escola é a aula que é ministrada, de uma fábrica é a produção final de seu produto, em um posto de atendimento da receita federal é o próprio atendimento desenvolvido. A atividade-fim, portanto, pode ser a produção de algum bem ou ainda a prestação de algum serviço. Na Administração pública, pode até existir a produção de bens, de forma minoritária, porém é a prestação de serviços a atividade principal. Consideramos atividade-meio aquela que serve de base de apoio para uma organização. Se em uma escola a aula propriamente dita é a atividade-fim, a merenda escolar segurança escolar, limpeza do espaço são consideradas atividades-meio. Como desdobramento do planejamento estratégico temos em cada setor ou departamento de uma organização o Planejamento Tático, e dentro dos departamentos temos atividades desenvolvidas pelos componentes daquela determinada área; a ação executada, as tarefas concernidas são de responsabilidade do Planejamento Operacional, que tem as seguintes características:

Responsáveis. Quem é, dentro de uma organização, responsável pelo planejamento operacional; é o membro da organização que ocupa níveis operacionais, como o Administrativo, o Técnico e mesmo os servidores que executam atividades-fim.

Nível. É a tradução na prática, no desenvolvimento de atividades, daquilo que foi definido através do planejamento estratégico de forma sistêmica, e daquilo que foi desdobrado para cada setor ou departamento através do planejamento tático. O planejamento operacional, portanto, está relacionado à forma como as tarefas são desenvolvidas no "chão da fábrica".

Prazo. Como o planejamento operacional é de desenvolvimento de atividades, ele tem curta duração; em geral, desde o momento posterior até 1 ano.

2.3 Processo Decisório

> Quando mais baixo o planejamento, mais detalhado ele é, pois, se o estratégico tem objetivos geais, o tático tem projetos departamentais e o operacional tem tarefas para cada membro da organização ou equipe.

Tomar decisões é uma ação inerente ao serviço público, e os servidores públicos que tem papel determinante na administração participam da tomada de decisão. Quanto maior o poder e a responsabilidade do membro da organização, maior é a quantidade de decisões que ele precisa tomar.

As decisões geralmente são baseadas em mudanças nas organizações; estas na maioria das vezes são forçadas por mudanças ambientais ou inovações; ou são facultativas para a organização, porém cada vez mais necessárias.

A tomada de decisão e o maior ou menor envolvimento de atores neste processo tem a ver com os princípios e diretrizes na administração, e pode representar maior ou menor coletivização conforme o método.

Decisão autocrática – Concentrada em uma pessoa que detém o poder; não existe envolvimento de terceiros e está baseada na concentração do poder. Não cria um bom ambiente coletivo, mas pode garantir a celeridade.

Decisão delegada – É aquela em que a chefia ou quem detém o poder delega para outro membro da organização ou equipe a responsabilidade pela tomada de decisão. Pode garantir maior motivação da equipe, mas, muitas vezes, cria uma indefinição na cadeia de comando.

Decisão colegiada – É aquela em que a pessoa que detém o poder envolve os interessados na tomada de decisão, e geralmente está vinculada à governança na administração. Cria maior envolvimento e motivação, porém pode prejudicar o foco nos objetivos estratégicos e prejudicar a celeridade.

Os métodos de tomada de decisão estão diretamente relacionados com os modelos administrativos. Seguem abaixo os métodos de tomada de decisão dos modelos que foram vigentes no Estado brasileiro:

Decisão no modelo patrimonialista – Comportamental, baseado unicamente nas opiniões, história de vida, interesses do governante que detinha o poder absoluto; não existia impessoalidade.

Decisão no modelo burocrático (weberiano) – Racional, baseado na impessoalidade e na existência de normas e regras claras para a tomada de decisão; baseado na impessoalidade. A decisão racional tem quatro etapas básicas:

> Identificação do problema
> Busca pela origem do problema
> Resolução do problema
> Busca por soluções para a não recorrência do problema

Decisão na Nova Administração Pública – Mantém o racionalismo, a base em normas e a impessoalidade, porém busca formas mais amplas e colegiadas de tomada de decisão; baseada na governança administrativa.

2.3.1 Decisões Programadas

As decisões programas são aquelas recorrentes, que já foram tomadas antes e que as consequências são previsíveis e de conhecimento prévio, o que possibilita melhor planejamento em qualquer cenário decisório.

Por serem previsíveis, são aquelas decisões tomadas cotidianamente e são inerentes às funções do membro da organização que a toma.

Seguem as principais características das decisões programadas:

> Previsibilidade
> Controle
> Planejamento
> Minimização de riscos

2.3.2 Decisões não Programadas

São aquelas decisões inéditas ou não esperadas a serem tomadas no planejamento, fruto da instabilidade e de mudanças constantes nos ambientes externo e interno.

As decisões não programas geralmente estão baseadas em situações não previstas. Quanto maior a responsabilidade do membro da organização, geralmente maior a quantidade de decisões não programas a serem tomadas.

Seguem as principais características das decisões não programadas:

> Imprevisibilidade
> Pouco controle
> Sem previsão no planejamento
> Aumento de riscos

2.3.3 Decisões Frente aos Conflitos de Interesses

Em uma organização, o conflito entre os interesses existentes é constante e não necessariamente algo negativo, já que o envolvimento dos membros da organização e o empoderamento do cliente-cidadão sobre as ações públicas gera cada vez mais conflito de interesses.

Existem, nas organizações, 3 interesses distintos, que seguem abaixo.

> Interesse da organização –pelos princípios da gestão pública, como a impessoalidade e a legalidade, deve estar acima de outros interesses.
> Interesse próprio.
> Interesse do outro.

> Atualmente, organizações que têm uma administração baseada no gerencialismo admitem o conflito de interesses como um processo de integração e de crescimento da organização.

2.4 Estilos de Liderança

Hoje em dia, a liderança é um elemento fundamental dentro de uma equipe, e as organizações buscam pessoas que se destaquem neste aspecto para liderar as equipes, servir de referência na execução de projetos ou mesmo para inspirar os demais membros da equipe.

Um líder não é necessariamente a chefia legalmente definida, não tem atribuições legais mediante os liderados, não existindo uma relação de obrigatoriedade hierárquica, pois o chefe é aquele que tem atribuições que lhe cabem mediante um grupo de subordinados. O líder, ao contrário, é alçado a esta condição.

2.4.1 Tipos de Lideranças Dentro das Organizações

Existem diferentes tipos de lideranças, cada um com características particulares. Como os modelos e ferramentas administrativas são definidos de acordo com os objetivos estratégicos, e estes ficam vinculados aos interesses políticos nas organizações públicas, a busca por determinado perfil de liderança também segue este parâmetro, existindo tipos de líderes que atendem a cada necessidade dentro da organização.

Liderança liberal. A liderança liberal é reconhecida facilmente pelos membros de uma equipe ou departamento, pois tem um perfil que é aceito positivamente pelas pessoas. O líder liberal tem como característica não interferir muito no desenvolvimento de tarefas ou rumos da equipe, o que apresenta como aspecto positivo sua fácil aceitação, e como elemento negativo a possibilidade de falta de foco ou rumo para a equipe, pois, ao não haver o direcionamento por parte do líder, a equipe pode não ter direcionamento.

Liderança Situacional. É aquele líder que se destaca em determinada situação, em um cenário específico e não em todos os aspectos que dizem respeito à equipe. A liderança situacional é aquela, portanto, que é uma referência em determinado aspecto e apenas nele, e tem como característica positiva justamente ser esta referência em determinada situação, e como aspecto negativo o fato de que, se tal cenário ou situação não for criada, ele não se destaca como o líder na equipe.

Liderança Inspiradora. É aquela figura quase mitológica existente nas organizações, que é por si só ou pela sua história dentro da organização uma referência para a equipe. O líder inspirador é facilmente reconhecido pela equipe, e seu exemplo é seguido pelos outros. Como elemento positivo está o fato de ser naturalmente alçado à condição de líder, e como aspecto negativo, consolidando-se essa referência, ele pode ter uma postura onerosa frente aos valores da organização, mesmo continuando sendo referência aos outros.

Liderança Coerciva. É aquele líder que impõe suas vontades e opiniões aos membros da equipe, de forma a reprimir a opinião e posturas de outros. Um líder coercivo tende a não ser facilmente aceito pela equipe, que não o reconhece como tal. Como aspecto positivo, um líder coercivo tem o controle e a centralidade da equipe, e como aspecto negativo um clima de mal-estar dentro do grupo que lidera.

2.4.2 Gestão de Competências e do Conhecimento

As organizações devem se utilizar do potencial máximo de seus membros, tanto do ponto de vista objetivo quanto subjetivo. Para isso, devem deter e atualizar as competências existentes de seus membros assim como dos conhecimentos existentes.

2.4.3 Atribuição de Funções

Quando do ingresso do serviço público, as organizações têm conhecimento sobre as competências necessárias para que a pessoa assuma o cargo público (ou ensino fundamental, ou ensino médio, ou graduação ou especialização), porém as pessoas geralmente detêm outras competências, ou fruto de experiência profissional anterior, ou fruto de outra graduação ou mesmo uma competência oriunda de características profissionais.

Conhecer as características e competências dos membros de uma organização é fundamental para a melhor atribuição de funções, pois como a exigência para o ingresso é a mesma para todos, não é possível utilizar o concurso público como base para a atribuição de funções existentes nos cargos. Para isso, utiliza-se a Gestão de Competências, com o objetivo de definir "o homem certo".

2.4.4 Gestão de Competências

A Gestão de competências é uma ferramenta que visa mapear e administrar as diferentes competências existentes na organização a fim de sincronizar estas competências com os objetivos da organização, o planejamento estratégico, seus projetos e metas.

A principal função da Gestão de Competências é definir a pessoa certa no lugar certo, para que as funções definidas para cada membro da organização estejam sincronizadas com suas competências existentes. Os critérios para a definição de competências são 3:

Conhecimentos. Adquirido através de treinamentos e cursos realizados pelo membro da organização. É possível, e inclusive muito comum no serviço público, que o funcionário ingresse na organização em um concurso que tenha exigência de ensino médio completo, mas que tenha também um conhecimento adquirido em um curso de graduação. Também são consideradas competências adquiridas através do conhecimento, o treinamento corporativo realizado nas organizações; cursos livres afins também são considerados para competências mensuradas através do conhecimento.

Habilidades. Aquelas adquiridas através da experiência profissional anterior, da especialização em determinada área, mas que não foram fruto de treinamento ou qualificação profissional.

É importante para uma organização ter ciência sobre as habilidades dos membros de todos os departamentos, inclusive na iniciativa privada, pois as habilidades geralmente não são fruto de exigência para ingresso no serviço público, e nem de mapeamento por diplomas ou certificados.

Nas habilidades, ainda podem ser listadas aquelas geradas pelo empirismo (experimentação) e gerada de forma tácita (experiência de vida).

Atitudes. Nas organizações que têm uma administração gerencial, com relações horizontalizadas e uma menor formalidade organizacional, e incentiva a pró-atividade, é incentivada a postura de iniciativa para desenvolvimento de atividades sem que exista prévio conhecimento acadêmico ou habilidade anteriormente adquirida.

2.5 Projetos – PMI (Instituto de Gerenciamento de Projetos) / PMBok (Guia de Gestão de Projetos)

De acordo com o PMBok, o gerenciamento de projetos tem 5 etapas (ou grupo de processos):

Responsabilidade – Todo projeto deve ter um prazo, que geralmente é de médio a longo prazo. O prazo de um projeto nunca pode ser maior do que aquele que indica o final do planejamento estratégico.

Escopo – É necessário definir qual a abrangência do projeto, quem será o público e setores atingidos pelo seu desenvolvimento.

Insumos – Todo projeto, para ser executado, demanda a definição de recursos, que podem ser 3 elementos: de pessoas, materiais e/ou orçamentários (time de projeto interdisciplinar).

Objetivos – Os objetivos devem ser mensuráveis, podendo ser quantitativos, qualitativos ou estatísticos; não há hierarquia.

Cada projeto tem metas de curto prazo, que podem ser analisadas ao final de seu cumprimento; e os insumos podem ser destinados para o cumprimento da próxima meta.

2.5.1 Fases de um Projeto

Início: Fase de identificação das necessidades, da viabilidade, dos orçamentos e dos cronogramas, da equipe que irá trabalhar e da proposta. É a fase em que se inicia oficialmente o projeto por meio do Termo de Abertura.

Planejamento: Estudos e análises, recursos e o detalhamento do plano.

Execução: Execução dos planos do projeto, coordenação de pessoas e outros recursos para executar o plano.

Controle "a posteriori": Monitoramento, controle e modificações.

Encerramento: Aceitação formal do projeto (com verificação de escopo) ou fase para sua finalização.

2.6 Processos

A Gespública apresenta um guia de gestão de processos que apresenta, segundo o próprio guia, as fases de processos desenvolvidos nas organizações públicas. Processos – Uma visão conceitua processos com um "conjunto de recursos e atividades inter-relacionadas ou interativas que transformam insumos (entradas – inputs) em serviços/produtos (saídas – outputs), sendo realizado para agregar valor". São implementados sempre para o futuro (prospectivamente).

2.6.1 Gespública

O programa Nacional de Gestão Pública e Desburocratização (GesPública) foi criado em 2005 por meio do decreto 5.378 de 23 de fevereiro de 2005.

No próprio site www.gespublica.gov.br, encontramos a definição formal da iniciativa. Na busca de modelos de gestão que contemplem, de forma mais efetiva e eficaz, as novas e crescentes demandas da sociedade brasileira, a Secretaria de Gestão Pública – SEGEP, do Ministério do Planejamento, Orçamento e Gestão, revitaliza, em 2014, o Programa Nacional de Gestão Pública e Desburocratização GESPÚBLICA, com a finalidade de fortalecer a gestão pública, tendo como premissa o Modelo de Excelência em Gestão Pública – MEGP.

A estratégia para implantação de um modelo referencial de gestão pública é desenvolver ações de apoio técnico aos órgãos e entidades da Administração Pública Federal, a fim de mobilizar, preparar e motivar para a atuação em prol da inovação e da melhoria da gestão. Dentre as medidas adotadas para implementação da estratégia, destacamos o desenvolvimento de uma das ferramentas do GESPÚBLICA – o Sistema Eletrônico de Autoavaliação da Gestão.

O Sistema possibilita uma avaliação gestão prescritiva, por meio da identificação e análise das práticas de gestão adotadas e dos resultados da organização. A avaliação dos resultados permite um rápido diagnóstico, bem como a implantação de melhorias na governança que venham a promover o alcance dos melhores resultados institucionais.

Uma Gestão Pública participativa e democrática induz a resultados mais positivos, levando-se em conta que o processo de formação das normas administrativas e os mecanismos de ação e controle estarão sempre mais adequados e ajustados à realidade social.

O Programa GESPÚBLICA vem a ser um poderoso instrumento de cidadania, pois renova seu compromisso de engajamento e valorização das pessoas por meio de estratégias de mobilização da Administração Pública, contribuindo para a melhoria da qualidade dos serviços públicos prestados aos cidadãos e para o aumento da competitividade do país.

2.6.2 Fases de um Processo

- Planejamento;
- Análise;
- Desenho e modelagem;
- Implementação;
- Monitoramento;
- Refinamento (melhorar).

2.6.3 Indicadores de Gestão de Desempenho

A Nova Administração Pública, baseada no modelo gerencial, tem a necessidade de lidar com o desempenho da organização em todos os níveis, desde a análise do desempenho individual, até o desempenho das equipes, passando pelo próprio desempenho da organização.

Muito além da avaliação de desempenho, a gestão de desempenho é uma análise sistêmica, que verifica de forma constante o desempenho organizacional e se utiliza desta análise para gerar sinergia entre as capacidades da organização, sempre com o objetivo de atingir objetivos estratégicos e agregar valor ao cidadão, que é o cliente da prestação de serviços feita pelas organizações públicas.

É a análise metodológica do que se espera no serviço público, quanto ao que se espera do indivíduo, da equipe e da organização. Uma importante ferramenta utilizada na gestão do desempenho para medir a correlação do microambiente e microambiente.

Os indicadores de desempenho são levantamentos metodológicos, que são feitos de forma quantitativa ou qualitativa, e que medem os atendimentos, as atividades desenvolvidas, com o objetivo de comparação de ações e da necessidade de insumos para os projetos desenvolvidos. Os objetivos dos Indicadores de desempenho são dois:Qualidade final no atendimento ao público externo.

- Aquilo que foi agregado para o cidadão na prestação do serviço.

2.6.4 Eficiência, Eficácia e Efetividade

Também tem relação com a Nova Administração pública e é estreita a relação com os elementos acima descritos, os chamados "3Es" da administração pública, que são a Eficiência, Eficácia e Efetividade.

Segue abaixo a descrição de cada um dos elementos:

Eficiência – Introduzido de forma explícita no artigo 37 da Constituição pela Emenda Constitucional nº 19 de 1998, é a relação de recursos destinados e resultados obtidos pela Administração Pública. Em uma análise, é a relação que comumente é chamada de "custo-benefício" nas ações públicas.

Ex.: Se, ao final do prazo estipulado previamente, for construído um hospital público com os recursos (financeiros, de pessoas e materiais) destinados, sem necessidade de destinação complementar, será uma ação eficiente administrativamente. Portanto, a eficiência tem relação com a atividade-meio.

Eficácia – Tem direta relação com a concreta efetivação da ação que motiva a existência da unidade pública ou função dos servidores públicos, a capacidade de atender aquilo que justifica a ação administrativa. Portanto, a eficácia tem relação com a atividade-fim.

Efetividade – Tem relação com a entrega do "produto final" para os interessados, para o cliente-cidadão, fazendo estes agregarem valor e aceitarem a ação pública como justificável. Portanto, a efetividade tem relação com o "valor percebido" pelo cliente-cidadão.

2.7 Comunicação Organizacional

A comunicação nas organizações é cada vez mais fundamental, e a administração pública a tem como uma atividade inerente as suas atividades, pois pode garantir os princípios da gestão pública, como a legalidade e a publicidade, pode garantir a transparência nas ações públicas (accountability), e mesmo envolver os interessados no processo de governança.

Existem diversas abrangências e interesses na comunicação, que podem ser de variadas modalidades, que seguem abaixo:

Extraorganizacional – Caracteriza-se pela comunicação que ocorre entre duas organizações públicas ou privadas, ou mesmo a comunicação público-privada.

Intraorganizacional – Caracteriza-se pela comunicação interna à organização, dentro dos departamentos, interdepartamental e em níveis hierárquicos distintos.

Como existem vários ambientes de trabalho e estes são influenciados diretamente pela cultura organizacional de cada organização, a comunicação interna apresenta variações, e pode apresentar maior ou menor formalidade.

Comunicação Formal – É a comunicação oficial. Geralmente vinculada às organizações que têm uma estrutura organizacional mais rígida, formal e departamentalização funcional, onde prevalece a normatização e padronização inclusive na comunicação interna. Como característica, a comunicação formal é "up-down", vem dos níveis diretivos da organização, passando pelos gerenciais, técnico-administrativos até chegar aos níveis operacionais. Ela é feita por meio dos canais de comunicação existentes e padronizados, e é documentada em ofícios, memorandos, circulares, etc.

Comunicação Informal – Geralmente vinculada às relações pessoais dos membros das organizações, é valorizada em organizações com uma estrutura organizacional mais flexível, com relações interdepartamentais. Esta comunicação se caracteriza por ser não oficial, fruto de conversas e comunicação que não segue hierarquia e nem a documentação formal.

2.7.1 Novos Meios de Comunicação

Hoje em dia as organizações públicas precisam se adaptar às novas tecnologias para a comunicação organizacional, adotando novas ferramentas e mídias para a comunicação tanto interna quanto externa, tanto formal quanto informal.

Seguem as principais ferramentas de novos meios de comunicação:

- Redes sociais (Facebook e Twitter);
- Videoconferência por VoIP (Skype);
- e-democracia (Oficial da Câmara Federal).

2.7.2 Resultados da Comunicação Organizacional

Considerada fundamental para uma boa administração pública, a comunicação organizacional, quando bem aplicada e desenvolvida, garante alguns preceitos, que seguem abaixo:

> Sinergia – Garante a junção de forças da organização.
> Tradução – Uma boa comunicação garante que todos os níveis hierárquicos entendam as diretrizes.
> Alinhamento – Consegue que todos os níveis hierárquicos e departamentos se alinhem com os objetivos estratégicos.
> Transparência – Garante a comunicação com o devido tempo de reação contrária.

Questões

01. Um escritório de projetos:

a) funcional atende toda a organização e seu foco são as questões estratégicas separadas por divisão ou unidade de negócio.

b) deve possuir um sistema de informação capaz de mensurar o valor agregado pelos projetos, captando e calculando a variação entre o planejado e o real do custo, tempo de conclusão e tendências.

c) apresenta como uma de suas desvantagens a concentração, em uma única área funcional, de todo o conhecimento sobre gestão de projetos, podendo levar à criação de redutos individuais na organização.

d) corporativos é utilizado em áreas específicas e organizado de acordo com o perfil dos clientes, de forma que permita melhorar a comunicação e o gerenciamento, e podem ser temporários.

e) com um sistema de gerenciamento de riscos tem a função de analisar falhas de desempenho, que pode ser desde um fracasso na fase de testes ou o fracasso total do projeto, e deve ainda identificar as causas e apresentar recomendações.

02. A gestão de projetos proporciona a possibilidade de ação e de controles úteis ao gerenciamento de políticas públicas. Na gestão de projetos:

a) escopo, tempo, custos e qualidade são os principais determinantes para o objetivo de um projeto, seja na esfera pública ou privada.

b) um projeto na área pública consiste na harmonização entre tempo e dinheiro, mais que em materiais e competências humanas.

c) os processos de monitoramento e controle ocorrem até o início da fase de encerramento de um projeto, no âmbito da administração pública e da privada.

d) comunicações e riscos são os insumos para produzir o trabalho necessário à consecução de projetos em qualquer esfera da Administração Pública.

e) há um esforço perene empreendido para criar produtos, serviços ou resultados na gestão de entidades governamentais e empresas.

03. O PMBok mapeia os processos de gestão de projeto em 5 grupos e em 9 áreas de conhecimento. Numa dessas áreas de conhecimento, são encontrados os processos de desenvolvimento do plano do projeto, de execução do plano do projeto e de controle de mudanças no projeto. Essa área de conhecimento é identificada por:

a) Gerência de Aquisições de Projetos.

b) Gerenciamento da Qualidade do Projeto.

c) Gerência de Escopo de Projetos.

d) Gerenciamento de Integração do Projeto.

e) Gerenciamento das Comunicações do Projeto.

04. A gestão de processos visa:

a) à definição clara da cadeia hierárquica funcional de uma organização.

b) à otimização das atividades na utilização dos recursos da organização.

c) ao aumento da eficácia na tomada de decisões em contextos estratégicos críticos.

d) à redução dos contenciosos jurídicos que podem afetar a produtividade da organização.

e) à valorização de um processo organizacional mais centrado nos relacionamentos pessoais humanizados.

05. São objetivos da gestão por processos:

a) simplificar processos, condensando ou eliminando atividades que não acrescentam valor, e adotar um enfoque pontual dos negócios da organização.

b) elevar sensivelmente a produtividade, com eficiência e eficácia, e aumentar o valor do produto ou serviço na percepção do cliente.

c) determinar metas de longo prazo e adotar cursos de ação e alocação de recursos necessários à consecução dessas metas, e estabelecer um plano mestre que especifique com a organização alcançará suas metas.

d) organizar as atividades em função das tarefas e não das saídas de um processo, como acontece em organizações tradicionais, e reduzir níveis hierárquicos para facilitar a implementação de uma estrutura matricial.

e) identificar os responsáveis ou líderes dos processos, para eliminar a necessidade de pontos de controle, e adotar um enfoque sistêmico dos processos.

06. Na visão contemporânea da gestão de organizações por processos:

a) o foco são os processos, diretamente responsáveis pela satisfação do cliente-fornecedor.

b) subprocessos são tarefas tipicamente executadas por um departamento.

c) as decisões são tomadas pelas gerências diretamente responsáveis pelos processos.

d) o objetivo central é o redesenho de processos, estruturas organizacionais, sistemas de informação e valores da organização.

e) a prioridade é a racionalização de processos por meio da redução de níveis hierárquicos desnecessários.

07. Analise os itens a seguir e assinale a opção correta.

I. O controle, assim como o planejamento, existe nos três níveis organizacionais: o estratégico, o intermediário e o operacional.

II. A avaliação do desempenho do pessoal é um tipo de controle organizacional e pode incluir informações sobre índices como produção por empregado.

III. Entre as melhores práticas de governança corporativa recomendadas pelo Instituto Nacional de Governança Corporativa para a área de gestão estão a transparência, a clareza e a objetividade na prestação de contas.

a) Somente I e II estão corretas.

b) Somente II e III estão corretas.

c) Somente I e III estão corretas.

d) Nenhuma das afirmativas está correta.

e) Todas as afirmativas estão corretas.

08. No planejamento baseado em cenários, é possível aplicar o método da reengenharia, ou da folha em branco. Indique a alternativa que apresenta o nível ou níveis em que este método pode ser aplicado.

a) Apenas estratégico.

b) Estratégico, tático e operacional.

c) Estratégico e operacional.

d) Apenas operacional.

e) Tático e Operacional.

09. No planejamento baseado em cenários prospectivos, é necessário que uma organização verifique pontos positivos e negativos nos ambientes externo e interno, utilizando como ferramenta a Matriz SWOT, para que possa:

a) Identificar forças no ambiente externo.

b) Identificar oportunidades no ambiente interno.

c) Definir a visão baseada no ambiente externo.

d) Definir a missão baseada no ambiente interno.

e) Identificar ameaças no ambiente externo.

10. O Controle é classificado na literatura às vezes como função e às vezes como sistema. No caso da Administração, é classificado como Função Administrativa, juntamente com as demais:

Planejamento, Organização e Direção.

Analise as afirmativas abaixo e selecione a opção correta:

a) Quando a organização estabelece políticas e diretrizes, está adotando um controle organizacional que limita a quantidade de autoridade exercida.

b) O controle está presente em quase todas as ações organizacionais, mas não em todos os níveis institucionais, pois sua amplitude é sempre micro-orientada, voltada para cada operação em separado.

c) No processo de controle, na avaliação de desempenho, as métricas e padrões somente são necessários quando não há conhecimento a respeito do passado.

d) O controle que tem por objetivo padronizar a qualidade de produtos e serviços difere de todos os demais controles por não envolver treinamento de pessoal.

e) Quando um controle busca medir eficiência, busca medidas que devem refletir se os resultados desejados estão sendo atingidos.

Gabaritos

01	B	06	A
02	D	07	E
03	A	08	E
04	B	09	E
05	B	10	A

3. GESTÃO DE PROJETOS

De início, temos que entender o **conceito do termo "Projeto"** no contexto da Administração e da Gestão Pública, já que esse termo também é utilizado em outras áreas do conhecimento (projeto de lei, por exemplo).

O guia do PMBOK (publicação oficial do Instituto Internacional que define as regras de gerenciamento de Projetos, o PMI – Project Management Institute) oferece uma definição bastante simples, projeto é **"um esforço temporário empreendido para criar um produto, serviço ou resultado exclusivo"**.

Outras definições:

Projeto é um empreendimento não repetitivo, caracterizado por uma sequência clara e lógica de eventos, com início, meio e fim, que se destina a atingir um objetivo claro e definido, sendo conduzido por pessoas dentro de parâmetros pré-definidos de tempo, custo, recursos envolvidos e qualidade. (RICARDO VIANA VARGAS)

Projeto é um conjunto de ações, executado de maneira coordenada por uma organização transitória, ao qual são alocados os insumos necessários para, em certo prazo, alcançar ou superar expectativas e necessidades do cliente. (BOENTE)

Vejamos, então, as principais características de um projeto:

FINITUDE: possui início, meio e fim. Atenção, pois o fim de um projeto não é apenas atingido quando os objetivos são alcançados. Um projeto também pode ser finalizado quando se chega à conclusão de que não será possível atingir os objetivos estabelecidos ou quando se percebe que o projeto não é mais necessário. Além disso, a característica de temporalidade não quer dizer que os projetos têm curta duração. Pelo contrário, muitos projetos duram anos. O que é importante fixar é que, em todos os casos, a duração de um projeto é finita. Projetos não são esforços contínuos.

Uma observação importante a fazer é que *"geralmente o termo 'temporário' não se aplica ao produto, serviço ou resultado criado pelo projeto. A maioria dos projetos é realizada para criar um resultado duradouro"*.

FOCO: tem um objetivo claro e definido. Para minimizar as incertezas de um projeto, a definição clara do que se espera é essencial. **Todo o planejamento do projeto será estruturado com base no objetivo a ser atingido**. E só é possível dizer se o projeto foi um sucesso ou não se os objetivos foram definidos e divulgados de maneira clara a todas as partes envolvidas, para que a comparação do resultado alcançado com o resultado esperado seja real.

SINGULARIDADE: visa à criação de um produto, serviço ou resultado ÚNICO, com características exclusivas, mesmo que haja similares, ou que projetos parecidos se repitam de tempos em tempos. Por exemplo, digamos que uma associação médica promova um congresso anual, cada vez em uma cidade diferente. Apesar de todos os anos o congresso acontecer, cada evento será um projeto diferente e único, com resultados exclusivos.

LIMITES: possui parâmetros de custo, recursos, qualidade e tempo. Todo projeto possui restrições, sejam elas de ordem orçamentária, de pessoal, de critérios específicos de aceitação do produto etc.

INCERTEZA: como um projeto visa ao desenvolvimento de algo único e novo, sempre há um componente de incerteza, em menor ou maior grau, na sua execução. Para buscar minimizar tais incertezas, o planejamento e o controle devem ser realizados de maneira muito cuidadosa, com análises de risco e viabilidade, de acordo com o tipo de projeto.

ELABORAÇÃO PROGRESSIVA: significa desenvolver em etapas e continuar por incrementos. Por exemplo, o escopo do projeto será descrito de maneira geral no seu início e se tornará mais explícito e detalhado conforme a equipe do projeto desenvolve um entendimento mais completo dos objetivos e das entregas. A elaboração progressiva não deve ser confundida com aumento do escopo. Ainda neste capítulo veremos em detalhes o significado de escopo e como é feito seu gerenciamento.

INTERDISCIPLINARIEDADE: o desenvolvimento de projetos requer uma gama de conhecimentos diferenciados. A metodologia de gestão de projeto compreende, além de técnicas específicas da área de projetos, ferramentas e conceitos de outras disciplinas tais como administração em geral, planejamento, controle de qualidade, informática, estatística, custos e orçamento, entre outras.

3.1 Projetos X Operações

- Semelhanças:
  - realizado por pessoas;
  - recursos limitados;
  - planejado, executado e controlado.
- diferenças:
  - operações são contínuas e repetidas; projetos são temporários e exclusivos;
  - projetos atingem seus objetivos e terminam; operações adotam um novo conjunto de objetivos e continuam.

3.2 Gerenciamento de Projetos

3.2.1 O PMI e o PMBOK

Conheceremos agora a instituição que é a maior referência em gestão de projetos atualmente e a referência bibliográfica mais famosa e mais cobrada em concursos nessa área.

O PMI - *Project Management Institute* - foi criado em 1969 na Pensilvânia, Estados Unidos, com o objetivo de ser uma instituição que padronizasse termos e conceitos e divulgasse os conhecimentos em gerência de projetos.

Em 1990, o PMI publicou o *"A Guide to the Project Management Body of Knowledge (PMBOK Guide)"*, um guia que abrange as áreas do conhecimento que regem as regras do gerenciamento de projetos. Este guia se tornou a publicação central do PMI, sendo aceita, desde 1999, como padrão de gerenciamento de projetos pelo ANSI (*American National Standarts Institute*).

Atualmente, o PMI compartilha seus padrões técnicos com a comunidade internacional de Gerência de Projetos por meio de mais de 200.000 associados em 125 países, praticando e estudando o Gerenciamento de Projetos nas mais diferentes atividades, incluindo a indústria aeroespacial, automotiva, gerenciamento de negócios, engenharia de construções, serviços financeiros, Tecnologia da Informação, farmacêutica e telecomunicações.

O principal objetivo do Guia PMBOK é identificar o subconjunto do Conjunto de conhecimentos em gerenciamento de projetos que é amplamente reconhecido como boa prática. "Amplamente reconhecido" significa que o conhecimento e as práticas descritas são aplicáveis à maioria dos projetos na maior parte do tempo, e que existe um consenso geral em relação ao seu valor e sua utilidade. "Boa prática" significa que existe acordo geral de que a aplicação correta dessas habilidades, ferramentas e técnicas podem aumentar as chances de sucesso em uma ampla série de projetos diferentes.

segundo Maximiano, o Guia PMBOK é o documento que sistematiza o campo da administração de projetos, identificando e definindo os principais conceitos e técnicas que as pessoas envolvidas e interessadas nesse campo devem dominar.

Ainda de acordo com Maximiano, os outros objetivos do PMBOK contribuem para a criação de uma linguagem comum para a área e fornecem as bases para programas de treinamento e educação em administração de projetos.

Os projetos são constituídos de Portfólios, Programas, Projetos, Subprojetos.

- Portfólio: conjunto de programas ou projetos agrupados, não necessariamente interdependentes ou relacionados.
- Programa: conjunto de projetos (um projeto pode ou não fazer parte de um programa).
- Os subprojetos podem ser chamados de projetos e gerenciados como tal.

3.3 Ciclo de Vida do Projeto

Determina as fases do projeto, caracterizada pela entrega de um subproduto.

- avaliação é realizada no final de cada fase para identificar os pontos de melhoria;
- o ciclo de vida do projeto é diferente do ciclo de vida do produto, pois um produto pode ter muitos projetos associados a ele;
- as fases podem ser:
  - sequenciais: só têm início depois que a anterior termina.
  - sobrepostas: têm início antes do término da anterior;
  - iterativas: uma fase é planejada e as demais são planejadas à medida que o trabalho avança.

3.3.1 O Ciclo de Vida do Projeto Define

- que trabalho técnico deve ser realizado em cada fase;
- quando as entregas devem ser geradas em cada fase e como cada entrega é revisada, verificada e validada;
- quem está envolvido em cada fase;
- como controlar e aprovar cada fase.

3.3.2 Fases do Ciclo de Vida do Projeto

Fases de Preparação ou Iniciação: identificação da demanda e a necessidade do projeto, com a definição do objetivo e a elaboração de planos preliminares.

Fases de Estruturação (Planejamento): detalhamento do que será realizado, com cronogramas, interdependências entre atividades, recursos envolvidos, custos.

Fases de Desenvolvimento e Implementação: as atividades previstas são efetivamente executadas.

Fases de Controle e monitoramento: podem ocorrer em paralelo com as fases de desenvolvimento, nas quais se corrigem os desvios.

Fases de Finalização ou encerramento: o produto final é entregue e aceito, e a estrutura é desmobilizada.

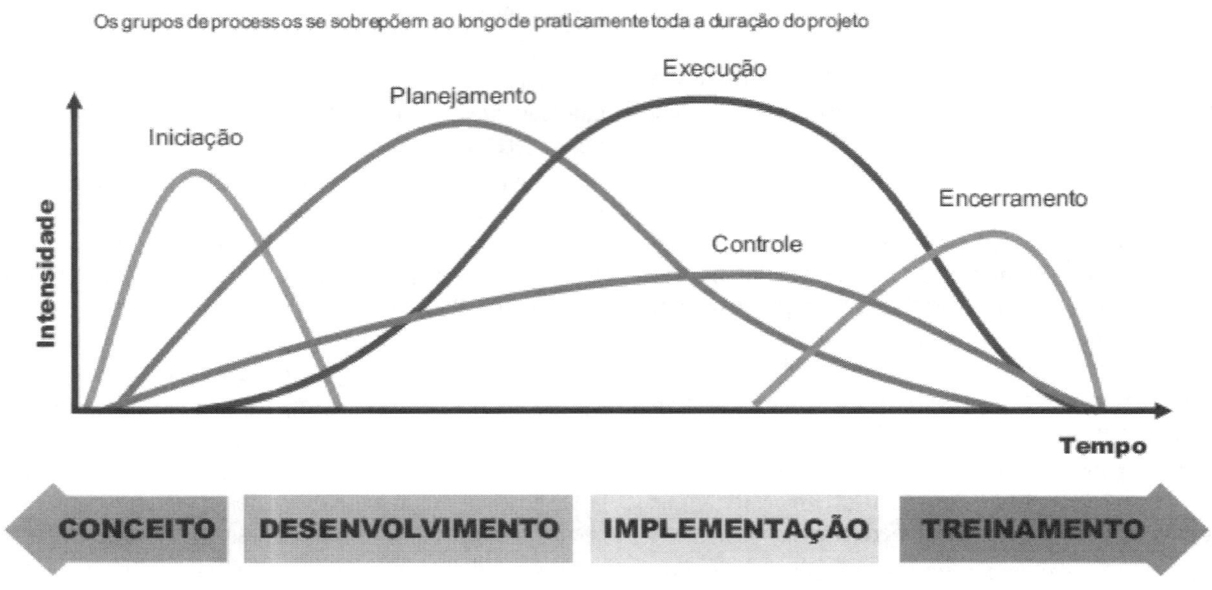

FASES DO CICLO DE VIDA DO PROJETO

3.3.3 Características do Ciclo de vida

Os níveis de **custo e de pessoal** são baixos no início, máximos na execução e caem rapidamente conforme o projeto é finalizado.

A influência das **partes interessadas**, os riscos e as incertezas são maiores no início e caem ao longo da vida do projeto.

Os custos das **mudanças e correções de erros** aumentam conforme o projeto se aproxima do término. O impacto sobre os custos da mudança é menor no início.

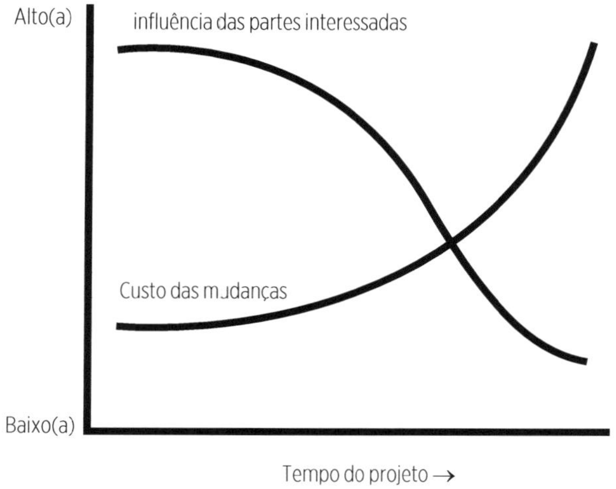

3.4 PMO – Escritório de Projetos

O **escritório de projetos** é uma unidade central que coordena, apoia e gerencia os projetos, podendo executá-los diretamente.

O Escritório de Projetos (*Project Management Office* – PMO) é uma unidade formal criada para tornar a gestão de projetos mais profissional na organização, padronizando procedimentos, orientando os gerentes de projetos técnica e metodologicamente e dando suporte à alta administração.

O PMO é um pequeno grupo de pessoas que têm relacionamento direto com todos os projetos da empresa, seja prestando consultoria e treinamento, seja efetuando auditoria e acompanhamento de desempenho. É importante saber que a configuração de um escritório de projetos é muito variável entre as organizações.

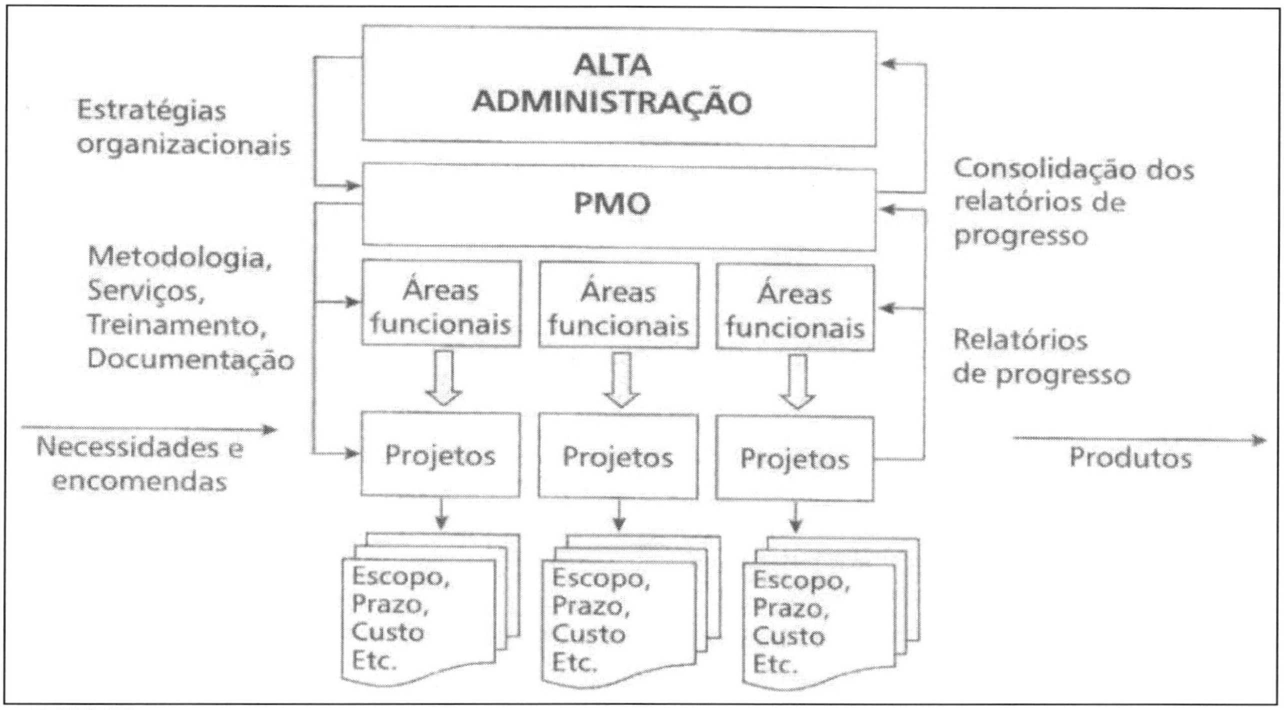

O PMP (Project Management Professional) é o profissional de gerenciamento de projetos, ou seja, o gerente do projeto. Ele gerencia as restrições dos projetos individuais, controlando os recursos disponíveis (orçamento, cronograma etc.) para atingir os objetivos específicos do projeto que está sob sua responsabilidade. Ele deve ter conhecimento sobre o gerenciamento de projetos, ser capaz de aplicar este conhecimento para obter desempenho e ter capacidade de orientar, gerenciar e liderar o seu pessoal para que todos estejam engajados com o projeto, mesmo considerando suas restrições.

3.5 Partes Interessadas no Projeto - Stakeholders

Partes interessadas no projeto ou Stakeholders são pessoas e organizações ativamente envolvidas no projeto ou cujos interesses podem ser afetados como resultado da execução ou do término do projeto. Eles podem também exercer influência sobre os objetivos e resultados do projeto. A equipe de gerenciamento de projetos precisa identificar as partes interessadas, determinar suas necessidades e expectativas e, na medida do possível, gerenciar sua influência em relação aos requisitos para garantir um projeto bem-sucedido.

As principais partes interessadas em todos os projetos incluem:

Gerente de projetos: a pessoa responsável pelo gerenciamento do projeto.

Cliente/usuário: a pessoa ou organização que utilizará o produto do projeto.

Organização executora: a empresa cujos funcionários estão mais diretamente envolvidos na execução do trabalho do projeto.

Membros da equipe do projeto: o grupo que está executando o trabalho do projeto.

Equipe de gerenciamento de projetos: os membros da equipe do projeto que estão diretamente envolvidos nas atividades de gerenciamento de projetos.

Patrocinador: a pessoa ou o grupo que fornece os recursos financeiros, em dinheiro ou em espécie, para o projeto.

Influenciadores: pessoas ou grupos que não estão diretamente relacionados à aquisição ou ao uso do produto do projeto, mas que, devido à posição de uma pessoa na organização do cliente ou na organização executora, podem influenciar, positiva ou negativamente, o andamento do projeto.

PMO: se existir na organização executora, o PMO poderá ser uma parte interessada se tiver responsabilidade direta ou indireta pelo resultado do projeto.

Os Stakeholders podem ser divididos em:

Stakeholders Primários: possuem obrigação contratual ou legal com o projeto. Ex: gerentes funcionais, diretores, gerente de projeto, equipe, clientes, empregados, credores, acionistas.

Stakeholders Secundários: não têm nenhuma relação formal com o projeto, mas podem exercer poder, como ações legais, pressões políticas e sociais, apoio da mídia. Ex.: Organizações sociais, políticas, ambientalistas, concorrentes, comunidade local, mídia, escolas, hospitais.

O gerente do projeto deve conhecer e se comunicar com todos os Stakeholders; conhecer suas expectativas e requisitos e gerenciar suas influências.

3.5.1 Áreas de Conhecimento em Gerenciamento de Projetos

O PMI organiza os processos da gerência de projetos em **dez áreas de conhecimento**, também chamadas de "**dez gerências**" por alguns autores.

Essa é uma divisão que considera o conteúdo do que se está gerenciando, a temática dos processos. As DEZ áreas de conhecimento (ATUALIZADA PELO PMBOK 5ªedição) são:

Gerência da Integração: envolve os processos necessários para assegurar que os diversos elementos do projeto sejam adequadamente coordenados. No contexto do gerenciamento de projetos, a integração inclui características de unificação, consolidação, articulação e ações integradoras que são essenciais para o término do projeto, para atender com sucesso às necessidades do cliente e de outras partes interessadas e para gerenciar as expectativas.

Gerência do Escopo: inclui os processos que asseguram que o projeto deverá abranger todo o trabalho necessário, e somente o trabalho necessário, para completar o projeto com sucesso. O foco dessa área é a abrangência do projeto, a definição exata do que deve ser realizado, para que a equipe não gaste esforços com atividades não contempladas oficialmente no projeto.

> Estrutura Analítica de Projetos - A EAP é uma decomposição hierárquica orientada à entrega do trabalho a ser executado pela equipe do projeto, para atingir os objetivos do projeto e criar as entregas necessárias. A EAP organiza e define o escopo total do projeto. A EAP subdivide o trabalho do projeto em partes menores e mais facilmente gerenciáveis, em que cada nível descendente da EAP representa uma definição cada vez mais detalhada do trabalho do projeto. É possível agendar, estimar custos, monitorar e controlar o trabalho planejado contido nos componentes de nível mais baixo da EAP, denominados pacotes de trabalho. A EAP envolve as entradas, as ferramentas e técnicas empregadas e as saídas do projeto.

Gerência do Tempo: contempla os processos necessários para garantir que o projeto termine dentro do prazo estipulado. Envolve definição, sequência e estimativa de duração das atividades, assim como elaboração e controle do cronograma.

Gerência do Custo: estabelece os processos que garantem que o projeto seja finalizado dentro do orçamento calculado. Engloba planejamento de recursos, estimativa, orçamento e controle de custos.

Gerência da Qualidade: incorpora os processos que buscam garantir que as necessidades que originaram o desenvolvimento do projeto sejam atendidas.

Gerência dos Recursos Humanos: busca utilizar, da melhor forma, as habilidades das pessoas envolvidas no projeto. Está relacionada à montagem e ao desenvolvimento da equipe.

Gerência das Comunicações: objetiva a geração, a captura, a distribuição, o armazenamento e a apresentação das informações do projeto sejam feitas de forma adequada e no tempo correto. Inclui o planejamento das comunicações e relato de desempenho, dentre outros processos.

Gerência dos Riscos: engloba a identificação, análise e respostas aos riscos do projeto. É composta por identificação, quantificação e análise de riscos, além do desenvolvimento e controle das respostas aos riscos.

O PMBOK traz um modelo de EAR-Estrutura Analítica de Riscos, que corresponde a uma representação dos riscos identificados, organizada hierarquicamente, em que os riscos são ordenados por categoria e subcategoria, com identificação das diversas áreas e causas de riscos potenciais. Os objetivos da análise de riscos são: reduzir a probabilidade e o impacto de eventos negativos e aumentar a de eventos positivos.Trata-se de uma atividade recente (que vem ganhando destaque) e parte significativa dos projetos ainda não inclui o gerenciamento de riscos – embora muitos autores afirmem que "gerenciar projetos é gerenciar riscos".

Técnica Delphi: é uma técnica usada no gerenciamento de riscos que serve para se buscar um consenso entre especialistas em uma determinada área. Ela é especialmente útil para que especialistas gerem ideias sobre os riscos enfrentados, no processo de identificação de riscos. Eles participam de maneira anônima, respondendo questões a sobre alguns aspectos do projeto. Essas respostas são resumidas e redistribuídas para que os especialistas façam novos comentários. Este processo é repetido por algumas rodadas até que seja alcançado um consenso, reduzindo a parcialidade que decorre da influência indevida de algum dos especialistas.

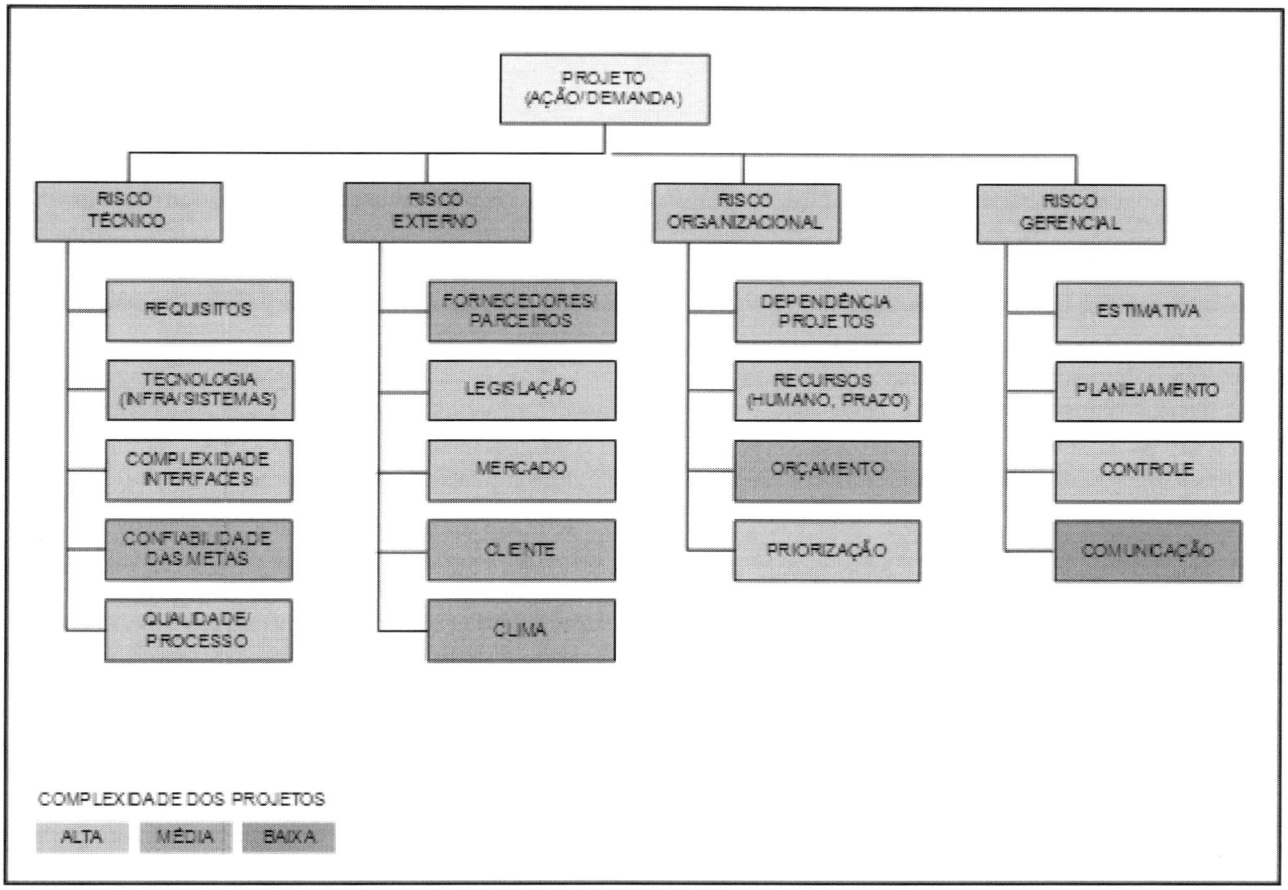

Gerência das aquisições: envolve os processos utilizados para aquisições de mercadorias, serviços e resultados necessários ao desenvolvimento do projeto, como o planejamento das aquisições, obtenção de propostas, seleção de fornecedores e administração de contratos.

Gerência das Partes Interessadas: são indivíduos ou organizações que estejam ativamente envolvidos no projeto de forma positiva e também negativa e que possuem seus interesses próprios relacionados ao projeto. São eles: clientes, fornecedores, gerente e equipe de projeto, usuários do produto do projeto, organizações governamentais e não governamentais, meio ambiente, etc.

3.5.2 Grupos de Processos

O PMBOK define que existem cinco grupos de processos de gerência de projetos que descrevem a natureza dos processos. Os grupos de processos não são fases do projeto. DAG: VERIFIQUE O TAMANHO DO SUBLINHADO ABAIXO ESTÃO DIFERENTES

> Grupos de Processos Iniciação: definir o projeto ou uma nova fase do projeto por meio da obtenção de autorização.

> Grupos de Processos Planejamento: definir escopo, refinar objetivos, desenvolver curso de ação para alcançar objetivos.

> Grupos de Processos Execução: executar o trabalho definido no plano de gerenciamento do projeto conforme especificações.

> Grupos de Processos Monitoramento e controle: verificar o progresso e o desempenho, áreas de mudança no plano e iniciar mudanças.

> Grupos de Processos Encerramento: para finalizar todas as atividades, para encerrar o projeto.

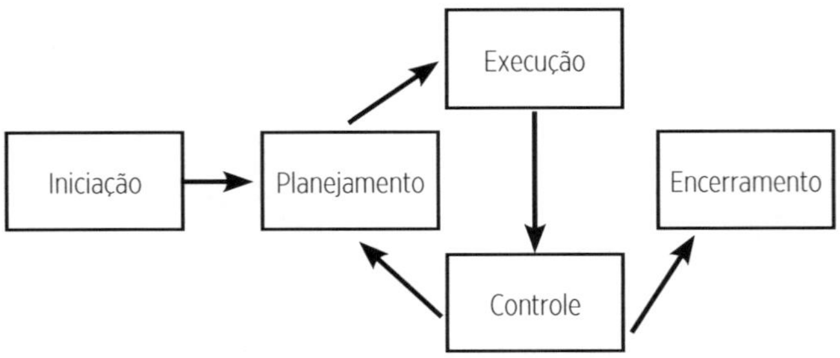

Esses **5 grupos de processos** abrangem **10 áreas de conhecimento**. A partir desta combinação de grupos de processos com áreas de conhecimento, o Guia PMBOK® 5ª edição apresenta **47 processos** que são sugeridos como necessários e aplicáveis para se gerenciar um projeto, desde o seu início até a sua entrega.

Os grupos de processos NÃO são fases ou etapas do projeto! Apesar de os nomes serem parecidos, é preciso compreender que as etapas representam o ciclo de vida do projeto, com início, meio e fim (4 etapas). Os Grupos de processos (5 grupos) se repetem ao longo das várias fases estabelecidas para o seu projeto. Assim, no projeto como um todo, haverá a execução dos diferentes processos, em diferentes grupos, ao longo de todo o projeto! Não há mistério aqui, é preciso apenas memorizar!

3.6 Curiosidades Sobre o Assunto

CPM – Critical Path Method (ou Método do Caminho Crítico) – é uma metodologia utilizada no planejamento de projetos: ele está diretamente relacionado com o **planejamento do tempo do projeto**, no sentido de minimizar o tempo total de sua duração; é elaborado para otimizar/minimizar o tempo de realização do projeto. No entanto, uma vez definidas as atividades críticas e estabelecido o período total de tempo – **esse tempo representa o prazo máximo de duração do projeto:** o caminho crítico passa a representar o prazo máximo aceito para a realização do projeto.

O **caminho crítico** identifica as atividades principais/críticas/gargalo; aquelas que não podem atrasar, visto que comprometeriam a realização do projeto: é utilizado para definir um conjunto de atividades a serem executadas em uma sequência lógico-evolutiva, e que devem ser realizadas nas datas previamente estabelecidas, sem atrasos, para que o projeto possa ser concluído dentro do prazo definido.

Nessa lógica, se o prazo total foi excedido, é porque **ao menos uma atividade do caminho crítico** foi concluída com atraso. Por outro lado, é possível que determinada(s) atividade(s) – **que não faça(m) parte do caminho crítico** – seja(m) concluída(s) fora do prazo e, mesmo assim, o projeto seja executado no prazo esperado.

> Somente as atividades críticas fazem parte do caminho crítico: essas atividades condicionam o tempo total de duração do projeto.

A técnica **PERT** - *Program Evaluation and Review Technique* - também é utilizada no planejamento do tempo estimado do projeto, de forma similar ao método CPM. Ambos utilizam o conceito de redes para planejar, visualizar e coordenar as atividades do projeto.

A diferença, no entanto, consiste no seguinte: o **método CPM** utiliza o caminho crítico, cujas atividades não podem sofrer atrasos sem que se reflita em atraso na duração do tempo total do projeto; o **método PERT** calcula o tempo a partir da média ponderada de três estimativas de tempo das atividades: provável, pessimista e otimista. Assim, afirma-se que o PERT é probabilístico e o CPM, determinístico.

Tanto o PERT como o CPM permitem visualizar as relações de interdependência das/entre as atividades, por meio de uma **rede**, assim como determinar o tempo total de duração do projeto e o tipo de folga que existe entre as atividades.

COBIT é um guia de melhores práticas utilizado na gestão de Tecnologia da Informação; apresentado como *framework*, contém um sumário executivo, objetivos do controle, mapas de auditoria, ferramentas e técnicas de gerenciamento e controle. O COBIT independe da tecnologia adotada e vem sendo utilizado como forma de otimizar os recursos de TI. Sua estrutura compreende dezenas de processos, medidas para monitoramento/avaliação, e **quatro dimensões/domínios: Planejar e Organizar; Adquirir e Implementar; Entregar e Dar Suporte; Monitorar e Avaliar.**

O modelo COBIT tem como princípios: **gerir e controlar os recursos de TI, identificar os investimentos necessários (com base nos requisitos do negócio) e fornecer as informações que a organização precisa.**

O COBIT parte dos requisitos do negócio e é bastante utilizado na análise de riscos, atividades de controle e na **priorização de projetos,** pois permite identificar quais projetos têm maiores chances de sucesso e podem ser executados mais rapidamente.

Áreas de Conhecimento	Iniciação	Planejamento	Execução	Monitoramento e controle	Encerramento
Integração	1.1. Desenvolver o termo de abertura do projeto	1.2. Desenvolver o plano de gerenciamento do projeto	1.3. Orientar e gerenciar o trabalho do projeto	1.4. Monitorar e controlar o trabalho do projeto 1.5. Realizar o controle integrado de mudanças	1.6. Encerrar o projeto ou fase
Escopo		2.1. Planejar o Gerenciamento do Escopo 2.2. Coletar os requisitos 2.3. Definir o escopo 2.4. Criar a EAP		2.5. Validar o escopo 2.6. Controlar o escopo	
Tempo		3.1. Planejar o gerenciamento do Cronograma 3.2. Definir as atividades 3.3. Sequenciar atividades 3.4. Estimar os recursos das atividades 3.5. Estimar as durações das atividades 3.6. Desenvolver o cronograma		3.7. Controlar o cronograma	
Custos		4.1. Planejar o gerenciamento dos Custos 4.2. Estimar custos 4.3. Determinar o orçamento		4.4. Controlar os custos	
Qualidade		5.1. Planejar o gerenciamento da qualidade	5.2. Realizar a garantia de qualidade	5.3. Controlar a qualidade	
Recursos Humanos		6.1. Planejar o gerenciamento dos recursos humanos	6.2. Mobilizar a equipe do projeto 6.3. Desenvolver a equipe do projeto 6.4. Gerenciar a equipe do projeto		
Comunicações		7.1 Planejar o gerenciamento das comunicações	7.2. Gerenciar as comunicações	7.3. Controlar as comunicações	
Riscos		8.1. Planejar o gerenciamento dos riscos 8.2. Identificar os riscos 8.3. Realizar a análise qualitativa dos riscos 8.4. Realizar a análise quantitativa dos riscos 8.5. Planejar as respostas aos riscos		8.6. Controlar os riscos	
Aquisição		9.1. Planejar o gerenciamento das aquisições	9.2. Conduzir as aquisições	9.3. Controlar as aquisições	9.4. Encerrar as aquisições
Partes Interessadas	10.1. Identificar partes interessadas	10.2. Planejar o gerenciamento das partes interessadas	10.3. Gerenciar o envolvimento das partes interessadas	10.4. Controlar o envolvimento das partes interessadas	

Questões

01. (FCC) No que diz respeito ao tema de gerenciamento de projetos, pode-se apontar como referência as publicações do Project Management Institute – PMI, entre as quais se destaca o PMBOK. Um dos aspectos ou áreas de conhecimento indicados no PMBOK é o

a) feedback, que consiste em mecanismo de avaliação contínua e compartilhamento de opiniões dos diferentes agentes para se chegar à finalização do projeto.

b) caminho crítico, que corresponde à identificação dos principais obstáculos ou desafios ao desenvolvimento do projeto.

c) benchmarking, que corresponde a um conjunto de operações envolvidas na consecução do produto objeto do projeto, de acordo com padrões de referência.

d) fluxograma, que consiste na ferramenta utilizada para o mapeamento das etapas do projeto e identificação dos pontos de retenção.

e) gerenciamento de escopo, que consiste na descrição detalhada do projeto e do produto.

02. (FCC) O PMBOK consiste em uma das principais publicações do Project Management Institute, que, por seu turno, é uma associação sem fins lucrativos que tem por objetivo difundir a gestão de projetos em todo o mundo. De acordo com os conceitos contidos no PMBOK,

a) o Mapa Estratégico define os "pacotes de trabalho" que são compostos por atividades que devem ser executadas de forma concatenada.

b) o gerenciamento de escopo identifica o cronograma e matriz de riscos do projeto.

c) a Estrutura Analítica do Projeto - EAP corresponde a uma representação gráfica organizada e hierárquica de todo o trabalho de um projeto.

d) a Estrutura Analítica de Riscos - EAR constitui um diagnóstico do caminho crítico do projeto com vistas a minimizar o tempo total de sua duração.

e) o COBIT constitui um Guia de Melhores Práticas, utilizado para calcular o tempo total de execução de um projeto, a partir de 3 (três) expectativas: provável, pessimista e otimista.

03. (FCC) O diagrama de rede CPM abaixo representa um pequeno projeto, com a duração de cada atividade em dias.

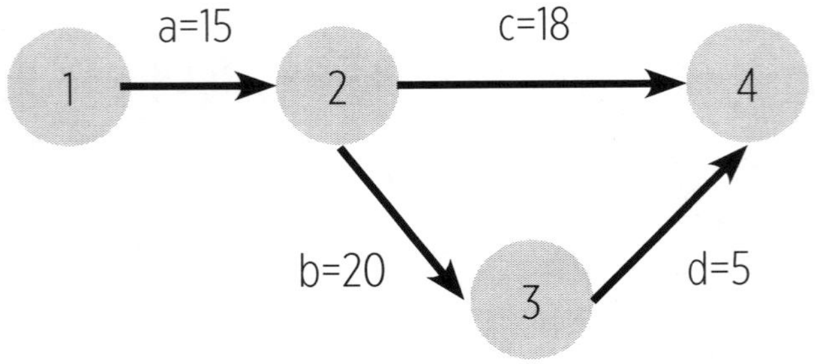

O caminho crítico do projeto e a duração do caminho crítico são, respectivamente:

a) a-b-c-d; 58 dias.

b) a-c; 33 dias.

c) b-c-d; 43 dias.

d) b-d; 25 dias.

e) a-b-d; 40 dias.

04. (FGV) A respeito da gestão de projetos, assinale a alternativa incorreta.

a) Um projeto concluído muito antes do prazo previsto pode ser considerado um sucesso sob a ótica do planejamento.

b) O grau de incerteza está diretamente relacionado ao risco de fracasso de um projeto.

c) Em um projeto, além da declaração do que será feito, também é muito importante o registro do que não será feito.

d) Embora a comunicação e as habilidades interpessoais sejam importantes em todas as variáveis envolvidas em um projeto, elas se mostram especialmente relevantes no gerenciamento dos recursos humanos.

e) As principais variáveis a serem consideradas em um projeto são tempo, custo e escopo.

05. (FCC) De acordo com o PMBOK, assinale a alternativa correta.

a) Nas mudanças de fase, deve-se evitar a declaração de marcos no projeto.

b) As fases de um projeto são, pela ordem, a iniciação, a execução, o planejamento, o monitoramento e o controle.

c) Todos os riscos identificados em um projeto devem ser analisados a fundo e deve-se ter um plano de mitigação, independentemente de uma avaliação de custo/benefício.

d) No gerenciamento de riscos, podem-se declarar ações no sentido de aumentar a probabilidade de eventos que gerem impacto positivo em um projeto.

e) Uma forma efetiva de se estruturar um projeto é a construção de uma EAP, sigla que significa estruturação articulada de processos.

06. Na elaboração de cronogramas para gestão de um projeto, deve-se definir e sequenciar as atividades e estimar os recursos necessários.

Certo ( ) Errado ( )

07. (FCC) São características do ciclo de vida do projeto:

I. Início do projeto; organização e preparação; execução do trabalho do projeto e encerramento do projeto.

II. Os níveis de custo e de pessoal são baixos no início, atingem um valor máximo na fase de execução e caem na fase de finalização do projeto.

III. A influência das partes interessadas, os riscos e as incertezas são maiores durante o início do projeto, reduzindo-se ao longo de sua vida.

IV. Os custos das mudanças e correções de erros diminuem conforme o projeto se aproxima do término.

É correto o que consta APENAS em:

a) I e II.

b) II, III e IV.

c) I, II e III.

d) III e IV.

e) I, III e IV.

Gabaritos

01	E	**05**	D
02	C	**06**	C
03	E	**07**	C
04	A		

4. ADMINISTRAÇÃO PÚBLICA E GOVERNO

4.1 Administração Pública e Governo: Conceito e Objetivos

Na administração, alguns modelos foram adotados ao longo da história e o desenvolvimento das organizações. A adoção de um ou outro modelo administrativo está diretamente relacionada aos objetivos políticos das organizações públicas e do Chefe do Executivo.

A adoção de determinado modelo administrativo formalmente não significa que características do modelo anterior sejam completamente excluídas, pois uma organização que, durante anos e décadas, utiliza determinado modelo tem enraizados, em sua estrutura, os aspectos deste modelo. Desse modo, não é automática a sua total superação, de forma que podem permanecer resquícios do modelo antigo.

Um bom exemplo da situação descrita é o modelo patrimonialista, que foi superado formalmente pela Administração Pública no Brasil na década de 1930. Porém, até a atualidade, encontramos resquícios deste modelo, como o nepotismo.

4.2 Modelo Patrimonialista

O modelo patrimonialista tem origem na Monarquia, em que os reis detinham o poder absoluto, de modo que não existiam instâncias de decisão democrática nem rotatividade de poder. Por este aspecto, o patrimonialismo é definido como absolutismo.

→ **Entre as principais características do patrimonialismo estão:**

- Não existir distinção entre bens públicos e privados. No patrimonialismo, o governante recolhe tributos e impostos e faz aquilo que bem entender, podendo tanto construir edificações de interesse público como aumentar seu patrimônio pessoal.
- Decisões baseadas em motivações comportamentais. As decisões no modelo patrimonialista estão vinculadas diretamente àquilo que pensa o governante e ao seu padrão de comportamento.
- Pessoalidade. O nepotismo e o favorecimento de uma elite que gira em torno do governante caracterizam o patrimonialismo, pois não existem regras e legislação desenvolvida sobre as ações públicas.
- Absolutismo. No modelo patrimonialista, o governante detém o poder absoluto, não existindo, na administração, ferramentas eficazes de controle sobre seus atos ou instâncias colegiadas de decisão.

Podemos caracterizar o patrimonialismo como o modelo absolutista.

4.3 Modelo Burocrático

→ **O modelo burocrático foi diretamente influenciado por Max Weber, de modo que a teoria da burocracia trouxe para as organizações públicas o princípio da impessoalidade. Além disso, são características desse modelo as regras claramente definidas, o racionalismo decisório e a regulamentação de ações públicas. As bases do modelo burocrático são:**

- Impessoalidade. As ações do Estado são voltadas para o bem e interesse público e não para a valorização pessoal, de acordo com os interesses e relações pessoais do governante. Ao contrário do patrimonialismo, as decisões são coletivas e não baseadas na pessoalidade.
- Distinção entre bens públicos e privados. No modelo burocrático, existe clara distinção entre bens públicos, que devem ser reservados para ações de interesse coletivo, e bens privados dos governantes.
- Racionalismo decisório. A tomada de decisão não é baseada em decisões comportamentais e, sim, racionais, que apresentam quatro etapas:
    - » Identificação do problema.
    - » Busca pela origem do problema.
    - » Resolução do problema.
    - » Busca pela não recorrência do problema.
- Legalidade. Ao contrário do patrimonialismo, o modelo burocrático tem nas normas, nas regras, na legalidade e na rigidez de procedimentos sua característica mais marcante. É por esta razão que o modelo burocrático pode ser definido como o modelo "dos papéis".

> A burocracia não é necessariamente algo ruim ou oneroso. Porém, a burocracia excessiva e redundante leva à burocratização de ações.

4.4 Administração Gerencial

A administração gerencial (NAP – Nova Administração Pública), ainda em fase de implementação, assume referências do mercado, como a excelência na prestação de serviços, a competitividade, e o fortalecimento da parceria entre a gestão pública e parceiros privados.

4.4.1 A Flexibilização Administrativa

Na administração gerencial, o controle passa a ser finalístico, não havendo relação hierárquica entre quem controla e quem é controlado. Ela é baseada na legalidade. Como exemplo, pode-se citar o controle do Estado na Administração indireta, em que a direta exerce o controle finalístico sobre as fundações. ou

Como principal característica da implementação do gerencialismo, temos a Emenda Constitucional 19/1998 e a criação da MARE.

4.5 Referências Teóricas da Administração Gerencial

As mais importantes referências teóricas da administração gerencial são Peter Druker (teoria da globalização nas empresas) e Michel Porter (teórico da competitividade e da vantagem competitiva).

Segundo a teoria de Peter Druker, a organização se adapta à globalização quando consegue oferecer o produto ou serviço prestado certo para o público certo, realizando adequada distribuição, preço etc. Segundo Porter, a organização nunca pode parar de aprender sobre o mercado em que atua, seus rivais e formular formas de melhorar sua posição competitiva. As cinco forças de Porter são: a rivalidade entre concorrentes; o poder de negociação dos clientes; o poder de barganha do fornecedor; a ameaça de entrada de novos concorrentes; e a ameaça de produto substituídos.

4.6 Controle na Administração Gerencial

Na administração gerencial o controle passa a ser finalístico, não havendo relação hierárquica entre que controla e quem é controlado, baseada na legalidade. Como por exemplo o controle do Estado na administração indireta, onde a direta, exerce ou controle finalístico sobre as fundações ou autarquias.

> Existe o controle hierárquico na administração gerencial, por exemplo, na administração direta. Porém, sua característica geral é o controle finalístico.

4.7 Diferenças e Convergências entre a Gestão Pública e a Privada

A administração gerencial se utiliza de vários aspectos da iniciativa privada. É importante destacar as diferenças e convergências que existem entre os dois aspectos administrativos.

As convergências residem nas ferramentas que existem na iniciativa privada e foram assimiladas pela gestão pública, como o BSC, Ciclo PDCA, Cultura Organizacional etc., assim como a busca pela excelência e pela qualidade total. A principal diferença reside no fato de que o Estado brasileiro está baseado na legalidade, enquanto a iniciativa privada tem maior flexibilidade administrativa.

4.8 Transparência, Informação e Controle Social na Administração Pública

Desde a última reforma administrativa ocorrida no Estado Brasileiro, nos anos 90 do século passado, quando a Administração Pública incorporou conceitos e ferramentas do mercado, consagrados na iniciativa privada, o gerencialismo norteia a gestão pública, levando o Brasil ao NAP (Nova Administração Pública).

- Governança – Tem relação com a "forma" de governar.
- Governabilidade – Tem relação com a "condição" para governar.
- ***Accountabililty*** – Tem relação com a "prestação de contas" dos atos do governo.

A última reforma administrativa do Estado brasileiro, que ocorreu nos anos 1990, durante o primeiro mandato do presidente FHC (Fernando Henrique Cardoso) foi liderada pelo então Ministro Bresser Pereira. A referida reforma levou a Administração Pública a manter as bases da burocracia, mas flexibilizar a gestão pública, introduzindo ferramentas do mercado (corporativas), com o objetivo de democratizar as informações e gerar o empoderamento das ações públicas, por parte do cidadão. Entre os principais conceitos da Nova Administração Pública está o foco por buscar a Governança, a Governabilidade e a *Accountability* nas ações administrativas.

4.9 Governança

O termo governança é abrangente e desdobra-se em diversas ações administrativas. Porém, na Administração Pública e na abordagem em provas de concursos públicos, a governança se traduz no envolvimento de pessoas interessadas nas discussões acerca das futuras ações públicas.

Também faz parte da governança o controle que a sociedade civil tem sobre as ações do governo, e a capacidade da Administração Pública em envolver todos nos processos organizacionais, levando-os a seguir e respeitar regras e códigos de conduta estabelecidos. Envolver a sociedade civil organizada nos debates sobre as ações administrativas do governo, consultando e debatendo com os interessados, os chamados "stakeholders" é a base da governança na Administração Pública.

> O exercício da governança na Administração Pública leva o cidadão ao empoderamento das ações públicas, ou seja, detém o poder coletivo de tomada de decisão, e é desenvolvida a consciência coletiva e social da participação nas ações públicas.

→ **O Estado brasileiro se utiliza de diversas ferramentas para exercer a governança na Administração Pública, e as principais estão listadas a seguir:**

- Orçamento participativo;
- Conselhos gestores; Audiências públicas;
- Portal "e-democracia";
- Controle social.

4.10 Governabilidade

O conceito da governabilidade tem direta relação com as condições para se exercer o poder, tanto do ponto de vista legal quanto social. Um governo que não tem governabilidade não tem condições de envolver os interessados para debater as ações públicas, pois não tem legitimidade para tais ações. Nesse sentido, podemos concluir que, sem governabilidade, o governo não tem condições de exercer a governança como forma de administrar o Estado.

→ **A governabilidade tem um eixo jurídico e outro social, conforme já se afirmou. A definição de cada um segue abaixo:**

- Governabilidade jurídica – Representa as condições legais para o exercício do poder, como o Chefe do Executivo ser eleito democraticamente em eleições majoritárias para cargos do Executivo. No entanto, apenas a condição legal não garante a governabilidade.

- Governabilidade social – Representa as condições sociais, a existência de uma base de apoio social para exercer o poder, a capacidade de um governo em manter índices de aprovação e setores importantes da sociedade, que representem essa base de sustentação social. Também tem relação com a governabilidade a capacidade do Chefe do Executivo em articular uma base de apoio parlamentar no Congresso Nacional e nas Câmaras Estaduais e Municipais. É possível que um governante tenha governabilidade social, mesmo que não tenha a jurídica, como nos casos de golpes de Estado. Um bom exemplo é o caso de Getúlio Vargas.

4.11 Accountability

Este termo é utilizado sem tradução pela completa inexistência de outra palavra na língua portuguesa que consiga traduzi-lo. *Accountabily* tem relação com a prestação de contas exercida pelo governo para a sociedade. Ou seja, esta prestação de contas ocorre não apenas aos *stakeholders*, mas para todos, sociedade civil e outras instâncias governamentais.

→ **Existem basicamente dois tipos de *accountabilitys*: o vertical e o horizontal. A descrição de cada um deles está apresentada a seguir:**

- ***Accountability*** vertical – Exercido pela sociedade civil, por meio da prestação de contas do Governo para com a sociedade, através de Portais da Transparência, prestação de contas orçamentárias, ações do Governo etc. Ele é caracterizado por ser externo ao Poder Público.
- ***Accountability*** horizontal – Exercido pelos órgãos que controlam as ações internas, pelo domínio dentro do próprio Governo, como da Administração direta sobre a indireta, agências reguladoras frente às ações e serviços públicos etc. Ele se caracteriza por ser interno ao governo.

4.12 Eficiência, Eficácia e Efetividade

Também têm relação com a Nova Administração Pública e estreita afinidade com os elementos anteriormente descritos, os chamados "3Es" da Administração Pública, que são a Eficiência, Eficácia e Efetividade.

→ **A seguir, verifica-se a descrição de cada um dos elementos:**

- Eficiência – Introduzida de forma explícita no artigo 37 da Constituição pela Emenda Constitucional nº 19 de 1998, é a relação de recursos destinados e resultados obtidos pela Administração Pública. Em uma análise, é a questão chamada de "custo-benefício" nas ações públicas. Por exemplo: se, ao final do prazo estipulado previamente, for construído um hospital público com os recursos (financeiros, de pessoas e materiais) propostos, sem necessidade de destinação complementar, será uma ação eficiente administrativamente. Portanto, a eficiência tem relação com a atividade "meio".
- Eficácia – Tem direta relação com a concreta efetivação da ação que motiva a existência da unidade pública ou função dos servidores públicos, a capacidade de atender àquilo que justifica a ação administrativa. Portanto, a eficácia tem relação com a "atividade fim"
- Efetividade – Tem relação com a entrega do "produto final" para os interessados, para os clientes-cidadãos, fazendo com que eles agreguem valor e aceitem a ação pública como justificável. Portanto, a efetividade tem relação com o "valor percebido" pelo cliente-cidadão.

4.13 Transparência

Assim como no sentido óptico do termo, ter transparência é não obstruir a visão, não impedir o acesso. Na Administração Pública, ter transparência é possibilitar que o cidadão tenha controle total dos atos públicos. O Poder Público, por sua vez, informa o cidadão de suas ações com tempo hábil para reação contrária.

A prestação de contas, tanto orçamentária quanto dos atos da Administração Pública, é uma ação de transparência. Atualmente, esta ação possui grande vínculo com o governo eletrônico, pois a Administração Pública se utiliza da internet para divulgação de seus atos.

O site http://www.portaldatransparencia.gov.br/, o chamado "Portal da Transparência", é um exemplo do uso de ferramentas de governo eletrônico para ter transparência nos atos públicos.

4.14 Administração Financeira e Governamental

A administração financeiro-orçamentária do Governo brasileiro é prevista na Constituição Federal.

> ***Art. 165.*** *Leis de iniciativa do Poder Executivo estabelecerão:*
> *o plano plurianual;*
> *as diretrizes orçamentárias;*
> *os orçamentos anuais.*
> ***§ 1º*** *- A lei que instituir o plano plurianual estabelecerá, de forma regionalizada, as diretrizes, objetivos e metas da Administração Pública federal para as despesas de capital e outras delas decorrentes e para as relativas aos programas de duração continuada.*

4.14.1 Plano Plurianual

Vigência - Do primeiro dia do segundo ano de mandato do presidente eleito (que elabora o PPA), até o final do primeiro ano fiscal do mandato subsequente.

- Encaminhamento - Até quatro meses antes do encerramento do primeiro exercício financeiro, 31 de agosto.
- Devolução para sanção ou veto - Término do 2º período legislativo. 22 de dezembro.

4.14.2 Lei de Diretrizes Orçamentárias

Vigência - De sua publicação até o final do exercício financeiro subsequente.

- Encaminhamento - Até 8 meses e meio antes do encerramento do exercício financeiro, 15 de abril.

- > Devolução para sanção ou veto - Até o encerramento do primeiro período da seção legislativa, 17 de julho.

4.14.3 Lei Orçamentária Anual

- > Vigência - Todo exercício financeiro.
- > Encaminhamento - Até 4 meses antes do encerramento do exercício financeiro,31 de agosto.
- > Devolução para sanção ou veto - Até o encerramento do segundo período da seção legislativa, 22 de dezembro.

4.15 Gestão de Contratos Administrativos

Dentre as inúmeras tarefas inerentes à Administração Pública, existem serviços e compras realizados junto à iniciativa privada, e esta relação se dá através de contratos firmados. A base para a gestão de contratos está definida na LEI Nº 8.666, DE 21 DE JUNHO DE 1993, que, no seu Artigo 2º, define contrato como:

> ***Art. 2º*** *As obras, serviços, inclusive de publicidade, compras, alienações, concessões, permissões e locações da Administração Pública, quando contratadas com terceiros, serão necessariamente precedidas de licitação, ressalvadas as hipóteses previstas nesta Lei.*
>
> ***Parágrafo único.*** *Para os fins desta Lei, considera-se contrato todo e qualquer ajuste entre órgãos ou entidades da Administração Pública e particulares, em que haja um acordo de vontades para a formação de vínculo e a estipulação de obrigações recíprocas, seja qual for a denominação utilizada.*

Questões

01. O Plano diretor da reforma do aparelho do Estado, nos anos 90 do século passado, definiu que o núcleo estratégico do governo seria formado :

a) por parceiros privados.
b) pelo Poder Executivo.
c) pelo Poder Legislativo.
d) pelo Poder Judiciário e o Poder Executivo.
e) o próprio Governo e os três Poderes.

02. Atualmente, as organizações demandas estruturas organizacionais.

a) flexíveis.
b) hierárquicas.
c) sociais.
d) econômicas.
e) estruturalistas.

03. Dentre os setores essenciais de uma organização, segundo Fayol, estão os seguintes departamentos, exceto:

a) comercial.
b) financeiro.
c) técnico
d) administrativo.
e) de pessoas.

04. A necessidade de o ser humano ter suas expectativas em uma organização plenamente atendidas, para além da remuneração, com um plano de carreiras e com motivações psicossociais, está na base da Teoria:a) Científica.

a) Geral dos Sistemas.
b) Clássica.
c) Contingencialista.
d) Burocrática.

05. (FCC) Os conceitos de governança e governabilidade, embora não coincidentes, são indissociáveis e complementares, sendo aplicados, cada qual, em diferentes contextos. Nesse sentido, considere:

I. I. Governança, em uma de suas acepções, representa o modo como as organizações são administradas e controladas e como interagem com as partes interessadas.

II. II. Governabilidade refere-se às condições substantivas do exercício do poder e legitimidade do governo, derivada da relação com a sociedade.

III. III. Governança e governabilidade podem ser fundidas em um único metaconceito, correspondente a accountability, própria dos governos democráticos.

Está correto o que consta APENAS em

a) I e II.
b) III.
c) I e III.
d) II e III.
e) II.

06. Acerca do conceito de accountability aplicado à administração pública, julgue o próximo item.

Trata-se de um mecanismo institucional por meio do qual os governantes são constrangidos a responder, ininterruptamente, por seus atos ou omissões à sociedade.

Certo ( ) Errado ( )

07. (FGV) Uma entidade da administração pública iniciou uma série de ações com vistas a adotar boas práticas de governança pública, entre elas criar instâncias na estrutura da entidade para implantar e disseminar as boas práticas.

De acordo com o Referencial Básico de Governança Pública (TCU, 2014), as instâncias internas de governança são responsáveis por definir ou avaliar a estratégia e as políticas, bem como monitorar a conformidade e o desempenho destas.

Essas instâncias podem ser exemplificadas por:

a) auditoria interna;
b) conselhos de administração;
c) conselho fiscal;
d) controladorias;
e) ouvidoria.

08. (Funrio) São características do gerencialismo, EXCETO:

a) accountability: prestação de contas dos governantes sobre o seu próprio desempenho.
b) transparência: clareza nos procedimentos adotados.
c) participação popular / controle social.
d) criação de regimes permanentes de emprego.
e) flexibilização do direito administrativo.

09. (MS Concursos) Com relação aos modelos de Administração Pública, assinale a alternativa correta.

a) O alicerce da Administração Pública burocrática é o princípio da eficiência, o qual foi inserido no caput da Constituição Federal por meio da Emenda Constitucional n.º 19, de 1998.

b) A Administração Pública gerencial, em face de seu formalismo exagerado e preocupação excessiva com controles, torna a administração pública rígida, engessada e pouco eficiente.

c) Na Administração Pública patrimonialista, verifica-se que o aparelho do Estado é utilizado em benefício do próprio governante e de terceiros por ele favorecidos. Este modelo é caracterizado pela não distinção entre o que é patrimônio público e o que é patrimônio privado. Em outros termos, a res publica (coisa do povo) se confundia com a res principis (coisa do príncipe).

d) O contrato de gestão é técnica típica da Administração Pública patrimonialista. Esse tipo de contrato pode ser firmado pela Administração Direta com entidades não pertencentes à administração pública, como, a exemplo, as fundações públicas.

10. Com relação à administração pública, julgue o item que se segue.

No modelo de administração pública patrimonial, os bens do Estado são administrados de forma pessoal, como se pertencessem ao próprio governante.

Certo ( ) Errado ( )

Gabaritos

01	E	06	CERTO
02	A	07	B
03	E	08	D
04	B	09	C
05	A	10	CERTO

5. NOVA ADMINISTRAÇÃO PÚBLICA

5.1 Grupos, Equipes e Liderança

Atualmente, a liderança é um elemento fundamental dentro de uma equipe. As organizações buscam pessoas que se destaquem, neste aspecto, a fim de liderar as equipes, servir de referência na execução de projetos, ou mesmo para inspirar os demais membros da equipe.

Um líder não é, necessariamente, a chefia legalmente definida, nem sempre tem atribuições legais mediante os liderados. Neste sentido, não é preciso existir uma relação de obrigatoriedade hierárquica, uma vez que o chefe é aquele que tem atribuições que lhe cabem mediante um grupo de subordinados. Já o líder, ao contrário, é alçado a esta condição.

5.2 Tipos de Lideranças

Dentro das organizações, existem diferentes tipos de lideranças, cada um com características particulares. Como as ferramentas e os modelos administrativos são definidos de acordo com os objetivos estratégicos, e estes são vinculados aos interesses políticos nas organizações públicas, a busca por determinado perfil de liderança também segue este parâmetro, existindo tipos de líderes que atendem a cada necessidade dentro da organização.

- Liderança liberal. A liderança liberal é reconhecida facilmente pelos membros de uma equipe ou departamento, pois tem um perfil que é aceito positivamente pelas pessoas. O líder liberal tem como característica não interferir muito no desenvolvimento de tarefas ou rumos da equipe, o que apresenta como aspecto positivo sua fácil aceitação, e como elemento negativo a possibilidade de falta de foco ou rumo para a equipe, pois não tendo o direcionamento por parte do líder, a equipe pode não ter o direcionamento adequado.
- Liderança Situacional. Refere-se àquele líder que se destaca em determinada situação, em um cenário específico e não em todos os aspectos que dizem respeito à equipe. O líder situacional é aquele, portanto, que é uma referência em determinado aspecto, e apenas nele, e tem como característica positiva justamente ser esta referência em determinada situação, e como aspecto negativo o fato de que, se tal cenário ou situação não forem criados, ele não se destaca como o líder na equipe.
- Liderança Inspiradora. É aquela figura quase mitológica existente nas organizações, que é, por si só, ou pela sua história, dentro da organização, uma referência para a equipe. O líder inspirador é facilmente reconhecido pela equipe, e seu exemplo é seguido pelos outros. Como elemento positivo está o fato de ser naturalmente alçado à condição de líder, e como aspecto negativo, consolida-se esta referência, que podendo ter uma postura onerosa frente aos valores da organização, continua sendo referência aos outros.
- Liderança Coerciva. É aquele líder que impõe suas vontades e opiniões aos membros da equipe, de forma a reprimir a opinião e as posturas de outros. Um líder coercivo tende a não ser facilmente aceito pela equipe, que não o reconhece como tal. Como aspecto positivo, um líder coercivo tem o controle e a centralidade da equipe, e como aspecto negativo, desenvolve-se um clima de mal-estar dentro do grupo que lidera.

A chefia é estruturada através da escola de chefes, em que o servidor recebe ordens e se dirige apenas à sua chefia imediata.

5.3 Resolução de Conflitos

Dentro de uma organização, existem vários interesses, e estes podem se chocar quanto às vontades e aos parâmetros. São três os interesses existentes em uma organização: o interesse próprio, o interesse do outro e o interesse da organização, sendo este sempre sobreposto aos outros interesses.

> *Como o serviço público tem como princípio a legalidade, não se pode resolver um conflito entre o interesse da organização e do outro através de consenso, pois não se pode abrir mão do aspecto legal.*

Quando existem conflitos entre estes interesses, eles devem ser manifestados claramente, e nunca velados ou dissimulados.

Sendo manifestado tal conflito, a liderança deve olhar sempre para sua resolução e superação, através do abrandamento de posições, em detrimento do confronto ou consenso.

5.4 Atendimento e Comunicação Organizacional

A comunicação nas organizações é cada vez mais fundamental, e a Administração Pública a tem como uma atividade inerente às suas atividades, pois a comunicação é relevante tanto para garantir os princípios da gestão pública (como a legalidade e a publicidade), quanto para garantir a transparência nas ações públicas (*accountability*) e mesmo para envolver os interessados no processo de governança.

Existem diversas abrangências e interesses na comunicação, que podem ser de variadas modalidades, as quais estão dispostas a seguir:

- Extraorganizacional – Caracteriza-se pela comunicação que ocorre entre duas organizações públicas ou privadas, ou mesmo a comunicação público-privada.
- Intraorganizacional – Caracteriza-se pela comunicação interna à organização, dentro dos departamentos, interdepartamental e em níveis hierárquicos distintos.

Como existem vários ambientes de trabalho e esses são influenciados diretamente pela cultura organizacional de cada instituição, a comunicação interna apresenta variações, e podem oferecer maior ou menor formalidade.

- > Comunicação Formal – É a comunicação oficial. Geralmente vinculada às organizações que têm uma estrutura organizacional mais rígida, formal e departamentalização funcional, em que prevalece a normatização e a padronização, inclusive na comunicação interna. A comunicação formal é "up-down", ou seja, vem dos níveis diretivos da organização, passando pelos gerenciais, técnico-administrativos até chegar aos níveis operacionais. Ela é feita por meio dos canais de comunicação existentes e padronizados, e é documentada em ofícios, memorandos, circulares etc.
- > Comunicação Informal – Geralmente vinculada às relações pessoais dos membros das organizações, é valorizada em organizações com uma estrutura organizacional mais flexível, com relações interdepartamentais. Essa comunicação se caracteriza por ser não oficial, fruto de conversas e comunicação que não segue hierarquia e nem a documentação formal.

5.5 Novos Meios de Comunicação

Na atualidade, as organizações públicas precisam se adaptar às novas tecnologias para a comunicação organizacional, adotando novas ferramentas e mídias para a comunicação, tanto interna quanto externa, e, tanto formal quanto informal.

Seguem as principais ferramentas de novos meios de comunicação:

- > Redes sociais (Facebook e Twitter);
- > Videoconferência por VoIP (Skype);
- > E-democracia (Oficial da Câmara Federal).

5.6 Resultados da Comunicação Organizacional

Considerada fundamental para uma boa Administração Pública, a comunicação organizacional, quando bem aplicada e desenvolvida, garante alguns preceitos, que estão listados a seguir:

- > Sinergia – Garante a junção de forças da organização.
- > Tradução – Uma boa comunicação garante que todos os níveis hierárquicos entendam as diretrizes.
- > Alinhamento – Consegue que todos os níveis hierárquicos e departamentos se alinhem com os objetivos estratégicos.
- > Transparência – Garante a comunicação com o devido tempo de reação contrária.

5.7 Autoridade e Poder

A administração está relacionada com o poder e a forma de exercer, sendo autoridade legal (racional) ou um líder de uma organização. As teorias administrativas, ao longo do tempo, alteraram a relação da administração com o poder.

No início, a administração era uma mera tarefa, desenvolvida por qualquer membro da organização, inclusive por quem executava as atividades-fim nas indústrias e na prestação de serviços. Nesta época, não existia prioridade nas funções da administração, criando-se uma situação extremamente amadora nas organizações.

Com o crescimento desenfreado das organizações e a consequente necessidade de profissionalizar a administração, vários teóricos começaram a desenvolver metodologias que tinham o objetivo de dar mais profissionalismo para a administração. Neste sentido, destaca-se a teoria desenvolvida por Henri Fayol.

5.7.1 Teoria Clássica da Administração (Henri Fayol)

Henri Fayol, um executivo francês, desenvolveu aquela que é a teoria que cria as bases para a administração como conhecemos hoje e, graças a ele, a administração deixa de ser uma mera tarefa, para se tornar uma área do saber, vinculada às ciências humanas. Fayol define o papel do administrador.

→ **O centro da teoria de Fayol está na ênfase na estrutura, com a direção da empresa dando prioridade às funções e operações em seu interior. Estabeleceu os princípios da boa administração, sendo dele a clássica visão das funções do administrador:**

- > Comandar.
- > Coordenar.
- > Controlar.
- > Planejar (Prever).
- > Organizar.

A teoria clássica, ao definir as funções do administrador, analisa a organização sob o aspecto gerencial, pois são os patrões, diretores e demais níveis superiores que têm as funções acima descritas.

Segundo as palavras do próprio Fayol: "Quase nunca se aplicará o mesmo princípio duas vezes em condições idênticas".

Com a teoria clássica as organizações, dá-se um salto no profissionalismo e nos métodos de controle e de coordenação, destacando membros para desenvolvimento de tarefas exclusivas de administração (os administradores), que não executam tarefas nas organizações, sejam elas do ponto de vista de produção de bens, sejam elas do ponto de vista da prestação de serviços.

Henri Fayol, na Teoria Clássica não analisa o nível operacional, pois a referida teoria não está focada no processo produtivo e, sim, na administração em níveis diretivos nas organizações.

→ **Na teoria clássica, Henri Fayol define ainda que uma organização tem seis áreas essenciais (Áreas que Max Weber definirá, posteriormente, como principais à Administração):**

- > Financeira.
- > Técnica.
- > Comercial.
- > Contábil.
- > De segurança.
- > Administrativa.

5.8 Teoria Científica da Administração (F. W. Taylor)

F. W. Taylor, um engenheiro americano, desenvolveu a teoria clamada de científica, que não é concorrente à teoria clássica de Henri Fayol, mas, sim, um complemento dela. Isso porque, ao não se contrapor à teoria clássica, Taylor analisa o nível operacional, o "chão da fábrica".

A teoria científica propõe que quanto mais simples as tarefas desenvolvidas na produção de bens ou na prestação de serviços, maior a produtividade do indivíduo e a lucratividade da organização. A explicação para isso reside na ideia de que atividades complexas, divididas em partes mais simples, facilitam a padronização de processos de produção. O teórico propõe, ainda, incentivos financeiros (salariais) e prêmios, partindo do princípio que as pessoas são motivadas apenas por interesses salariais.

> A Teoria Clássica e a ideia de tarefas simples constituíram a base para Henri Ford desenvolver o processo de produção denominado Fordismo.

5.9 Teoria da Burocracia (Max Weber)

Max Weber, um intelectual alemão, considerado um dos fundadores da moderna sociologia, desenvolve a teoria da burocracia, que parte do princípio que uma organização tem seis funções (As áreas desenvolvidas por Fayol).

O departamento administrativo controla todos os demais, e o formalismo, tanto departamental quando da definição de papéis, caracteriza a teoria da burocracia. Esta teoria tem como base a impessoalidade, a tomada de decisões baseada no racionalismo e, por valorização profissional, tem como eixo a meritocracia (por méritos próprios de desempenho profissional ou formação acadêmica).

Segundo Max Weber, a base da sua teoria está na "organização voltada exclusivamente para a racionalidade e para a eficiência".

5.10 O Processo Racional de Tomada de Decisão

No weberianismo, a tomada de decisão nas organizações não é baseada no processo comportamental, no qual as decisões têm base nas posições e opiniões dos indivíduos que estão na condição de comando. O racionalismo decisório tem quatro fases:

- Identificação do problema.
- Buscar a origem do problema.
- Resolver o problema.
- Criar soluções para a não recorrência do problema.

5.11 Meritocracia como Método

O weberianismo tem a meritocracia como método de valorização dos funcionários em uma organização. A meritocracia está baseada na evolução funcional e na promoção baseadas na aferição do desempenho pessoal do funcionário, ou no desenvolvimento do trabalho, em comparação aos outros membros da organização, ou no mérito obtido por formação acadêmica ou treinamento profissional. Desse modo, sempre existe a comparação entre os membros da equipe e os que mais se destacam, ou seja, aqueles que, pelos próprios méritos, são valorizados dentro da organização.

5.11.1 Relações Verticalizadas

A teoria da burocracia valoriza estruturas formais, hierarquizando as relações com clara definição de linha de comando e subordinação. A rigidez característica do weberianismo estabelece departamentos que não possuem flexibilidade, e o controle é hierárquico. Nesse sentido, os órgãos que controlam estão acima na estrutura formal daquele órgão que é controlado.

> Max Weber, ao desenvolver a teoria da burocracia, instituiu a normatização, a legalidade e os procedimentos pré-definidos nas organizações.

5.12 Teoria das Relações Humanas (Elton Mayo)

Segundo Elton Mayo, a motivação é fundamental no mundo do trabalho. Para ele, o bem-estar, com o funcionário tendo voz ativa em seu processo produtivo, é uma condição para seu desenvolvimento.

Em relação a este conceito se contrapõe a teoria científica de Taylor. Mayo combate claramente o formalismo na administração e entende que o foco da administração está em grupos cada vez mais informais. Além disso, para Mayo, a motivação vem, além do salário, por incentivos psicossociais, por entender que o ser humano, produção simples e mecanicistas.

Questões

01. Os interesses dos membros da organização e dos outros devem estar plenamente adequados aos interesses da organização para que ela exista.

a) planejamento.
b) sinergia.
c) coerção
d) abordagem sistêmica.
e) conflitos.

02. Forças que podem ser controladas combinadas com oportunidades que podem ser aproveitadas criam uma situação, no planejamento baseado em cenários, de aproximação do cenário mais provável e

a) o tangível.
b) o prospectivo.
c) o analítico.
d) o ideal.
e) o possível.

03. A estrutura organizacional orienta os objetivos políticos na Administração Pública, e a estrutura que se caracteriza por ser conservadora e não permitir trabalhos interdepartamentais é:

a) Informal.
b) Matricial.
c) Formal.
d) Funcional.
e) Em redes.

04. Na departamentalização matricial, uma importante característica é a possibilidade de projetos interdepartamentais. Porém, a indefinição na cadeia de comando pode ser uma:

a) possibilidade.
b) força.
c) fraqueza.
d) ameaça.
e) vantagem.

Com relação a políticas públicas no Brasil, julgue os itens seguintes.

05. A inclusão de uma necessidade da população nas prioridades do poder público refere-se à etapa de construção de agendas do processo de formulação e desenvolvimento de políticas públicas.

Certo ( ) Errado ( )

06. A participação da população na formulação de políticas públicas foi uma premissa adotada na década de 90 do século passado, no contexto da gestão pública centralizada, atualmente considerada ultrapassada.

Certo ( ) Errado ( ).

07. Com relação à administração pública, julgue o item que se segue.

No Brasil, a Nova Administração Pública baseava-se no modelo de administração pública gerencial, que incorpora práticas da administração de empresas privadas à administração pública.

Certo ( ) Errado ( )

08. (ESAF) De acordo com Pacheco (2010, p. 186), "(...) desde meados dos anos 1970, as sociedades passaram a demonstrar um conjunto de pressões e questionamentos sobre a forma de organização e funcionamento do Estado que havia prevalecido durante o século XX".

(PACHECO, S. R. Burocracia e política no Brasil. 2010, pág. 186)

Em resposta a tais questões, governos de diferentes países empreenderam reformas nos últimos 30 anos e essas medidas foram agrupadas sob a marca da New Public Management. A agenda do modelo da Nova Gestão Pública abriga vários conteúdos e orientações, com exceção:

a) de mudanças na forma de avaliação no setor público, com valorização do controle procedimental.
b) da introdução de mecanismos de gestão baseados em desempenho.
c) de alterações na macroestrutura, com a criação de novos formatos organizacionais.
d) da adoção de princípios de governança pública, incluindo a participação cidadã no ciclo de gestão.
e) do uso de algumas técnicas de gerenciamento comumente utilizadas no setor privado.

09. (Funcab) A Administração Pública gerencial compõe a(o):

a) Estado empreendedor.
b) governança pública.
c) patrimonialismo.
d) gerencialismo.
e) burocracia.

10. A administração pública brasileira evoluiu muito no último século. Abandonou o patrimonialismo,embora ainda persistam alguns traços desse modelo, e cada vez mais o país se aproxima do gerencialismo. No que se refere à administração pública, julgue os itens subsecutivos.

De acordo com Bresser Pereira, boa parte do treinamento administrativo e de consultoria dos anos 50 do século passado foi influenciada pelo racionalismo em busca de eficiência e eficácia e pela clara distinção entre política e administração

Certo ( ) Errado ( )

Gabaritos

01	B	06	ERRADO
02	D	07	CERTO
03	C	08	A
04	D	09	D
05	CERTO	10	CERTO

6. GESTÕES DA ADMINISTRAÇÃO PÚBLICA

Neste capítulo são abordados assuntos relacionados à gestão da Administração Pública. São apresentados os seguintes tópicos: gestão por competências, gestão de contratos administrativos, gestão de qualidade (excelência) e gestão de resultados no serviço público.

6.1 Gestão por Competências

O departamento que cuida da vida dos membros, dentro de uma organização, detém informações fundamentais sobre eles. Tais informações são importantes para o planejamento e para a definição de atribuições e de funções aos membros.

Durante o desenvolvimento das organizações, o departamento de Recursos Humanos mudou significativamente sua importância nas organizações, passando de um papel secundário para a principal área de uma organização. O foco direcionado à importância das pessoas leva a entender que os recursos humanos representam o principal insumo existente em uma organização pública ou privada.

Durante muito tempo, o departamento de recursos humanos se limitou ao cumprimento de rotinas, como a folha de pagamento, o encaminhamento de licenças e as demais tarefas oriundas das relações trabalhistas. Este papel esteve vinculado ao modelo burocrático, em particular ao seu desgaste a partir dos anos 50, levando à burocratização.

O antigo papel de recursos humanos, portanto, era mecanicista, pois não tinha efetiva participação na discussão dos rumos e objetivos das organizações. Isso representava um enorme desperdício, pois, no momento de atribuição de tarefas, desenvolvimento de políticas públicas para os servidores, este setor era praticamente ignorado, com seu potencial subutilizado.

6.1.1 Novo Papel do RH (Nova Gestão de Pessoas)

A administração gerencial apresenta uma nova visão sobre o departamento de recursos humanos. Até mesmo a sua descrição é diferenciada, pois ele agora é chamado de Departamento de Gestão de Pessoas. Além disso, diferentemente do papel secundário e pouco utilizado de antes, atualmente, a Nova Gestão de Pessoas tem um papel propositivo e central dentro das organizações. Entre suas atuais demandas estão:

A Nova Gestão de Pessoas, mesmo tendo um papel fundamental dentro das organizações que têm sua administração baseada em conceitos gerenciais, propondo políticas públicas de cargos, carreira, salários e atribuição de funções, não abriu mão de suas tarefas tradicionais, como rotinas trabalhistas (folha de pagamento, licenças, férias etc.).

6.1.2 Formas de Recrutamento e Seleção

Atualmente, a Nova Gestão de Pessoas também trata sobre formas de recrutamento, e cada uma tem características que são utilizadas pelas organizações, conforme seus objetivos estratégicos.

6.1.2.1 Recrutamento interno

O recrutamento interno tem como característica a pouca mudança ambiental, pois as funções e promoções são definidas entre os próprios membros da equipe. Tal característica também possibilita a motivação, pois é real e perceptível a possibilidade de valorização profissional através de vagas e funções gratificadas reservadas para a própria equipe.

6.1.2.2 Recrutamento Externo

O recrutamento externo tem como característica uma extensa mudança interna, pois ao introduzir novos membros que não estavam na equipe, altera-se o "clima" do setor ou departamento. Isso pode trazer conflitos nos departamentos, pois o cargo ou função é vinculado a pessoas que não eram membros da equipe.

6.1.2.3 Recrutamento Híbrido

O recrutamento híbrido é aquele composto de dois momentos: um inicial, externo e, posteriormente, um momento interno, de modo que se aproveitam características destes dois elementos.

6.1.2.4 Provas

A aplicação de provas de conhecimentos é ferramenta padrão, por exemplo, em concursos públicos, e pode ser utilizada tanto para o ingresso quando para o acesso às novas funções.

6.1.2.5 Entrevistas

As entrevistas constituem uma importante ferramenta de recrutamento e seleção, pois permitem um contato direto com o responsável pelo processo de seleção. Para minimizar os efeitos negativos ou positivos da empatia, garantindo a impessoalidade, é indicado que o processo de recrutamento e seleção, quando feito através de uma etapa que contenha entrevista, seja realizado por múltiplos entrevistadores.

6.1.2.6 Vivência

O convívio com os membros da organização, a experiência nas relações humanas, a observação, e a habilidade adquirida pelas chefias para o reconhecimento de cada membro da equipe é cada vez mais utilizada para recrutamento e seleção.

6.1.3 Gestão de Competências e do Conhecimento

As organizações devem se utilizar do potencial máximo de seus membros, tanto do ponto de vista objetivo quanto do subjetivo e, para isso, devem deter e atualizar as competências existentes de seus membros, assim como dos conhecimentos existentes.

6.1.3.1 Atribuição de Funções

Quando do ingresso do serviço público, as organizações têm conhecimento sobre as competências necessárias para que o indivíduo assuma o cargo público (ou ensino fundamental, ou ensino médio, ou graduação ou especialização). Porém, as pessoas geralmente detêm outras competências, ou fruto de experiência profissional anterior, ou fruto de outra graduação, ou mesmo uma competência oriunda de características profissionais.

Conhecer as características e competências dos membros de uma organização é fundamental para a melhor atribuição de funções, pois como a exigência para o ingresso é a mesma para todos, não é possível utilizar o concurso público como base para a atribuição de funções existentes nos cargos. Para isso, utiliza-se a Gestão de Competências, com o objetivo de definir "o homem certo".

6.1.3.2 Gestão de Competências

A Gestão de Competências é uma ferramenta que visa mapear e administrar as diferentes competências existentes na organização, a fim de sincronizar estas competências com os objetivos da organização, o planejamento estratégico, seus projetos e metas.

A principal função da Gestão de Competências é definir a pessoa certa no lugar certo, para que as funções definidas para cada membro da organização estejam sincronizadas com suas competências existentes. Os critérios para a definição de competências são 3:

6.1.3.2.1 Conhecimentos

Aquelas competências adquiridas através de treinamentos e cursos realizados pelo membro da organização. É possível, e inclusive muito comum no serviço público, que o funcionário ingresse na organização em um concurso que tenha exigência de ensino médio completo, mas que tenha também um conhecimento adquirido em um curso de graduação. Também são consideradas competências adquiridas, pautadas no conhecimento, o treinamento corporativo realizado nas organizações; cursos livres e afins também são considerados para competências mensuradas através do conhecimento.

6.1.3.2.2 Habilidades

Aquelas competências adquiridas através da experiência profissional anterior, da especialização em determinada área, mas que não foram fruto de treinamento ou qualificação profissional.

É importante para uma organização ter ciência sobre as habilidades dos membros de todos os departamentos, inclusive na iniciativa privada, pois as habilidades geralmente não são fruto de exigência para ingresso no serviço público, nem de mapeamento por diplomas ou certificados.

Nas habilidades, ainda podem ser listadas aquelas geradas pelo empirismo (experimentação) e de forma tácita (experiência de vida).

6.1.3.2.3 Atitudes

Nas organizações que têm uma administração gerencial, com relações horizontalizadas e uma menor formalidade organizacional, é incentivada a pró-atividade. Motiva-se a postura de iniciativa para o desenvolvimento de atividades, sem que exista prévio conhecimento acadêmico ou habilidade anteriormente adquirida.

> Não existe hierarquia entre os critérios de competências. É possível que uma organização, dependendo da situação, priorize uma ou outra forma de competência na atribuição de funções.

6.2 Gestão de Contratos Administrativos

Dentre as inúmeras tarefas inerentes à Administração Pública, existem serviços e compras realizados junto à iniciativa privada. Essa relação se dá através de contratos firmados. A base para a gestão de contratos está definida na LEI Nº 8.666, DE 21 DE JUNHO DE 1993, que, no seu Art. 2º, define contrato como:

> ***Art. 2º.*** *As obras, serviços, inclusive de publicidade, compras, alienações, concessões, permissões e locações da Administração Pública, quando contratadas com terceiros, serão necessariamente precedidas de licitação, ressalvadas as hipóteses previstas nesta Lei.*
>
> ***Parágrafo único.*** *Para os fins desta Lei, considera-se contrato todo e qualquer ajuste entre órgãos ou entidades da Administração Pública e particulares, em que haja um acordo de vontades para a formação de vínculo e a estipulação de obrigações recíprocas, seja qual for a denominação utilizada.*

6.3 Gestão do Conhecimento

A gestão do conhecimento corresponde à administração, por parte da organização, de todos os conhecimentos existentes entre os membros da organização e seus distintos departamentos.

É fundamental para uma organização a combinação dos diferentes conhecimentos existentes dentro dela, para que ocorra a sinergia entre estes conhecimentos, a fim de se agregarem forças, no sentido de alcançar os objetivos da organização. A Gestão do Conhecimento gera o Capital Intelectual de uma organização, que deve ser utilizado nessa organização. Porém, uma organização não pode ser dependente deste Capital Intelectual, uma vez que ela não pode ser dependente de seus membros.

6.4 Gestão de Qualidade (Excelência)

As atuais demandas da Administração Pública, quando buscam adquirir vantagem competitiva, têm na Gestão de Qualidade um dos principais objetivos de todo gestor público alinhado com a Nova Administração Pública. Em uma primeira análise, é possível definir a Gestão de Qualidade como as atividades que têm por objetivo atingir os mais altos graus de satisfação do cliente-cidadão, com a prestação de serviços públicos, sempre atendendo à expectativa destes quando buscam os serviços públicos.

A Gestão de Qualidade, portanto, está relacionada diretamente com ações tomadas e as normas de procedimentos adotadas por todos os níveis hierárquicos e departamentos de uma organização. É abolida a necessidade de certificações externas para se atingirem os níveis de qualidade esperados externamente, pelo cliente-cidadão, e planejados pelos gestores públicos.

O objetivo final de qualquer ação pública é a prestação de serviços com qualidade e satisfação. Neste sentido, o foco sempre será externo, mas para isso é necessário buscar procedimentos e regras internas que garantam a qualidade. Não existe a Gestão de Qualidade apenas como um objetivo interno, sem focar naquilo que é uma demanda do cliente-cidadão.

6.4.1 Princípios da Gestão de Qualidade

6.4.1.1 Atender às Necessidades do Cliente-Cidadão

O foco sempre deve ser agregar valor aos que recebem os serviços prestados pela Administração Pública.

6.4.1.2 Manter a Lucratividade / Receita

A qualidade está diretamente ligada à saúde financeiro-orçamentária da organização, no caso do serviço público; não com a busca pelo lucro, mas através da saúde orçamentária dentro do planejamento previsto.

6.4.1.3 Não Recorrência de Falhas

Através de uma abordagem racional na tomada de decisões, utilizam-se ferramentas e adotam-se procedimentos para que eventuais falhas não voltem a acontecer na organização.

6.4.1.4 Planejamento

A organização deve adotar o planejamento baseado em cenários prospectivos, nos níveis estratégico, tático e operacional.

6.4.1.5 Comunicação

Ter uma comunicação bem realizada e que garanta a tradução e o alinhamento de procedimentos em todos os níveis hierárquicos e entre departamentos distintos.

6.4.2 Kaizen e Ciclo PDCA

Dentre as ferramentas que têm origem na iniciativa privada e que foram incorporadas nos últimos anos pela Administração Pública na busca pela qualidade, estão o "Kaizen" e "Cliclo PDCA", que seguem abaixo:

6.4.2.1 Kaizen

Ferramenta focada no princípio de que as ações de uma organização sempre devem objetivar "hoje melhor do que ontem e amanhã melhor do que hoje."

6.4.2.2 Ciclo PDCA

O ciclo PDCA é uma ferramenta de melhoria contínua e que tem sido adotada pela Administração Pública. Os passos do ciclo PDCA são PLAN (Planejamento), DO (execução) CHECK (Verificação) e ACT (Ação de encerramento ou refinamento).

6.4.3 Classificação ABC (Teorema de Pareto)

Outra importante ferramenta para a tomada de decisões na busca pela qualidade é a utilização do Teorema de Pareto para a decisão de prioridades dentro de uma organização. Segundo o estudo feito por Pareto, os elementos (produtos, ações, funcionários, etc.) de uma organização são divididos em:

6.4.3.1 Classificados como A

Correspondem aos elementos de maior importância e que atendem a 20% da quantidade e 80% da relevância em uma organização.

6.4.3.2 Classificados como B

Correspondem aos elementos de importância mediana e que atendem a 30% da quantidade e 15% da relevância em uma organização.

6.4.3.3 Classificados como C

Correspondem aos elementos de importância menor e que atendem a 50% da quantidade e 5% da relevância em uma organização.

6.4.4 Abrangência da Gestão de Qualidade

6.4.4.1 Planejamento

A busca pela qualidade na prestação de serviços públicos ao cliente-cidadão deve ter real impacto no planejamento em uma organização, pois as ações previstas para o período futuro, em uma ação de previsão baseada em cenários, devem buscar sempre pontos positivos; oportunidades externas e forças internas de uma organização.

6.4.4.2 Envolvimento das pessoas

Toda organização é formada por pessoas.

6.4.4.3 Ações dos líderes

As lideranças, ao coordenarem as ações de um grupo, sempre devem objetivar ações que visem ao foco, ao alinhamento da equipe com os objetivos do planejamento e à motivação da equipe, como elementos que contribuem com a qualidade.

6.4.4.4 Abordagem sistêmica

A abordagem sistêmica visa a ações que analisem não a organização de forma segmentada, mas sim toda a organização e seu escopo, pois a ação em um setor da organização tem consequência em outros.

6.4.4.5 Sinergia

A busca pela qualidade deve objetivar a capacidade de junção das forças existentes em uma organização para que, juntas, conquistem objetivos que, isoladas, não conseguiriam alcançar.

6.4.4.6 Empoderamento

A qualidade tem direta relação com a capacidade das organizações em permitir que o cliente-cidadão se empodere das ações públicas e seja parte constituinte destas.

6.5 Gestão de Resultados no Serviço Público

Com o passar dos anos, desde sua implementação, o modelo burocrático da administração sofreu um desgaste, levando-o à burocratização e à ineficácia. Na década de 60, para tentar reagir a isso, foi criado o Decreto-Lei 200/67 que, ao deslocar o centro da Administração Indireta, flexibilizando compras e processo seletivo no serviço público, trouxe ao Estado brasileiro resquícios do patrimonialismo.

6.5.1 Administração Gerencial

A administração gerencial (NAP – Nova Administração Pública), ainda em fase de implementação, assume referências do mercado, como a excelência na prestação de serviço, a competitividade e, inclusive, o fortalecimento da parceria entre a gestão pública e parceiros privados, tendo foco em resultados e não mais em tarefas.

6.5.2 Referências Teóricas da Administração Gerencial

As mais importantes referências teóricas da administração gerencial são Peter Druker (teoria da globalização nas empresas) e Michel Porter (teórico da competitividade e da vantagem competitiva).

Segundo a teoria de Peter Druker, a organização se adapta à globalização quando consegue oferecer o produto ou serviço prestado certo para o público certo, realizando adequada distribuição, preço.

Segundo Porter, a organização nunca pode parar de aprender sobre o mercado em que atua - seus rivais. Devem constantemente elaborar formas de melhorar sua posição competitiva. As Cinco Forças de Porter são: a rivalidade entre concorrentes; o poder de negociação dos clientes; o poder de barganha do fornecedor; a ameaça de entrada de novos concorrentes; e a ameaça de produtos substituídos.

6.5.3 Controle na Administração Gerencial e Flexibilização Administrativa

Na administração gerencial, o controle passa a ser finalístico, não havendo relação hierárquica entre quem controla e quem é controlado. É baseada na legalidade. Como exemplo, cita-se o controle do Estado na Administração Indireta, em que a Administração Direta exerce ou controle finalístico sobre as fundações. Como principal característica da implementação do gerencialismo, temos a Emenda Constitucional 19/1998 e a criação da MARE.

> *Existe o controle hierárquico na administração gerencial como, por exemplo, na Administração Direta. Porém, sua característica geral é o controle finalístico.*

6.5.4 Globalização nas Empresas (Peter Drucker)

Ao considerar que o monopólio é nocivo para as organizações, Peter Drucker defende que exista aprendizado constante do mercado em que se atua, e que a organização tenha capacidade de chegar a um nível de excelência no mercado. O teórico ainda prevê que a organização tenha capacidade de obter vantagem que a leve às seguintes condições, com o objetivo de, além da vantagem competitiva, diminuir os custos:

- Apresentar este produto na hora certa.
- Focar este produto para o público certo.

6.5.5 Competição e Mercado (Michael Porter)

Michael Porter desenvolveu, no que tange à vantagem competitiva, aquelas que são consideradas as Cinco Forças que uma organização deve dominar e se preparar para influenciar, no mercado em que atuam.

- Rivalidade
- Poder de negociação do Cliente.
- Poder de barganha do fornecedor.
- Ameaça de produto substituído.
- Ameaça de novos concorrentes.

Uma importante ferramenta para obtenção de vantagem competitiva e para qualificar o atendimento, a prestação de serviços ou os processos de produção é o benchmarking, pois ele representa uma pesquisa feita no mercado, para que, analisando melhores práticas, qualifique-se aquilo que a organização necessita.

- Benchmarking Governamental

Feito junto aos governos de outros países.

- Benchmarking Competitivo

Feito junto aos concorrentes e rivais.

- Benchmarking Funcional

Feito junto aos concorrentes ou outro departamento da mesma organização buscando um elemento específico.

→ **Benchmarking Setorial (Departamental)**

Feito internamente junto a outro setor ou departamento da mesma organização, além da contrapartida salarial.

Questões

01. O modelo das Cinco Forças de Porter foi criado por Michael Porter, em 1979, e tem por objetivo a análise da competição entre empresas. O modelo considera cinco fatores importantes, as chamadas forças competitivas, que devem ser estudadas para o desenvolvimento de uma estratégia empresarial eficiente. Segundo o modelo, as forças competitivas que atuam sobre uma empresa são: poder de barganha dos fornecedores, poder de barganha dos clientes/consumidores, ameaça de novos entrantes no mercado, ameaça de produtos e serviços substitutos e

a) grau de rivalidade entre os concorrentes do mercado.
b) facilidade de criação de novos produtos e renovação da gama atual.
c) potencial de aquisição de produtos pelos clientes/consumidores.
d) alta demanda de produtos e capacidade de entrega pelos fornecedores.
e) manutenção do grau de satisfação dos clientes/consumidores.

02. Os autores que trabalham com inovação, desde Peter Drucker, descrevem-na como uma postura/filosofia que as empresas devem incorporar. NÃO pode ser considerada como uma postura para o verdadeiro sentido da inovação na atualidade:

a) Adaptação às tecnologias atuais.
b) Ímpeto de estabelecer os novos empreendimentos à parte das organizações já existentes.
c) Vontade ou Desejo de organizar, visando a uma iniciativa empreendedora, criando novos negócios e não somente novos produtos.
d) Abandono sistemático do passado.

e) Procura ou Busca sistemática de oportunidades inovadoras nos pontos vulneráveis de uma tecnologia, processo ou mercado, ou ainda, em necessidades e anseios de um mercado.

03. É característica da Administração Pública Gerencial:

a) definir procedimentos para contratação de pessoal e para compra de bens e serviços.

b) apoiar-se na noção geral de interesse público.

c) utilizar indicadores de desempenho em contratos de gestão.

d) satisfazer as demandas do cidadão.

e) ser autorreferente.

04. O modelo de Administração Pública Gerencial:

a) prioriza o atendimento das demandas do cidadão.

b) identifica o interesse público com a afirmação do poder do Estado.

c) identifica o interesse da coletividade com o do Mercado.

d) baseia-se na competência técnica dos servidores e na centralização da decisão.

e) enfatiza o controle dos processos formais, visando à punição exemplar dos incompetentes.

05. Por administração gerencial entende-se um modelo de gestão que: a) privilegia a descentralização, a autonomia dos níveis gerenciais na aplicação da lei aos casos concretos e a desburocratização de toda a estrutura administrativa.

a) enfatiza a aplicação rigorosa das leis contra corrupção e centralização dos processos de controle formal para garantir a eficiência do governo.

b) procura alcançar resultados financeiros crescentes com base na privatização e nomeação por critérios políticos de indicação dos níveis gerenciais.

c) incentiva a profissionalização do corpo operacional da administração descentralizada e a elevação horizontal dos níveis médios de remuneração dos gerentes.

d) pressupõe a transferência das funções de planejamento e controle para os níveis operacionais, mas preserva o controle centralizado das funções finalísticas.

06. Em uma organização que possui o Modelo de Gestão de Pessoas por Competências, o:

a) *feedback*, na avaliação de desempenho, diz respeito ao retorno dado pelo avaliado ao seu chefe imediato, principalmente na autoavaliação dirigida aos pares, clientes, fornecedores e outros *stakeholders*.

b) modelo de remuneração fixa não se restringe, necessariamente, ao modelo utilizado nesse tipo de gestão.

c) sistema de remuneração por competências é também denominado como um sistema de remuneração variável por metas e resultados.

d) programa de avaliação de desempenho individual não precisa seguir, necessariamente, o mesmo conjunto de competências exigidas por aquele sistema.

e) parâmetro para captação e seleção de candidatos é um rol de competências essenciais e de resultados individuais necessários para a consecução da missão e visão de futuro da organização.

07. Tratando-se da gestão da qualidade, o ciclo PDCA é:

a) uma ferramenta de representação das possíveis causas que levam a um determinado efeito.

b) um método gerencial para a promoção contínua e reflete a base da filosofia do melhoramento contínuo.

c) um diagrama que auxilia na visualização da alteração sofrida por uma variável quando outra se modifica.

d) o desdobramento de dados, a partir de levantamento ocorrido, em categorias e grupos para determinar sua composição, objetivando a análise e pesquisa para o desenvolvimento de oportunidades de melhorias.

e) a representação gráfica que mostra a distribuição de dados por categorias.

08. Inclui-se como princípio central da gestão da qualidade:

a) Redução dos níveis hierárquicos visando à racionalização dos processos decisórios e, assim, à elevação gradual da qualidade de produtos e serviços.

b) Esforço sistemático de tradução de diretrizes estratégicas em objetivos e medidas tangíveis, visando à elevação da produtividade e da qualidade de produtos e serviços de uma empresa.

c) Elevação da motivação do funcionário por meio da ampliação das tarefas, da sua variedade e das condições ambientais, visando ao aumento da qualidade do trabalho em uma empresa ou organização.

d) Melhoria da qualidade do trabalho dentro da empresa por meio da atribuição de maior responsabilidade e liberdade de opinião para os funcionários e reuniões sistemáticas que resultem em medidas inovadoras.

e) Foco nos clientes e usuários, identificando suas satisfações e insatisfações, visando manter a fidelidade destes aos produtos e serviços fornecidos pela empresa.

09. O modelo de excelência em gestão pública, adaptado do modelo da FNQ - Fundação Nacional da Qualidade,

a) promove o enxugamento organizacional e transfere as operações não essenciais para terceiros.

b) é um processo de top-down (de cima para baixo), que significa abandonar os processos existentes e começar do zero.

c) encontra-se alicerçado no binômio: princípios constitucionais da Administração Pública e fundamentos próprios da gestão de excelência contemporânea.

d) pressupõe a celebração de contratos de gestão, para o estabelecimento de metas e indicadores de desempenho.

e) possui, como fase inicial, a identificação das forças e fraquezas da instituição e, como objetivo final, o estabelecimento de oportunidades e desafios.

10. (FGV) O Programa Qualidade no Serviço Público tem como principal foco

a) a melhoria da governança.

b) a satisfação do cidadão.

c) a promoção de uma gestão democrática.

d) a gestão por resultados.

e) o aumento da eficiência.

Gabaritos

01	A	06	E
02	A	07	B
03	C	08	E
04	A	09	C
05	A	10	B

7. ADMINISTRAÇÃO PÚBLICA

7.1 Evolução do Estado Brasileiro

Tema explorado em todos os editais no programa de Administração Geral e Pública, a análise da evolução do Estado brasileiro quanto aos modelos de administração requer uma análise em que o aluno, para assimilar o tema e não se confundir na prova, deve se apartar relativamente do senso crítico e ter o foco na definição formal de modelos de administração.

A evolução do Estado brasileiro é analisada a partir das primeiras décadas do século XX, até a situação atual; é neste período histórico que se concentram as reformas de estado que são exploradas nas provas.

7.2 Modelo Patrimonialista

Modelo patrimonialista – Primeiro modelo da administração pública do Brasil. Tem como principal característica o fato de não distinguir que é bem público e bem particular, pois o governante trata a coisa pública como de sua propriedade, inclusive agregando ao patrimônio privado propriedades e recursos públicos.

Este modelo surge na Monarquia e se mantém com a proclamação na república. O conceito de propriedade pública surge com a proclamação da República, quando as pessoas adquirem a cidadania, pois, na Monarquia, a propriedade privada criava uma situação onde as receitas geradas pelos impostos eram gastas de forma que o monarca bem entendesse. Portanto, o modelo patrimonialista se mantém na transição da monarquia para a república. Estado absolutista é um regime em que o governante tem o poder centralizado e absoluto, apenas ele toma decisões e manda e beneficia seus apoiadores. É simbolizada pela relação que a burguesia tinha com os Reis que apoiava. Portanto, existe uma clara relação do Modelo patrimonialista com o regime absolutista.

Situações como o nepotismo, que é favorecer com postos e cargos na estrutura do estado parentes, sem que estes sejam qualificados formalmente para tal atividade, é uma prática vinculada ao patrimonialismo.

7.3 Modelo Burocrático

Modelo burocrático – Concebido por Max Weber, considerado o pai da sociologia. Ele desenvolveu a teoria da burocracia, que basicamente consiste na divisão de uma organização (pública ou privada) em 6 áreas; financeira, contábil, técnica, comercial, de segurança e administrativa, sendo que a última controla as demais. O modelo burocrático introduz a racionalidade (na tomada de decisões) e a eficiência (que inclusive hoje no Brasil é um princípio constitucional de gestão pública – LIMPE).

A tomada de decisão racional se contrapõe à tomada de decisão comportamental. O racionalismo decisório consiste em 4 etapas claramente definidas.

> Identificar o problema;
> Encontrar a origem do problema;
> Resolver o problema; e
> Assegurar que o problema não recorra.

Para contrapor o nepotismo, enraizado no modelo patrimonialista, o modelo burocrático valoriza profissionalismo por meio da meritocracia, em que os funcionários evoluem em suas carreiras com base em tempo na carreira ou desempenho destacado na função, ou de uma competição justa com outros funcionários. A primeira reforma do Estado se dá na década de 1930, durante o governo Getúlio Vargas, e é caracterizada pela introdução do modelo burocrático superando o modelo patrimonialista. Vargas, que aplicou o conceito de "Estado novo", teve na DASP (Departamento Administrativo do Serviço Público) a principal iniciativa na implementação do modelo burocrático. A DASP, que, seguindo a teoria de Max Weber, colocava a área administrativa acima das demais, centraliza inclusive o processo de compras, orçamento e fiscalização, introduzindo os elementos da AFO (Administração Financeiro-orçamentário) no Estado brasileiro e do direito administrativo, criando, na época, o Estatuto dos Funcionários Públicos Civis da União.

A consolidação do modelo burocrático se dá apenas em 1988 com a promulgação da Constituição Federal. Várias medidas representam esta consolidação, como os princípios da gestão pública, presentes no artigo 37, a obrigatoriedade de concursos públicos. Porém, as principais medidas de consolidação do modelo burocrático são o controle entre os poderes e a criação do TCU (Tribunal de Contas da União). O controle de ações no modelo burocrático é hierárquico, ou seja, existe relação direta verticalizada entre o órgão que controla e o controlado.

O modelo burocrático trouxe como consequência negativa uma administração burocratizada, ineficaz, com processos redundantes, em que o Estado está acima do cidadão e tem como referência apenas suas próprias ações. Durante vários governos, existiram tentativas de superação desses problemas, com a criação inclusive de Ministérios da desburocratização, e em particular com o Decreto Lei 200/67, na tentativa de introduzir a administração gerencial no Brasil.

7.4 Administração Gerencial

A segunda grande reforma do Estado ocorre na década de 1990, com a implementação da administração gerencial, principalmente no governo Fernando Henrique Cardoso com o ministro Bresser Pereira, no então MARE (Ministério da Administração Federal e Reforma do Estado), que deu origem ao atual Ministério do Planejamento e Gestão.

7.4.1 A Flexibilização Administrativa

Na administração gerencial, o controle passa a ser finalístico, não havendo relação hierárquica entre quem controla e quem é controlado, baseada na legalidade. Como, por exemplo, o controle do Estado na administração indireta, em que a direta exerce o controle finalístico sobre as fundações ou autarquias.

Como principal característica da implementação do gerencialismo, temos a Emenda Constitucional 19/1998 e a criação da MARE.

As reformas que introduziram novos modelos administrativos no Estado brasileiro foram a dos anos 30, como o modelo burocrático, e a dos anos 90, com a introdução do modelo gerencial.

7.5 Governança, Governabilidade e Accountability

Desde a última reforma administrativa ocorrida no Estado Brasileiro, nos anos 90 do século passado, quando a administração pública incorporou conceitos e ferramentas do mercado, consagrados na iniciativa privada, o gerencialismo norteia a gestão pública, levando o Brasil ao NAP (Nova Administração Pública).

- Governança – Tem relação com a "forma" de governar.
- Governabilidade - Tem relação com a "condição" para governar.
- Accountabililty – Tem relação com a "prestação de contas" dos atos do governo.

7.5.1 O contexto da NAP (Nova Administração Pública)

A última reforma administrativa do Estado brasileiro, que ocorreu nos anos de 1990, durante o primeiro mandato do presidente FHC, e foi liderada pelo então ministro Bresser Pereira, levou a administração pública a manter as bases da burocracia, mas flexibilizou a gestão pública, introduzindo ferramentas do mercado (corporativas), com o objetivo de democratizar as informações e gerar o empoderamento das ações públicas por parte do cidadão. Entre os principais conceitos da Nova Administração Pública, está o foco por buscar a Governança, a Governabilidade *Accountability* nas ações administrativas.

7.6 Governança

O termo governança é abrangente e é desdobrado em diversas ações administrativas, porém, na administração pública e na abordagem em provas de concursos públicos, a governança se traduz no envolvimento de pessoas interessadas nas discussões acerca das futuras ações públicas. Também faz parte da governança o controle que a sociedade civil tem sobre as ações do governo, e a capacidade de a administração pública envolver todos nos processos a seguir e respeitar regras e códigos de conduta estabelecidos.

Envolver a sociedade civil organizada nos debates sobre as ações administrativas do governo, consultando e debatendo com os interessados, os chamados "stakeholders", é a base da governança na administração pública.

O Estado brasileiro se utiliza de diversas ferramentas para exercer a governança na administração pública, e as principais ferramentas seguem abaixo:

- Orçamento participativo.
- Conselhos gestores.
- Audiências públicas.
- Portal "e-democracia".
- Controle social.

O exercício da governança na administração pública leva o cidadão ao empoderamento das ações públicas, ou seja, detém o poder coletivo de tomada de decisão, e é desenvolvida a consciência coletiva e social da participação nas ações públicas.

7.7 Governabilidade

O conceito da governabilidade tem direta relação com as condições para se exercer o poder, tanto do ponto de vista legal quanto social. Um governo que não tem governabilidade não tem condições de envolver os interessados para debater as ações públicas, pois não tem legitimidade para tais ações. Nesse sentido, podemos concluir que sem governabilidade o governo não tem condições de exercer a governança como forma de administrar o Estado.

A governabilidade tem um eixo jurídico e outro social, como dito, e a definição de cada um segue abaixo:

Governabilidade jurídica – Representa as condições legais para o exercício do poder, como o chefe do Executivo ser eleito democraticamente em eleições para majoritárias para cargos do executivo. No entanto, apenas a condição legal não garante a governabilidade, pois um governo pode ter a legalidade, porém não tem mais possibilidade, pelo dinamismo do cotidiano, de ter governabilidade política.

Governabilidade social – Representa as condições sociais, a existência de uma base de apoio social para exercer o poder, a capacidade de um governo em manter índices de aprovação e setores importantes da sociedade, que representem esta base de sustentação social. Também tem relação com a governabilidade a capacidade do chefe do executivo de articular uma base de apoio parlamentar no congresso nacional e nas câmaras estaduais e municipais. É possível que um governante tenha governabilidade social, mesmo que não tenha jurídica, como nos casos de golpes de Estado, tendo como exemplo Getúlio Vargas.

7.8 Accountability

Este termo é utilizado sem tradução pela completa inexistência de outra palavra na língua portuguesa que consiga traduzi-lo. *Accountabily* tem relação com a prestação de contas exercida pelo governo para a sociedade, e não apenas aos stakeholders, mas para todos, sociedade civil e outras instâncias governamentais.

Existem basicamente dois tipos de accountabilitys, o vertical e o horizontal, e sua descrição segue abaixo:

***Accountability** vertical* – Exercido pela sociedade civil, através da prestação de contas do governo para a sociedade, de portais da transparência, prestação de contas orçamentarias, ações do governo, etc. Ele é caracterizado por ser externo ao poder público.

***Accountability* horizontal** – Exercido pelos órgãos que controlam as ações internas, pelo controle dentro do próprio governo, como da administração direta sobre a indireta, agências reguladoras frente as ações e sérvios públicos, etc. Ele se caracteriza por ser interno ao governo.

7.9 Eficiência, Eficácia e Efetividade

Também tem relação com a Nova Administração pública e estreita relação com os elementos cima descritos, os chamados "3Es" da administração pública, que são a Eficiência, Eficácia e Efetividade.

Segue abaixo a descrição de cada um dos elementos:

Eficiência – Introduzida de forma explícita no artigo 37 da Constituição pela Emenda Constituicional nº 19 de 1998, é a relação de recursos destinados e resultados obtidos pela administração pública. Em uma análise, é a relação que comumente é chamada de "custo-benefício" nas ações públicas.

Se, ao final do prazo estipulado previamente, for construído um hospital público com os recursos (financeiros, de pessoas e materiais) destinados, sem necessidade de destinação complementar, será uma ação eficiente administrativamente. Portanto, a eficiência tem relação com a atividade-meio.

Eficácia – Tem direta relação com a concreta efetivação da ação que motiva a existência da unidade pública ou função dos servidores públicos, a capacidade de atender aquilo que justifica a ação administrativa. Portanto, a eficácia tem relação com a atividade-fim. Efetividade – Tem relação com a entrega do "produto final" para os interessados, para o cliente-cidadão, fazendo estes agregarem valor e aceitarem a ação pública como justificável. Portanto, a efetividade tem relação com o "valor percebido" pelo cliente-cidadão.

7.9.1 Governo Eletrônico e Transparência

O conceito de Governo eletrônico, cada vez mais adotado pela administração pública, consiste basicamente no uso da tecnologia da informação, em particular da internet, para a comunicação e relações interna e externa à administração pública.

Devido às dificuldades cada vez maiores de o cidadão se deslocar até os locais físicos em que o serviço público presta serviços, o governo eletrônico tem sido um meio majoritário de relacionamentos com o poder público.

Além da acessibilidade, que está baseada em permitir o acesso dos próprios computadores sem a necessidade de deslocamento físico, a disponibilidade em acessar os serviços públicos através dos portais de "governo eletrônico" de locais em que o cidadão bem entender e tiver possibilidade, é garantida também a disponibilidade aos serviços.

Um exemplo de governo eletrônico é o site http://edemocracia.camara.gov.br/ da Câmara dos Deputados, em que o cidadão pode, além de ter acesso aos temas em debate na câmara, entrar em contato com os parlamentares.

7.9.2 Serviços Oferecidos

Accountability – A prestação de contas das ações e movimentação orçamentária da administração pública, divulgação de editais de concursos públicos e licitação; é importante elemento do governo eletrônico, possibilitando que todos, envolvidos diretamente ou não, tenham acesso às ações e aos gastos da gestão pública.

Governança (empoderamento) – A possibilidade de criação, através da internet e dos sites que formam o governo eletrônico, de permitir o debate, a participação efetiva dos interessados em discussões que antecedem a tomada de decisão no serviço público, gerando o dinamismo e abrangência que espaços presenciais não permitem, como as audiências públicas.

Serviços – A oferta da atividade-fim, que é a prestação de serviços ao cidadão, através de agendamentos, segunda via de documentos, inscrições em processos de seleção, acesso aos variados serviços oferecidos pelos agentes públicos através da internet; é importante elemento do governo eletrônico e garante, muitas vezes, a celeridade na prestação de tais serviços.

Ouvidoria – A possibilidade de permitir que o cidadão faça reclamações, tire dúvidas ou obtenha informações sobre as ações públicas é um dos objetivos centrais do governo eletrônico, pois muitas vezes o atendimento presencial ou mesmo telefônico, pela crescente demanda, não permite a celeridade e resposta adequados, o que, na maioria das vezes, é garantido pelo governo eletrônico.

7.9.3 Estágios de implementação segundo a ONU

Os países que são aderentes da ONU (Organização das Nações Unidas) podem seguir as orientações desta para a criação do governo eletrônico, através dos estágios de implementação propostos pela organização:

Estágio I – Surgimento – É o lançamento e a disponibilização dos portais e sites propriamente ditos, mesmo que tenham, em um primeiro momento, informações limitadas.

Estágio II – Aprimoramento – Momento em que o governo apresenta informações mais complexas e detalhadas ao cidadão, aprimorando o conteúdo dos sites.

Estágio III – Interação – Criação de ferramentas que possibilitem que o cidadão tenha acesso aos serviços, participe de debates sobre ações públicas, faça reclamações ou tire dúvidas sobre as ações públicas.

Estágio IV – Transação – O governo eletrônico possibilita, além de atividades-meio, como agendamentos, as atividades-fim, com todos os serviços prestados ao cidadão (salvo exceções) sendo oferecidos pelo governo eletrônico através de seus sites.

Estágio V – Conexão – O cidadão reconhece plenamente o governo eletrônico como o meio de interação com a administração pública, e passa a utilizar os sites e portais como a forma de acessar os serviços.

7.9.4 Transparência

Assim como no sentido óptico do termo, ter transparência é não obstruir a visão, não impedir o acesso. Na administração pública, ter transparência é possibilitar que o cidadão tenha controle total dos atos públicos, e o poder público, por sua vez, informe o cidadão de suas ações com tempo hábil para reação contrária.

A prestação de contas tanto orçamentária quanto de seus atos é um ato de transparência, que hoje em dia tem grande vínculo com o governo eletrônico, pois a administração pública se utiliza da internet para divulgação de seus atos.

O site http://www.portaldatransparencia.gov.br/, o chamado "Portal da Transparência", é um exemplo do uso de ferramentas de governo eletrônico para ter transparência nos atos públicos.

7.9.5 Debate sobre a Lei 12965/14

Os debates que antecederam a sanção da Lei 12954/14, o chamado Marco Civil da Internet, são um exemplo claro da utilização dos canais de governo eletrônico para os debates, acessos às informações e transparência, pois tanto utilizando redes sociais como o Twitter, o portal e-democracia e sites do governo federal, a sociedade civil pode debater e ter acesso às questões relacionadas ao tema.

7.10 Gestão de Qualidade

As atuais demandas da administração pública, buscando adquirir vantagem competitiva, tem na gestão de qualidade um dos principais objetivos de todo gestor pública alinhado com a Nova Administração Pública. Em uma primeira análise, é possível definir a Gestão de Qualidade como as atividades que têm por objetivo atingir os mais autos graus de satisfação do cliente-cidadão com a prestação de serviços públicos, sempre atendendo à expectativa destes quando buscam os serviços públicos.

A gestão de qualidade, portanto, está relacionada diretamente com ações tomadas e normas de procedimentos adotadas por todos os níveis hierárquicos e departamentos de uma organização, sem a necessidade de certificações externas para se atingir os níveis de qualidade esperados externamente pelo cliente-cidadão, e planejados pelos gestores públicos.

O objetivo final de qualquer ação pública é a prestação de serviços com qualidade e satisfação. Nesse sentido, o foco sempre será externo, mas, para isso, é necessário buscar procedimentos e regras internas que garantam a qualidade. Não existe a gestão de qualidade apenas como um objetivo interno, sem focar naquilo que é uma demanda do cliente-cidadão.

7.10.1 Princípios da Gestão de Qualidade

Atender às necessidades do cliente-cidadão – O foco sempre deve ser agregar valor aos que recebem os serviços prestados pela administração pública.

Manter a lucratividade/receita – A qualidade está diretamente ligada à saúde financeira-orçamentária da organização, no caso do serviço público, não com a busca pelo lucro, mas através da saúde orçamentária dentro do planejamento previsto.

Não recorrência de falhas – Através de uma abordagem racional na tomada de decisões, utilizar ferramentas e adotar procedimentos para que eventuais falhas não voltem a acontecer na organização.

Planejamento – A organização adotar o planejamento com base em cenários prospectivos, nos níveis estratégico, tático e operacional.

Comunicação – Ter uma comunicação bem realizada e que garanta a tradução e o alinhamento de procedimentos em todos os níveis hierárquicos e entre departamentos distintos.

7.10.2 Kaizen e Ciclo PDCA

Dentre as ferramentas que têm origem na iniciativa privada e foram incorporadas nos últimos anos pela administração pública na busca pela qualidade, estão o "Kaizen" e "Cliclo PDCA", que seguem abaixo:

Kaizen – Focada no princípio que as ações de uma organização sempre devem objetivar "hoje melhor do que ontem e amanhã melhor do que hoje".

Ciclo PDCA – O clicIo PDCA é uma ferramenta de melhoria contínua, e que tem sido adotada pela administração pública. Os passos do ciclo PDCA são PLAN (Planejamento), DO (execução) CHECK (Verificação) e ACT (Ação de encerramento ou refinamento).

7.10.3 Classificação ABC (Teorema de Pareto)

Outra importante ferramenta para a tomada de decisões na busca pela qualidade é a utilização do Teorema de Pareto para a decisão de prioridades dentro de uma organização. Segundo o estudo feito por Pareto, os elementos (produtos, ações, funcionários, etc) de uma organização são divididos em:

Classificados como A – Correspondem aos elementos de maior importância e que atendem a 20% da quantidade e 80% da relevância em uma organização.

Classificados como B – Correspondem aos elementos de importância mediana e que atendem a 30% da quantidade e 15% da relevância em uma organização.

Classificados como C – Correspondem aos elementos de importância menor e que atendem a 50% da quantidade e 5% da relevância em uma organização.

7.10.4 Abrangência da Gestão de qualidade

Planejamento – A busca pela qualidade na prestação de serviços públicos ao cliente-cidadão deve ter real impacto no planejamento em uma organização, pois as ações previstas para o período futuro, em uma ação de previsão baseada em cenários, devem buscar sempre pontos positivos, oportunidades externas e forças internas de uma organização.

Envolvimento das pessoas - Toda organização é formada por pessoas que seguem as ações dos líderes – As lideranças, ao coordenarem as ações de um grupo, sempre devem objetivar ações que visem ao foco, ao alinhamento da equipe com os objetivos do planejamento e à motivação da equipe como elementos que contribuem com a qualidade.

Abordagem sistêmica – A abordagem sistêmica visa às ações que analisem não a organização de forma segmentada e sim toda a organização e seu escopo, pois a ação em um setor da organização tem consequência em outros.

Sinergia – A busca pela qualidade deve objetivar a capacidade de junção das forças existentes em uma organização para que juntas conquistem objetivos que isoladas não conseguiriam alcançar.

Empoderamento – A qualidade tem direta relação com a capacidade das organizações em permitir que o cliente-cidadão se empodere das ações públicas e seja parte constituinte destas.

7.10.5 Gestão de Qualidade

As atuais demandas da administração pública, buscando adquirir vantagem competitiva, tem na gestão de qualidade um dos principais objetivos de todo gestor pública alinhado com a Nova Administração Pública. Em uma primeira análise, é possível definir a Gestão de Qualidade como as atividades que têm por objetivo atingir os mais autos graus de satisfação do cliente-cidadão com a prestação de serviços públicos, sempre atendendo à expectativa destes quando buscam os serviços públicos.

A gestão de qualidade, portanto, está relacionada diretamente com ações tomadas e normas de procedimentos adotadas por todos os níveis hierárquicos e departamentos de uma organização, sem a necessidade de certificações externas para se atingir os níveis de qualidade esperados externamente pelo cliente-cidadão, e planejados pelos gestores públicos.

O objetivo final de qualquer ação pública é a prestação de serviços com qualidade e satisfação. Nesse sentido, o foco sempre será externo, mas, para isso, é necessário buscar procedimentos e regras internas que garantam a qualidade. Não existe a gestão de qualidade apenas como um objetivo interno, sem focar naquilo que é uma demanda do cliente-cidadão.

7.10.6 Princípios da Gestão de Qualidade

Atender às necessidades do cliente-cidadão – O foco sempre deve ser agregar valor aos que recebem os serviços prestados pela administração pública.

Manter a lucratividade/receita – A qualidade está diretamente ligada à saúde financeira-orçamentária da organização, no caso do serviço público, não com a busca pelo lucro, mas através da saúde orçamentária dentro do planejamento previsto.

Não recorrência de falhas – Através de uma abordagem racional na tomada de decisões, utilizar ferramentas e adotar procedimentos para que eventuais falhas não voltem a acontecer na organização.

Planejamento – A organização deve adotar o planejamento com base em cenários prospectivos, nos níveis estratégico, tático e operacional.

Comunicação – Ter uma comunicação bem realizada e que garanta a tradução e o alinhamento de procedimentos em todos os níveis hierárquicos e entre departamentos distintos.

7.10.7 Ciclo de Gestão do Governo Federal

7.10.7.1 O ciclo de Gestão

O ciclo de gestão do Governo Federal tem 4 anos, e compreende o prazo orçamentário através do cumprimento do Plano Plurianual, em que as prioridades políticas do governante devem ser executadas e controladas pela sociedade.

Segundo a CF, trata-se de "estabelecer as metas e prioridades da administração pública federal, incluindo as despesas de capital para o exercício financeiro subsequente e orientar a elaboração da lei orçamentária".

7.10.7.2 A Administração Financeiro-Orçamentária

Prevista na Constituição Federal.

Art. 165. *Leis de iniciativa do Poder Executivo estabelecerão:*

I. *o Plano Plurianual (PPA);*

II. *as Diretrizes Orçamentárias (LDO);*

III. *os Orçamentos Anuais (LOA).*

§ 1º. *A lei que instituir o Plano Plurianual estabelecerá, de forma regionalizada, as diretrizes, objetivos e metas da administração pública federal para as despesas de capital e outras delas decorrentes e para as relativas aos programas de duração continuada.*

7.10.7.3 Plano Plurianual

Vigência - Do primeiro dia do segundo ano de mandato do presidente eleito (que elabora o PPA) até o final do primeiro ano fiscal do mandato subsequente.

Encaminhamento - Até quatro meses antes do encerramento do primeiro exercício financeiro 31 de Agosto.

Devolução para sanção ou veto - Término do 2º período legislativo. 22 de Dezembro.

Elaboração	....		Dilma	Sucessor
2015	2016	2017	2018	2019

7.10.8 Lei De Diretrizes Orçamentárias

Vigência - De sua publicação até o final do exercício financeiro subsequente.

> **Encaminhamento** - Até 08 meses e meio antes do encerramento do exercício financeiro: 15 de Abril.

> **Devolução para sanção ou veto** - Até o encerramento do primeiro período da sessão legislativa: 17 de Julho.

7.10.9 Lei Orçamentária Anual

> Vigência - Todo exercício financeiro.

> Encaminhamento - Até 04 meses antes do encerramento do exercício financeiro: 31 de Agosto.

> Devolução para sanção ou veto - Até o encerramento do segundo período da sessão legislativa: 22 de Dezembro.

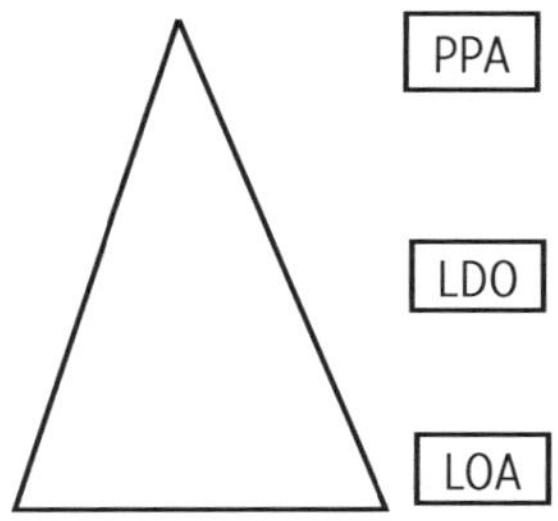

7.11 Controle da Administração Pública

7.11.1 O Controle

É função inerente do administrador o controle, segundo definiu Henri Fayol na teoria clássica da administração. Controlar as ações públicas é atividade obrigatória no Estado brasileiro, tanto na administração direta quanto na indireta.

Todos os gestores, servidores, agentes públicos são controlados, aplicando-se no controle da gestão pública o princípio da universalidade.

Podemos definir que o controle é a vigilância, a orientação e a correção das ações públicas. O controle pode ser:

> Por iniciativa do gestor.

> Provocado.

7.11.2 P O 3 C

7.11.2.1 Quem é Controlado?

O controle na administração pública pode ser exercido por diversos elementos, cada um com seus objetivos e justificativas:

> O poder – Exemplo é o controle que um poder exerce sobre o outro.

> O órgão – Exemplo são as diretrizes que o MEC estabelece para as universidades federais.

> A autoridade – Exemplo é o controle de assiduidade, pontualidade, adequação ao serviço público, que o chefe exerce sobre seu subordinado.

7.11.2.2 Tipos de controle

Existem basicamente dois tipos de controle:

> Da legalidade, que é o ato poder ser anulado ou efeitos revertidos.

> Do mérito, quando o judiciário verifica a eficiência, da oportunidade, da conveniência e do resultado do ato controlado.

7.11.2.3 Escopo do controle

Toda ação de controle demanda uma abrangência sobre aquilo que é controlado e de quem é controlado, existindo 3 escopos na administração pública.

> Interno

> Externo

> Externo popular (accountability) vertical/horizontal

7.11.2.4 Momento do controle

O controle pode ser exercido em todos os momentos da ação pública e ao longo da evolução dos modelos administrativos.

> Prévio (a priori) – Aquele que é realizado antes da ação desenvolvida (modelo burocrático).

> Concomitante – Aquele que é realizado durante a ação desenvolvida.

> Corretivo (a posteriori) – Aquele que é realizado após a ação desenvolvida (modelo gerencial).

7.11.2.5 Meios de controle

Os meios dos quais a administração pública se utiliza para exercer o controle são diferenciados, e podem ser combinados.

> Controle Orçamentário.

> Controle hierárquico – Administração direta.

> Controle finalístico – Administração indireta.

> TCU (Externo) – Art. 71 da CF.

Questões

01. Considerando-se os modelos teóricos de administração pública: patrimonialista, burocrático e gerencial, é correto afirmar que:

a) a Administração Pública burocrática acredita em uma racionalidade absoluta, pregando o formalismo, rigidez e o rigor técnico.

b) a Administração Pública burocrática pensa na sociedade como um campo de conflito, cooperação e incerteza, na qual os cidadãos defendem seus interesses e afirmam suas posições ideológicas.

c) a Administração Pública burocrática prega a descentralização, com delegação de poderes, atribuições e responsabilidades para os escalões inferiores.

d) a Administração Pública Gerencial é autorreferente e se concentra no processo, em suas próprias necessidades e perspectivas, sem considerar a alta ineficiência envolvida.

e) a Administração Pública Gerencial assume que o modo mais seguro de evitar o nepotismo e a corrupção é pelo controle rígido dos processos cm o controle de procedimentos.

02. Sobre o modelo de Administração Pública Burocrática, é correto afirmar que:

a) pensa na sociedade como um campo de conflito, cooperação e incerteza, na qual os cidadãos defendem seus interesses e afirmam suas posições ideológicas.

b) assume que o modo mais seguro de evitar o nepotismo e a corrupção é pelo controle rígido dos processos, com o controle de procedimentos.

c) prega a descentralização, com delegação de poderes, atribuições e responsabilidades para os escalões inferiores.

d) preza os princípios de confiança e descentralização da decisão, exige formas flexíveis de gestão, horizontalização de estruturas e descentralização de funções.

e) o administrador público prega o formalismo, o rigor técnico e preocupa-se em oferecer serviços, e não em gerir programas.

03. O Controle é classificado na literatura às vezes como função e às vezes como sistema. No caso da Administração, é classificado como Função Administrativa, juntamente com as demais: Planejamento, Organização e Direção. Analise as afirmativas abaixo e selecione a opção correta

a) Quando a organização estabelece políticas e diretrizes, está adotando um controle organizacional que limita a quantidade de autoridade exercida.

b) O controle está presente em quase todas as ações organizacionais, mas não em todos os níveis institucionais, pois sua amplitude é sempre micro-orientada, voltada para cada operação em separado.

c) No processo de controle, na avaliação de desempenho, as métricas e padrões somente são necessários quando não há conhecimento a respeito do passado.

d) O controle que tem por objetivo padronizar a qualidade de produtos e serviços difere de todos os demais controles por não envolver treinamento de pessoal.

e) Quando um controle busca medir eficiência, busca medidas que devem refletir se os resultados desejados estão sendo atingidos.

04. Analise os itens a seguir e assinale a opção correta.

I. O controle, assim como o planejamento, existe nos três níveis organizacionais: o estratégico, o intermediário e o operacional.

II. A avaliação do desempenho do pessoal é um tipo de controle organizacional e pode incluir informações sobre índices como produção por empregado.

III. Entre as melhores práticas de governança corporativa recomendadas pelo Instituto Nacional de Governança Corporativa para a área de gestão estão a transparência, a clareza e a objetividade na prestação de contas.

a) Somente I e II estão corretas.

b) Somente II e III estão corretas.

c) Somente I e III estão corretas.

d) Nenhuma das afirmativas está correta.

e) Todas as afirmativas estão corretas.

05. Analise a imagem abaixo

Coluna 1	Coluna 2
(1) Controle Administrativo Hierárquico	( ) Controle exercido entre os órgãos da administração direta que sejam escalonados verticalmente em cada poder.
(2) Controle Administrativo Não Hierárquico	( ) Entre órgãos que embora integrem uma só pessoa jurídica, não estão na mesma linha de escalonamento vertical. ( ) Entre órgãos de cada entidade da administração indireta que sejam escalonados verticalmente, no âmbito interno da própria entidade. ( ) Entre a administração direta e a administração indireta (tutela ou controle finalístico)

A Coluna I enuncia dois tipos de controle administrativo, conforme a presença ou não do quesito hierarquia. A Coluna II traz hipóteses concretas na qual há o exercício do controle. Correlacione as Colunas I e II conforme a presença ou não da hierarquia no exercício do controle nas hipóteses elencadas na Coluna II. Ao final, assinale a opção que expresse a sequência correta para a Coluna I.

a) 1, 1, 2, 2

b) 1, 2, 1, 2

c) 2, 2, 2, 1

d) 1, 2, 2, 1

e) 2, 1, 2, 1

06. Em um contexto de gestão empreendedora, é incorreto afirmar que a administração fiscal deve:

a) coletar tributos visando atender, com maior eficácia, o bem comum.

b) adotar princípios de gestão de negócios, como a proatividade e o controle por objetivos e metas.

c) ser gerenciada como uma empresa que visa maximizar o lucro, aqui medido sob a forma de arrecadação.

d) submeter seus resultados a avaliações feitas pela sociedade.

e) incorporar novas tecnologias, facilitando e estimulando a troca de informações com o cidadão-cliente.

07. A aplicação do empreendedorismo, no âmbito da Administração Pública, implica saber que:

a) normas rígidas e exaustivas são o melhor suporte para a tomada de decisão em ambientes complexos sob constante mudança.

b) não se deve estimular a competição entre entidades prestadoras de serviços públicos semelhantes.

c) a administração por resultados perde espaço para a supervisão hierárquica e para a realização de auditorias de gestão.

d) quanto maior a autonomia conferida a servidores públicos, novas formas de controle ou responsabilização devem ser adotadas.

e) tal como ocorre na iniciativa privada, incentivos econômicos são o principal fator motivacional de gerentes e chefes.

08. Assinale a opção correta.

a) Por determinação constitucional, o orçamento participativo, como instrumento de soberania popular, visa à ampliação da democracia direta.

b) O objeto da Administração Pública Gerencial é o desenvolvimento dos processos participativos de gestão pública.

c) O exercício da Governança Pública, a exemplo do que ocorre no orçamento participativo, implica o aumento da importância do uso de critérios técnicos nos processos de decisão.

d) A ascensão de valores neoliberais e o chamado esvaziamento do Estado são considerados forças propulsoras do movimento da Governança Pública.

e) Os processos participativos de gestão pública representam uma completa ruptura em relação ao modelo tradicional burocrático.

09. De acordo com a Constituição Federal, o principal objetivo da Lei de Diretrizes Orçamentárias é:

a) orientar as unidades orçamentárias e administrativas na formulação do seu planejamento anual e na elaboração da proposta orçamentária, bem como estabelecer as metas a serem alcançadas no exercício subsequente.

b) estabelecer as diretrizes, prioridades e metas para a organização das entidades com vistas à definição da proposta orçamentária anual a ser enviada ao Congresso Nacional.

c) criar as condições necessárias ao estabelecimento de um sistema de planejamento integrado com vistas à elaboração e aprovação do orçamento.

d) estabelecer as metas de despesas correntes e de capital para o exercício seguinte, as prioridades da administração e orientar a elaboração da proposta orçamentária.

e) estabelecer as metas e prioridades da administração pública federal, incluindo as despesas de capital para o exercício financeiro subsequente e orientar a elaboração da lei orçamentária

10. São características do orçamento tradicional:

a) privilegiava a classificação da receita segundo o objeto de arrecadação e as despesas segundo as necessidades de cada entidade.

b) fixação de dotações segundo os objetivos de cada órgão e previsão de receitas segundo estimativa global de arrecadação.

c) era vinculado ao sistema de planejamento e fixava a despesa segundo a estimativa de gasto dos órgãos e a receita segundo os parâmetros de arrecadação do ano anterior.

d) consistia de um documento de previsão de receitas e autorização de despesas, estas classificadas segundo o objeto gasto.

e) consistia de um documento de previsão de receitas e fixação de despesas com prioridade nas ações de cada órgão.

Gabaritos

01	A	06	C
02	B	07	D
03	A	08	D
04	E	09	E
05	B	10	D

8. COMPORTAMENTO ORGANIZACIONAL

8.1 Conceitos

O comportamento organizacional, tem por significado estudar e analisar o comportamento das pessoas nas organizações, e a maneira como esse comportamento atinge a atuação das pessoas nas empresas.

Comportamento organizacional é o estudo do comportamento humano no local de trabalho, a interação entre as pessoas e a organização em si. As principais metas do comportamento organizacional são a explicação, prevenção e controle do comportamento (DUBRIN, 2003).

O comportamento organizacional são as ações do indivíduo na empresa, sua personalidade, atitude, percepção, aprendizagem e motivação. As pessoas passam a maior parte de seu tempo vivendo ou trabalhando dentro de organizações, isso gera impacto sobre a vida e sobre a qualidade de vida das pessoa, em geral.

Segundo Robbins (1999), o comportamento organizacional é um campo de estudo que investiga o impacto que os indivíduos, os grupos e a estrutura têm sobre o comportamento dentro das organizações com o propósito de aplicar este conhecimento em prol do aprimoramento da eficácia de uma organização.

Para Robbins (2005), o comportamento organizacional ajuda os administradores a entenderem melhor o que se passa em relação ao comportamento de seus funcionários e usar isso de forma a estimular essas pessoas, oferecendo a elas a criação de um ambiente de trabalho melhor e mais saudável, fazendo com que ambas as partes ganhem nesse sentido.

8.2 Características do Comportamento

As pessoas fazem parte das organizações como recursos humanos, mas não se deve esquecer que são pessoas, e, como tal, apresentam características predominantes como personalidade, vida particular fora da empresa, objetivos pessoais entre outros. É por esse fato que se determinam seis características comuns do comportamento das pessoas, são elas:

O homem é proativo: os indivíduos têm iniciativas conforme estímulos, objetivos pessoais e aspirações do meio em que vivem, tanto da empresa como da vida pessoal; as pessoas podem colaborar ou não com a organização. Desse modo, observa-se que o comportamento é guiado para os objetivos pessoais. Para que o funcionário colabore com a empresa, é necessário que boas estratégias de liderança sejam adotadas.

O homem é social: ninguém é capaz de viver sozinho, por isso, as pessoas interagem umas com as outras, vivem em grupos como, por exemplo, no trabalho. Essa convivência impacta com informações que o indivíduo busca descobrir de si mesmo, e usa dessas informações para determinar o seu autoconceito.

O homem tem diferentes necessidades: os indivíduos estão cercados de necessidades e estas são supridas através de motivações. Cada pessoa tem necessidades diferentes, o comportamento pode ser motivado de diferentes formas, e o que pode ser motivador para um, pode não ser para o outro.

O homem percebe e avalia: as pessoas associam o ambiente às experiências já vivenciadas e as que estão passando no momento em termos de necessidades e valores, por isso, denomina-se o que é um processo ativo.

O homem pensa e escolhe: o indivíduo tem a capacidade de escolher, desenvolver, executar e alcançar seus objetivos.

O homem tem limitada capacidade de resposta: devido as diferenças dos indivíduos existem várias formas de comportamento; o homem tem sua capacidade de resposta limitada; não consegue se comportar de todas as formas possíveis. Dessa forma, torna-se limitada a capacidade mental e física do indivíduo.

Para atingir os objetivos das organizações, é preciso fazer com que as pessoas façam as coisas. O administrador deve saber o comportamento de seus funcionários e prevê-lo novas ações.

8.3 Fatores do Comportamento

Os fatores importantes do comportamento dos indivíduos que influenciam na organização são:

→ **Atitude: reflete o que o indivíduo sente em relação a algo. Quando o indivíduo expressa o que sente, ele está tomando uma atitude;**

Personalidade: é a descrição que usamos para definir traços psicológicos de uma pessoa, como, por exemplo, se ela é calma, nervosa, ansiosa, se tem paciência, entre outros;

Percepção: as pessoas podem ter percepções diferentes sobre uma mesma coisa. A percepção é um processo no qual os indivíduos interpretam o que está diante de seus olhos;

Aprendizado: é qualquer mudança que ocorra no comportamento do indivíduo e aconteça de forma a agregar como experiência para o indivíduo.

8.4 Diferenças Pessoais

Uma pessoa nunca será igual a outra, por isso, existem tantas diferenças entre os indivíduos. As diferenças individuais podem ser de forma bastante expressiva em relação à mesma situação frente a dois indivíduos, pois cada um pensa e age de forma diferente; o que para um pode ser bom para o outro pode não ser tão bom assim. Compreender as diferenças entre as pessoas é fundamental e influencia na análise do comportamento entre as pessoas no ambiente organizacional.

O entendimento das diferenças individuais é importante em muitos aspectos da administração das organizações, pois compreender como as pessoas são e como agem ajuda a preparar e a tomar decisões, a trabalhar em grupo, a liderar equipes e a melhorar o clima organizacional.

Cada indivíduo possui características próprias, que são adquiridas ao longo de sua vida, através de experiência, aprendizagem, imitação, entre outros. Pode-se citar várias características que agregam valor ao ser humano, como: percepção, aptidão, inteligência, atitude, personalidade, opinião, valor e variáveis biográficas:

> **Percepção:** é a interpretação dos estímulos que o ambiente oferece; um mesmo estímulo pode causar diversas reações, depende de cada observador;

- **Aptidão:** potencial de cada pessoa para realizar tarefas ou qualquer atividade; algumas pessoas exercem algumas atividades melhores que outras. Isso demonstra que essas pessoas têm maiores habilidades, ou seja, mais aptidões que as demais;
- **Inteligência:** é a capacidade de lidar com algo complexo que exige um grau de inteligência maior;
- **Atitude:** influencia a avaliação dos estímulos; dependendo das atitudes, a avaliação pode ser tanto positiva quanto negativa;
- **Personalidade:** faz parte deste tópico todos os outros que já foram citados, como percepção, atitude, aptidão, entre outros, pois a personalidade é moldada a partir dessas características. Ela representa o desenvolvimento do sistema psicológico do indivíduo;
- **Opinião:** é a forma de expressar conceitos, julgamentos ou hipóteses a respeito de algo ou alguma coisa;
- **Valor:** é a formação de juízo em relação ao comportamento e conduta; o que é certo ou errado. Exemplos de valores são: liberdade, segurança, igualdade, honestidade, entre outros;
- **Variáveis biográficas:** estão relacionadas à idade, sexo, situação conjugal, etc. Este item pode afetar o desempenho humano, a produtividade, a satisfação no trabalho, entre outros.

8.5 Clima Organizacional

As organizações prestam cada vez mais atenção no comportamento de seus funcionários para tentar, pelo menos, diminuir as diferenças individuais, pois acreditam que isso é fundamental para ter um bom clima organizacional.

8.5.1 Conceitos

O clima organizacional difere de empresa para empresa, pois cada organização tem sua própria cultura, costumes, valores e lida com diferentes tipos de pessoas. O conceito de clima, muitas vezes, é de difícil compreensão, pois é composto de elementos incompreensíveis, como angústias, excitações, frustrações, tensões que são componentes de difícil medição;

Algumas situações, como a estrutura da organização, as responsabilidades, o reconhecimento são variáveis da cultura. Se houver alguma alteração nesses níveis de cultura, o clima organizacional será automaticamente afetado;

Segundo os autores Matos e Almeida, na obra Análise do ambiente Corporativo "o clima organizacional depende das condições econômicas da organização, do estilo de liderança utilizado, das políticas e valores existentes, da estrutura organizacional, das características das pessoas que participam da organização, da natureza (ramo de atividade) e do estágio da vida da organização;

O clima pode se tornar favorável ou desfavorável. O que diz respeito à parte favorável é caracterizada por oferecer satisfação das necessidades pessoais e elevação do moral dos funcionários da empresa. O desfavorável é caracterizado por implicar em insucesso das necessidades pessoais, por isso, o clima organizacional é caracterizada por influenciar a motivação dos funcionários;

O estudo do clima organizacional é um canal de comunicação que busca aproximar os níveis mais altos da empresa com os demais níveis, e pode ser percebido facilmente pelos clientes;

O clima demonstra o grau de satisfação material e emocional das pessoas no trabalho, suas percepções, opiniões e sentimentos. Nota-se que esse clima influencia profundamente o comportamento, a produtividade do indivíduo e, consequentemente, da empresa. Assim sendo, ele deve ser favorável e proporcionar motivação e interesse nos colaboradores, favorecendo uma boa relação entre os funcionários e a empresa.

8.5.2 Características

Para o bom andamento no clima da empresa, é necessário:

- Integrar as metas pessoais e organizacionais;
- Ter uma estrutura organizacional adequada;
- Democratizar a organização e gerar oportunidades de participação a todos os funcionários;
- Apresentar tratamento justo, com políticas e práticas de relações prudentes para as pessoas;
- Confiar mutuamente para que os diferentes níveis da empresa possam se apoiar;
- Evitar conflitos, de maneira que os indivíduos discutam essa questão abertamente;
- Liderar adequadamente conforme a situação de trabalho exigir;
- Consentir o contrato psicológico entre o indivíduo e a empresa;
- Respeitar as diferenças individuais dos funcionários, suas expectativas e necessidades;
- Oferecer sistemas justos de remuneração, levando em conta o caráter do indivíduo;
- Preocupar-se com a qualidade de vida tanto profissional como em relação ao cargo;
- Oferecer chances de desenvolvimento na carreira profissional e pessoal.
- Fazer com que as pessoas se sintam parte da organização, para que se tornem leais e percebam que são valorizadas pela empresa.

Todas as características citadas são primordiais para que o clima da organização prevaleça sempre de forma positiva e favorável. O gerente deve ser o exemplo da empresa, pois ele será imitado pelas outras pessoas da organização e é um dos elementos principais do clima organizacional.

Conforme for o clima organizacional, favorável, mais ou menor ou desfavorável, ele provocará comportamentos diferentes nos seus colaboradores, conforme mostrado no quadro a seguir:

Quadro 1: Clima organizacional e comportamento dos colaboradores

Clima Organizacional		
Desfavorável	**Mais Ou Menos**	**Favorável**
Frustração	Indiferença	Satisfação
Desmotivação	Apatia	Motivação
Falta de integração empresa/ funcionários	Baixa integração empresa/ funcionários	Alta integração empresa/ funcionários
Falta de credibilidade mútua, empresa/ funcionários	Baixa credibilidade mútua empresa/ funcionários	Alta credibilidade mútua empresa/ funcionários
Falta de retenção de talentos	Baixa retenção de talentos	Alta retenção de talentos
Improdutividade	Baixa produtividade	Alta produtividade
Pouca adaptação às mudanças	Média adaptação às mudanças	Maior adaptação às mudanças
Alta rotatividade	Média rotatividade	Alta rotatividade
Alta obtenção	Média obtenção	Baixa obtenção
Pouca dedicação	Média dedicação	Alta dedicação
Baixo comprometimento com a qualidade	Médio comprometimento com a qualidade	Alto comprometimento com a qualidade
Clientes insatisfeitos	Clientes indiferentes	Clientes satisfeitos
Pouco aproveitamento nos treinamentos	Médio aproveitamento nos treinamentos	Alto aproveitamento nos treinamentos
Falta de envolvimento com os negócios	Baixo de envolvimento com os negócios	Alto envolvimento com os negócios
Crescimento das doenças psicossomáticas	Algumas doenças psicossomáticas	Raras doenças psicossomáticas
Insucesso nos negócios	Estagnação nos negócios	Sucesso nos negócios

8.5.3 Principais Aspectos

Para obter um bom desempenho e a melhoria da produtividade, é necessário ter um clima organizacional adequado, caso contrário, esses índices irão cair. O clima ainda pode ser descrito em seis aspectos principais: clareza, compromisso, padrão, responsabilidade, reconhecimento e trabalho de equipe.

Clareza, compromisso e padrões: a organização deve estabelecer objetivos que sejam claros para que possam ser cumpridos; é através desses objetivos que os funcionários desempenharão seu trabalho e seguirão os padrões exigidos.

Responsabilidade: a empresa deve oferecer maior autonomia aos seus funcionários, e fazer com que eles se sintam mais responsáveis.

Reconhecimento: é um importante aspecto que a empresa deve notar. O reconhecimento é essencial para que o funcionário continue desempenhando seu papel de maneira correta, o reconhecimento pode ocorrer por meio de um elogio, de incentivos, recompensas, etc.

Trabalho de equipe: a empresa deve ter um alto grau de confiança com seu funcionário e incentivar para que as atividades sejam desenvolvidas em grupos, para que o resultado seja cada vez melhor.

O clima das empresas pode influenciar na decisão por uma vaga de emprego, e é justamente em função do clima organizacional que algumas empresas atraem mais e outras menos candidatos a um posto de trabalho. Há aquelas que chamam atenção pela sua receptividade, outras pela formalidade, outras, ainda, pelo calor humano ou mesmo apatia. Não existe um clima ideal, mas as pessoas devem identificar-se com a empresa e com o seu ambiente de trabalho para manter um alto nível de motivação. O clima organizacional influencia o desempenho das pessoas e a satisfação com o trabalho.

8.5.4 Dimensões ou Fatores do Clima Organizacional

O clima dentro da organização pode ser influenciado por diversos fatores, pois o clima favorece a interação com as pessoas, os sentimentos, os interesses, entre outros, e influenciando o desenvolvimento da empresa.

O clima da empresa está diretamente relacionado ao nível de motivação dos colaboradores, às políticas de remuneração, à qualidade de vida no trabalho, ao relacionamento interpessoal, à liderança e à comunicação, entre outros fatores ou dimensões que influenciam na satisfação das pessoas, com relação ao ambiente organizacional. A seguir, são elencados alguns dos fatores:

8.5.4.1 Motivação

A motivação está relacionada ao alto grau de disposição para realizar algo, de qualquer espécie, e está relacionada diretamente com o comportamento dos indivíduos. A motivação é o processo pelo qual as pessoas se interessam pela realização das metas da organização.

Pode-se definir a motivação como a vontade de exercer altos níveis de esforço para alcançar os objetivos organizacionais, condicionado pela capacidade de esforço de satisfazer alguma necessidade individual.

Para os administradores motivarem os seus funcionários, eles podem oferecer algumas situações, como: reconhecer as diferenças individuais, utilizar metas, individualizar as recompensas, ligar as recompensas ao desempenho, melhorar as condições físicas de trabalho, melhorar a comunicação e o relacionamento entre todos, entre outros. Os quais servirão para motivar a equipe para que atinjam resultados e ao mesmo tempo, aumentar a satisfação em relação ao clima da organização.

8.5.4.2 Remuneração

A remuneração deve ser vista com muita cautela pelos administradores da organização, pois é o principal fator para atrair, manter e motivar os colaboradores, e também é o principal custo da empresa.

Todos os funcionários em troca de seu esforço, desempenho e habilidade, desenvolvidos no seu emprego, buscam receber uma retribuição adequada por esta prestação de serviços. A organização, tende a investir em quem alcança os objetivos da empresa.

Existem três componentes que atuam na remuneração total, nela constam a remuneração básica, os incentivos salariais e os benefícios.

Remuneração básica: toda empresa contém esse tipo de remuneração, que se refere ao pagamento pelo serviço prestado pelo funcionário durante o mês ou pagas por horas de trabalho.

Incentivos salariais: essa remuneração entra como programa de desempenho; os incentivos, como bônus e participação nos resultados, são concedidos aos funcionários que obtiveram resultados frente à organização.

Benefícios: também pode ser chamada de remuneração indireta, que incluem planos de saúde, plano odontológico, vale alimentação, seguro de vida, etc.

Os três componentes básicos da remuneração são mostrados com maior clareza na figura abaixo:

Os três componentes da remuneração total.

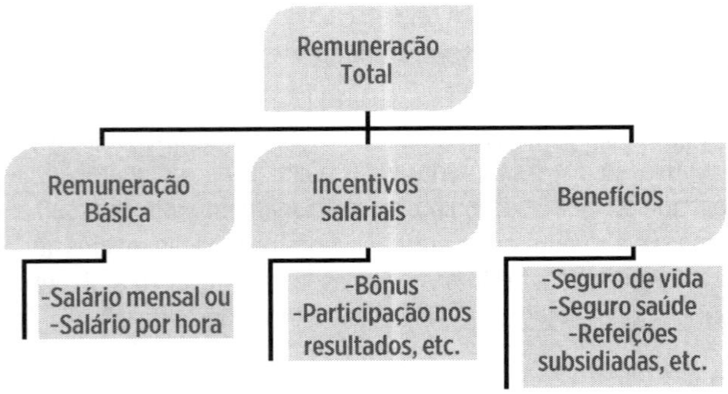

O sistema de remuneração de uma empresa deve estar de acordo com ela; se uma organização funciona de forma transparente, o modelo de remuneração deve seguir o mesmo padrão.

A razão de ter um sistema de recompensas eficaz é atrair e reter indivíduos talentosos e competentes que podem ajudar a organização a cumprir sua missão e seus objetivos. O funcionário recebe igualmente em relação ao papel que ele desenvolve na organização; se o colaborador possui mais responsabilidade, mais experiência, mais habilidade, com certeza seu salário vai ser maior que os demais.

A importância do salário pode ser analisada sob dois prismas distintos: o prisma do empregado e sobre o da organização. Para o empregado significa retribuição, sustento, padrão de vida e reconhecimento. Para a organização representa custo influência no clima organizacional e na produtividade.

A remuneração oferecida aos funcionários depende de vários fatores, como: tamanho da empresa, tempo de casa desempenho do empregado, tipo de trabalho desempenhado, natureza do negócio, sindicalização, intensiva em capital ou trabalho, filosofia da administração, localização geográfica e lucratividade da empresa. Ao levar todos esses fatores em conta, a administração espera estabelecer um sistema de pagamento justo, equitativo e motivador, que permita à organização recrutar e manter uma força de trabalho produtiva.

8.5.4.3 Qualidade de Vida

As organizações passaram a observar mais um fator importante relacionado ao funcionário: a qualidade de vida. A qualidade de vida envolve todos os aspectos físicos e ambientais, juntamente com os aspectos psicológicos do local de trabalho.

A qualidade de vida no trabalho assimila duas posições antagônicas: de um lado, a reivindicação dos empregados quanto ao bem-estar e a satisfação no trabalho; e, de outro, o interesse das organizações quanto aos seus efeitos potencializados sobre a produtividade e a qualidade.

Qualidade de vida no trabalho pode compreender desde os cuidados médicos até as atividades de lazer, motivação que decorrem, voluntariamente, de empregados ou empregadores. Todos esses fatores levam a condições de bem estar dos funcionários no trabalho.

Pode-se dizer também que a qualidade de vida não é somente determinada pelos fatores individuais como valores, necessidades, expectativa, mas juntamente pelas características organizacionais. Os funcionários, além de suprir suas necessidades individuais, precisam se sentir bem dentro da organização onde trabalham.

Existem três grupos que influenciam na qualidade de vida no trabalho, sendo as condições ambientais, as de tempo e as sociais:

- **Condições ambientais de trabalho**: estão relacionadas ao ambiente físico da empresa que envolve o funcionário, enquanto ele desempenha sua função. Alguns exemplos são: temperatura, umidade, iluminação, ruídos, etc.
- **Condições de tempo**: referem-se ao tempo em relação ao trabalho como: horas extras, períodos de descanso, carga horária do funcionário, entre outros.
- **Condições sociais**: este item refere-se ao status, ao relacionamento interpessoal, entre outros.

A preocupação das empresas em relação à qualidade de vida no trabalho vem de muito pouco tempo; é resultado de uma sociedade cada vez mais complexa e atenta ao ser humano, um dos recursos mais escassos é o de mão de obra em relação à qualificação profissional.

8.5.4.4 Liderança

É de suma importância para qualquer organização, a presença de um líder, pois ele é capaz de influenciar outras pessoas por meio do poder que dispõe. Lideres defendem valores que representam um objetivos comuns, de vontade coletiva, caso contrário, não exerceria essa função, pois seria incapaz de mobilizar outras pessoas a acompanhá-lo.

O líder é a pessoa que influencia as outras para alcançar objetivos. Na organização, o líder é de maneira geral. Na maioria das vezes, o gerente da empresa, que influencia seus subordinados a realizarem os objetivos propostos pela organização.

Além disso, é importante citar a existência de dois tipos de líder, o líder informal e o líder formal. O líder formal é aquele designado por alguém da administração da empresa, já o líder informal não é um líder oficial, ele desempenha o papel de líder sem nenhuma denominação específica. Mesmo sem ter cargo de liderança lidera os demais funcionários da empresa.

O líder empresarial deve ser capaz de alcançar objetivos por meio dos liderados e, para isso, conforme o tipo de liderado e a ocasião, age de diferentes maneiras: ele ordena, comanda, motiva, persuade, dá exemplos pessoais, compartilha os problemas e ações, ou delega e cobra resultados, alterando a forma de agir de acordo com a necessidade de cada momento e com o tipo de liderado, visando aos objetivos da empresa.

→ **Todo líder deve desenvolver quatro responsabilidades básicas:**

O líder deve ter desenvolvido uma imagem mental de um estado futuro possível e desejável da organização: ter visão de futuro, enxergar o que ninguém consegue ver, fazer com que os demais entendam que os objetivos são melhor realizados se houver um propósito comum no objetivo do grupo, e não no seu próprio objetivo.

O líder deve comunicar a nova visão: ter uma boa comunicação com os funcionários da organização para que, se houver mudança, o líder consiga transmiti-las para os funcionários, de modo que eles entendam, de maneira clara e objetiva, o propósito da empresa a ser alcançado e, ao mesmo tempo, fazer com que se sintam motivados com essa mudança.

O líder precisa criar confiança por meio do posicionamento: todo líder precisa mostrar honestidade e coragem para que seus subordinados passem a confiar nele. É primordial para os funcionários, saber em que posição o líder se encontra em relação à organização.

Líderes são aprendizes perpétuos: conhecimento nunca é demais, portanto, o líder deve sempre estar em fase de aprendizado. Assim, ele incentiva os demais funcionários a aprenderem com ele e, dessa forma, novas ideias e desafios podem surgir.

A liderança não é qualidade nata; é possível desenvolver e treinar as pessoas para a liderança, pois, na maioria das vezes, as pessoas são treinadas para serem líderes dentro de seu próprio local de trabalho, já que lá é que o indivíduo passa a maior parte do tempo.

Algumas teorias de liderança dizem que o líder já nasce feito, que a liderança é geneticamente transmitida. Outras dizem que a liderança depende dos traços que são herdados e, com o tempo, o indivíduo precisa aprender a lidar com esses traços, pois, se não, de nada adianta. Consideramos que a liderança deva ser aprendida.

Os líderes são orientados a buscar resultados e a alcançar objetivos. A grande maioria deles são respeitados pelos subordinados. Isso não quer dizer, de forma alguma que os lideres são amados por todos. Porém, com o tempo, o grupo de subordinados pode produzir sentimentos distintos em relação ao seu líder.

8.5.4.5 Comunicação

As organizações dependem de uma boa comunicação para serem competitivas no mercado. As pessoas transferem informações umas as outras dentro de uma empresa que, se denomina comunicação; as pessoas compartilham, através da comunicação, sentimentos, conhecimentos, experiências, entre outros.

Um importante elemento que está vinculado com o processo de comunicação é a percepção. Ao receber qualquer informação, o indivíduo aciona o procedimento de processamento dela e, a partir deste artifício, ele elege o que é bom ou ruim. Por esse motivo, conclui-se que cada pessoa desenvolve conceitos para interpretar as informações a ela concedidas.

→ **A comunicação interpessoal pode utilizar três principais meios para ocorrer:**

Comunicação oral: meio mais utilizado para comunicar-se; uma das suas principais vantagens é a rapidez e o *feedback*, ou seja, se o receptor da mensagem não entender o que o emissor quis dizer ele, imediatamente, pode pedir para que a pessoa o formule de outra maneira para que possa ser mais clara a sua mensagem. Sua principal desvantagem ocorre quando a mensagem deve ser passada a um grande número de pessoas, pois, os equívocos serão maiores. No caso de uma organização, geram-se grandes problemas em relação à má comunicação oral.

Comunicação escrita: é mais utilizada em caso de mensagem mais extensa, podem ficar armazenadas por longos períodos e, a qualquer dúvida, podem ser acessadas facilmente. Também possui desvantagens como demandar mais tempo e não possuir feedback, pois não teremos a certeza se uma carta enviada, por exemplo, chegará e se será lida pelo seu destinatário certo.

Comunicação não verbal: enquadra-se, nesse tópico, os gestos como olhar, sorrir, franzir as sobrancelhas, entre outros. Geralmente, essa comunicação está ligada à comunicação verbal para transmitir o real significado da mensagem a ser transmitida.

A comunicação organizacional tem a função de facilitar e coordenar os esforços de indivíduos e grupos e contribuindo para a realização das metas organizacionais.

Apesar das várias formas de comunicação e utilização de vários meios para se expressar o que se pensa e sente, existem também diversas barreiras que podem dificultar a comunicação, como:

Filtragem: baseia-se na manipulação das informações, fazendo com que o emissor distorça, a mensagem e, como consequência, induza o receptor a ouvir somente a parte favorável da história, por exemplo.

Percepção seletiva: o receptor ouve só aquilo que lhe convém, com base nas suas necessidades, desejos, motivações. Através de seus interesses, o indivíduo interpreta s mensagem.

Sobrecarga de informação: são os excessos de informações acumuladas. Esses excessos são chamados de sobrecarga de informação. Quando isso ocorre, acabamos selecionando as informações e, às vezes, deixamos de lado informações importantes.

Emoções: dependendo do estado emocional das pessoas, a comunicação pode ser afetada e tomar outro sentido. Geralmente acontece com casos emocionais extremos, como: depressão e euforia.

Linguagem: podemos falar o mesmo idioma, mas nem sempre a mesma linguagem. Essa é uma das grandes dificuldades das organizações, pois os funcionários podem vir de diversas regiões e, a mesma palavra para ambos, pode ter significado totalmente diferente, interferindo em uma boa comunicação.

Medo da comunicação: problemas com a comunicação oral implicam, principalmente, ao falar em público. Muitas pessoas evitam de se comunicar por medo, deixando, assim, o processo muito lento. Em uma empresa a comunicação é essencial, pois, na maior parte do nosso trabalho, estamos nos comunicando.

Outra parte importante no processo de comunicação e que faz diferença é saber ouvir, ou seja, ouvir o outro pode ser um importante fator para o sucesso dos negócios. Muitas organizações investem quantidades consideráveis de tempo e de energia para entenderem melhor os pensamentos, valores e padrões de comportamento dos clientes.

8.5.4.6 Relacionamento Interpessoal

O relacionamento e a integração entre os indivíduos e a organização não é um desafio recente. A organização pode destruir a personalidade de cada indivíduo se impuser muitas regras e procedimentos no sentido de não valorizar o relacionamento das pessoas. Aos poucos, a abordagem humana ficou mais centrada e voltada para o homem e o grupo social. A ênfase voltada para a tecnologia cedeu lugar às relações humanas.

As atividades de relações com os funcionários têm como maior objetivo a criação de confiança, respeito e consideração entre colaboradores e colaborados. Com isso, busca-se maior eficácia organizacional, rompendo, assim, barreiras que impedem os funcionários de participarem da organização. Essas barreiras podem ser pessoais ou organizacionais. Havendo comunicação e relação com os subordinados, as barreiras podem ser quebradas, proporcionando assistência mútua e envolvimento. A empresa deve sempre tratar seus empregados com respeito e confiança, oferecendo maneiras de atender suas necessidades tanto pessoais como familiares.

O relacionamento interpessoal está associado, primeiramente, com a própria pessoa, com o seu "eu". O conhecimento dos próprios sentimentos, da formação profunda e verdadeira de si mesmo proporciona um bom nível de autoconhecimento. Como resultado prático desse autoconhecimento, temos:

- Processo de pensamento consciente;
- Autorreflexão;
- Senso ou intuição da realidade externa, ou seja, sair de dentro de si e olhar como um observador que entende a realidade externa.

Ao percebermos a realidade externa, estamos nos conectando com estados de consciência mais expandidos, isto é, estamos nos interessando pelo "outro" de forma consciente e verdadeira. Essa aptidão é bastante valorizada atualmente, pois as pessoas com essa capacidade conseguem estabelecer relacionamentos interpessoais mais produtivos. Dessa forma, o saber trabalhar em equipe origina-se na formação "intrapessoal". Se me conheço, consigo entender qual seria o melhor formato para estabelecer e manter relacionamentos saudáveis, reconhecendo o outro.

Quando a empresa enfrenta problemas de relacionamento, a área de Recursos Humanos junto à gerência tem a missão de sanar a dificuldade o quanto antes para não comprometer o clima de trabalho. É necessário identificar as causas para minimizar o efeito que esse fator pode gerar, assim como sensibilizar os colaboradores para que eles não deixem que essa variável prejudique o desenvolvimento das tarefas, pois os clientes internos e externos poderão não ser atendidos com responsabilidade, resultando em queda na qualidade do atendimento e na produtividade.

As divergências e as "brigas" internas podem ser resolvidas com um bom treinamento e atividades grupais, que valorizem a integração e foquem na importância de se ter um excelente relacionamento com os membros da equipe. O gerente também terá que fazer o seu papel, dando apoio, feedbacks e fazendo *coaching* com seus colaboradores, evitando, assim, qualquer tipo de atrito que possa ocorrer futuramente no time. Contudo, isso não depende somente do gestor: todos tem que estar envolvidos nesse processo. Os funcionários também têm um papel importante para a construção de um ambiente saudável, pois suas condutas e atitudes podem diminuir os problemas de relacionamento.

Para manter um clima agradável e sem manifestações de atritos, é necessário que as pessoas deixem de agir de forma individualizada e passem a interagir como uma equipe, promovendo relações amigáveis e fazendo com que cada um procure cooperar com o outro. Para isso, é preciso que cada um faça a sua parte.

Além desses fatores, existem algumas dimensões propostas por Litwin e Stringer e, sobretudo, na teoria das necessidades de McClelland, produzida no ano de 1971. Essas teorias explicitaram a relação existente entre as dimensões desenvolvidas e os estratos motivacionais, conforme as seguintes dimensões descritas abaixo:

Conformismo: sentimento de que existem muitas limitações externamente impostas na organização. O grau em que os membros sentem a existência de inúmeras regras, procedimentos, políticas e práticas, as quais, os indivíduos devem se ajustar para serem capazes de fazer seu trabalho como gostariam de fazê-lo;

Responsabilidade: responsabilidade pessoal aos membros da organização para realizarem sua parte nos objetivos da organização, grau em que os membros sentem que podem tomar decisões e resolver problemas sem terem de verificar com os superiores em cada etapa;

Padrões: ênfase que a organização coloca na qualidade do desempenho e na produção elevada, incluindo o grau de rendimento que os membros da organização sentem que ela colocando objetivos estimulantes, comunicando-lhes o comprometimento com esses objetivos;

Recompensas: grau em que os membros sentem que estão sendo reconhecidos e recompensados por um bom trabalho, ao invés de serem ignorados, criticados ou punidos quando algo sai errado;

Clareza organizacional: sentimento entre os membros, de que as coisas são bem organizadas e os objetivos claramente definidos, ao invés de desordenados, confusos ou caóticos;

Calor e apoio: sentimento de que a amizade é uma forma valorizada na organização, e que os membros confiam uns nos outros e oferecem apoio mútuo. O sentimento de que boas relações prevalecem no ambiente de trabalho;

Liderança: disposição dos membros da organização para aceitar a liderança e a direção de outros qualificados. Quando surgem necessidades de liderança, os membros sentem-se livres para assumi-la e são recompensados por uma liderança bem sucedida. A liderança é baseada na perícia. A organização não pode ser dominada por uma ou duas pessoas, como não pode depender delas somente.

Outras dimensões que se assemelham aos demais fatores citados anteriormente, mas que também contribuem para o entendimento sobre o que influencia no clima organizacional, são as dimensões citadas por Luz (2001) conforme a seguir:

Imagem da empresa: detectar a imagem que o empregado tem hoje da organização e como percebe a composição da imagem do banco junto aos clientes externos;

Sentido de realização: detectar como o empregado percebe seu grau de satisfação com relação à empresa e ao seu trabalho;

Relacionamento interpessoal: detectar a percepção dos empregados quanto ao relacionamento entre os colegas de trabalho, bem como a colaboração e o trabalho em equipe;

Estilo de chefia: detectar a percepção dos empregados quanto às habilidades técnicas e comportamentais das chefias de sua área;

Comunicação: detectar a percepção dos empregados quanto à eficácia da rede de comunicação vigente na empresa;

Desempenho e qualidade: detectar como o empregado percebe o seu entendimento e comprometimento com relação à questão da qualidade e do desempenho e como essas dimensões estão sendo vivenciadas dentro da empresa;

Política de recursos humanos e benefícios: detectar a percepção dos empregados quanto aos valores que permeiam os posicionamentos da empresa nas suas relações de trabalho;

Ambiente e condições de trabalho: detectar a percepção dos empregados quanto às condições ambientais e técnicas, disponíveis para a execução de seu trabalho;

Qualidade de vida e saúde: detectar a percepção dos empregados quanto aos aspectos bio-psico-sociais que determinam seu estilo de vida.

Questões

01. O comportamento organizacional relaciona-se ao conjunto de ações, atitudes e expectativas humanas no ambiente de trabalho e abrange os níveis pessoal, grupal e institucional.

Certo ( ) Errado ( )

02. (AlfaCon) Pode-se dizer que algumas das dimensões ou fatores que influenciam o clima organizacional são: a imagem da empresa, o estilo de liderança, os programas motivacionais, levando em conta que para a análise do clima é preciso considerar se o colaborador é proativo, dinâmico e social e se está de acordo com o perfil e os requisitos para sua função.

Certo ( ) Errado ( )

03. Ênio, gestor de qualidade de uma organização pública, tem empatia com seus colaboradores no trabalho. Nessa situação, Ênio é capaz de escutar ativamente, reconhecer as opiniões e influenciar o comportamento de seus colaboradores.

Certo ( ) Errado ( )

04. (FCC) Em relação à gestão de clima organizacional no ambiente corporativo, é INCORRETO afirmar:

a) O clima organizacional refere-se a um conjunto de valores, atitudes e padrões de comportamento, formais e informais, existentes em uma organização.

b) Aplicar o conceito de clima organizacional significa apontar aspectos subjetivos que fazem parte do dia- a-dia da organização e orientam os planos de ação para melhoria do clima e da produtividade da empresa.

c) Aplicar o conceito de clima organizacional significa alinhar a cultura com as ações efetivas da organização, integrar os diversos processos e áreas funcionais, otimizar a comunicação e identificar as satisfações e insatisfações do público interno.

d) A gestão de clima organizacional refere-se ao comprometimento dos funcionários determinarem, com o auxílio de especialistas na área de comportamento, de relacionamento social e de RH, um resultado padrão ideal da satisfação de seus colaboradores, baseado no mapeamento do ambiente externo à empresa.

e) O padrão ideal de satisfação refere-se a aspirações pessoais, motivação, ambições funcionais, adequação da remuneração, horário de trabalho, relacionamento hierárquico e profissional, dentre outros fatores que podem ser acrescidos à pesquisa do clima organizacional.

05. (FCC) O conjunto de percepções, opiniões e sentimentos que se expressam no comportamento de um grupo ou uma organização, em um determinado momento ou situação, é denominado

a) liderança situacional

b) homem pró-ativo

c) cultura organizacional

d) clima organizacional

e) cultura corporativa

06. (FCC) Em relação à gestão do clima organizacional.

I. O clima organizacional é resultante dos aspectos conflitantes da cultura das organizações.

II. O clima organizacional é sempre o reflexo dos efeitos de uma cultura na organização como um todo.

III. O clima organizacional sempre influencia e é influenciado pelo comportamento dos indivíduos na organização.

IV. O clima organizacional permite mapear o ambiente interno, que varia segundo a motivação dos agentes.

V. Enquanto mudanças na cultura organizacional levam mais tempo para acontecer, mudanças no clima podem ser administradas tanto a curto quanto a médio prazo.

Marque a alternativa correta:

a) Estão corretas APENAS as afirmativas I e II.

b) Estão corretas APENAS as afirmativas I, II e V.

c) Estão corretas APENAS as afirmativas I, III e V.

d) Estão corretas APENAS as afirmativas II, III e IV.

e) Estão corretas APENAS as afirmativas II, III, IV e V.

07. (AlfaCon) Sobre o comportamento e o clima organizacional, assinale a única opção falsa.

a) O comportamento organizacional é um campo de estudo que investiga o impacto que indivíduos, grupos e a estrutura têm sobre o comportamento dentro das organizações com o propósito de aplicar este conhecimento em prol do aprimoramento da eficácia de uma organização.

b) O clima pode ser tocado e visualizado. Pode também ser percebido psicologicamente.

c) O comportamento organizacional procurar estudar as ações do indivíduo na empresa, sua personalidade, atitudes, percepção, aprendizagem e motivação dentro do ambiente da empresa.

d) São elementos de avaliação do clima organizacional: processos de liderança, forças motivacionais, comunicações, processos de interação e relacionamento, desempenho e qualidade, entre outros.

e) O clima organizacional influencia a motivação, o desempenho humano e a satisfação no trabalho.

Todos se viraram para ver o que acontecia. No meio da pista de um aeroporto, João gritava com seu gerente de embarque: "Não quero ouvir desculpas. Quero que você ponha esses aviões para voar". Como chefe de operações da VOABEM, João sentia-se constantemente frustrado com o comportamento de seus funcionários. "Eles não escutam o que digo. Acham que está tudo uma beleza e rejeitam todas as modificações que proponho. Não dão a menor importância para o respeito ao cronograma". Se João critica seu pessoal, a recíproca é verdadeira. Todos os seus subordinados o detestam. Em uma pesquisa de clima organizacional, os funcionários disseram: "Ele é totalmente insensível às nossas necessidades". "Ele acha que gritando vai fazer as coisas melhorarem". "Trabalho aqui há 4 anos. Antes da chegada dele, era um bom lugar para se trabalhar. Agora não é mais". "Fico constantemente com medo de ser massacrada".

Com base no texto acima e analisando os resultados da pesquisa de clima, julgue os itens que se seguem:

08. (VUNESP - Adaptada) Estudos de clima organizacional têm caráter avaliativo e a percepção que os funcionários têm de João pode ser falsa.

Certo ( ) Errado ( )

09. (VUNESP - Adaptada) Se a pesquisa de clima organizacional reflete o universo da empresa e os tipos de pessoas que a organização atrai, João deve ser despedido.

Certo ( ) Errado ( )

10. (VUNESP - Adaptada) O clima organizacional não é influenciado pela estrutura de poder dominante e desse modo, embora os funcionários reclamem de João, o clima pode ser positivo.

Certo ( ) Errado ( )

Gabaritos

01	CERTO	06	D
02	ERRADO	07	E
03	CERTO	08	CERTO
04	D	09	ERRADO
05	D	10	ERRADO

9. AVALIAÇÃO DE DESEMPENHO

A avaliação de desempenho pode ser entendida, principalmente, como um processo que mede o desempenho do colaborador no cargo em que ocupa na organização, o qual pode ser medido de maneira formal, através de modelos estabelecidos e documentados ou, informal, através da simples observação dos supervisores, gerentes e/ou gestores das empresas.

9.1 Objetivos

As organizações buscam diversas formas de obter melhores resultados, e uma dessas formas é fazer uma boa avaliação no desempenho de seus colaboradores, pois isso pode contribuir muito para a elaboração de estratégias que levem a melhoria do desempenho dos seus funcionários e, consequentemente, aos resultados esperados. Entretanto é preciso que se tenha completo entendimento de todos os objetivos de uma avaliação. Elenca-se a seguir os principais objetivos da avaliação de desempenho:

→ **Os principais objetivos da avaliação de desempenho são:**

- Favorecer a adequação dos indivíduos aos cargos e à organização.
- Conhecer como está o potencial de desenvolvimento de cada empregado.
- Fornecer informações para a elaboração de programas de treinamento e de desenvolvimento de pessoal.
- Fornecer informações sobre quais empregados deverão ser promovidos.

Existem muitos métodos que podem ser utilizados pelas organizações para propor a realização de uma avaliação de desempenho, porém é necessário que cada organização escolha o método que mais seja adequado ao seu segmento, à suas necessidades e às suas características.

9.2 Responsabilidades do Gerenciamento de Desempenho

A avaliação de desempenho é entendida como uma responsabilidade do supervisor (de linha) e uma função do setor de recursos humanos (*staff*), entretanto é preciso considerar que a responsabilidade pelo processamento da avaliação do desempenho pode ser feito:

→ **Centralizada: a avaliação pode ser centralizada quando ela é feita pela área de recursos humanos da organização;**

→ **Centralização média: a avaliação centralizada média é feita com a participação de avaliadores de diversas áreas juntamente com uma comissão.**

Em algumas organizações, a avaliação de desempenho é atribuída a uma comissão, e essa comissão de avaliação normalmente é formada por membros de diversos setores da empresa, bem como de líderes e membros da diretoria, os quais podem ser transitórios ou permanentes. Dessa forma, a avaliação acaba sendo coletiva, e cada integrante terá igual participação e responsabilidade no julgamento.

Além disso, existem também os integrantes que são estáveis e permanentes, os quais participam de todo o processo de avaliação. O papel desses integrantes é a manutenção do equilíbrio dos julgamentos, do atendimento aos padrões e da constância ao sistema.

Os integrantes da comissão que irão participar de forma exclusiva das avaliações dos colaboradores, como os membros que são interessados a participar dessas avaliações e estão vinculados a sua área de atuação, têm uma tarefa importante a fazer, pois precisam buscar informações a respeito dos avaliados e proceder ao julgamento e a avaliação de forma imparcial e homogênea.

Pode-se citar alguns exemplos de comissão de avaliação do desempenho, nos quais os membros são estáveis ou permanentes, como:

- Presidente ou diretor;
- Diretor de RH;
- Especialista em avaliação de desempenho;
- Executivo de organização e métodos.

O grande propósito de uma organização, quanto às avaliações, é conseguir uma harmonia em todo o processo de avaliação e, além disso, conseguir que a comissão de avaliação trabalhe de forma consistente e homogênea.

→ **Descentralizada: a avaliação de desempenho pode ser descentralizada, ou seja, ela pode ser feita pelos colaboradores, mas, certamente, com o acompanhamento e controle dos gerentes ou supervisores. Porém, é um tipo de avaliação que não é muito utilizada devido à cultura dos funcionários que, muitas vezes, não estão preparados para saber exatamente como avaliar, pois a avaliação exige treinamento, não pode ser feita de qualquer maneira.**

9.3 Os Métodos de Avaliação e suas Principais Características

Para que seja feita uma avaliação de desempenho adequada, é preciso escolher o método de acordo com a área avaliada, e com o perfil do colaborados, ou seja, se são funcionários da produção, do setor de vendas, se são líderes, horistas, etc., pois é preciso estruturar a avaliação de forma que ela se adapte ao público avaliado.

- Método
- Descrição
- Características
- Vantagens
- Desvantagens

9.3.4.1 Escala Gráfica

Utiliza "fatores de avaliação" previamente graduados, através de um formulário de dupla entrada com linhas de fatores e colunas de graus.

Parece simples, mas é preciso cuidar com o alto nível da subjetividade e prejulgamento.

De fácil entendimento e aplicação simples.

9.3.4.2 A Visão da Empresa x A Situação do Empregado

Um pouco trabalhoso para o avaliador registrar.

Não permite muita flexibilidade ao avaliador.

Sujeito à generalização dos avaliadores quanto à pontuação dos fatores. Método subjetivo que exige prejulgamento (se o funcionário é bom em um fator, a tendência é avaliá-lo bom em todos os demais).

Tende a bitolar os resultados das avaliações.

Utiliza de métodos estatísticos para poder corrigir as possíveis distorções ou erros de avaliação.

9.3.4.3 Escolha Forçada

Utiliza blocos de "frases descritivas" (positivas ou positivas e negativas), escolhidas de acordo com os critérios existentes na empresa; a pessoa que vai avaliar precisa escolher somente uma ou duas frases que se apliquem ao desempenho do seu avaliado.

Proporciona resultados mais confiáveis e isentos de subjetividade, pois elimina a generalização.

Método simples e fácil de aplicar e não precisa treinar os avaliadores.

Sua elaboração é complexa, exigindo um planejamento mais demorado.

Apresenta resultados globais (discrimina apenas os empregados bons, médios e fracos, pois é fundamentalmente comparativo).

É preciso completar as informações, no caso de avaliações usadas para o desenvolvimento dos colaboradores.

O avaliador fica sem saber qual seria o resultado da avaliação dos seus subordinados.

9.3.4.4 Pesquisa de Campo

A pesquisa de campo é feita através de entrevistas com o supervisor imediato, que levanta as causas e possíveis motivos que originaram tal desempenho de seus colaboradores. A avaliação é feitas utilizando-se da análise de fatos e situações.

A entrevista obedece ao seguinte roteiro:

Avaliação inicial: avaliação como mais que satisfatório (+), satisfatório (+-) ou menos que satisfatório (-).

Análise suplementar: análise de forma mais profunda, por meio de perguntas do especialista ao chefe.

Planejamento: fase importante na qual é desenhado uma planejamento para o colaborador melhorar o seu desempenho (aconselhamento, readaptação, treinamento, desligamento e substituição, promoção ou manutenção no cargo).

> É um método mais amplo, pois permite também o planejamento do empregado na função e na empresa.

> Necessidade de retroação de dados acerca do desempenho dos empregados.

> Possui uma enorme gama de aplicações.

> Permite um acompanhamento muito mais dinâmico do empregado.

> Comparação aos pares.

> A comparação dois a dois, de cada vez, dos empregados, permite que se anote o que pode ser entendido como sendo o melhor desempenho, podendo-se também utilizar fatores de avaliação.

> Esse método somente deve ser usado quando for impossível usar outros métodos.

> É um processo muito simples.

> Pouco eficiente.

9.3.4.5 Frases Descritivas

Têm as mesmas características da escolha forçada, porém, não é obrigatória uma escolha entre blocos de frases. (A pessoa que irá avaliar pode escolher entre vários opções de frases, aquelas que mais se caracterizam e as que não caracterizam o desempenho do subordinado. O avaliador escolherá aquelas frases que mais representam o comportamento dos avaliados).

9.3.1 Método

9.3.1.1 Escala Gráfica

> Descrição

Utiliza "fatores de avaliação" previamente graduados, através de um formulário de dupla entrada com linhas de fatores e colunas de graus.

> Características

O mais utilizado. É aparentemente simples, mas requer cuidados para a neutralização da subjetividade e prejulgamento.

> Vantagens

De fácil entendimento e aplicação simples

Permite uma boa visão do que a empresa deseja x a situação do empregado.

Um pouco trabalhoso para o avaliador registrar

> Desvantagens

Não permite muita flexibilidade ao avaliador.

Sujeito à generalização dos avaliadores quanto à pontuação dos fatores. Método subjetivo que exige prejulgamento (se o funcionário é bom em um fator, a tendência é avaliá-lo bom em todos os demais).

Tende a bitolar os resultados das avaliações.

Necessita de procedimentos matemáticos e estatísticos para correção das distorções e influências pessoais (que tendem a apresentar resultados exigentes ou condescendentes a todos os seus subordinados).

9.3.1.2 Escolha Forçada

> Descrição

Utiliza blocos de "frases descritivas" (positivas ou positivas e negativas), escolhidas de acordo com os critérios existentes na empresa, entre as quais o avaliador deve escolher apenas uma ou duas que mais se aplicam ao desempenho do seu avaliado.

> Vantagens

Proporciona resultados mais confiáveis e isentos de subjetividade, pois elimina a generalização.

Sua aplicação é simples e não exige preparo dos avaliadores.

> Desvantagens

Sua elaboração é complexa, exigindo um planejamento mais demorado.

Apresenta resultados globais (discrimina apenas os empregados bons, médios e fracos, pois é fundamentalmente comparativo).

Quando utilizado para o desenvolvimento de pessoal, necessita de complementação de informações.

Deixa o avaliador sem noção de qual será o resultado da avaliação dos seus subordinados.

9.3.1.3 Pesquisa De Campo

> Descrição

São entrevistas de um especialista em avaliação em cada setor, com o supervisor imediato, que levanta as causas, origens e motivos do desempenho dos seus subordinados, através de análise de fatos e situações.

> Características: A entrevista obedece ao seguinte roteiro:

Avaliação inicial: O desempenho é avaliado como mais que satisfatório (+), satisfatório (+-) ou menos que satisfatório (-).

Análise suplementar: Uma análise mais aprofundada do desempenho do funcionário, através de perguntas do especialista ao chefe.

Planejamento: Faz-se o plano de ação para o funcionamento (aconselhamento, readaptação, treinamento, desligamento e substituição, promoção ou manutenção no cargo).

> Vantagens

É um método mais amplo, pois permite também o planejamento do empregado na função e na empresa.

> Desvantagens

Necessidade de retroação de dados acerca do desempenho dos empregados.

Possui uma enorme gama de aplicações.

Permite um acompanhamento muito mais dinâmico do empregado.

9.3.1.4 Comparação aos Pares

> Descrição

A comparação dois a dois, de cada vez, dos empregados, anotando-se o que é considerado melhor quanto ao desempenho, pode também utilizar fatores de avaliação.

> Características

É recomendado apenas quando os avaliadores não têm condições de utilizar outros métodos.

> Vantagem

É um processo muito simples.

> Desvantagem

Pouco eficiente.

9.3.1.5 Frases Descritivas

> Descrição

Apenas difere do método da escolha forçada por não exigir obrigatoriedade na escolha entre um bloco de frases (existem várias frases para o avaliador escolher que caracterizam e que não caracterizam o desempenho do subordinado. O avaliador escolherá aquelas frases que mais representam o comportamento dos avaliados).

Além desses métodos, ainda temos:

9.3.1.6 Método dos Incidentes Críticos

É um método de avaliação de desempenho bastante simples.

Método baseado nas características extremas (incidentes críticos) que representam desempenhos altamente positivos (sucesso) ou altamente negativos (fracasso). Ele afirma também que o método não se preocupa com o desempenho normal, mas com desempenho positivo ou negativo excepcionais. Cada fator de avaliação do desempenho é transformado em incidente critico ou excepcional para avaliar os pontos fortes e os pontos fracos de cada empregado.

9.3.1.7 Lista de Verificação

Esse método é considerado tradicional na avaliação de desempenho.

É baseado na relação de fatores de avaliação a serem considerados (*check-lists*) a respeito de cada empregado. Cada um desses fatores de desempenho recebe uma avaliação quantitativa.

Avaliação 360 graus e por Objetivos. Esses métodos são considerados diferenciados dos demais, pois são métodos mais modernos e sofisticados.

9.3.1.8 Avaliação por Objetivos

Esse método está profundamente relacionado ao modelo de administração por objetivos. É um método no qual o superior (o chefe) e o subordinado (o operário) identificam, juntos, os objetivos a serem atingidos pelo funcionário em um determinado período de tempo. Nesse método permite um acompanhamento periódico dos resultados alcançados e os anteriormente fixados e a identificação das providências necessárias para o próximo período.

9.3.1.9 Avaliação 360 Graus

É um método de avaliação de desempenho que se baseia na ampla participação de todos os integrantes da equipe. As informações sobre o desempenho do avaliado são coletadas de todas as pessoas ao seu redor. É também chamada de "*feedback* 360". Essa avaliação é realizada de modo circular por todos os elementos que mantêm alguma interação com o avaliado.

9.4 Elementos do Gerenciamento de Desempenho

9.4.1 O Avaliador de Desempenho

A responsabilidade pela avaliação de desempenho das pessoas pode ser atribuída ao responsável do setor de recursos humanos, ao gerente do setor, ao próprio colaborador ou, ainda, de forma conjunta, levando em conta que pode haver uma comissão de avaliação de desempenho.

9.4.2 O Avaliado de Desempenho

O papel do avaliado é aproveitar ao máximo esse projeto e beneficiar-se do mesmo, almejando, através dele, uma posição melhor na organização.

9.5 Benefícios da Avaliação de Desempenho

Os benefícios de uma avaliação de desempenho são vistos a curto, médio e longo prazo, desde que todo o processo de avaliação tenha sido bem preparado, bem planejado. A seguir, são elencados alguns dos benefícios da avaliação ou gerenciamento do desempenho para o chefe, para o subordinado e para a organização:

9.5.1 Benefícios para o Chefe

Tem condições de avaliar melhor o comportamento e o desempenho dos colaboradores, desde que use uma avaliação que elimine a subjetividade;

Sugere melhorias para o comportamento de seus subordinados;

Melhora a comunicação e o feedback entre líder e subordinado, deixando a avaliação do desempenho como um sistema objetivo.

9.5.2 Benefícios para o Subordinado

Tem conhecimento sobre o que precisa melhorar e o que a empresa mais valoriza em seus funcionários.

Sabe quais são as expectativas de seu superior quanto ao seu desempenho e à melhoria do seu ponto fraco, bem como conhece mais sobre os seu ponto forte, de acordo com a avaliação do chefe;

Tem condições de melhorar o seu desempenho através do plano de ação que seu superior traça e que ele toma conhecimento do mesmo, podendo realizar as melhorias.

Consegue avaliar-se e ter opinião crítica sobre o próprio desenvolvimento e controle.

9.5.3 Benefícios para a Organização

Consegue avaliar melhor o capital humano da organização.

Tem condições de saber exatamente qual é o funcionário que precisa de treinamento e qual pode promover.

Pode oferecer mais oportunidades e de desenvolvimento aos seus colaboradores, além de conseguir motivar a produtividade e melhorar o relacionamento interpessoal da sua equipe.

9.6 Falhas na Avaliação de Desempenho

Em qualquer processo de avaliação de desempenho, podem ocorrer vários erros e falhas, devido a vícios na avaliação ou à escolha de métodos errados, os quais prejudicam e comprometem todo o processo.

A seguir, serão apresentadas algumas falhas ou erros do processo de avaliação de desempenho:

Padrões obscuros - apresenta os aspectos e os graus de mérito, abertos à interpretação. Isso poderá causar avaliações injustas.

Erro de tendência Central - a pessoa que avalia tenta evitar as pontuações máximas e mínimas, pontuando todos os empregados em todos os aspectos na média. Essa situação produz avaliações distorcidas e de pouca utilidade.

Rigor ou Brandura (complacência) - consiste no comportamento dos avaliadores que tendem a avaliar todos os empregados ou muito bem ou muito mal.

Parcialidade - permite que as diferenças individuais afetem a avaliação que os empregados recebem.

Efeito Halo - esse é um erro de avaliação que consiste em avaliar de forma positiva ou negativa determinado funcionário, de acordo com uma de suas características, ou seja, se o colaborador é bom em certa tarefa, então, ele será bom em todas, e se é ruim em alguma coisa, ele será ruim em qualquer coisa.

Recenticidade - avaliação feita com os fatos que aconteceram recentemente.

Erro de "primeira impressão" - esse erro ocorre pela avaliação ser feita com base na primeira impressão que se teve do colaborador, não levando em conta a sua evolução e realizações nos últimos meses.

Erros de semelhança (auta-identificação) - avaliação de forma positiva, somente com os colaboradores que possuem características semelhantes ao avaliador.

Erro de fadiga / rotina – erro por estar cansado, devido a muitas avaliações seguidas.

9.7 O Feedback na Avaliação de Desempenho

O gerenciamento da avaliação de desempenho conta com uma ferramenta muito importante que é o *feedback*, pode ser entendido como retroalimentação. Esse termo é utilizado na eletrônica, mas também é utilizado em outras áreas.

Pode-se dizer que o *feedback* é um sistema que avalia os resultados do sistema, através do processo de retroalimentação.

Questões

01. Não é objetivo da Avaliação de Desempenho:

a) Favorecer a adequação dos indivíduos aos cargos e à organização;

b) Conhecer como está o potencial de desenvolvimento de cada empregado;

c) Fornecer informações sobre quais empregados serão promovidos;

d) Permitir o fornecimento de informações para a elaboração de programas de treinamento e desenvolvimento de pessoal;

e) Criar um estímulo motivacional nos colaboradores.

Gabaritos

01	E

10. SIMULADO DE NOÇÕES DE ADMINISTRAÇÃO/ SITUAÇÕES GERENCIAIS

01. A Nova Administração Pública, caracterizada pelo modelo gerencial, foi introduzida nos anos 1990, durante a última reforma administrativa do Estado brasileiro, e liderada por Bresser Pereira. São característica desta reforma, exceto:

a) Combate ao monopólio estatal.

b) Adoção de ferramentas da iniciativa privada.

c) Parceria Público-Privada.

d) Definição do núcleo estratégico da administração pública.

e) Reestatização de setores estratégicos.

02. De acordo com o corpo de conhecimento da gerência de projetos, as simulações para análise de risco de prazos são possíveis utilizando

a) o Arrow Diagramming Method.

b) a técnica Monte Carlo.

c) o modelo WBS.

d) a análise de custo/benefício.

e) o Project Charter.

03. Uma das características da administração pública patrimonialista é:

a) a apropriação de ativos e interesses públicos por particulares;

b) a hierarquia funcional e a flexibilização administrativa;

c) a permanente tensão entre política e administração pública;

d) a coordenação e controle dos processos decisórios;

e) o acentuado domínio da burocracia nos procedimentos administrativos.

04. A respeito da reengenharia organizacional, assinale a opção correta.

a) Uma das grandes características da reengenharia organizacional é o foco na evolução gradual e paulatina dos processos que são reorganizados em novo contexto.

b) A equipe de implementação da reengenharia organizacional pode prescindir do líder e, mesmo assim, alcançar o sucesso do projeto.

c) A base da reengenharia organizacional está restrita aos processos.

d) Uma condição indispensável para o êxito da reengenharia organizacional é que ela seja feita top-down, ou seja, com a imposição da direção da organização aos colaboradores.

e) O ponto central da reengenharia é pensar a empresa a partir do orçamento passado e projetá-lo para o novo período de forma a atender às necessidade dos setores reorganizados.

05. O conceito de accountability, que passou a ser bastante difundido no âmbito da Gestão de Resultados na produção de serviços públicos, corresponde a

a) métrica específica para apuração dos resultados obtidos com a atuação pública, de acordo com indicadores de desempenho e performance.

b) obrigação dos governantes de prestar contas de sua atuação aos administrados, envolvendo as dimensões de conformidade e de desempenho.

c) sistema de avaliação interna para aferir a atuação do agente público, que objetiva a produção do melhor resultado com o menor dispêndio de recursos públicos.

d) avaliação, pelas instâncias superiores da Administração, de acordo com parâmetros estabelecidos a priori, dos resultados obtidos com programas e ações públicas.

e) forma de implementação de remuneração por resultados, de acordo com indicadores e metas claramente estabelecidos e voltados à melhoria dos serviços oferecidos ao usuário.

06. Sobre a Administração Pública, marque a alternativa correta. O conceito constitucional da Administração Pública é

a) a face do Estado que atua no desempenho da função administrativa, formada pelo conjunto de meios institucionais, material, financeiro e humano preordenado à execução das decisões políticas, com a finalidade de prestar serviço público e atender concretamente aos interesses coletivos.

b) o círculo de atribuições, os feixes individuais de poderes funcionais repartidos no interior da personalidade estatal e expressados através dos agentes neles providos.

c) uma espécie de entidade descentralizada, de pessoa jurídica de direito privado diferenciado, que mantém vínculo com o Poder Público

d) uma atividade abstrata e mediata que o Estado desenvolve para assegurar os interesses apenas individuais, subjetivamente tratado como um conjunto definido de órgãos aos quais a Lei fixa o exercício da função legislativa do Estado.

e) o desempenho, unicamente técnico dos serviços próprios do Estado, sob o aspecto operacional, prescindindo da legalidade estrita, em benefício da coletividade.

07. Sobre autoridade e poder nas organizações, é correto afirmar:

a) A autoridade refere-se à capacidade do indivíduo de influenciar os demais, independentemente de seu cargo na hierarquia

b) poder é determinado pelo nível hierárquico do indivíduo na organização e decorre de uma situação de direito.

c) O poder pode vir de diferentes áreas e, de acordo com a sua base, pode se classificar em coercitivo, de recompensa, legítimo, de especialização e de referência.

d) Para exercer poder dentro de uma organização, é preciso ter autoridade explicitada no cargo.

e) Nenhuma afirmação está correta.

08. De acordo com Sobral e Peci (2013), uma forma de manifestação de poder em organizações consiste na legitimidade do uso do poder por membros organizacionais e não somente por administradores. Sob essa perspectiva, o sistema legítimo da autoridade que permeia a estrutura organizacional é, em geral, tido como aceito e adequado. No entanto, os autores reconhecem que outros recursos de poder são usados por pessoas em organizações. Por exemplo, um funcionário totalmente desprovido de recursos e completamente confrontado pelas adversidades da vida organizacional utiliza a comunicação sutil e hábil de suas próprias realizações pessoais para consolidar uma posição de poder mais favorável e evoluir na estrutura hierárquica em seu percurso profissional. Mediante a propagação da informação, o resultado esperado é chamar a atenção dos administradores preocupados em assegurar a ascensão do funcionário. Uma pesquisa científica analisou esse jogo de poder organizacional e revelou que o procedimento a ser seguido para que funcione é jamais comunicar diretamente as realizações pessoais aos principais interessados, mas intercalar um intermediário entre o agente e o destinatário com quem o agente tem proximidade informal.

Considerando as informações apresentadas e a argumentação de Sobral e Peci (2013) sobre poder e estrutura organizacional, assinale a alternativa correta.

a) O funcionário, ao executar o jogo de poder organizacional, vale-se de sua própria autoridade de assessoria, que consiste na capacidade de influenciar, aconselhando e prestando assistência aos gestores de linha na execução de suas funções.

b) O funcionário, ao executar o jogo de poder organizacional, demonstra ter noção de poder organizacional, assim como iniciativa para a colocar em prática, com vistas a exercer influência sobre pessoas ou grupos e alterar o comportamento dessas pessoas ou grupos.

c) O funcionário, ao executar o jogo de poder organizacional, faz uso direto da cadeia de comando da sua organização, isto é, da linha de autoridade formal que define a estrutura hierárquica de relações entre os membros e unidades organizacionais.

d) O funcionário, ao executar o jogo de poder organizacional, utiliza o poder de recompensa, isto é, um tipo de poder resultante da capacidade de galardoar os outros, influenciando o comportamento desses pelo controle de sistema de retribuição.

e) Nenhuma afirmação está correta.

09. A respeito da aprendizagem e dos comportamentos organizacionais, assinale a opção correta.

a) Nem toda alteração de comportamento decorre de uma aprendizagem. A aprendizagem, todavia, será observada pela mudança de comportamento.

b) A socialização familiar é sufciente para a inserção do indivíduo na organização impessoal e regulamentada da Administração atual.

c) É possível manter um comportamento inovador sem a aceitação de riscos.

d) Independentemente do nível de experiência do indivíduo, é possível que ele desempenhe um comporta- mento inovador saudável para a organização.

e) A sabedoria, para lidar com situações ambíguas, é uma característica do comportamento burocrático.

10. Das características que Antônio, funcionário de carreira do TJ, apresenta em seu trabalho, a que NÃO representa o conceito de eficiência é

a) fazer as coisas de maneira adequada.

b) ser proativo.

c) ser cumpridor de seus deveres.

d) maximizar a utilização dos recursos disponíveis.

e) ter como máxima a redução de custos.

Gabaritos

Gabarito do Simulado on-line

alfaconcursos.com.br/lp/ibge

CÓDIGO DE ACESSO

IBGE GABARITO RESGATAR

Acesse, cadastre-se e receba muito mais!

CONHECIMENTOS TÉCNICOS IBGE

Apresentação

Quem somos? Como somos? Onde vivemos?

Responder a essas perguntas é fundamental para o Brasil conhecer as características de sua população. Um país sem conhecimento fica à deriva. Por isso, o Instituto Brasileiro de Geografia e Estatística – IBGE realiza o Censo Demográfico a cada década. O Censo é a única pesquisa que percorre e investiga cada município do Brasil.

O resultado do Censo é empregado para a gestão de políticas públicas e de projetos da iniciativa privada. Ele é a única pesquisa que gera informações atualizadas e confiáveis sobre as características da população e de seus domicílios, fornecendo um rico perfil do país e de suas diversas estruturas territoriais.

Objetivo

Apresentar aos candidatos os conteúdos técnicos fundamentais nas áreas de conhecimento do Censo Demográfico 2020 de Equipamentos e Sistemas do Censo Demográfico 2020, de forma a possibilitar aos interessados a participação no Processo Seletivo Simplificado (PSS).

1. IBGE - INSTITUTO BRASILEIRO DE GEOGRAFIA E ESTATÍSTICA

Por mais de 80 anos, o IBGE vem contribuindo para o Brasil com as suas pesquisas e mapeamentos. É um instituto de significado ímpar, dada a importância da sua atuação e dos reflexos que oferece para a sociedade, especialmente para o fortalecimento de políticas públicas.

Esperamos que você queira saber mais e sinta-se motivado a colaborar com essa apaixonante instituição.

> Se tiver interesse em ampliar seu conhecimento sobre a história do IBGE, visite o portal do Núcleo Virtual da Rede de Memória do IBGE.
> Disponível no link: https://memoria.ibge.gov.br/

Em seus fundamentos, o IBGE é o órgão coordenador e produtor de informações estatísticas e geográficas do país. Para que suas atividades possam cobrir todo o território nacional, a instituição conta com uma rede nacional de pesquisa e disseminação, composta por:

- 27 Unidades Estaduais (26 nas capitais dos estados e 1 no Distrito Federal);
- 570 Agências de Coleta de Dados nos principais municípios.

> A missão do IBGE é "retratar o Brasil com informações necessárias ao conhecimento de sua realidade e ao exercício da cidadania".

O IBGE oferece um panorama objetivo e atual do país, com a produção e a disseminação de informações de natureza estatística, geográfica e ambiental. Essa missão se concretiza quando o IBGE:

- identifica, mapeia e analisa o território;
- realiza a contagem da população;
- informa como a população vive;
- apresenta a evolução da economia a partir de estatísticas do trabalho e da produção.

Tais informações, relevantes e confiáveis, são essenciais para a consolidação de uma sociedade democrática e para o planejamento de políticas públicas.

1.1 Censo Demográfico 2020

Entre as principais pesquisas feitas pelo IBGE, encontra-se o Censo Demográfico, que é a operação realizada a cada 10 anos para contar a população e obter informações sobre as principais características dos habitantes e de seus domicílios. Além disso, verifica a sua distribuição territorial no país e a evolução de seu quantitativo ao longo do tempo.

O Censo é a principal fonte de dados sobre a situação de vida da população nos municípios e localidades. Estes dados podem ser utilizados para a definição de políticas públicas em nível nacional, estadual e municipal. E também como auxílio para a tomada de decisões na área de investimentos, especialmente em relação ao setor privado.

Em 2020, o IBGE realizará o XIII Censo Demográfico, que será um "retrato de corpo inteiro" do País, após levantar o perfil da população e das características de seus domicílios. Ou seja, ele nos dirá como somos, quantos somos e como vivemos.

No Censo 2020, o IBGE visitará cerca de 70 milhões de domicílios brasileiros, espalhados pelos mais de 8,5 milhões de km^2 do nosso vasto território, para conhecer a situação de vida da população em cada um dos 5.568 municípios. Um trabalho gigantesco, que envolve milhares de pessoas!

A tabela a seguir mostra a variação populacional na pirâmide etária a partir dos dados coletados no Censo 2010 pelo IBGE:

Faixa etária	Homens	% Homens	% Mulheres	Mulheres
Mais de 100 anos	7.247	0,0%	0,0%	16.989
95 a 99 anos	31.529	0,0%	0,0%	66.806
90 a 94 anos	114.964	0,1%	0,1%	211.595
85 a 89 anos	310.759	0,2%	0,3%	508.724
80 a 84 anos	668.623	0,4%	0,5%	998.349
75 a 79 anos	1.090.518	0,6%	0,8%	1.472.930
70 a 74 anos	1.667.373	0,9%	1,1%	2.074.264
65 a 69 anos	2.224.065	1,2%	1,4%	2.616.745
60 a 64 anos	3.041.034	1,6%	1,8%	3.468.085
55 a 59 anos	3.902.344	2,0%	2,3%	4.373.875
50 a 54 anos	4.834.995	2,5%	2,8%	5.305.407
45 a 49 anos	5.692.013	3,0%	3,2%	6.141.338
40 a 44 anos	6.320.570	3,3%	3,5%	6.688.797
35 a 39 anos	6.766.665	3,5%	3,7%	7.121.916
30 a 34 anos	7.717.657	4,0%	4,2%	8.026.855
25 a 29 anos	8.460.995	4,4%	4,5%	8.643.418
20 a 24 anos	8.630.227	4,5%	4,5%	8.614.963
15 a 19 anos	8.558.868	4,5%	4,4%	8.432.002
10 a 14 anos	8.725.413	4,6%	4,4%	8.441.348
5 a 9 anos	7.624.144	4,0%	3,9%	7.345.231
0 a 4 anos	7.016.987	3,7%	3,6%	6.779.172

Homens | Mulheres

Tabela 1 | Distribuição da população por sexo, segundo os grupos de idade BRASIL 2010.

Para chegar a um consenso sobre quais questões serão investigadas no Censo Demográfico 2020, o IBGE promove consultas e debates amplos: com a sociedade brasileira e órgãos técnico-governamentais.

A partir daí, com a conclusão do Censo, o Brasil vai dispor de informações necessárias para conhecer as características das pessoas – onde residem, por exemplo –, a fim de planejar políticas e investimentos públicos.

O conjunto de dados coletados trará resultados relacionados a questões fundamentais, como:

> O total da população do País por sexo e faixa etária e como está distribuída no Território Nacional;
> A expectativa de vida da população do País;
> A estimativa de brasileiros que vivem fora do País;
> O número médio de filhos que uma mulher teria ao final do seu período fértil;
> O tipo de habitação em que vive a população do País;
> A proporção da população que tem acesso ao saneamento básico;
> O nível de instrução da população;
> As condições de trabalho e o rendimento da população;
> Um panorama da diversidade étnico-racial da população brasileira, com sua distribuição por cor ou raça; e
> A caracterização dos povos indígenas por etnia e línguas indígenas faladas ou utilizadas nos seus domicílios, além de dados sobre a população quilombola.

Os dados coletados no Censo Demográfico 2020 são relativos ao estado de coisas em uma data específica, isto é, a um retrato da situação naquele momento.

É preciso adotar uma data específica como referência para evitar divergências entre quantitativos e características da população, que se alteram com o tempo: entre o início e o fim do período da coleta.

A coleta do Censo Demográfico 2020 será realizada em todo o Brasil a partir do dia 1° de agosto de 2020, mas a data de referência do Censo Demográfico 2020 é a meia-noite de 31 de julho para 1° de agosto de 2020.

Isto significa que os Recenseadores deverão considerar a realidade desse instante no tempo como referência para a coleta de dados.

1.2 O Recenseador

1.2.1 Quem é?

O Recenseador é o responsável por fazer o trabalho da coleta de dados por meio de entrevistas com os moradores. Estando em contato direto com o público, ele representa o IBGE para a sociedade

> O Recenseador é a peça-chave do Censo.

A qualidade dos resultados que serão entregues para o país ao final da operação depende diretamente da qualidade do seu trabalho, do modo como se dedica às atividades em seu dia a dia.

1.2.2 O trabalho do Recenseador

O trabalho do Recenseador consiste em obter as informações junto aos moradores de uma determinada área, nos locais onde residem.

O Recenseador contará com a supervisão de um Agente Censitário Supervisor (ACS). O ACS lhe fornecerá as informações, o material necessário e seus instrumentos de trabalho, assim como lhe prestará orientação técnica e assistência permanente durante o período de realização da coleta de dados. É a ele que o Recenseador deve se reportar sempre que encontrar alguma dificuldade

1.2.3 Aproveitamento e escolha do Setor Censitário

O bom desempenho do trabalho do Recenseador está associado ao domínio dos conceitos e dos procedimentos que serão utilizados no Censo.

Por isso, é importante que o candidato a Recenseador tenha um bom aproveitamento no momento de formação, uma vez que a escolha da área em que deseja trabalhar dependerá da sua classificação final na avaliação do treinamento. Esta área, chamada pelo IBGE de Setor Censitário, será o local de trabalho do Recenseador, onde realizará a coleta de dados.

> Antes de iniciar a coleta de dados, o candidato a Recenseador deve dedicar-se ao treinamento, realizando todas as atividades propostas, procurando rever e exercitar os conteúdos e procedimentos. Deve utilizar todos os recursos instrucionais disponíveis, esclarecendo suas dúvidas sempre que necessário.

Durante o seu trabalho de coleta de dados, o Recenseador ficará lotado em um local físico, chamado de Posto de Coleta, sob responsabilidade do IBGE.

1.2.4 Posto de coleta

O Posto de Coleta é o local de trabalho criado temporariamente pelo IBGE para dar suporte à operação censitária. Nele, reúne-se a equipe encarregada do gerenciamento e da coleta de dados [Glossário] de uma determinada área.

Sempre que requisitado, o Recenseador deverá comparecer ao Posto de Coleta para que o Supervisor possa avaliar o seu trabalho e corrigir possíveis falhas. Caso a supervisão indique a necessidade de corrigir algum dado coletado, o Recenseador deverá retornar a campo.

Resumidamente, o trabalho do Recenseador consiste em percorrer o Setor Censitário sob sua responsabilidade, registrando endereços e realizando as entrevistas com os moradores.

Para concluir o seu trabalho, o Recenseador deve dirigir-se ao Posto de Coleta e devolver o material de trabalho ao Instituto.

1.2.5 Instrumentos de trabalho do Recenseador

Durante a coleta de dados, o Recenseador terá dois instrumentos de trabalho disponíveis: o Mapa do Setor Censitário (em papel) e o Dispositivo Móvel de Coleta (DMC). O Recenseador será responsável pelo patrimônio público enquanto estiver de posse dos materiais a ele confiados, devendo zelar por sua conservação e pelas boas condições de seu uso e funcionamento.

Além desses dois instrumentos de trabalho, o Recenseador contará com o Manual do Recenseador e o Manual de Entrevista (digital), que serão usados como recursos instrucionais durante seu treinamento, além de fonte de consulta para o seu trabalho de coleta de dados.

Figura | Capa do Manual do Recenseador utilizado no Censo de 2020.

Os Manuais do Recenseador e de Entrevista reúnem os conceitos, as definições, os procedimentos e as orientações necessárias ao desempenho de suas atividades e ao registro das informações. O treinamento do Recenseador é composto por outros materiais e recursos de formação, que também servem de suporte ao seu trabalho. Estes devem ser consultados sempre que necessário para garantir maior qualidade na coleta.

1.2.5.1 Vejamos quais são os instrumentos de trabalho

1.2.5.1.1 Mapa do Setor Censitário (em papel)

O Mapa do Setor Censitário (em papel) é uma representação gráfica da área a ser recenseada. Em seu verso, consta a descrição de seus limites. Eventualmente, a representação do setor ganha elementos adicionais que facilitam a identificação de sua área (como a adição da área circundante).

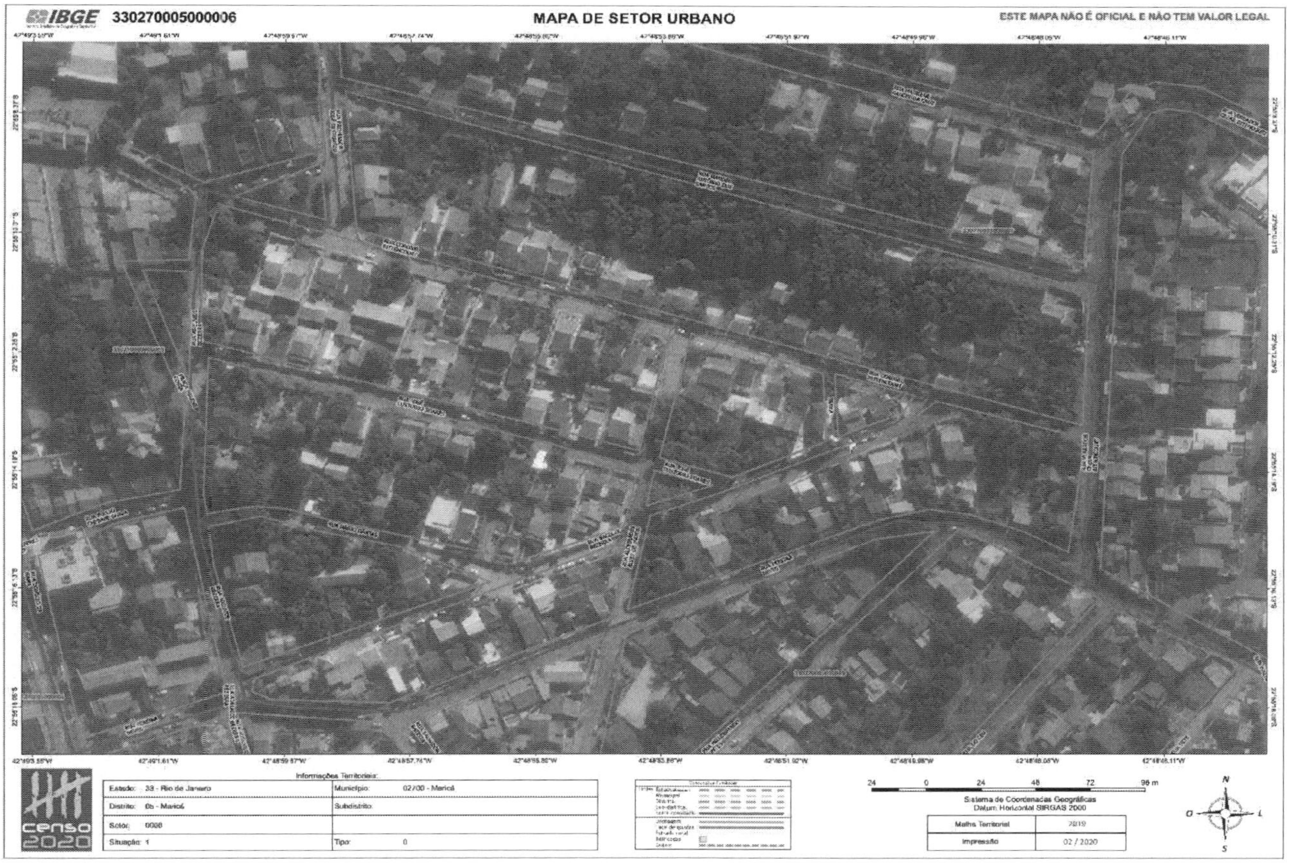

1.2.5.1.2 Dispositivo Móvel de Coleta – DMC

É o equipamento para registro e armazenamento das informações coletadas em campo.

→ No DMC, podem-se acessar:
  - Mapa do Setor Censitário (digital)
  - Lista de Endereços
  - Questionários
    - Básico
    - Amostra
  - Manual do Recenseador e de Entrevista

→ Recursos do DMC

Dominar o uso dos aplicativos e funções do DMC é fundamental para a realização do Censo com a qualidade necessária, pois esse equipamento será a principal ferramenta de trabalho no cotidiano do Recenseador.

Figura | Dispositivo Móvel de Coleta (DMC).

→ Mapa do Setor Censitário

É a representação gráfica do setor censitário. Por fins práticos, costuma retratar alguns outros elementos adicionais para facilitar o reconhecimento do setor em campo. O DMC exibe o Mapa por meio de uma imagem, obtida por satélites, da área do setor e das áreas que o rodeiam. E destaca com uma cor adequada os limites do setor, para diferenciá-lo das áreas restantes. O Mapa do setor censitário é fundamental para a localização do Recenseador em campo e para o trabalho de coleta.

Figura | Mapa do Setor Censitário no DMC.

→ Lista de Endereços

É composta por endereços trabalhados no setor censitário em pesquisas anteriores. Por isso, é também chamada de "lista prévia".

É importante que o Recenseador visite todos os endereços do setor (mesmo que alguns destes não estejam presentes na lista) e atualize a relação que carrega em seu DMC.

Figura | Lista de Endereços no DMC

Para atualizar a lista de endereços (prévia), o Recenseador deverá seguir estas orientações:

- Confirmar os endereços que continuam presentes em campo, após verificação
- Incluir os novos endereços que forem encontrados
- Excluir os endereços que não forem encontrados em campo

→ Questionário Básico

É o questionário com menor número de quesitos, em que serão registradas as características do domicílio e de seus moradores na data de referência [Glossário]. Os quesitos desse questionário serão aplicados a todos os domicílios.

→ Questionário da Amostra

Esse questionário é respondido por uma parte da população, selecionada de forma aleatória por meio de cálculos específicos, formando uma amostra estatística

Figura | Questionário da Amostra no DMC.

Apenas um modelo de questionário (básico ou amostra) será aplicado em cada domicílio.

1.2.5.1.3 Evitando a perda de informações

É muito importante tomar providências para evitar a perda de informações coletadas, tais como:

- Zelar pelo correto registro das informações;
- Fazer cópias de segurança (backups) regularmente;
- Transmitir as informações sempre que possível;
- Evitar quedas e contato com água e umidade; e
- Adotar cuidados básicos ao circular pelos setores censitários com o DMC, preservando a segurança de si, dos dados coletados e do próprio equipamento.

1.2.6 Cálculo da remuneração do Recenseador

A remuneração mensal do Recenseador será por produção, calculada por Setor Censitário, conforme taxa fixada, de conhecimento prévio, com base na quantidade de unidades recenseadas (domicílios urbanos e/ou rurais), pessoas recenseadas e registro no controle da coleta de dados.

Em um mês, o Recenseador poderá receber vários pagamentos, de acordo com a liberação dos setores produzidos. Esses setores serão pagos de forma individualizada. Os valores respectivos são acumulados por mês para cálculo dos descontos INSS e IRPF [Glossário], e para cálculo do recebimento de salário-família (caso o Recenseador se enquadre nos requisitos desse benefício).

1.2.6.1 Remuneração bruta e remuneração líquida

É preciso saber diferenciar remuneração bruta do trabalhador e remuneração líquida para entender o cálculo final da remuneração.

Os descontos mais comuns que costumam ocorrer da remuneração bruta para a remuneração líquida são:

- INSS: alíquota de 8%, 9% ou 11%, conforme tabela do INSS vigente em cada mês;

- IRPF: para aqueles cuja base de cálculo sofra retenção do imposto, conforme tabela do IRPF vigente em cada mês;
- Pensão alimentícia, quando houver; e
- Valores de produção recebidos indevidamente.

Remuneração Bruta
É o ganho total do Recenseador (produção + salário-família, quando houver).
Remuneração Líquida
É o valor recebido após os descontos aplicados na remuneração bruta.

Remuneração Bruta
− INSS
− IRPF
− Pensão Alimentícia

= Remuneração Líquida

1.2.6.2 Remuneração por rescisão

Quando o contrato terminar, o Recenseador terá direito a receber o pagamento da rescisão, que corresponde à soma dos valores de 13º salário e de férias indenizadas.

Devido ao fato de o Recenseador não possuir um salário fixo, utiliza-se como base a Remuneração Média Mensal, calculada da seguinte forma:

$$\text{Remuneração Média Mensal} = \frac{\text{soma das remunerações}}{\text{n.º dias do contrato}} = \text{x } 30$$

A partir dessa Remuneração Média Mensal, são calculados os seguintes valores:

→ 13º salário

Gratificação natalina proporcional aos meses de trabalho, observada a regra de que a fração igual ou superior a 15 (quinze) dias será considerada como mês integral.

→ Férias indenizadas

Indenização relativa ao período incompleto de férias, na proporção de 1/12 (um doze avos) por mês de efetivo exercício, ou fração superior a 14 (quatorze) dias, acrescido do adicional de 1/3 (um terço) da remuneração das férias.

1.2.7 Conduta do Recenseador

Milhares de Recenseadores do IBGE, em todo o Brasil, vão às ruas em busca de informações de qualidade para a coleta do Censo Demográfico 2020. Nesse processo, interagem com diferentes públicos, cada qual com suas características e peculiaridades.

Face a essa diversidade, é natural que os moradores recebam os Recenseadores de maneiras distintas. Ora com receptividade, ora com desconfiança e resistência.

O tratamento cortês, respeitoso e seguro com o informante é fundamental para estabelecer uma relação de confiança e cooperação. Além disso, é importante que o Recenseador apresente uma postura de trabalho adequada e use sempre o crachá de identificação.

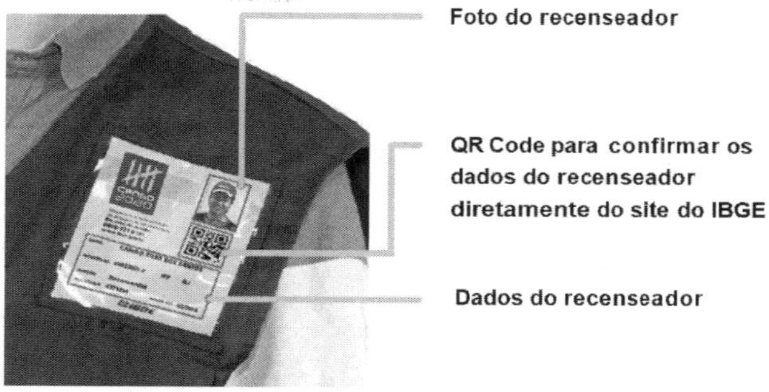

1.2.8 Conduta do Recenseador - A imagem do IBGE

O Recenseador representa a imagem do IBGE no contato com os informantes. É imprescindível se conscientizar disto. Como o Censo é a operação em que o IBGE percorre todo o país, a interação de cada Recenseador com cada informante é fundamental para reforçar a confiança e a credibilidade da população em suas pesquisas.

O Recenseador deve se identificar sempre de forma clara ao seu interlocutor, deixando seu crachá visível e esclarecendo os objetivos da operação censitária.

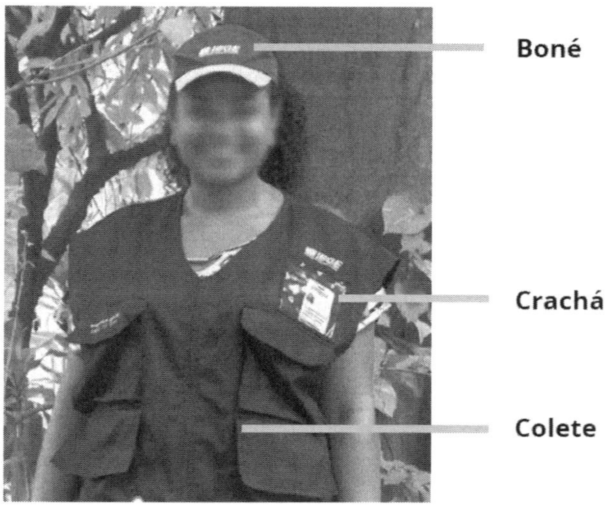

Informe ao entrevistado que é possível verificar a identidade do Recenseador pela internet ou por telefone. Pela Internet, o canal é o site: http://respondendo.ibge.gov.br; e por telefone, o número: 0800 721 8181. Ambos constam do crachá do agente. Deve-se fornecer o nome, matrícula e/ou CPF do Recenseador, para realizar a confirmação.

1.2.9 Conduta do Recenseador - Abordagem ao informante

A abordagem correta contribui para uma resposta mais rápida. Garante também uma postura colaborativa, diminuindo a possibilidade de retrabalho nas etapas posteriores. Por isso, é fundamental que o Recenseador consiga construir uma relação de parceria com o informante. Para isso, é importante ter cuidado com a forma de se fazer as perguntas do questionário. O Recenseador deve ler cada uma delas conforme estão escritas e registrar as respostas diretamente no DMC – sem comentários adicionais a respeito.

Recomenda-se usar sempre palavras de boa educação durante a abordagem ao informante.

É essencial evitar temas delicados, como política ou religião; não emitir opiniões; procurar desviar-se de afirmações polêmicas e manter o foco na coleta de dados

> O Recenseador deve explicar para o informante, de forma clara e segura, a importância do Censo Demográfico 2020.

1.2.10 Conduta do Recenseador – Identificação

É preciso vestir-se de forma adequada e discreta, e estar sempre portando o crachá de identificação. O crachá é o documento que credencia o funcionário a realizar a pesquisa para o IBGE.

O Recenseador, assim como o Agente Censitário Municipal (ACM) e o Agente Censitário Supervisor (ACS), deve falar também corretamente, evitando cometer erros de português ou usar gírias e palavras inadequadas.

Durante o trabalho de campo, os entrevistados podem fazer perguntas ao Recenseador e ao supervisor sobre o objetivo da pesquisa e o porquê da visita. Dependendo das respostas, o informante pode fazer um "julgamento" equivocado do funcionário e do IBGE.

Os funcionários do Instituto precisam cultivar uma atitude de autoconfiança. Isto é, precisam estar cientes do que exatamente fazem, transmitindo segurança ao informante sobre a seriedade da operação.

> A abordagem aos moradores é um momento crítico da coleta, em que o informante faz um primeiro "julgamento" do Recenseador. Portanto:
>
> - Demonstre profissionalismo e credibilidade;
> - Cumprimente o informante e identifique-se, demonstrando que você é uma pessoa credenciada e treinada para realizar
> - a coleta pelo IBGE;
> - Seja objetivo, fale brevemente o que deseja;
> - Lembre-se: você está representando o IBGE!

1.2.11 Conduta do Recenseador – Sigilo estatístico

A segurança das informações é também outro aspecto que deve ser demonstrado em suas atitudes, com o qual você e o IBGE têm deveres e responsabilidades.

É fundamental garantir o sigilo das informações obtidas pelo Censo Demográfico 2020 (e por quaisquer pesquisas oficiais) tanto para os informantes quanto para o próprio instituto. O informante deve ser avisado de que essas informações só poderão ser utilizadas para fins estatísticos.

Os cidadãos só se sentirão seguros em prestar informações à Instituição se sentirem confiança no IBGE e no funcionário que realiza o Censo 2020. Assim, o IBGE toma todas as precauções necessárias para garantir que dados individualizados não sejam divulgados.

> O IBGE não divulga os dados de nenhuma pesquisa, inclusive do Censo, que possam identificar o informante como nomes, telefones, etc.
>
> A "Lei 5.534", de 14 de novembro de 1968 assegura o sigilo dessas informações.
>
> A violação do sigilo por servidores, agentes de pesquisa e Recenseadores do IBGE está sujeita a punição de acordo com as normas e a legislação.

1.2.12 Conduta do Recenseador - Informantes resistentes

Em caso de resistência à prestação de informações ao IBGE, é necessário que o Recenseador consiga apresentar argumentos convincentes ao informante relutante. Exemplificamos dois argumentos importantes em seguida:

Os dados do Censo são uma importante fonte de estatística entregue a toda a sociedade. E também para o próprio IBGE, que elabora estimativas úteis para a melhoria do País.

As informações coletadas são utilizadas exclusivamente para fins estatísticos. O sigilo delas é garantido por lei. Além disso, os dados da pesquisa são divulgados de forma agregada, ou seja, de forma vinculada a um total (por soma dos valores de cada domicílio aos valores de outros domicílios) e não individualizada. Assim, o IBGE divulga apenas o valor total por setor censitário, nunca por domicílio. Por isso, em hipótese alguma, o sigilo dos dados individualizados será desrespeitado

> Se, mesmo assim, a recusa persistir, o Recenseador deve comunicá-la ao Supervisor para receber novas orientações.

1.2.13 Conduta do Recenseador - Procedimentos em campo

Antes de sair para a coleta, prepare com antecedência os itens de que você vai precisar. Separe equipamentos e materiais que serão utilizados, como o DMC (Dispositivo Móvel de Coleta) e o mapa em papel com a descrição do setor. Certifique-se de que o DMC está com bateria para que você consiga fazer uso do equipamento durante todo seu percurso de trabalho. Planeje a melhor forma de chegar ao seu Setor Censitário: verifique os meios de transporte e o tempo de deslocamento.

→ Durante o seu trabalho em campo, observe as seguintes orientações:

- Não permita que pessoas não autorizadas pelo IBGE o acompanhem em seu trabalho;
- Não permita que pessoas estranhas ao serviço manuseiem os equipamentos de coleta;
- Não permita que informações contidas no dispositivo de coleta sejam vistas por terceiros;
- Não faça comentários sobre qualquer informação obtida durante seu trabalho; e
- Não revele fatos ou informações sigilosas sobre os informantes, domicílios e estabelecimentos pesquisados.

> Em locais de povos e comunidades tradicionais (indígenas, quilombolas, povos ciganos, pescadores artesanais, etc.), além dos cuidados rotineiros de abordagem, previstos para o trabalho do IBGE para qualquer outro Setor Censitário, devem ser tomados outros cuidados, de acordo com a tradicionalidade dos diversos grupos. Siga as orientações específicas que serão fornecidas em momento oportuno, antes de entrar nessas áreas especiais.

1.3 Estrutura Organizacional

O Censo Demográfico 2020 constitui uma grande operação estatística, mobilizando centenas de pessoas desde a fase de planejamento até a divulgação dos resultados.

Para atingir os objetivos da operação, a estrutura organizacional do Censo Demográfico 2020 definiu-se a partir das representações das Unidades Estaduais do IBGE:

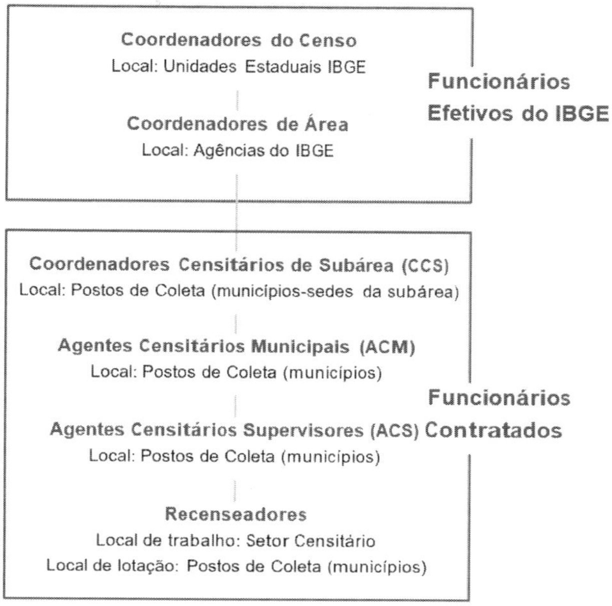

A fim de que os coordenadores possam exercer os seus papéis no Censo Demográfico 2020, é necessário que eles conheçam muito bem as atribuições específicas de suas funções, as quais serão detalhadas no treinamento presencial.

1.4 Agente Censitário Supervisor

O Agente Censitário Supervisor (ACS) [Glossário] será a pessoa que supervisionará o trabalho de uma equipe de Recenseadores, orientando e corrigindo falhas, assegurando, assim, a qualidade dos trabalhos. Em linhas gerais, buscará garantir que o projeto Censo Demográfico 2020 se concretize com sucesso.

A primeira atividade do ACS é o reconhecimento do setor onde realizará o seu percurso completo, atualizando suas faces e seus logradouros. Concomitante ao reconhecimento do setor, coletará os dados da Pesquisa Urbanística do Entorno dos domicílios. Esta atividade ocorrerá em período anterior à coleta de dados realizada pelo Recenseador.

O ACS deverá registrar todas as informações encontradas durante o percurso que não estejam atualizadas ou em conformidade com os instrumentos de trabalho de campo (DMC, mapa do setor ou descritivo).

O ACS exercerá, ainda, as tarefas de supervisão da operação censitária, com atenção às questões técnicas e de informática, exercendo, quando necessário, tarefas administrativas, como renovação de contratos, avaliação de Recenseadores, etc. Estará subordinado ao Agente Censitário Municipal (ACM).

A função de Supervisor serve de elo entre aqueles que coletam as informações (os Recenseadores) e aqueles que gerenciam o Posto de Coleta (responsabilidade do ACM).

1.4.1 Função do Agente Censitário Supervisor - ACS

Sua principal função é acompanhar, avaliar e, sobretudo, orientar os Recenseadores durante a execução dos trabalhos de campo. Assim, evitam-se erros no preenchimento dos questionários e falhas na cobertura do Setor (como a omissão de pessoas e domicílios).

O ACM é quem irá orientá-lo na correta execução de seu trabalho. O ACS deve se reportar ao ACM sempre que houver qualquer dúvida ou problema que comprometa a realização de suas tarefas.

Para que os ACS cumpram com tranquilidade suas funções, estas foram divididas em duas grandes frentes:

> O treinamento e a contratação dos Recenseadores; e

> O apoio ao Recenseador e a supervisão do seu trabalho de coleta

1.4.2 Agente Censitário Municipal

O Agente Censitária Municipal (ACM) desempenhará a função de gerente do Posto de Coleta. Isto envolve as seguintes funções: gerenciar um grupo de supervisores (ACS), distribuir tarefas, zelar pelos equipamentos de coleta, e acompanhar o desenvolvimento dos trabalhos. É muito importante que ele garanta que os seus supervisionados cumpram com as normas estabelecidas pelo IBGE.

O Posto de Coleta serve de base física para a equipe da coleta de dados e da supervisão, ou seja, é o ponto de encontro dos Supervisores e Recenseadores durante as operações do Censo 2020. Para gerenciar o Posto de Coleta, o ACM utiliza o Sistema Integrado de Gerenciamento e Controle – SIGC.

1.4.3 Função do Agente Censitário Municipal - ACM

Durante todo o trabalho do Censo 2020, o ACM estará à frente de dois grupos de ação:

> Gerencial – administração da equipe (supervisores e recenseadores), e dos materiais e equipamentos do Posto de Coleta;

> Técnico – acompanhamento técnico e monitoramento à coleta de dados.

O ACM responde técnica e administrativamente ao Coordenador Censitário de Subárea (CCS), como visto na estrutura censitária simplificada.

1.5 Conceitos Fundamentais

Muitos dos conceitos que apresentaremos (como endereço, morador, logradouro e domicílio) fazem parte do nosso cotidiano. Contudo, a atuação do Recenseador exige o conhecimento específico dos conceitos fundamentais utilizados pelo IBGE, para colher resultados adequados.

1.5.1 Divisão político-administrativa do Brasil

Para nos ajudar a compreender o que é o setor censitário, devemos compreender, em primeiro lugar, o que é a divisão político- administrativa brasileira.

A extensão, o conteúdo territorial, o número de domicílios e estabelecimentos presentes no Setor Censitário [Glossário] influenciam a carga de trabalho do Recenseador. Por isso, os setores censitários são planejados para que possuam dimensões adequadas ao trabalho das pesquisas do IBGE. Além disso, os setores censitários respeitam a divisão político-administrativa do país e outros recortes geográficos.

O Brasil está dividido, em seu aspecto político-administrativo, nas seguintes unidades territoriais:

> Unidades Federativas,

> Municípios,

> Distritos e

> Subdistritos.

A figura a seguir apresenta um esquema dessas unidades e o número de cada uma delas no País em dezembro de 2019.

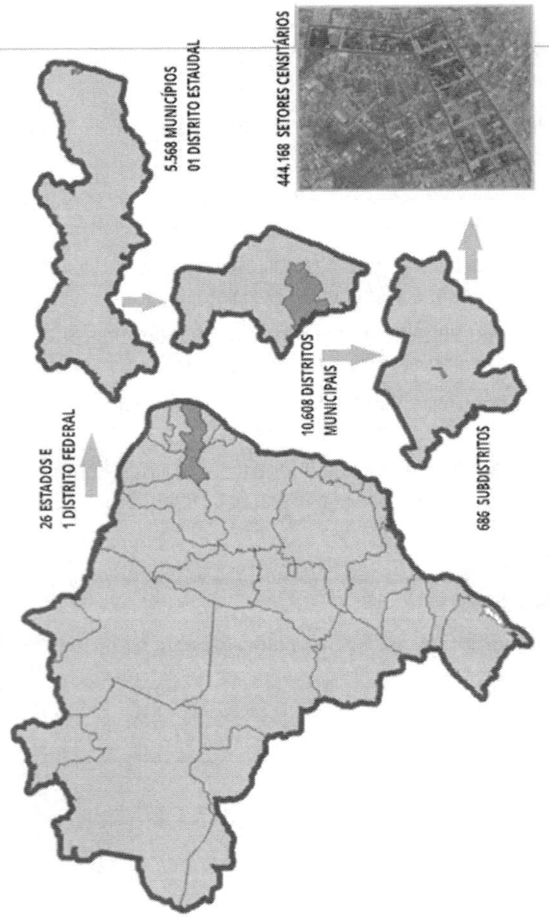

Caso necessário, relembre quais são algumas das entidades da Federação (estados, Distrito Federal e as suas respectivas siglas):

Acre	AC
Alagoas	AL
Amapá	AP
Amazonas	AM
Bahia	BA
Ceará	CE
Distrito Federal	DF
Espírito Santo	ES
Goiás	GO
Maranhão	MA
Mato Grosso	MT
Mato Grosso do Sul	MS
Minas Gerais	MG
Pará	PA
Paraíba	PB
Paraná	PR
Pernambuco	PE
Piauí	PI
Rio de Janeiro	RJ
Rio Grande do Norte	RN
Rio Grande do Sul	RS
Rondônia	RO
Roraima	RR
Santa Catarina	SC
São Paulo	SP
Sergipe	SE
Tocantins	TO

1.5.1.1 Setor Censitário: o local de trabalho do Recenseador

Para estudos estatísticos e geográficos, o IBGE subdivide as unidades territoriais da divisão político-administrativa brasileira em áreas ainda menores. Cada uma dessas áreas é denominada Setor Censitário.

O Setor Censitário é uma unidade territorial de coleta e de divulgação de dados estatísticos do IBGE. É, na prática, a área de trabalho onde se localizam os domicílios e os estabelecimentos que serão visitados pelo Recenseador. O Setor Censitário pode ser urbano ou rural, e é representado graficamente por um mapa.

A imagem exemplifica um Setor Censitário, com seus limites assinalados em cor amarela. Isso significa que a área de trabalho abrange os domicílios e estabelecimentos situados em seu interior.

1.5.2 Situações dos Setores Censitários: áreas urbanas e rurais

Realizar a coleta do Censo em áreas urbanas [Glossário] envolve estratégias distintas das utilizadas em áreas rurais [Glossário]. Por isso, cada Setor Censitário recebe uma classificação de acordo com suas características geográficas. A tabela a seguir apresenta resumidamente as situações dos Setores Censitários em áreas urbanas e rurais:

Categoria	Situação	Definição
Área urbana	Área urbana de alta densidade de edificações	Área urbana com alta densidade de edificações.
	Área urbana de baixa densidade de edificações	Área urbana com baixa densidade de edificações, processos de expansão urbana, áreas verdes desabitadas, entre outras.
	Núcleo Urbano	Aglomerações urbanas separadas das cidades e vilas em menos de 1km ou que, superando essa distância, apresentem características urbanas (loteamento, conjuntos habitacionais e condomínios).
	Aglomerado rural	Caracteriza-se pelo caráter aglomerado de domicílios, normalmente distantes entre si não mais que 50 m, e separados da franja das cidades e vilas em mais de 1 km, com a exceção aplicada aos núcleos urbanos.
	Área rural (exclusive aglomerado)	Áreas de uso rural caracterizada pela dispersão de domicílios e pela presença usual de estabelecimentos agropecuários.

Feita a distinção entre urbano e rural, o IBGE identifica outras estruturas territoriais por meio dos tipos de Setores Censitários para fins de coleta, conforme apresentados a seguir:

Tipos de Setores Censitários	Definição
Não especial	Setor Censitário comum que não se enquadra em nenhum outro tipo.
Aglomerado Subnormal	Forma de ocupação irregular de terrenos de propriedade alheia (públicos ou privados) para fins de habitação em áreas urbanas e, em geral, caracterizados por um padrão urbanístico irregular, por carência de serviços públicos essenciais e pela localização em áreas restritas à ocupação.
Quartel e Base Militar	Setor Censitário de instalação administrada por um comando das forças armadas, assim considerado caso a instalação possua pelo menos 50 habitantes permanentes residindo há mais de um ano no local.
Alojamento / Acampamento	O alojamento é um domicílio coletivo geralmente vinculado a alguma instituição, como universidades ou empresas, destinado a oferecer moradia por período temporário. O acampamento é entendido como instalação improvisada composta normalmente por barracas, tendas ou outras estruturas rústicas. Ambas devem possuir no mínimo 50 habitantes residindo há mais de um ano.
Setor com Baixo Patamar Domiciliar	Setor Censitário que abrange baixa quantidade de domicílios, ou onde não foi identificada a presença de domicílios.
Agrupamento Indígena	Setor Censitário em que existam 15 ou mais indivíduos indígenas residentes em uma ou mais moradias contíguas espacialmente. Esses indivíduos devem se relacionar por vínculos familiares ou comunitários.
Unidade Prisional	Setor Censitário relacionado às unidades prisionais que abrigam mais de 50 presos permanentes.

* Os termos asilo e orfanatos, embora de uso popular, deixaram de ser adotados pelas instituições e políticas públicas. Foram substituídos por:

> ILPI = Instituições de Longa Permanência para Idosos e

> IACA = Instituições de Acolhimento a Crianças e Adolescentes.

Cada um desses tipos requer uma abordagem específica do Recenseador.

1.6 Setores Censitários de Povos e Comunidades Tradicionais

É importante destacar que o IBGE realiza o Censo em terras indígenas, territórios quilombolas e outras áreas habitadas por povos e comunidades tradicionais. Estes são grupos culturalmente diferenciados e se reconhecem como tal, e por isso possuem formas próprias de organização social, ocupam e usam territórios e recursos naturais como condição para sua reprodução cultural, social, religiosa, ancestral e econômica, além de utilizarem conhecimentos, inovações e práticas gerados e transmitidos pela tradição.

Nessas áreas, as condições de acesso e percurso são negociadas com as lideranças comunitárias, e também com os órgãos que atuam em parceria com o IBGE na realização do Censo. A necessidade dessa ação é assegurada pelo direito internacional previsto na Convenção 169 da Organização Internacional do Trabalho (OIT)[1]

Convenção 169 da Organização Internacional do Trabalho (OIT). Disponível no link: http://www.gov.br/planalto/pt-br

Por meio dela, cabe ao Estado brasileiro garantir a consulta a esses povos mediante procedimentos apropriados e, particularmente, através de suas instituições representativas, cada vez que se antevejam procedimentos suscetíveis a afetá-los diretamente, tais como as pesquisas do IBGE.

Em muitas áreas indígenas, o Recenseador precisará ser acompanhado por um guia e/ou um intérprete. De acordo com o Censo Demográfico 2010, 28,8% dos indígenas residentes em terras indígenas não falavam português no domicílio. A indicação do guia e/ou intérprete é feita com apoio da Fundação.

1 A Convenção 169 da OIT foi ratificada pelo Brasil em junho de 2002, pelo Poder Legislativo, e promulgada pelo Decreto 5.051/2004, do Poder Executivo, com aplicação imediata no Brasil desde sua promulgação.

Figura | Exemplo de Setor Censitário de Agrupamento Indígena em Terra Indígena (TI) Raposa Serra do Sol/RR.

Nacional do Índio – FUNAI, da Secretaria Especial de Saúde Indígena – SESAI como também através de consulta às lideranças, que têm peso decisivo nessas indicações.

Em algumas áreas quilombolas, o Recenseador também precisará ser acompanhado por um guia comunitário.

1.6.1 Quadra e Face

Para que o Recenseador seja capaz de realizar o seu trabalho corretamente no seu Setor Censitário, é necessário compreender dois conceitos básicos: Quadra e Face.

A imagem a seguir indica uma quadra padrão composta de 4 faces.

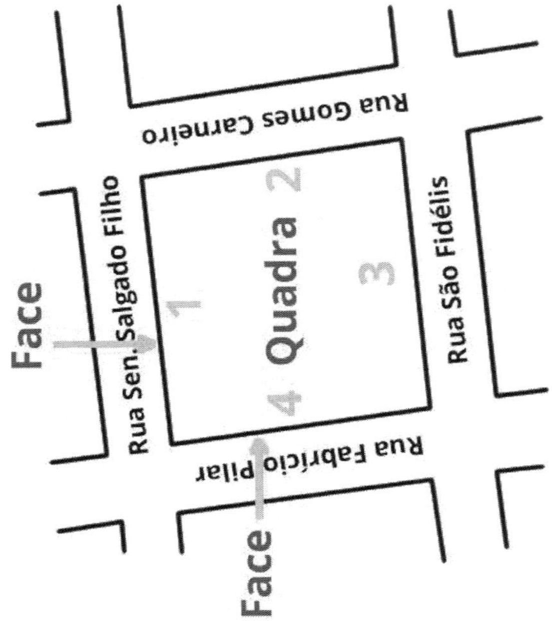

1.6.1.1 Quadra

É um trecho, geralmente retangular, de uma área urbana ou aglomerado rural, delimitado por elementos como: ruas, estradas, estradas de ferro, cursos d'água ou encostas. Contudo, pode ter forma irregular. Em alguns locais, a quadra é chamada de quarteirão.

1.6.1.2 Face

É cada um dos lados da quadra, contendo ou não endereços.

1.6.2 Endereço

O endereço reúne informações que permitem identificar uma unidade construída ou em construção dentro de um município, tal como uma casa, um prédio, um apartamento, um estabelecimento, etc.

O IBGE adota um Padrão de Registro de Endereços bastante detalhado, que será objeto do treinamento presencial.

→ Consideram-se como componentes do endereço:

> Logradouro;

> Número;

> Complemento; e

> Coordenadas Geográficas.

Veremos a seguir como se definem esses componentes

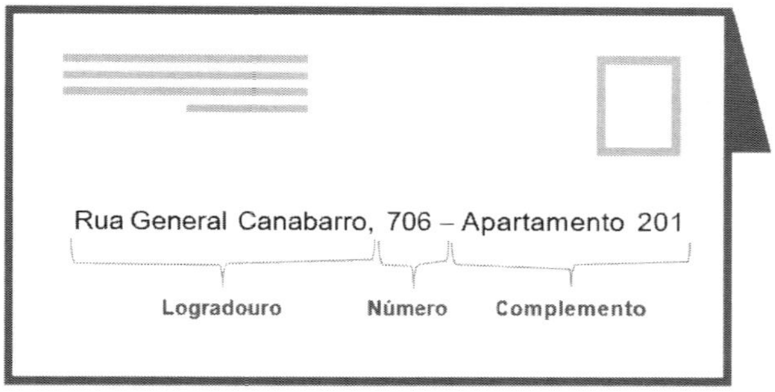

1.6.2.1 Logradouro

O logradouro é uma área ou via pública, reconhecida pela comunidade, em que circulam pessoas, veículos e mercadorias. Na maioria das vezes, recebe um nome de conhecimento geral. Um logradouro pode ser uma avenida, uma viela, uma praça, uma estrada, um acesso ou até mesmo um rio.

Ao se registrar um logradouro, deve-se denominá-lo preferencialmente segundo a forma oficial, sem omissão de termos e sem abreviações. Exemplos: Rua Santo Antônio, Avenida Corifeu de Azevedo Marques, Estrada BR 101, Rio Solimões etc.

1.6.2.2 Número

É o valor numérico propriamente dito que indica a posição da edificação no logradouro.

1.6.2.3 Complemento

Muitas vezes, ao chegar a um número de um logradouro, observamos a existência de várias unidades, cujo acesso se dá pelo mesmo número (pela mesma posição no logradouro). O complemento é utilizado para identificar cada unidade nesse número. Essa situação é muito comum em edificações com múltiplas unidades, tais como prédios ou condomínios residenciais. São exemplos de complemento: bloco, apartamento, casa 1, casa 2, fundos, sobrado etc.

A tabela a seguir apresenta alguns exemplos de endereços, segundo os componentes explicados acima:

Endereço	Logradouro	Número	Complemento
Travessa Padre Ananias, 342	Travessa Padre Ananias	342	(não há)
Rua Doutor Washington Pires, 970, Casa 2, Térreo	Rua Doutor Washington Pires	970	Casa 2, Térreo
Avenida Presidente Getúlio Vargas, 1071, Bloco A, Apartamento 304	Avenida Presidente Getúlio Vargas	1071	Bloco A, Apartamento 304

1.6.3 Coordenadas Geográficas

As coordenadas geográficas consistem em um dos métodos mais eficientes de localização, pois permitem identificar qualquer ponto na superfície da Terra por meio de dois valores: latitude e longitude. Essas coordenadas são um importante recurso para o trabalho nos Setores Censitários. Os valores de latitude e longitude podem ser obtidos através de um receptor de sinais de satélites, que se encontra integrado ao DMC. Confira abaixo definições mais específicas desses valores:

Latitude

É o afastamento, medido em graus, da linha do Equador até um ponto qualquer da superfície terrestre. Ela vai de 0° a 90° e pode ser Norte ou Sul.

Longitude

É o afastamento, medido em graus, do meridiano de Greenwich até um ponto qualquer da superfície terrestre. Ela vai de 0° a 180° e pode ser Leste ou Oeste.

Figura | Exemplo de coordenadas capturadas pelo DMC no Setor Censitário.

Essas coordenadas são um importante recurso para o trabalho no Setor Censitário, tendo em vista que as Coordenadas Geográficas constituem um componente do endereço no IBGE.

Durante o treinamento presencial, será realizado um exercício de simulação sobre como obter as coordenadas no DMC.

1.6.4 Pesquisa Urbanística do Entorno dos domicílios

A Pesquisa Urbanística do Entorno dos Domicílios (Pesquisa do Entorno ou Entorno) é um levantamento de informações realizado por observação em momento anterior ao da coleta do Censo Demográfico

2020, ou seja, antes da aplicação do questionário aos informantes. Essa pesquisa é feita pelo Agente Censitária Supervisor (ACS), que preenche o questionário referente às características urbanísticas do entorno dos domicílios.

Os objetivos da Pesquisa do Entorno 2020 são:

- Coletar dados de infraestrutura urbanística relativa à acessibilidade universal, como circulação de pessoas e veículos, drenagem pluvial e equipamentos no espaço urbano.
- Fornecer insumos para melhorar a qualidade da cobertura da coleta do Censo 2020.

As questões são respondidas a partir da observação direta, ou seja, sem entrevistar ou colocar perguntas a moradores ou transeuntes, em todas as faces de quadras urbanas, que são unidades de coleta do levantamento.

A área de análise de alguns quesitos levantados será apenas a Face, enquanto de outros serão a Face e a Face confrontante. O percurso desta coleta de informações será o mesmo aplicado ao questionário e o supervisor deverá percorrê-lo a pé.

Figura - Exemplo de Área de análise.

1.6.5 Morador

Para o IBGE, o Morador é a pessoa que: "tem o domicílio como local habitual de residência na data de referência".

A presença ou ausência da pessoa no domicílio na data de referência não define se ela é ou não moradora do domicílio.

A data de referência é o parâmetro que indica quem deverá ser recenseado.

Devem ser recenseadas todas as pessoas que moravam no domicílio na data de referência: à meia-noite de 31 de julho para 1º de agosto de 2020.

A pessoa pode estar presente e não ser moradora, mas também pode estar ausente e ser moradora.

Parece confuso, mas é fácil de explicar.

→ Morador é a pessoa que:
  - tem o domicílio como local habitual de residência e nele se encontrava na data de referência; ou
  - embora ausente na data de referência, tem o domicílio como local habitual de residência, desde que a ausência não seja superior a 12 meses pelos motivos que veremos a seguir:
    - viagem a passeio, a serviço, a negócios, de estudos etc.;
    - afastamento de sua comunidade tradicional por motivo de caça, pesca, extração vegetal, trabalho na roça, participação em festas ou rituais;
    - internação em estabelecimento de ensino ou hospedagem em outro domicílio, pensionato, república de estudantes, visando facilitar a frequência à escola durante o ano letivo;
    - detenção sem sentença definitiva declarada;
    - internação temporária em hospital ou estabelecimento similar; e
    - embarque a serviço (militares, petroleiros).

Em todas essas situações, é importante certificar-se de que a ausência não tenha ultrapassado 12 meses, período considerado até a data de referência – à meia-noite do dia 31 de julho para 1º de agosto de 2020.

É importante ter atenção a alguns casos especiais, a fim de evitar que uma mesma pessoa seja contada em dois domicílios ou que não seja contada em nenhum dos dois. Vejamos:

Se, na data de referência, a pessoa se encontrava afastada do domicílio de origem nas seguintes situações:

- estar internada permanentemente em sanatórios, asilos, conventos ou estabelecimentos similares;
- estar morando em pensionatos sem ter outro local habitual de residência;
- ter sido condenada com sentença definitiva declarada; ou
- ter migrado para outras regiões em busca de trabalho e lá fixou residência.

... ela não será considerada moradora no domicílio de origem, mas sim no local onde se encontrava, ainda que a ausência seja inferior a 12 meses.

1.6.6 Quem deve ser recenseado?

Devem ser recenseadas todas as pessoas (inclusive crianças e idosos) que moravam no domicílio na data de referência: à meia-noite do dia 31 de julho para 1º de agosto de 2020.

→ Logo, de acordo com esse critério, extraímos duas orientações:
  - Não recensear as pessoas que nasceram após essa data.
  - Recensear as pessoas que faleceram após essa data, pois faziam parte do domicílio na data de referência.

1.6.6.1 Morador – com mais de uma residência

No caso de pessoas que ocupam duas ou mais residências, será necessário investigar com a pessoa entrevistada qual era sua residência principal na data de referência [Glossário], pois ela não pode ser considerada moradora de duas residências ao mesmo tempo.

Para determinar qual é a residência principal do morador, deve-se obedecer ao seguinte procedimento:

> Solicite ao entrevistado que indique qual a sua residência habitual (residência principal).

> Caso o entrevistado não possa indicá-la, considere como principal a residência em que passa a maior parte do ano.

> Caso a pessoa ocupe duas residências em períodos iguais durante o ano, considere a residência principal a que possui há mais tempo.

1.6.6.2 Espécie de unidade visitada

No dia a dia do trabalho de coleta de dados, poderão ser encontrados três tipos de edificações nos endereços observados em campo. São eles:

> edificações exclusivamente constituídas de unidades residenciais, que são as casas, apartamentos etc., chamadas de domicílios;

> edificações exclusivamente constituídas de unidades não residenciais, que são as escolas, os postos de saúde, as lojas, denominadas de estabelecimentos; e

> edificações mistas, que podem conter domicílios e estabelecimentos.

As espécies das unidades visitadas se classificam de forma geral em:

Domicílio	**Estabelecimento**
↓	↓
Edificação construída ou utilizada com a finalidade de servir de moradia.	Edificação não destinada à moradia.

Neste momento, é fundamental conhecer o que são as espécies de estabelecimento e domicílio, bem como duas classificações mais específicas de domicílio (domicílio particular e domicílio coletivo).

No Censo, deve-se considerar a data de referência [Glossário] para classificar a espécie da unidade visitada encontrada no endereço. Após a confirmação do endereço, o Recenseador identificará a unidade visitada conforme a finalidade de seu uso na data de referência: à meia-noite do dia 31 de julho para 1º de agosto de 2020.

A finalidade de uso que se faz da edificação, na data de referência [Glossário], associada a um endereço, caracteriza a espécie da unidade visitada - domicílio ou estabelecimento.

1.6.6.3 Estabelecimento

Toda edificação utilizada para fins não domiciliares encontrada nos setores censitários é classificada como estabelecimento.

Exemplos de estabelecimentos encontrados no trabalho de campo: escolas, prédios e lojas comerciais, postos de saúde, templos religiosos, plantações etc. Existem, ainda, formas mais detalhadas de classificar os estabelecimentos, que serão estudadas no treinamento presencial.

1.6.6.4 Domicílio

Local construído ou utilizado com a finalidade de servir como residência ou moradia. Em geral, não há dificuldade para identificar um domicílio, já que a maior parte das pessoas reside em apartamento ou casa.

Pode-se encontrar um domicílio em um lugar inesperado ou fora do comum, como, por exemplo, um cômodo que serve de moradia em um prédio exclusivamente comercial ou nos fundos de uma olaria ou, ainda, encontrar domicílios em tendas, barracas, trailers ou residências flutuantes.

A identificação de um domicílio dependerá da aplicação correta do seu conceito.

Domicílio é o local, estruturalmente separado e independente, que se destina a servir de habitação a uma ou mais pessoas. É também domicílio o local que não era destinado originalmente a ser utilizado como tal, mas que passou a sê-lo em momento posterior.

Logo, o Recenseador deve estar sempre atento. Em um primeiro olhar, nem sempre é possível identificar se existe mais de um domicílio em um mesmo terreno; ou se, além das aparências, existe um domicílio em local inesperado (ou não facilmente identificável). Vejamos os exemplos dos grupos a seguir:

→ Primeiro grupo

Fundos de terrenos; andares superiores, inferiores, subsolos e residências de porteiro ou zelador em edifícios residenciais; e habitações de caseiros em casas de veraneio

→ Segundo grupo

Edificações aparentemente não- residenciais: edifícios comerciais, estabelecimentos de prestação de serviços, indústrias, estabelecimentos agropecuários etc.

1.6.6.5 Critérios de separação e independência

Os critérios de separação e independência são essenciais para definir e caracterizar corretamente a existência de um domicílio ou mais de um em uma mesma propriedade ou terreno. Esses critérios devem ser atendidos simultaneamente.

Separação	**Independência**
↓	↓
Este critério é atendido quando o local de habitação é **limitado por paredes, muros ou cercas e coberto por um teto, permitindo que as pessoas que nele habitam se isolem das demais** para dormir, preparar e/ou consumir seus alimentos e proteger-se do ambiente exterior, arcando **total ou parcialmente com suas despesas de alimentação ou moradia**.	Este critério é atendido **quando o local de habitação tem acesso direto**, que permite aos seus moradores **entrar e sair sem necessidade de passar por locais de moradia de outras pessoas**.

Um domicílio só será caracterizado corretamente quando forem atendidas, simultaneamente, as condições de separação e independência.

1.6.7 Classificação dos domicílios

Os domicílios são classificados em dois grupos: domicílios particulares e domicílios coletivos.

Existem ainda, dentro desses dois grupos, outras classificações derivadas. Por ora, veremos apenas as que caracterizam esses dois grupos: domicílio particular e domicílio coletivo. As demais classificações de domicílio serão objeto de estudo no treinamento presencial.

1.6.7.1 Domicílio Particular

É o domicílio que foi construído para habitação ou que é utilizado para esta finalidade, servindo de moradia a uma ou mais pessoas. Nele, o relacionamento entre seus ocupantes é ditado por laços de parentesco, de dependência doméstica ou por normas de convivência.

Exemplos: casas, apartamentos em edifícios ou apart-hotéis, habitações em cortiço, casas de cômodos, habitação indígena sem paredes ou malocas, e habitações em espaços improvisados (dentro de estabelecimentos sem instalações destinadas à moradia, grutas, ruínas, tendas improvisadas etc.).

1.6.7.2 Domicílio Coletivo

É uma instituição ou estabelecimento onde a relação entre as pessoas que nele se encontravam, na data de referência [Glossário], restringia-se a normas de subordinação administrativa. Note que as pessoas que ali se encontravam podiam ser residentes ou não. Por isso, o domicílio pode ser caracterizado como coletivo pela presença de moradores ou não na data de referência [Glossário].

Exemplos: abrigos, orfanatos, hotéis, quartéis, penitenciárias etc.

1.6.7.3 Características do Domicíl

O objetivo de se levantar as características do domicílio é conhecer as condições de moradia da população e os níveis de qualidade de vida através do acesso a serviços básicos e quantidade de cômodos.

1.6.7.4 Cômodo

Para o IBGE, o conceito de cômodo é todo compartimento coberto por um teto, limitado por paredes e que seja parte integrante do domicílio, inclusive banheiro e cozinha. Por "parede" entende-se aqui a construção vertical que permite limitar, dividir ou vedar espaços.

Note-se que o cômodo pode existir tanto na parte interna, quanto na parte externa da edificação principal do domicílio, ainda sendo considerada como parte integrante do domicílio (por exemplo, um banheiro construído separadamente da construção principal dentro do mesmo terreno).

Banheiro é o cômodo de uso exclusivo dos moradores do domicílio, destinado a banho, que possua: chuveiro ou banheira e vaso sanitário ou privada.

Não são considerados cômodos: os corredores de ligação entre cômodos, as varandas abertas, garagem, compartimentos não residenciais, cozinha americana ou mezanino.

1.6.8 Característica dos moradores

Para tornar possível o planejamento econômico e social da população, é preciso conhecer as características dos moradores e da população.

Para compor a relação entre os moradores de um domicílio é, fundamental que os próprios moradores definam uma pessoa responsável pelo local. Esta será usada como referência para registrar os demais moradores.

Dessa forma, é considerada pessoa responsável homem ou mulher com, no mínimo, dez anos de idade, reconhecida como tal pelos demais moradores do domicílio

1.6.9 Etnias e migração

No levantamento das informações sobre os moradores, são investigados os seguintes temas: pertencimento étnico-racial, imigração internacional e migração interna. Veremos, a seguir, como eles são definidos pelo IBGE:

- Pertencimento étnico-racial: é o pertencimento declarado da pessoa a um grupo étnico – indígena ou quilombola – ou a sua classificação declarada em relação às categorias de cor ou raça do IBGE.
- Imigração Internacional: é o ato de ingressar no Brasil para aqui residir.
- Migração Interna: é o ato de deixar um município para morar em outro município dentro do Território Nacional.

1.6.10 Educação

O objetivo do levantamento de informações sobre educação é caracterizar a educação da população residente no Brasil, investigando o analfabetismo, a frequência escolar, o nível de instrução e a área de formação no ensino superior.

No grupo de quesitos de educação, questiona-se, por exemplo, sobre a alfabetização do morador, com a seguinte pergunta: sabe ler ou escrever?

Com isso, busca-se captar se a pessoa sabe ler e escrever pelo menos um bilhete simples, no idioma que conhece, independentemente do fato de estar ou não frequentando escola e já ter concluído períodos letivos.

Pelo menos um recado ou bilhete simples no idioma que conhece.

1.6.10.1 Pessoa alfabetizada

A pessoa alfabetizada que se tornou física ou mentalmente incapacitada de ler ou de escrever, por motivo de acidente ou doença, deve ser considerada como sabendo ler e escrever.

1.6.10.2 Pessoa não alfabetizada

A pessoa que aprendeu a ler e a escrever, mas que se esqueceu de como fazê-lo devido a processo de alfabetização precário que não se consolidou, assim como aquela pessoa que nunca aprendeu a ler e a

escrever, não devem ser consideradas como sabendo ler e escrever.

1.6.10.3 Questões relativas à educação

Para investigar as demais questões relativas à educação, o IBGE considera as seguintes definições:

> Município ou país estrangeiro em que a pessoa estuda.

> Deslocamento para estudo: é o deslocamento feito pela pessoa entre o seu domicílio e o local de estudo.

> Local de estudo: colégio, escola, creche, universidade, instituto técnico etc.

Para Ensino à Distância (EAD), considerar como local de estudo o polo físico.

1.6.11 Trabalho

O objetivo de se investigar sobre as questões relacionadas ao trabalho é:

> conhecer a composição da força de trabalho no país; e

> identificar as principais características do trabalho da população, como ocupação, atividade e rendimento.

Para o levantamento das informações sobre trabalho, as definições utilizadas pelo IBGE serão esclarecidas no treinamento presencial. Uma dessas definições é sobre deslocamento para o trabalho.

O deslocamento para o trabalho é aquele feito pela pessoa entre o seu domicílio e o local de trabalho informado, considerando o tempo, a frequência e os meios de transporte utilizados.

1.7 Concluindo

Chegamos ao final do Estudo dos Conhecimentos Técnicos referentes ao Censo Demográfico 2020!

Aqui foram apresentados conceitos e informações considerados relevantes pelo IBGE para a qualidade da operação censitária. Esse conteúdo será objeto de avaliação no Processo Seletivo Simplificado e, posteriormente, será aprofundado no treinamento presencial.

É muito importante que você esteja preparado para desempenhar bem o seu trabalho com profissionalismo e segurança.

1.8 Glossário

Agente Censitário Supervisor (ACS)

É a pessoa que supervisionará o trabalho de uma equipe de Recenseadores, orientando e corrigindo falhas, assegurando, assim, a qualidade dos trabalhos.

Setor Censitário

É a unidade territorial de coleta das operações censitárias, definida pelo IBGE, com limites físicos identificados em áreas contínuas e respeitando a divisão político-administrativa do Brasil.

Equipe encarregada do gerenciamento, da supervisão e da coleta de dados

Equipe formada pelo Agente Censitário Municipal (ACM), pelo Agente Censitário Supervisor (ACS) e pelo Recenseador.

INSS

O Instituto Nacional do Seguro Social é um órgão do Ministério da Previdência Social, ligado diretamente ao Governo.

IRPF

Imposto de Renda de Pessoa Física (IRPF) é um imposto federal brasileiro que incide sobre todas as pessoas que tenham obtido um ganho acima de um determinado valor mínimo.

Área urbana

Área interna ao perímetro urbano de uma cidade ou vila, definida por lei municipal. Anteriormente, quando não existia legislação que regulamentasse as áreas urbanas de cidades ou vilas, o perímetro urbano foi traçado para atender a finalidade da coleta censitária.

Área rural

É definida pelo IBGE como toda a área externa ao perímetro urbano.

Questões

01. De acordo com o Estudo dos conhecimentos técnicos do IBGE, a missão organizacional do referido órgão é:

a) Retratar o Brasil com informações necessárias ao conhecimento de sua realidade e ao exercício da cidadania.

b) Coordenar e produzir informações estatísticas do Brasil.

c) Apresentar a evolução da economia a partir de estatísticas do trabalho e da produção.

d) Obter informações confiáveis para o fortalecimento da democracia e para o planejamento das politicas publicas.

02. Marque a opção que está em desacordo com a atividade do Censo Demográfico de 2020.

a) O censo de demográfico ocorre a cada 10 anos para contar a população e obter informações sobre as principais características dos habitantes e dos seus domicílios.

b) O censo é a principal fonte de dados sobre a situação de vida da população nos municípios e localidades.

c) Os dados podem ser utilizados para auxiliar a formulação das politicas publicas nacionais e estaduais. As ações municipais são realizadas com dados coletados a parte.

d) Para chegar a um consenso sobre quais questões serão investigadas, o IBGE promove consultas e debates.

03. Os dados coletados no Censo demográfico 2020 são relativos ao estado de coisas em uma data especifica, isto é, a um retrato da situação naquele momento. Sendo assim, é necessário adotar uma data específica para evitar divergências. Qual a data de referencia do Censo Demográfico 2020 ?

a) 1 de agosto

b) 1 de setembro

c) 31 de julho para 1 de agosto

d) 31 de agosto para 1 de setembro

04. Sobre as atribuições do Recenseador, marque a opção incorreta:

a) O trabalho do recenseador consiste em obter as informações junto aos moradores de uma determinada área, nos locais onde residem.

b) O recenseador contará com supervisão de um Agente censitário supervisor. (ACS)

c) O bom desempenho do trabalho do recenseador está associado ao domínio dos conceitos e dos procedimentos que serão utilizados no Censo.

d) O Setor de Coleta, será o local de trabalho do recenseador, onde realizará a coleta de dados.

05. O Posto de coleta é o local de trabalho criado temporariamente pelo IBGE par dar suporte à operação censitária. Sobre os postos de coleta e suas respectivas características, marque a opção incorreta:

a) Para concluir o seu trabalho, o recenseador pode dirigir-se ao Posto de Coleta e devolver o material de trabalho do Instituto.

b) A equipe encarregada do gerenciamento e da coleta de dados estará reunida no Posto de Coleta.

c) Desde que requisitado, o recenseador deve comparecer ao Posto de Coleta para que o supervisor (ACS) possa avaliar o seu trabalho e corrigir possíveis falhas.

d) Casos o supervisor (ACS) indique alguma necessidade de correção, o recenseador deverá retornar a campo.

Gabaritos

01	A	04	D
02	C	05	A
03	C		

Comentários

Comentários do Simulado on-line

alfaconcursos.com.br/lp/ibge

CÓDIGO DE ACESSO

IBGE GABARITO RESGATAR

Acesse, cadastre-se e receba muito mais!

Utilize seu código de acesso e descubra mais sobre o seu material didático!

CÓDIGO DE ACESSO

IBGE | GABARITO | RESGATAR

1

ACESSE O SITE:

www.alfaconcursos.com.br

CLIQUE **ENTRAR** PARA EFETUAR SEU **LOGIN**

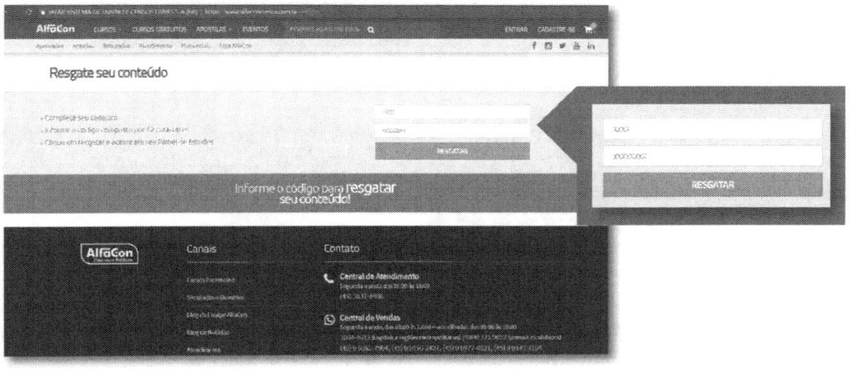

2

DIGITE O CÓDIGO:

Insira o **código** que se encontra Na **última página** do material.

3

VISUALIZE SEUS MATERIAIS:

Você será redirecionado para a página onde constam os seus **materiais**

4

CLIQUE:
Nessa tela você terá acesso as erratas, atualizações, material complementar e o leia digital.

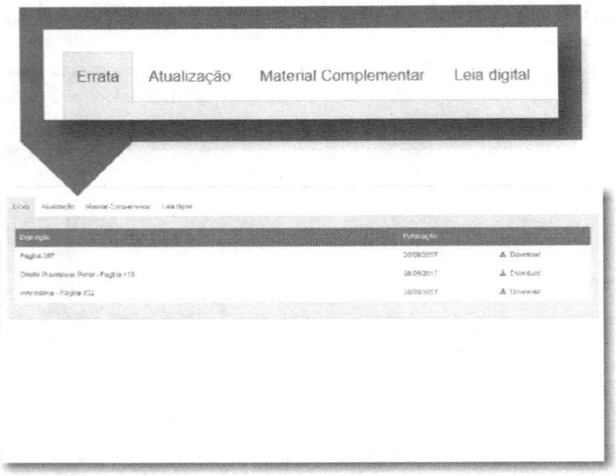

5

Navegue:
Nessa tela você também terá aesso ao conteúdo gratuito disponibilizado no material.

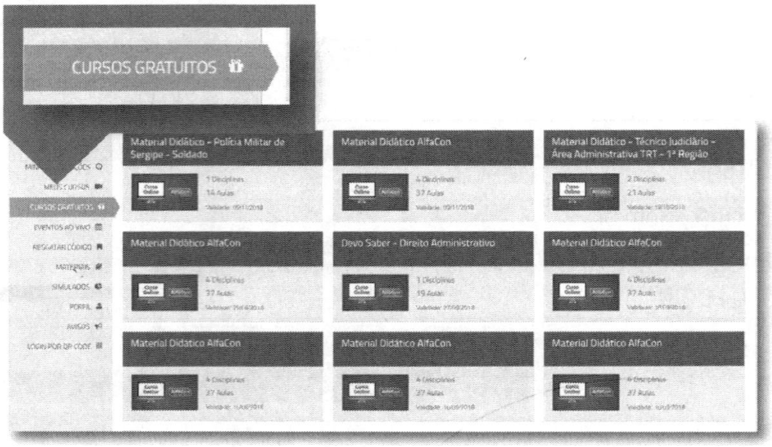

CÓDIGO DE ACESSO

IBGE	GABARITO	RESGATAR

Pronto!

Agora é só aproveitar todo o conteúdo impresso e digital que SÓ o AlfaCon proporciona para você!